2013年度浙江省社科联省级社会科学学术著作
出版资金全额重点资助出版（编号：2013CBZ06）

浙江省社科规划一般课题（编号：13CBZZ01）
教育部人文社会科学研究项目（编号：12YJA740064）
2011年度宁波大学人文科学研究后期资助项目（编号：XHQ1101）
2011年度宁波大学学科项目（编号：XKW11D2041）研究成果

当代浙江学术文库
DANGDAI ZHEJIANG XUESHU WENKU

温岭方言研究

阮咏梅 著

中国社会科学出版社

图书在版编目（CIP）数据

温岭方言研究 / 阮咏梅著. —北京：中国社会科学出版社，2013. 12
（当代浙江学术文库）
ISBN 978 - 7 - 5161 - 2367 - 6

Ⅰ. ①温… Ⅱ. ①阮… Ⅲ. ①吴语 - 方言研究 - 温岭市 Ⅳ. ①H173

中国版本图书馆 CIP 数据核字（2013）第 061267 号

出 版 人 赵剑英
责任编辑 任 明
责任校对 纪桂英
责任印制 李 建

出 版 中国社会科学出版社
社 址 北京鼓楼西大街甲 158 号（邮编 100720）
网 址 http://www.csspw.cn
中文域名：中国社科网 010 - 64070619
发 行 部 010 - 84083685
门 市 部 010 - 84029450
经 销 新华书店及其他书店

印刷装订 北京市兴怀印刷厂
版 次 2013 年 12 月第 1 版
印 次 2013 年 12 月第 1 次印刷

开 本 710 × 1000 1/16
印 张 21.25
插 页 2
字 数 389 千字
定 价 58.00 元

总　序

浙江省社会科学界联合会党组书记　郑新浦

源远流长的浙江学术，蕴华含英，是今天浙江经济社会发展的“文化基因”；三十五年的浙江改革发展，鲜活典型，是浙江人民创业创新的生动实践。无论是对优秀传统文化的传承弘扬，还是就波澜壮阔实践的概括提升，都是理论研究和理论创新的“富矿”，我省社科工作者可以而且应该在这里努力开凿挖掘，精心洗矿提炼，创造学术精品。

繁荣发展浙江学术，当代浙江学人使命光荣、责无旁贷。我们既要深入研究、深度开掘浙江学术思想的优良传统，肩负起继承、弘扬、发展的伟大使命；更要面向今天浙江经济社会的发展之要和人文社会科学建设的迫切需要，担当起促进学术繁荣的重大责任，创造具有时代特征和地方特色的当代浙江学术，打造当代浙江学术品牌，全力服务“两富”现代化浙江建设。

繁荣发展浙江学术，良好工作机制更具长远、殊为重要。我们要着力创新机制，树立品牌意识，构建良好载体，鼓励浙江学人，扶持优秀成果。“浙江省社科联省级社会科学学术著作出版资金资助项目”，就是一个坚持多年、富有成效、受学人欢迎的优质品牌和载体。2006 年开始，我们对年度全额资助书稿以“当代浙江学术论丛”（《光明文库》）系列丛书资助出版；2011 年，我们将当年获得全额重点资助和全额资助的书稿改为《当代浙江学术文库》系列加以出版。多年来，我们已资助出版共 553 部著作，对于扶持学术精品，推进学术创新，阐释浙江改革开放轨迹，提炼浙江经验，弘扬浙江精神，创新浙江模式，探索浙江发展路径，产生了良好的社会影响和积极的促进作用。

2013年入选资助出版的27部书稿，内容丰富，选题新颖，学术功底较深，创新视野广阔。有的集中关注现实社会问题，追踪热点，详论对策破解之道；有的深究传统历史文化，精心梳理，力呈推陈出新之意；有的收集整理民俗习尚，寻觅探究，深追民间社会记忆之迹；有的倾注研究人类共同面对的难题，潜心思考，苦求解决和谐发展之法。尤为可喜的是，资助成果的作者大部分是我省的中青年学者，我们的资助扶持，不唯解决了他们优秀成果的出版之困，更具有促进社科新才成长的奖掖之功。

我相信，“浙江省社科联省级社会科学学术著作出版资金资助项目”的继续实施，特别是《当代浙江学术文库》品牌的持续、系列化出版，必将推出更多的优秀浙江学人，涌现更丰的精品佳作，从而繁荣发展我省哲学社会科学，充分发挥“思想库”和“智囊团”的作用，有效助推物质富裕、精神富有现代化浙江的加快发展。

2013年12月

序

温岭是我的恩师李荣先生的家乡，他的关于温岭方言的论著是我当年学习的经典文献。我的苏州方言连读变调研究，更是在读了李先生的温岭方言连读变调论文后才学会的。温岭方言研究对我的特殊价值就如是。

到了2008年，已年过六十的时候，却有一位李先生的同乡阮咏梅女士来找我学习方言研究。一方面，我为李先生的家乡方言研究后继有人而高兴；同时也感到肩上的一份特殊责任。阮咏梅硕士的专业不是方言，工作和家庭都有一定负担，但是，她的学习态度是坚定的、认真的。我是在战战兢兢中接受了这一指导任务。

尽管这一切李先生已经看不到，但我感到他始终在看着我，看我将如何指导他的同乡，看我是否忘记了他当年对我的教导。他的众多充满智慧和真理的精辟警句时时在我心中温习，连他说话时的神态也在我眼前一幕幕闪过。

李先生的话语，听起来明白如水，但其深意却非浅薄者所能轻易领悟。例如他有名的“画鬼论”，好像是把某些做法比喻做“画鬼”而予以否定，其实其思想绝非简单的“否定”二字所能涵盖。

如要不折不扣按李先生的要求做学问，就要有过硬的基本功，还不能怕苦，要老老实实地到当地向发音人一字一句地调查和记录真实的口语。写文章时，提出一个无论多小的议题，都必须紧跟实例，不能夸夸其谈，天马行空。一个好的实例就能说明一个现象，反映一个规律，所以才叫“描写不易”。理论的阐述不是靠佶屈聱牙的空话吓唬人，而是蕴藏在通俗易懂的描写背后。急功近利者是与李先生的学说无缘的。

咏梅作为李先生的同乡，我还自觉不自觉地对她更多地强调李先生的教导，这也就给了她更多难题。

就是在这样的背景下，咏梅跟我学了四年，在克服了种种困难后，完成了她的博士论文，就是放在读者面前的这本论著。

温岭不单单是李先生的家乡，它因处于南北吴语的过渡带而兼有二者特点，这些都使温岭方言为学界特别关注。

温岭方言属南部吴语台州片，与北部吴语甬江小片接壤，并有若干相同特征，有学者提出台州片可划入北部吴语。所以，对温岭方言的深入研究，有利于探讨台州片的归属，并在汉语方言分区、语言演变、语言接触等方面有所发现。

李荣先生对温岭方言已有一些重要研究成果。但是，在量的方面，还比较有限。其他研究者也较少，迄今还没有对温岭方言的全面介绍和研究。本书在前贤的基础上，基本上按照李先生教导的方法，对温岭方言进行了全面描写和研究，包括温岭方言的同音字表、主要词汇表、一些主要语法现象等。其中对李先生已经做过的温岭方言的音系、连读变调、变音等，补充以现代语音学的方法，进行了认真比较。比较的结果，大多数与李先生的研究相同；有不同的地方，也一一做出解释，十分精细。态度是严肃认真的、科学的，结论也是可靠的。本书还从多方面填补了李荣先生没来得及做的众多空白，把温岭方言的研究推进了一大步。我希望，如昌厚师能看到此书，不摇头而说一声“孺子可教”（“孺子”包括我和咏梅师生二人），就很满足了。

阮咏梅还可以有很多事情可做，一是更加完善自己做的工作，本书涉及的一些论题还是初步探讨，亟须充实和提高；二是做更多新的、更深入的研究。

学无止境，即使对年近七十的我来说，也仍适用，咏梅当然更加需要谨记。

希望我们都成为李荣先生的比较合格的弟子。

汪　平

2012年12月16日于苏州还读书庐

目　录

引　言

壹　温岭概况[①]

温岭，地处浙江东南沿海，介于宁波和温州之间（见下图），是中国大陆新千年第一缕曙光的首照地。它东濒东海，南连台州玉环，西邻温州的乐清和乐清湾，可谓三面临海，只有一面——北面，与台州路桥、黄岩接壤。温岭的地理坐标为北纬 28° 22′，东经 121° 21′。

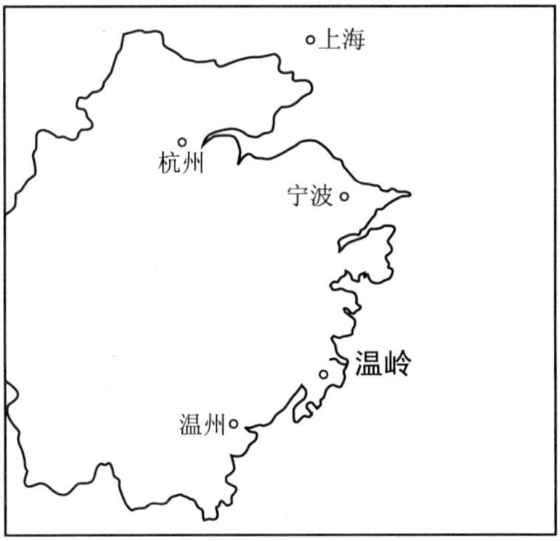

温岭全市陆域面积 920 多平方公里，岛屿面积 14.89 平方公里，滩涂面积 155 平方公里，共有大小岛屿（海礁）122 个。陆域地势自西和西南向东渐倾，西部和西南部为低山丘陵，北部、中部和东部为平原。

长达 235 公里的海岸线和广为 1079 平方公里的海域面积，使温岭拥有非常丰富的海洋资源和发达的渔业，海洋捕捞量多年来居浙江省前列。温岭东南面的松门、石塘一带，不但是浙江的渔业重地，还有多个天然深水良港和避风良港，其中礁山港是温岭市唯一的对台（湾）贸易港。

---

① 本节资料和数据来源于温岭市人民政府正在编撰的《温岭市志》，特此致谢！

山海兼秀的温岭，拥有“中国优秀旅游城市”的称号。总面积为16.18平方公里的“长屿硐天”，是国家级重点风景名胜区、国家4A级旅游区。“长屿硐天”是南北朝以来人工开凿石板后形成的石文化景观，历经1500余年，共留下了28个硐群和1314个硐体，拥有独具魅力的亚洲唯一的“天然岩洞音乐厅”，并荣获世界吉尼斯之最；世界地质公园“方山——南嵩岩景区”，为北雁荡山余脉，以侏罗纪火山地貌为基础，集自然景观和悠久的宗教活动历史为一体；素有“东方巴黎圣母院”之称的千年曙光镇——石塘，更是从20世纪80年代起就在海内外画家中声名鹊起。此外，温岭自古即为佛教和道教胜地，现存佛教、道教寺观几百处。

温岭市现辖5个街道、11个镇、97个社区（居）委会、830个行政村，人口总数为台州市九个县（市、区）之最，也是全国人口密度最大的县市之一。至2011年末，温岭全市人口有119.93万人。随着经济的发展，个别少数民族如侗族、满族等姑娘嫁入温岭，从而改变了其纯汉族聚居的性质。温岭的市树为香樟树，市花为桂花。

贰　历史沿革[①]

温岭的文明起源很早，远在新石器时期就已有人类生息繁衍。夏、商、周时为东瓯地。据《嘉靖太平县志卷之一》记载，“太平，古东瓯地，为南纪山河之终”[②]，“太平故黄岩县南壤，其在《禹贡》为扬州之域，荒服之地”[③]。这里的“太平”就是指今天的温岭。据专家考证，在温岭大溪镇发现的徐堰王古城为战国时代的遗址。在古城附近仍保留着唐、宋时期的七座古窑址。

温岭，秦时属闽中郡。东汉永建四年（公元129年），析会稽郡章安县之东瓯乡置永宁县。三国吴以会稽东部立临海郡，永宁遂属临海郡。唐武德年间，以临海县置台州。武后天授元年（公元690年），改永宁为黄岩。成化五年（公元1469年），析黄岩南方岩、太平、繁昌三乡、管都二十一置太平县，治太平乡，因境内有太平山而得名。但当时境内“地最洼下，昔人谓为釜底，四十岁率九荒，民或茭牧其中”[④]。成化十二年，析温州之

---

① 本部分材料除了已注明的文献出处外，主要来源于《温岭县志》（温岭县志编纂委员会编，浙江人民出版社，1992年）。

② 浙江温岭方志办编：《太平县古志三种》，中华书局1997年版，第14页。

③ 同上书，第11页。

④ 同上书，第35页。

乐清下山凡六都以附益之，属台州府。温岭当时在台州府城南一百五十里，县境介于台（州）、温（州）之间，其东西相距七十五里，南北相距八十三里。至乾隆六十年（1795年），邑境经多次更替后较前稍展。因此，正如《嘉庆太平县志卷之一上》中记载的："太平立县最后，谈者皆知为故黄岩南壤，然继析入乐清，则固台、温二郡地。况自晋太宁后、唐天授前，其或属台、属温，分合无定，历代皆有地志，宜考旧志，追溯指晰。"①

民国三年（1914年），因与山西、安徽、四川等省太平县同名，故取县西温峤岭之别称"温岭"为县名，沿用至今。1949年5月28日，温岭县城解放，温岭县人民政府随之成立。1994年3月，经国务院批准，撤县设市，始称温岭市。

叁 选题的缘起、意义、研究思路和方法

3.1 缘起

从自己的母语（母方言）开始研究是汉语方言研究的传统之一。笔者籍贯为浙江温岭，将温岭方言纳入自己的研究计划自然是"分内之事"。何况对于研究汉语方言的人来说，温岭应该不算是个陌生的地名，李荣先生对此功不可没。虽然李荣先生不是最早发表温岭方言研究文章的人②，但他的四篇关于温岭方言的研究专论，以及在他那些著名的学术文章中不时出现的温岭方言的实例，凭借他超人的学术功底和研究水平，将温岭方言推到了汉语方言学界几乎无人不晓的地位。

此外，笔者有幸师从的汪平教授为李荣先生于恢复高考后首届招收的四位研究生之一。能在李荣先生嫡传弟子的指导下，完成李荣先生未尽之温岭方言研究，于笔者而言确为一件具有非同寻常意义的事情。

3.2 研究意义

第一，继续李荣先生未来得及完成的研究计划。李荣先生在《温岭方言的轻声》的文末后记中写道："关于温岭方言的声调系统，作者计划写四篇文章：1. 温岭方言的变音拙作1978只讨论格式，拟另文讨论功用。2. 温岭方言连读变调出现的范围　讨论什么格式变调，什么格式不变，尚未写定。3. 温岭方言的连读变调　拙作1979只讨论两字组和三字组，更长的格

① 浙江温岭方志办编：《太平县古志三种》，中华书局1997年版，第158页。

② 关于温岭方言的研究综述，详见第一章"语音系统"中的第三节"温岭方言语音系统研究介绍"。

式待补充。4. 温岭方言的轻声　本文的初稿曾在1988年十二月的一次吴语会议上宣读，1989年改定。此次付印，略有更动。因为限于篇幅，未能细说，有待补充。屈指算来，这计划十四年只完成一半。岁暮天寒，记此备忘。一九九一年十二月二十一日。”①

在过去的二十余年中，李荣先生的这个计划始终无人相续，不免为憾。今天，我们就试图来减轻这种遗憾。

第二，从目前屈指可数的相关研究文章来看，温岭方言的研究尚有巨大空间。李荣先生的四篇文章和杭州大学中文系方言调查组的《温岭方言》②都是讨论温岭方言的语音方面；曹广衢先生的两篇文章——《温岭话入声变调同语法的关系》③和《浙江温岭话“头”的用法研究》④，算是半篇研究语音，一篇半研究构词和语法；《温岭县志》⑤中对温岭方言的介绍虽然语音、词汇和语法均有涉及，但并不深入。可以说，温岭方言的研究并不充分和全面。因此，我们的研究将弥补温岭方言研究之不足。

第三，具有现代语言学意义的汉语方言研究的开山之作——赵元任先生的《现代吴语的研究》所选的33个吴语代表点中并没有温岭。在此后的八十余年间，除了我们上述提及的零星文章外，温岭方言的研究语料严重不足，影响了对吴语的全面和真实的认识。特别是包括温岭方言在内的台州方言研究比较薄弱，从而导致在吴语内部南北分区问题的探讨上缺乏语言事实的有力支撑。因此，我们的研究将以温岭方言为基点，同时推及整个台州方言，深化对台州片方言在吴语中的分区归属等问题的研究。

第四，语言总是处于发展变化之中的。半个多世纪前的温岭方言和今天的温岭方言之间肯定存在着一些差异。我们的研究不但要填补温岭方言研究的空白，还将提供最新的温岭方言的真实面貌，通过新旧材料的对比和分析来展现温岭方言的历时变化，推动对语言接触和语言变异的研究。

第五，由于温岭地处古东瓯之地，“在台最南，号僻左，民尤质直愿悫……比之他邑，尤差近古”⑥，因此，温岭方言中保留了很多古语成分。这些古语成分在语音、词汇和语法方面都有一定的留存。通过温岭方言的深入研究，整理和发掘出更多的古代吴语的痕迹，将会有助于我们追溯吴

① 李荣：《温岭方言的轻声》，《方言》1992年第1期。

② 杭州大学中文系方言调查组：《温岭方言》，《杭州大学学报》1959年第3期。

③ 曹广衢：《温岭话入声变调同语法的关系》，《中国语文》1958年第4期。

④ 曹广衢：《浙江温岭话“头”的用法研究》，《中国语文》1959年第1期。

⑤ 温岭县志编纂委员会编：《温岭县志》，浙江人民出版社1992年版。

⑥ 浙江温岭方志办编：《太平县古志三种》，中华书局1997年版，第39页。

语的源头，从而推进对中古汉语的研究。

3.3 研究思路和方法

我们的研究建立在对温岭方言的实地田野调查的基础上，尽可能忠实、全面、详尽地记录和描写温岭方言的真实面貌。同时，通过与现有研究成果的比较，来分析、探讨温岭方言的语言特征，并从温岭方言这个“点”所折射出的语言现象，推及整个台州方言，从而深化对台州方言在吴语中的客观地位的认识。我们在遵循以事实说话、以真实充分的描写立身的原则下，进一步推进对温岭方言的广泛而深入的研究。

根据温岭方言的语言事实及其已有研究的基础，我们的研究在以下几方面特别予以关注：

（1）笔者虽是温岭人，但确切地说是温岭泽国人。泽国在温岭最北面，与黄岩和路桥接壤，因此，泽国话带有明显的“黄岩腔”（详见第四章“内部差异”）。如果我们以泽国话为温岭方言的代表点的话，可能无法很好地代表温岭方言，从而削弱了温岭方言的“原型”特征。因此，我们还是将温岭市政府所在地太平话作为代表点，而且太平话事实上也具有作为温岭方言“原型”的意义。但是，我们的研究视点没有局限于太平话，而是将温岭方言内部的差异性充分地展现出来。

（2）避免不同语言要素研究上的平均主义，即不能在语音、词汇、语法上一视同仁，平均用力。对于前人尚未涉足的领域，我们在自由补充的同时，突出温岭方言的特点。如果事无巨细、面面俱到地进行描写的话，最终反而会模糊掉温岭方言的鲜明个性；而对前人已经设定的无法企及的研究领域，我们借助重新调查所得的语料，以语言事实为准绳，进行细致地比较和分析，以期在学习名人、大家典范文章的同时，发现一些语言的变异现象以及相异之处，从而加深对温岭方言的真实性、丰富性和复杂性的认识。

（3）注重现代语言学意义上的传统方言研究方法和其他现代语言学研究方法的有机结合。在面对温岭方言这样一种已有李荣先生等名人大家经典性研究成果高高在上，跟目前时间的跨度又不大，语言事实基本一致的研究对象时，尽可能避免简单重复前贤的研究成果，而是吸取他们已经打造到炉火纯青的地步的传统方言研究的精髓，运用实验语音学、社会语言学等研究理论和研究方法，对有异议的语言材料和语言现象进行小心地求证和分析，从而提高我们研究的可信度，并深化对温岭方言的研究。

（4）注重传统的精细描写和适切的分析解释之间的有机统一。以基于实地调查的温岭方言的语言事实为准绳，对温岭方言内部各点、温岭方言和台州其他各点之间、温岭方言与吴语其他各点之间，以及在必要的时候与整个汉语方言进行适切地比较，在尽可能详实地提供温岭方言语料的同时，也表达我们对某些重要语言现象的认识和思考。

肆　凡例

一、本文所指“温岭方言”为吴语温岭方言，不包括温岭境内的一个闽南方言岛——箬山话[①]。

二、文中如无特别说明，“温岭方言”是指以温岭太平（温岭市政府所在地）话为代表的温岭话。

三、文中除了个别章节中的特别说明外，所有注音均为国际音标。轻声不标调。

四、文字中下加单线者为白读字；双线者为文读字；浪线者为同音字，与意义无关；“□”表示有音而暂无适当的字可写；“～”表示前面所涉字词等的重复。

五、其他临时使用的符号等，见随文注释。

① 箬山话的介绍详见《浙江温岭的一个闽南方言岛——箬山话》，阮咏梅：《方言》2011年第3期。

第一章　语音系统

第一节　声韵调

1.1　声母

温岭方言的声母共 34 个，见表 1。表中声母例字代表不同的中古音来历，即一个例字表示中古的一个声母。

表 1

p	班	t	东	ts	早猪斩芝	tɕ	煎张臻整脚	k	国
pʰ	攀	tʰ	铁	tsʰ	醋耻厕齿	tɕʰ	枪畅创丑渴溪	kʰ	区
b	白肥	d	头	dz	茶查	dʑ	钱缠镯剩近	g	跪
ʔm	马晚	ʔn	囡拟			ʔȵ	女染语	ʔŋ	我
m	麻袜	n	南轮疑			ȵ	年日尧阎	ŋ	芽
		ʔl	老						
		l	兰						
f	风丰辅			s	丝山舍	ɕ	小渗烧香	h	靴
v	佛			z	锄柴是蛇耳木～	ʑ	情斜船石然	ɦ	毫炎油
								ʔ	旱碗远

说明：

（1）鼻、边音声母[m n ȵ ŋ l]实际有带浊流的[ɦm ɦn ɦȵ ɦŋ ɦl]与带紧喉的[ʔm ʔn ʔȵ ʔŋ ʔl]的对立。为简化符号，我们将带浊流的[ɦm ɦn ɦȵ ɦŋ ɦl]省略成[m n ȵ ŋ l]。

（2）古见系细音字的声母[k kʰ g h]的实际发音部位靠前，分别为舌面中音[c cʰ ɟ ç]。

（3）舌面前音[tɕ tɕʰ dʑ ɕ ʑ]发音时，舌面与硬腭接触的面积比北京话中的舌面前音要多些。

1.2　韵母

温岭方言的韵母，包括鼻辅音充当的韵母，共有 51 个，见表 2。表中韵母例字代表不同的中古音来历，一个例字代表中古一个韵摄。受普通话影响产生的个别书面语新读音不属本音系，如有人将“二而尔”等字读成[əl]之类的音。

表 2

ɿ	猪师	i	制被	u	波布多	y	雨桂龟
a	拜外	ia	茄写	ua	化快		
ɛ	兰旦	iɛ	甘看	uɛ	关		
e	在悲	ie	尖面				
ɔ	饱	iɔ	小				
o	爬瓦						
ø	搬			uø	灰官	yø	闩远
ɤ	走	iɤ	后				
ɯ	哥	iɯ	油				
ã	冷	iã	想腔	uã	横~直		
ɔ̃	方棒			uɔ̃	光横箬~：温岭地名	yɔ̃	往窗
øn	寸						
ən	门	in	心人孕正	uən	温	yn	军
ɤŋ	跟			uŋ	翁	yuŋ	兄中
aʔ	百刻佛色	iaʔ	阅脚	uaʔ	划		
əʔ	喝八佛	iəʔ	甲立蜜七食席	uəʔ	活		
ɤʔ	黑						
oʔ	乐学			uoʔ	骨镬国哭获	yoʔ	肉
øʔ	粒夺卒诺					yøʔ	月橘
m	亩	n	儿	ŋ	恩耳~朵		

说明：

（1）[o]实际发音时舌位偏前、偏低，开口度较小。

（2）[u]发音时有时候前有[ə]的过渡。

（3）[iɯ]音中的[ɯ]实际舌位略低。这个音现在绝大部分人读为[iu]。本音系和语音分析比较部分仍保留此音，但词汇和语法部分的注音中则从众为[iu]。

（4）[yn]发音时有时候在[y]向[n]滑动时有[ə]的过渡音，前拼舌面前浊擦音或浊塞擦音声母时主要元音有些许卷舌色彩，类似于[ʮ]。

（5）[aʔ iaʔ uaʔ]中的[a]接近[ɐ]。

（6）[əʔ uəʔ]中的[ə]实际上介于[ə]和[ɛ]之间。

（7）[iəʔ]在舌根音声母后发成[iəʔ]，在非舌根音声母后实际读音近[iɪʔ]，但两者互补。[iɪʔ]不太稳定，有时候开口度大点儿，发成[iəʔ]。本文一律统一为[iəʔ]。

（8）[yøʔ]中的主要元音开口度偏小，实际在[y]和[ø]之间。

（9）[m n ŋ]充当韵母时只能和声母[ʔ h ɦ]相拼。这里的[h]表示与后面所拼鼻音声母同部位的清送气音。

1.3 声调

温岭方言有 9 个单字调，其中两个是变音，详见表 3。

表 3

调类	调值	例字	调类	调值	例字
阴平	[33]	东天刚初	阳平	[31]	田平近道
阴上	[42]	懂米草女			
阴去	[55]	冻线教唱	阳去	[13]	洞路助共
阴入	[5]	督百笔吃	阳入	[2]	月白合泽
升变音	[15]	花箫鹅瓶	降变音	[51]	棒饺袋鸭

温岭方言单字调中的阳平来自古浊平和全浊上，但在连读变调中，它们没有合二为一，而是各自呈现不同的变调形式。所以说，古四声在今温岭方言中分化为 7 个单字本调，但在连读变调中则出现了 8 个调类的不同组合模式。

温岭方言中的两个变音，是相对于上述 7 个单字本调而言的。本调是平声的，变音一般为升变音，如“虾、皮、乌、黄”等；本调是仄声的，变音一般是降变音，如“桶、盖、角、碟”等。舒声字的变音只变声调，声母和韵母不变；入声字的变音则声母保持不变，但韵母和声调均变。至于这两个变音的调值，实际上并没有高升或高降到底，考虑到温岭方言单字调系统中已有一个低声调（阳去 13）和两个降调（阳平 31 和阴上 42），为了使两个变音与它们区别开来，且又鲜明地体现两个变音的特征，故现将升变音的调值定为 15，降变音为 51。

第二节 声韵调拼合关系

温岭方言声母和声调的拼合关系不存在内部差异，但是在声母和韵母的拼合上存在比较明显的内部差异（详见第六章）。下面分别介绍温岭方言声韵调之间的拼合关系。

2.1 声母、声调拼合关系

温岭方言中的次浊声母分紧喉和浊流两套后，各随清声母拼阴调、全浊声母拼阳调，但是所有声母均能与“变音”相拼，并且不受升变音和降变音变读规则的限制。具体见表 4，表中“+”号表示能相拼，“−”号表示不能相拼。

表 4　　温岭方言声母和声调拼合关系表

<table>
<tr><th colspan="2">声调
声母</th><th>阴平
33</th><th>阴上
42</th><th>阴去
55</th><th>阴入
5</th><th>阳平
31</th><th>阳去
13</th><th>阳入
2</th><th>升变
音 15</th><th>降变
音 51</th></tr>
<tr><td>清</td><td>p p^h f t t^h tɕ tɕ^h ɕ
ts ts^h s k k^h h ʔ</td><td rowspan="2">+</td><td rowspan="2">+</td><td rowspan="2">+</td><td rowspan="2">+</td><td rowspan="2">-</td><td rowspan="2">-</td><td rowspan="2">-</td><td rowspan="4">+</td><td rowspan="4">+</td></tr>
<tr><td rowspan="2">次浊</td><td>ʔm ʔn ʔȵ ʔŋ ʔl</td></tr>
<tr><td>m n ȵ ŋ l</td><td rowspan="2">-</td><td rowspan="2">-</td><td rowspan="2">-</td><td rowspan="2">-</td><td rowspan="2">+</td><td rowspan="2">+</td><td rowspan="2">+</td></tr>
<tr><td>全浊</td><td>b v d dʑ ʑ dz z g ɦ</td></tr>
</table>

2.2　声母、韵母拼合关系

温岭方言的声母和韵母之间的拼合规律见表 5。表中“+”表示横排的声母和竖列的韵母存在拼合关系，但并不表示该组声母能和此类所有韵母相拼；“-”表示任何情况下都不能相拼。温岭方言中由[i u y]充当的单韵母（以下简称为 A 类）和以[i u y]为介音的韵母（以下简称为 B 类），与声母的拼合关系并不完全一致，开口呼中舌尖元音[ɿ]和其他舌面元音与声母的拼合关系更是大相径庭，因此，我们在四呼韵母下都将它们区分开来说明。

表 5　　温岭方言声母和韵母拼合关系表

韵母 声母	开口呼		齐齿呼		合口呼		撮口呼	
	ɿ	其他	i （A 类）	i- （B 类）	u （A 类）	u- （B 类）	y （A 类）	y- （B 类）
p p^h b ʔm m	-	+	+	+	+	+	-	-
f v	-	+	+	+	+	-	-	-
t t^h d	-	+	+	+	+	-	+	-
ʔn n	-	+	+	-	+	+	-	-
ʔȵ ȵ	-	-	-	+	-	-	+	+
ʔl l	-	+	+	+	-	-	+	-
ts ts^h dz s z	+	+	-	-	+	+	-	-
tɕ tɕ^h dʑ ɕ ʑ	-	-	+	+	-	-	+	+
k k^h g h	-	+	-	+	+	+	+	+
ʔŋ ŋ	-	+	-	-	-	-	-	-
ɦ ʔ	-	+	+	+	+	+	+	+

2.2.1 从声母的角度看声韵拼合关系

（1）双唇音声母[p pʰ b ʔm m]不能与舌尖元音[ɿ]和撮口呼韵母相拼，与开口呼、齐齿呼、合口呼韵母存在一定的拼合关系，但是不拼开口呼中的[ɤŋ øn øʔ]、齐齿呼中的[ia iɛ iɯ ia]，合口呼中能相拼的只有[u uŋ]两个韵母。

（2）唇齿音声母[f v] 不能与[ɿ]、除[u]外的合口呼以及所有的撮口呼韵母相拼。与开口呼、齐齿呼韵母存在一定的拼合关系，但不能与开口呼中的[a o ø ã ɤŋ øn øʔ]相拼，齐齿呼中能完全拼合的实际上只有[i]，[iɤ]和[iɔ]中也只有个别字能相拼，如“否浮|□“弗晓”的合音”等，其余的都不能相拼。

（3）舌尖前塞音声母[t tʰ d]不能相拼的韵母有[ɿ ɤŋ iɛ iã iaʔ]和除[u]外的所有合口呼韵母。撮口呼中实际上除了一个音节[ty⁵⁵]①外，也都是不能相拼的。能与齐齿呼韵母[ia]相拼的也只有一个“爹”字。

（4）舌尖前鼻音[ʔn n]和舌面前鼻音[ʔȵ ȵ]除了都不能与[ɿ]相拼外，其余所拼的韵母是呈互补关系的。

舌尖前边音[ʔl l]除了能与[i]开头的齐齿呼韵母相拼——这一点与[ʔn n]相反外，其余皆同于[ʔn n]。

（5）舌尖前塞擦音声母[ts tsʰ dz s z]不能与细音相拼，开口呼中不能相拼的韵母是[ɤŋ]，合口呼中除了[u uŋ]外，其余的韵母也都不能相拼。

舌面前塞擦音声母[tɕ tɕʰ dʑ ɕ ʑ]与韵母的拼合关系总的来说正好与[ts tsʰ dz s z]相反，即呈互补关系：[tɕ tɕʰ dʑ ɕ ʑ]能拼细音，[ts tsʰ dz s z]能拼洪音（不包括[ɤŋ ua uɛ uø uən uã uɔ̃ uaʔ uəʔ uoʔ]）。

（6）舌根音声母[k kʰ g h]和韵母的拼合关系是温岭方言语音最大的特色之一。除了都不能与[ɿ]相拼外，[k kʰ g h]在开口呼、合口呼、齐齿呼单韵母[i]的拼合上与[tɕ tɕʰ dʑ ɕ（ʑ）]呈互补关系，即[k kʰ g h]能拼洪音（[ø øn øʔ]除外），不能拼[i]，[tɕ tɕʰ dʑ ɕ ʑ]则相反，它们能拼细音，不能拼洪音。

[k kʰ g h]和[tɕ tɕʰ dʑ ɕ（ʑ）]在撮口呼和非[i]的齐齿呼韵母成对立关系，确切地说，它们同时能与[ie iəʔ y yø yn yøʔ]韵母相拼形成不同的音节。在温岭方言中，去[kʰie⁵⁵]≠欠[tɕʰie⁵⁵]、甲[kiəʔ⁵]≠节[tɕiəʔ⁵]、居[ky³³]≠朱[tɕy³³]、绢[kyø³³]≠专[tɕyø³³]、菌[kʰyn⁴²]≠蠢[tɕʰyn⁴²]、屈[kʰyøʔ⁵]≠出[tɕʰyøʔ⁵]。

（7）舌根鼻音[ʔŋ ŋ]只能与开口呼中的舌面韵母相拼，具体能拼的韵母有[a ɔ o ɯ ã ɔ̃ oʔ]七个。[ʔŋ ŋ]和[ʔȵ ȵ]呈互补关系，但是与[ʔn n]对立。

（8）喉音声母[ɦ ʔ]不能拼[ɿ ɤ øn ən ɤŋ iɛ uŋ]，[ʔ]还不能拼[ø]。

2.2.2 从韵母的角度看声韵拼合关系

按韵母的四呼分类，温岭方言四呼分别包含的韵母数及其所拼声母的

---

① 象声词，模拟汽车喇叭声：[ty³³ty³³ʔmã³³ ʔmã³³]，也有人发成[tu³³]音。

个数是有差异的。在不包括鼻辅音韵母的 48 个温岭方言韵母中，开口呼韵母数最多，有 19 个；撮口呼韵母数最少，为 7 个；齐齿呼与合口呼的数目均等，各 11 个。开、齐、合、撮各呼所含韵母数与 48 个韵母总数的比例分别是：39.6%—22.9%—22.9%—14.6%。比较全国 47 个汉语方言点四呼所含韵母的平均数：38%—30%—23%—9%[①]，温岭方言的开口呼和合口呼韵母数与全国平均数基本持平，齐齿呼韵母少而撮口呼韵母多。相对来说，温岭方言四呼所含韵母的均衡性还是比较强的，因为与位居均衡性第二的晋语平遥话的比例（35%—23.5%—23.5%—18%）[②]比较接近。

温岭方言各呼韵母与声母拼合关系上的不平衡性并不表现在其所拼声母数目的悬殊差距上，而是更多地表现在同一呼内部 A 类和 B 类韵母[③]所拼声母数的不均衡上。表 6 是各呼韵母及其所拼声母的数目。表左首列为四呼名，第二列为温岭方言中各呼所含的韵母数；每行韵母下的相应数字表示该韵母在温岭方言中能拼合的声母数。比如韵母[ʅ]能拼 5 个声母([ʦ ʦ^{h} ʥ s z])，具体所拼声母见下文“2.3 温岭方言声韵调拼合表”。

表 6　　温岭方言四呼韵母所拼的声母数

开口呼	19	ʅ	e	ø	ɛ	a	ɔ	o	ɤ	ɯ		
		5	19	14	22	25	25	20	10	6		
		ən	øn	ã	ɔ̃	ɤŋ	əʔ	øʔ	aʔ	oʔ	ɤʔ	
		17	9	21	25	5	17	10	15	23	1	
齐齿呼	11	i	ie	iɛ	ia	iɔ	iɤ	iɯ	in	iã	iəʔ	iaʔ
		21	22	5	8	20	14	11	19	11	22	8
合口呼	11	u	uø	uɛ	ua	uən	uã	uɔ̃	uŋ	uəʔ	uaʔ	uoʔ
		24	5	6	5	6	5	6	24	6	1	4
撮口呼	7	y	yø	yn	yɔ̃	yuŋ	yøʔ	yoʔ				
		15	13	11	6	8	8	9				

温岭方言四呼所拼声母总数为 612 个，平均每个韵母拼 12.8 个声母。按照各呼所拼声母的平均数来看，开口呼最多，为 15.2 个；其次是齐齿呼，为 14.6 个；位列第三的是撮口呼，为 10 个；最少的是合口呼，才 8.4 个。我们将各呼所拼声母的平均数与温岭方言 34 个声母总数作个比较，它们的

① 汪平：《方言平议》，华中科技大学出版社 2003 年版，第 14 页。

② 同上。

③ 参照汪平先生（2003:13）的划分：A 类指[i u y]韵母，B 类指以它们为介音的韵母。

具体比例依次为：开口呼 44.7%—齐齿呼 43.1%—撮口呼 29.4%—合口呼 24.6%。而全国 47 个汉语方言点各呼所拼声母数的高低次序为：开口呼—齐齿呼—合口呼—撮口呼[①]。两者之间的差异在于合口呼与撮口呼的异位。造成这种差异的主要原因就是在温岭方言中很多撮口呼韵母不但能与舌面声母相拼，还能与舌根声母相拼，保留了中古见组声母拼合口三四等韵时不腭化的特点。

从单个韵母所拼的声母数来看，拼合能力最强的是两个单元音韵母[a]和[ɔ]，都能拼 25 个声母；最少的是两个入声韵[ɤʔ]和[uaʔ]，都只能拼 1 个声母——[ɤʔ]前拼[h]，[uaʔ]前拼[ɦ]。[h]和[ɦ]是喉音，音节[hɤʔ]和[ɦuaʔ]中的字都来自古晓匣母。

从各呼所拼声母数的内部差异来看，开口呼内部最不平衡，所拼声母数最多和最少的都在开口呼中，最多的有 25 个，最少的只有 1 个；合口呼与开口呼非常接近，最多的有 24 个，最少的也只有 1 个；齐齿呼的声母多寡在 22—5 之间，撮口呼的内部差异最小，所拼声母数在 15—6 之间。如果从齐、合、撮三呼的内部 A、B 两类所拼声母的差异来看，则是合口呼内部的差异最大：70.6%（A 类）—20%（B 类）[②]，B 类韵母中除了[uŋ]韵母与 A 类[u]一样都能拼 24 个声母外，其余的平均数低于 5 个以下。齐齿呼和撮口呼内 A 类和 B 类的差距相对比较接近，齐齿呼为 61.8%（A 类）—41.2%（B 类），撮口呼为 44.1%(A 类)—27%（B 类）。

根据韵母四呼结构的不同，全国汉语方言可以分成两大派：均衡派和不均衡派，吴语和其他除闽语、晋语外的非官话一般可归于不均衡派。（汪平 2003:17）以上的比较分析表明，温岭方言的四呼韵母与声母的拼合关系有其自身的独特性。

2.3 声母、韵母、声调拼合关系

声韵调拼合关系反映的是音系结构。我们用以下十四张表来展示温岭方言的声韵调拼合关系。表中韵母的排列兼顾了与声母拼合关系上的相似性，例字尽可能避免生僻字和多音字，空格表示目前为止尚未发现存在该组声韵调的拼合关系。

---

① 汪平：《方言平议》，华中科技大学出版社 2003 年版，第 15 页。

② A 类的数据是[i u y]3 个韵母各自所拼声母的数目与温岭方言 34 个声母总数之比，B 类的数据是各呼中 B 类韵母所拼声母的总数除以该 B 类韵母数后所得的平均数与 34 个声母总数之比。

温岭方言声韵调拼合表之一

	ɿ					ɯ					uən				
	阴平	阳平	阴上	阴去	阳去	阴平	阳平	阴上	阴去	阳去	阴平	阳平	阴上	阴去	阳去
ts	猪		纸	智											
tsʰ	雌		鼠	刺											
ʥ		迟			箸										
s	师		死	四											
z		市			字										
k						哥			个~人		崑		滚	棍	
kʰ						柯					坤		捆	睏	
g							跍								膭
ŋ							俄			误					
h											昏				
ɦ							河			贺		魂			混
ʔ									屙		温		稳	揾	

跍：gɯ31 蹲

温岭方言声韵调拼合表之二

	a					ɛ					e					ɤ				
	阴平	阳平	阴上	阴去	阳去	阴平	阳平	阴上	阴去	阳去	阴平	阳平	阴上	阴去	阳去	阴平	阳平	阴上	阴去	阳去
p	<u>巴</u>		摆	拜		班		板	扮		悲		□	贝						
pʰ	葩			派		攀			盼		坯		□	配						
b		排			败		爿			办		陪			佩					
ʔm	□		买			**蛮**		晚					每							
m		埋			卖		**蛮**			慢		梅			昧					
f						帆		反	泛					**⿰勿会**						
v							凡			饭		⿰白力								

ʔma：歪斜

da31：哭

蛮：ʔmɛ33～好：挺好

　　mɛ31 野～

pe42：“拨渠”的合音，即“给他（她）”的意思

pʰe42：翻找；挖取

ʔme：人很虚弱

⿰勿会 fe55：“弗会”的合音，表“不会、不愿意”的意思

续表

	a					ε					e					ɤ				
	阴平	阳平	阴上	阴去	阳去	阴平	阳平	阴上	阴去	阳去	阴平	阳平	阴上	阴去	阳去	阴平	阳平	阴上	阴去	阳去
t				带		担		胆	旦		堆		肑	对		兜		抖	**斗**	
t^h	他			太		贪		毯	碳		推		腿	退		偷		**敨**	透	
d		□			汏		谈			蛋		待			队		头			豆
ʔn	**奶**		乃					囡					馁	□						
n		挪			奈		男			**难**					内					
ʔl	**拉**		□					懒			□		垒							
l					**拉**		蓝			烂		来			类		楼			漏
ts	抓		咋	债		簪		盏	蘸		载		宰	最				走	奏	
ts^h	**差**			蔡		餐		惨	颤		催		彩	菜					凑	
dz		查			寨		赚			站							愁			骤
s	□		驶	晒		三		伞	**散**		衰			碎		搜			嗽	
z		柴		瘵			潺			□		罪			锐					
k	街		解	戒																
k^h	揩		卡																	
g		□			□															
ŋ		崖			外															
h	哈		蟹	□		憨		喊	汉		虚		海	□						
ɦ		鞋			械		闲			陷		孩			害					
ʔ	挨		矮	隘		安		限	晏		哀		蔼	爱						

肑：te⁴² 拉扯；抽搐

敨：t^hɤ⁴² 展开；喘气

奶：ʔna³³（1）乳房；（2）乳汁

拉：ʔla³³～手

　　la¹³～尿

ʔla⁴²：～泼：大方；泼辣

差：ts^ha³³（1）派使；（2）出差

sa³³：用拳头狠狠地打

瘵：za¹³ 瘦

ga³¹：～门：不情愿

ga¹³：用刀切：～猪肉

ha⁵⁵：众多之中：人～|沙～

难：nε¹³ 落～

散：sε⁵⁵ 分～

zε¹³：整块材料裁剪后剩下的边角料

ʔne⁵⁵：温柔又耐心

ʔle³³：讲话时舌头不灵活

虚：he³³～扑扑：松软、虚胖

he⁵⁵：这些；这种：～人、～物事

温岭方言声韵调拼合表之三

	ɔ					o					ø				
	阴平	阳平	阴上	阴去	阳去	阴平	阳平	阴上	阴去	阳去	阴平	阳平	阴上	阴去	阳去
p	包		宝	豹		疤		把	霸		搬			半	
p^h	抛		跑	泡					怕		潘			判	
b		抱			刨		爬			匏		盘			叛
ʔm	猫		卯	□				马					满		
m		毛			帽		麻					瞒			
f			□												
v															
t	刀		岛	到							端		短	□	
t^h	滔		讨	套											
d		逃			导							团			段
ʔn			脑	□											
n					闹		□			耐					
ʔl	捞		老										卵	□	
l		牢			耢							峦			恋
ts	搔		早	灶		楂			榨		**钻**			**钻**	
ts^h	抄		草	糙		车		□	错		氽		喘	**蹿**	
ʥ							茶								□
s	骚		扫	燥		纱		所	晒		酸			**算**	
z		曹			□		蛇			射					
k	高		搞	告		家		假	嫁						
k^h	敲		巧	靠				可	抲						
g		□			□		□			□					
ʔŋ								我							
ŋ		熬			傲		牙			砑					
h	蒿		好	孝		虾		卸	□						
ɦ		豪			号		霞			贺					□
ʔ			袄	澳				哑	挜						

$ʔmɔ^{55}$：眯缝着眼；因睏倦而眼皮耷拉

$fɔ^{42}$：“弗好”的合音。常常读降变音

$ʔnɔ^{55}$：赌气

耢：$lɔ^{13}$点头；用锄头挖；用脚踢人

$zɔ^{13}$：荒～：肚里油水少

$gɔ^{31}$：不通畅；不顺利

$gɔ^{13}$：脚搁起来

no^{31}：～～：“猪肉”的儿语

ts^ho^{42}：踩

go^{31}：收缴非法交易物

go^{13}：嗳气

ho^{55}：眼睛眯缝

挜：$ʔo^{55}$硬劝别人收下或买下

莔：$mø^{31}$～烟：烟雾缭绕；～裆裤

$tø^{55}$：～价钿：还价

钻：$tsø^{33}$动词

$tsø^{55}$名词

蹿：$ts^hø^{55}$跳

$ʥø^{13}$：穿过；钻过

$ʔlø^{55}$：扔掉；丢弃

$ɦø^{13}$：干呕

温岭方言声韵调拼合表之四

	ã					ɔ̃					øn					ən				
	阴平	阳平	阴上	阴去	阳去	阴平	阳平	阴上	阴去	阳去	阴平	阳平	阴上	阴去	阳去	阴平	阳平	阴上	阴去	阳去
p	浜			□		帮		绑	谤							畚		本	奔	
pʰ	砰					滂			胖										喷	
b		彭			碰		旁										盆			笨
ʔm			猛	□				网											焖	
m		氓			孟		忙			忘							门			问
f						方		访	放										奋	
v							房			妄							文			份
t			**打**			裆		档	**当**		吨		盹	顿						
tʰ	□			□		汤		躺	烫		吞			□						
d							糖			荡		屯			钝					
ʔn				□				攮					暖							
n		□					囊					轮			嫩					
ʔl			冷			啷		朗												
l							狼			浪										
ts	争			挣		庄		□	葬		尊									
tsʰ	撑			牚		仓			唱		村		忖	寸						
ʥ		□			□															
s	生		省	**䂻**		桑		赏	丧		森		损							
z							尝			尚		存			□					
k	羹		耿	□		江		讲	降											
kʰ	坑					糠		慷	抗											
g		□			□		**㽘**			□										
ŋ					硬		昂													
h	夯			**亨**																
ɦ		衡			**行**		航			**笐**										
ʔ	樱		幸			□		项												

pã⁵⁵：碍手碍脚

ʔmã⁵⁵：眼神涣散

tʰã⁵⁵：～锣：锣

tʰã⁵⁵：自由、散漫

ʔnã⁵⁵：竭尽全力

nã³¹：（头、手、身体）伸出去

ʥã³¹：争抢

ʥã¹³：挤；钻

䂻：sã⁵⁵往缝隙里填塞东西以稳固物体

kã⁵⁵：伸手（脚）阻挡

gã³¹：“吃”的俗称和贬称

gã¹³：阻挡；妨碍

亨：hã⁵⁵大～

行：hã¹³品～

㽘：gɔ̃³¹田垄

gɔ̃¹³：耽误（时间、学习、上班等）

笐：hɔ̃¹³大竹竿

tʰøn⁵⁵：解套

zøn¹³：放置

温岭方言声韵调拼合表之五

	aʔ		əʔ		ɤʔ		oʔ		øʔ		ɤŋ				
	阴入	阳入	阴入	阳入	阴入	阳入	阴入	阳入	阴入	阳入	阴平	阳平	阴上	阴去	阳去
p	百		八				北								
p^h	拍		泼				趴								
b		白		拔				薄							
ʔm	□						摸								
m		麦		袜				木							
f			法				福								
v				罚				服							
t			德				督		答		灯		等	凳	
t^h			塔				托		脱		□				
d				踏				毒		夺		腾			邓
ʔn									粒				□	恁	
n				捺						诺		能			
ʔl				剌			碌						楞		
l				猎				六		捋		棱			□
ts	则						作		卒		增		怎		
ts^h	册						促		撮		参			蹭	
dʑ		宅										□			
s			色				索		率						
z		贼		闸				族		杂		层			赠
k	格		个				各				根		哏		
k^h	客				刻			壳			啃		肯	□	
g		轧						搁				□		□	
ʔŋ	□														
ŋ		额						鹤							
h	吓		喝		黑		□				哼		狠		
ɦ				核				学				痕			恨
ʔ	轭		压				恶								

ʔmaʔ⁵：小心翼翼地走

ʔŋaʔ⁵：折断

刻：一～：一会儿

搁：goʔ² 搁浅；卡住

t^hɤŋ³³：（质量、水平等）差

hoʔ⁵：害怕

ʔnɤŋ⁴²：～～声：表示很爽快、勤快、热心的样子

lɤŋ¹³：掂量

参：ts^hɤŋ³³ 参差

dʑɤŋ³¹：象声词，门撞击的声音

k^hɤŋ⁵⁵：使……正好

gɤŋ³¹：门虚掩

gɤŋ¹³：量词，一～：手指张开时从中指尖到大拇指尖间的距离

温岭方言声韵调拼合表之六

	i					ia					iɛ				
	阴平	阳平	阴上	阴去	阳去	阴平	阳平	阴上	阴去	阳去	阴平	阳平	阴上	阴去	阳去
p			比	闭											
pʰ	批		痞	屁											
b		皮			避										
ʔm	咪		米	□											
m		迷			谜										
f	飞		诽	肺											
v		微			未										
t	低		底	帝		**爹**									
tʰ	梯		体	替											
d		提			递										
ʔn			拟	□											
n		泥			义										
ʔl	哩		里												
l		离			利										
tɕ	机		几	寄		家		姐	借						
tɕʰ	溪		起	气				□	笪						
dʑ		骑			技		茄		□						
ʔȵ											□		眼		
ȵ												癌			谚
ɕ	西		喜	戏				写	泻					□	
ʑ		齐			逝		斜		谢						
k											艰		感	**监**	
kʰ											堪		舰	嵌	
g												衔		**馅**	
ɦ		移			异		爷			夜					
ʔ	医		以	亿		诬		野	亚						

ʔmi^{55}：眼睛闭上

ʔni^{55}：纠缠

爹：tia^{33} 一般读升变音，有时也用于媳妇称呼其公公。

tɕʰia^{42}：倒，斟：～茶，～酒，

笪：tɕʰia^{55} 倾斜

dʑia^{13}：假装施以钱物等诱人

诬：ʔia^{33} 批评；大喊大叫

ʔȵiɛ^{33}：～～ʔȵiɛ^{33}ʔȵiɛ$^{33\text{-}15}$：一点儿

ɕiɛ^{55}：～矣 ɕiɛ^{55}ɦi^{51}：不要

监：kiɛ^{55} 国子～

馅：giɛ^{13} 拼命挤塞；包馅儿

温岭方言声韵调拼合表之七

	ie					iɔ					iɤ				
	阴平	阳平	阴上	阴去	阳去	阴平	阳平	阴上	阴去	阳去	阴平	阳平	阴上	阴去	阳去
p	边		扁	变		标		表			□				
pʰ	偏			骗		飘		瞟	票				剖		
b		辨			便		嫖								
ʔm	咩		免			喵		秒	□				牡		
m		棉			面		描			妙		谋	某		谬
f								□					否		
v												浮			
t	癫		点	店		叼		鸟	钓						
tʰ	天		舔	㮇		**挑**		**挑**	跳						
d		甜			垫		条			调					
ʔl			脸					了							
l		连			练		辽			料					
tɕ	坚		剪	见		招		缴	照		钩		狗	够	
tɕʰ	千		浅	欠		超		巧	窍				口	扣	
dʑ		钱			缠		桥			轿		**厚**			
ʔȵ	粘		碾			□		袅	绕				藕		
ȵ		年			念		饶			绕		牛			
ɕ	先		险	扇		烧		小	笑					鲎	
ʑ		前			贱		扰								
k	该		改	锯											
kʰ	开		凯	去											
g		**渠**			**隑**										
h															
ɦ		盐			汗		摇			耀		喉			候
ʔ	烟		演	咽		妖		舀	**要**		欧		**厚**	□	

渠：gie³¹ 第三人称单数

隑：gie¹³ 倚靠

ʔmiɔ⁵⁵：偷偷地迅速一瞥

fiɔ⁴²："弗晓"的合音。～得：不晓得

挑：tʰiɔ³³～刺

　　tʰiɔ⁴²～选

ʔȵiɔ³³：娇滴滴；女性扭捏作态

要：ʔiɔ⁵⁵～弗～

piɤ³³：撇嘴

tɕʰiɤ⁴²：窥视；伺机

厚：dʑiɤ³¹～薄

　　ʔiɤ⁴² 忠～

ʔiɤ⁵⁵：比量（身高、长度）

温岭方言声韵调拼合表之八

	iɯ					iã					in				
	阴平	阳平	阴上	阴去	阳去	阴平	阳平	阴上	阴去	阳去	阴平	阳平	阴上	阴去	阳去
p											冰		丙	柄	
pʰ											乒		品	拼	
b												平			病
ʔm													敏		
m												名			命
t	丢										丁		顶	订	
tʰ											汀		挺	听	
d												停			定
ʔl	溜		柳	遛				辆			□		岭		
l		留					良			亮		林			另
tɕ	鸠		九	救		张		涨	酱		金		整	镜	
tɕʰ	秋		丑	臭		枪		抢	呛		亲		请	秤	
dʑ		求			旧		丈			弶		琴			阵
ʔȵ	□		钮	拗		孃		仰					忍	□	
ȵ							娘			酿		人			韧
ɕ	休		手	兽		乡		想	向		星		醒	信	
ʑ		受			寿		象			让		绳			盛
ɦ		油			诱		洋			样		赢			□
ʔ	幽		友	幼		秧		痒	□		英		影	印	

ʔȵiɯ^{33}：用手指拧

ʔiã^{55}：央求；劳驾别人

ʔlin^{33}：转头

ʔȵin^{55}：长时间坚持

ɦin^{13}：轻微晃动

温岭方言声韵调拼合表之九

	iaʔ		iəʔ		u					uŋ				
	阴入	阳入	阴入	阳入	阴平	阳平	阴上	阴去	阳去	阴平	阳平	阴上	阴去	阳去
p			笔		波		补	播					蹦	
pʰ			匹		颇		普	破				捧	碰	
b				**⿺走复**		婆			步		朋			
ʔm			**搣**				□					懵		
m				蜜		模			墓		**蠓**			梦
f					夫		辅	富		风		讽		
v						妇			雾		冯			凤
t			滴		多		赌	**都**		冬		懂	冻	
tʰ			踢		拖		土	兔		通		统	痛	
d				敌		图			度		铜			洞
ʔn					□		努						□	
n						奴			怒		农			
ʔl			咧		噜		鲁					拢		
l		略		列		炉			路		龙			弄
ts					租		组	做		宗		总	粽	
tsʰ					搓		楚	醋		葱				
dz														
s					苏		锁	塑		松		耸	送	
z						锄			助		崇			讼
tɕ	脚		接							中		肿		
tɕʰ	却		切							冲		宠	铳	
dʑ		**着**		杰							虫			共
ȵ		虐		日										
ʔȵ			捏											
ɕ	削		虱											
ʑ				入										
k			甲		姑		古	故		公		拱	贡	
kʰ			掐		枯		苦	裤		空 1		孔	**空** 2	
g				**犄**					□					□
ŋ														
h					呼		虎	货		轰		**哄**	蕻	
ɦ		药		叶		湖			护					
ʔ	约		一		乌		祸	□						

着：dʑiaʔ^{2} 着火

⿺走复：biəʔ^{2} 跑

搣：ʔmiəʔ^{5} 捻

犄：giəʔ^{2} 抱

ʔmu^{42}：（桌椅）脚不正

都：tu^{55} 副词

ʔnu^{33}：～～：赤子阴，后字读升变音

gu^{13}：象声词。睏得～～声

ʔu^{55}：掩埋

蠓：muŋ^{31}～蚣：蜈蚣

ʔnuŋ^{55}：有气无力

guŋ^{13}～～声：轰响

空 2：kʰuŋ^{55} 亏本；亏空

哄：huŋ^{42}～小人：哄孩子

温岭方言声韵调拼合表之十

	ua					uɛ					uø				
	阴平	阳平	阴上	阴去	阳去	阴平	阳平	阴上	阴去	阳去	阴平	阳平	阴上	阴去	阳去
k	呱		拐		怪	关		□	惯		官		管	罐	
kʰ	夸		垮		快						窥		款	块	
g							**擐**			**掼**					
h	花		□		化	**儇**		□	□		欢		贿	唤	
ɦ		华			画		环			顽		完			汇
ʔ	蛙		瓦			弯		**挽**			威		伟		

hua[42]：衣服不系扣子或敞怀

擐：guɛ[31] 背；挎。有时泛指拿

掼：guɛ[13] 摔；丢弃

kuɛ[42]：量词，一～虾

儇：huɛ[33] 文静乖巧

huɛ[42]：用线绕几下使扣子固定住

huɛ[55]：瞟：眼～记

挽ʔuɛ[42]：手扶或支撑

温岭方言声韵调拼合表之十一

	uã					uɔ̃					uaʔ		uəʔ		uoʔ	
	阴平	阳平	阴上	阴去	阳去	阴平	阳平	阴上	阴去	阳去	阴入	阳入	阴入	阳入	阴入	阳入
k	□		梗			光		广					刮		国	
kʰ									矿				阔		哭	
g					□		狂			逛				□		
h	咣		□	□		慌		谎	况				忽			
ɦ		**横**			□		王			旺		划		活		获
ʔ	□		□			汪		□					挖		屋	

kuã[33] 量词，一～鱼

guã[13]：象声词，～～声：撞击声

huã[42]：打架、斗殴

huã[55]：趔趄；脚步不稳

横：ɦuã[31] 蛮横

ɦuã[13]：短时登门一下；简单打扫

ʔuã[33]：～亮：很亮

ʔuã[42]：划桨；用筷子往嘴里扒饭

ʔuɔ̃[42]：～肚：① 蛋黄呈流体状；② 表面不错但里面一塌糊涂

guəʔ[2]：盖印子、戳子。～戳

温岭方言声韵调拼合表之十二

	y					yø					yn				
	阴平	阳平	阴上	阴去	阳去	阴平	阳平	阴上	阴去	阳去	阴平	阳平	阴上	阴去	阳去
t	□														
ʔl			吕												
l		驴			虑										
ʔȵ			女					阮							
ȵ		愚			遇		元			愿					
tɕ	追		嘴	醉		专		转					准	骏	
tɕʰ	吹		取	趣		穿			串		春		蠢		
dʑ		柱			住		椽			篆		□			
ɕ	书		水	税		宣		选			熏		笋	舜	
ʑ		如			树		船			旋		唇			顺
k	桂		鬼	贵		捐		卷	眷		军				
kʰ	区			去		圈		犬	劝				菌		
g		跪			柜		拳			倦		群			郡
h	虚		许						楦		薰			训	
ɦ		围			胃		圆			县		云			运
ʔ	迂		雨	喂		渊		远	怨				允		

ty[33]：～～ʔmã[33]ʔmã[33]汽车喇叭声。有的人发成“嘟”　　dʑyn[31]：小口地舔吃

温岭方言声韵调拼合表之十三

	yuŋ					yɔ̃					yoʔ		yøʔ	
	阴平	阳平	阴上	阴去	阳去	阴平	阳平	阴上	阴去	阳去	阴入	阳入	阴入	阳入
tɕ			供	供		□			壮		桌			
tɕʰ	充		恐	铳		窗		闯	□		喫		出	
dʑ		穷			共		狂			撞		局		
ɕ	胸			嗅		双					束		雪	
ʑ		绒			诵							熟		
ʔȵ	□										抈			
ȵ		浓										玉		月
k													决	
kʰ													缺	
g														橛
h													血	
ɦ		荣			用					□		育		
ʔ	拥		永	壅				往			郁			
ʔm														
m														
ʔn														
n														
ʔŋ														
ŋ														

供：tɕyuŋ^{42}～应

　　tɕyuŋ^{55} 拿供品来祭拜

ʔȵyuŋ^{33}：～～：宝贝儿

壅：～田：用粪便给田地施肥

tɕʰyɔ̃^{33}：一起扶持；赡养

壮：肥；胖

tɕʰyɔ̃^{55}：花哨又抢眼

ɦyɔ̃^{13}：摇晃

抈：ʔȵyoʔ^{5} 弯折；揉皱

温岭方言声韵调拼合表之十四

	m					n					ŋ				
	阴平	阳平	阴上	阴去	阳去	阴平	阳平	阴上	阴去	阳去	阴平	阳平	阴上	阴去	阳去
h						□							擤		
ɦ		呒					儿	尔¹		二		红			□
ʔ			某					尔²			恩		耳		

hn^{33}：～日 hn$^{33-55}$ȵiəʔ^{2}：这么；这样

尔²：你

ɦŋ^{13}：～起：发炎红肿

第三节 温岭方言语音系统研究概况

温岭方言研究的史料真可谓凤毛麟角，不过这些史料不但能使我们了解温岭方言在不同历史时期的语言面貌，也能依稀可见汉语语言学研究历史的一个缩影。从明代温岭县志中所用的汉语训诂学和音韵学的方法，到温岭话的拉丁化新文字运动，再到现代语言学意义上的温岭方言研究，我们清楚地看到了语言研究与研究背景、研究目的、研究对象、研究方法等制约因素之间的关系①。

3.1 明代

目前为止所能检索到的首次专门论及温岭方言的文献资料是明嘉靖年间编纂的太平县志，这也是温岭的首部县志。在《嘉靖太平县志卷之二·方言》中有这样一段话："风土不同，语言亦异。太平故越地也，在上古为东夷，汉以后为会稽郡，故自浙以东，谣俗之言，大略相似。吾邑以人为'仸'，音'闾'。自称曰'我侬'，我或讹为'厌'。称人曰'你侬'，你与'荥'同音，盖古尔字之讹。指他人而称曰'隑侬'，隑，跟回切，即'渠'字之讹。以取为'驮'。以唤为'凹'。呼人曰：'诮'。应人曰'欸'。以去为'嘅'。以几许为'几海'。以罢休为歇厘。以在此处为'是箇里'。以在彼处为'是旁里'。以如何为'嗟生'，又或讹为'斋生'，宁绍人曰'亨生'。以宁馨为'瓤馨'。凡此之类，不能悉举，姑缀其一二，以续輶轩殊语之后云。"②

虽然作者认为语言会因风土之异而不同，但由于太平属古越地，到明代时其谣俗之言仍与浙东一带的方言"大略相似"。文中列举了一些词语的读法和意义，其主观目的虽是"以续輶轩殊语之后云"，但在客观上为今天我们考察温岭方言的历史面貌提供了"雪泥鸿爪"。在其所缀一二的温岭词汇中，至今仍在使用且读音尚无变化的词语有：厌我[$ʔŋo^{42}$]、尔你[$ʔn^{42}$]、渠隑[gie^{31}]、驮取[du^{31}]、凹唤[$ʔɔ^{33}$]。其他词语则存在或多或少的变化，我们将在下文词汇章节中另述。

3.2 上世纪三四十年代

中国的语文现代化运动是从清末开始的。到了 20 世纪 30 年代，由瞿

① 阮咏梅：《从语言研究的制约因素看汉语方言学》，《宁波师范学院学报》1996 年第 2 期。

② 浙江温岭方志办：《太平县古志三种》（嘉靖·嘉庆·光绪太平县志），中华书局 1997 年版，第 41—42 页。

秋白在苏联倡导的“北方话拉丁化新文字”运动传到中国后，形成了一个群众性的拉丁化新文字运动[①]，并逐渐从北方推行到南方，先后产生了北方话、江南话、厦门话、潮州话等方案。1938 年 10 月 19 日，温岭新文字运动也应声而起，在林超夏（轶今）、王之景（槐秋）两位先生的主持下，先后成立了温岭新文字研究会，制定了温岭话新文字草案，出版了《温岭话识字读本（unihihuo siqshqben）》及会刊“shgimong”[②]，但由于历史原因并没有使它推行到大众中去。1949 年 8 月又一次发起温岭县新文字研究会，并出版了《温岭话新文字课本》[③]。该书的书名包括汉字和拉丁化新文字两种字体:

温岭话新文字课本——献给播种同志

unlhinhuo sin vensh kuben

b buzyng dhonz hyngg[④]

《温岭话新文字草案》包括编写目的、拼音规则和音系（字母表、声母、单韵母、促韵母、复韵母、带声韵母、变音七个部分）。这个草案的学习对象是“认识方块字”的温岭人，“所以每个字母的旁边，都注上相应的方块字。注音的方块字都照温岭读音，括弧里的方块字，照温岭土话读音，还有找不出适当文字可注的，都拼作另一个字后再加以注音。例如：（dhao—道）就是声母 dh 读特，复韵母 ao 读奥”。设计者认为当时的“温岭话的声音，不同的只有 600 多个”，即 600 多个不带声调的音节，学会了草案中的“26 个声母和 51 个韵母就可以把温岭话全部拼出来”[⑤]。

以下是《温岭话新文字草案》的具体内容。相应的国际音标为笔者另加，音标的处理尽量与本文温岭方言的音系保持一致，但也兼顾《草案》自己的音系特点。

1. 字母表（共 32 个）

有印刷体和书写体两类，各分大写小写两种，见本书里封页。

2. 声母（26 字）

b[p]不	bh[b]勃	p[p^h]泼	mh[ʔm]姆	m[m](无)
d[t]得	dh[d]特	t[t^h]忒	nh[ʔn](你)	n[n]儿

---

① 周有光：《新语文的建设》，语文出版社 1992 年版，第 211 页。

② 按照《温岭话新文字草案》中制订的音系，“温岭话识字读本”的拉丁化新文字应为：Unlhinhuo xiqsh dhoqben。现文中的注音（Unihihuo siqshqben）疑系印刷错误。会刊“Shgimong”的温岭话意思是“自己望”，即“自己看”，与拉丁化新文字运动的宗旨相符。

③ 关于温岭话新文字运动的相关资料，可参见《当年，曾有一种温岭话新文字》一文，载于《温岭日报》（2007 年 3 月 30 日），作者黄晓慧。

④ 这行新文字直译成汉字是：给播种同志用。与上述汉字书名的副标题没有一一对应。

⑤ 温岭县文化局编印：《温岭革命文化史料汇编》（1919—1949），1993 年，第 207—209 页。

g[k]格 gh[g](ghy-跪) k[kʰ]克 ng[ʔŋ]五 hng[ŋ]红
z[ʦ]子 zh[ʥ]迟 c[ʦʰ]次 s[s]四 sh[z]是
f[f]夫 v[v]妇 lh[ʔl](lhin-岭) l[l]勒
x[h]黑 h[ɦ](ha-鞋)

3. 单韵母（6 字）

a[a] e[e]爱 i[i]衣 o[o]亚 u[u]乌 y[y]威

4. 促韵母（5 字）

aq[aʔ]厄 eq[əʔ]压 iq[iʔ]一 oq[oʔ]恶 yq[yʔ](xyq-血)

5. 复韵母（25 字）

ia[ia]呀 ie[ie]烟 ioq[yoʔ]郁
iaq[iaʔ]约 ieq[iəʔ](hieq-越)
ua[ua]歪 ue[ue]秽 uo[uo](hvo-活[①])
uaq[uaʔ](huaq-划) ueq[uəʔ]挖 uoq[uoʔ]屋
ae[ɛ]（晏） iae[iɛ](nhiae-眼) uae[uɛ]弯
ao[ɔ]奥 iao[iɔ]要
eo[ɤ](dheo-头) io[iɤ]后 eoq[ɤʔ](seoq-色)
eu[ɯ]（屎） iu[iu]有
oe[ø](loe-乱) ioe[yø]远 uoe[uø]碗
oeq(toeq-脱)

6. 带声韵母（15 字）

en[ən](ben-本) eng[əŋ]恩 in[in]印 on[on](ton-通)
un[uən]温 ung[uŋ]瓮 yn[yn]允 yng[yuŋ]永
ang[ã]杏 iang[iã]央 uang[uã](huang-横)
ong[ɔ̃]肮 iong[yɔ̃]往 uong[uɔ̃]汪
oen[øn](soen-孙)

7. 变音（12 字）

gi[ʨi]基 ghi[ʥi]其 ki[ʨʰi]起 xi[ɕi]戏
nhi[ʔni]拟 ni[ni]尼
giq[ʨiəʔ]节 ghiq[ʥiəʔ]直 kiq[ʨʰiəʔ]切 xiq[ɕiəʔ]式
nhiq[ʔȵiəʔ]（捏，读重声） niq[niəʔ]日

变音读原音时“i”改写“j”。例如：gj，ghj，kj，xj。

以上《温岭话新文字草案》（以下简称《草案》）所描写的温岭方言的语音系统是否准确、科学地反映了 20 世纪 30 年代温岭方言的真实语音面

① 疑为“话”字。

貌？这很大程度上是由草案制订者的语言学专业水平决定的。基于《草案》的文本解读，我们发现以下几点需要说明：

（1）《草案》中未提及温岭方言的声调。

（2）《草案》中把舌面前音从声母中独立出来，单列为“变音”一类，还特意把这类舌面声母在舒声韵前和入声韵前分列开来。《草案》中的“变音”与我们今天语言学上的“变音”是两个不同的概念。目前学界所谓的“变音”会涉及声调和韵母的变化，而《草案》中的“变音”是指舌面前音[tɕ]组声母，有[tɕ dʑ tɕʰ ɕ ʔȵ ȵ]。《草案》最后的那行说明“变音读原音时‘i’改写‘j’。例如：gj，ghj，kj，xj”，好像可以反映在当时温岭方言中存在的舌根音和舌面前音与细音的拼合关系，当时的舌根音和舌面音都能与 i 相拼，成对立之势。而且设计者认为舌面音后的 i 与前面的声母是合二为一的，而舌根音后的 i 就有明显的介音性质。这种情况如同有人记音时把“加”记成[tɕa]而非[tɕia]一样。

特别值得一提的是，《草案》中舌面前这组音中没有出现[ʑ]音，应该是设计者的疏忽，而不大可能是当时的温岭方言本来就没有此音？

（4）《草案》反映了温岭方言的声母系统中存在古次浊声母的紧喉和浊流的对立。《草案》中的 mh/m、nh/n、nhi/ni、nhiq/niq、ng/hng、lh/l 六组音的区分，实际上就是[ʔm ʔn ʔȵ ʔŋ ʔl]和[ɦm ɦn ɦȵ ɦŋ ɦl]之间的对立，只是《草案》在字母设计上没有按清、浊两套成整齐对立而显参差之态：一是 nhi/ni、nhiq/niq 组，受舌面前声母处理方式的制约，声母用音节（辅音后拼元音）的形式来体现，而其他组都是只用辅音来表示的；二是 ng/hng 组，从其他四组来看，都是用后加 h 来体现清浊对立的，即有后加 h 的次浊音就是紧喉声母，反之则为浊流声母。因此，这组后鼻辅音的对立如果设计为 ngh/ng 就好了，增强了音系的系统性和规律性；

除了上述六组外，古次浊声母在温岭方言中的清浊对立应该还包括喉音声母，即[ʔ-]和[ɦ]的对立，但是《草案》中提到了“h(ha—鞋)”即[ɦ]，却并未出现与之对立的同部位的清音声母[ʔ-]。

（5）入声韵在《草案》中没有完全单列，只是把单元音入声韵单列为“促韵母”，共 5 个，而把 8 个复元音入声韵纳入到了“复韵母”中。

（6）《草案》中没有出现舌尖前元音[ɿ]。估计是设计者把它当做附着于舌尖前音声母后，与[ʦ]组声母作为“整体认读音节”来处理了。

3.3 近五十年来

20 世纪 50 年代后，在为普及普通话服务的方言研究背景下，运用现代语言学方法研究温岭方言的文章骤然增多，从而使温岭方言在方言学界声名鹊起。主要的有曹广衢先生发表在《中国语文》上的《温岭话入声变调同语法的关系》（1958）、《浙江温岭话‘头’的用法研究》（1959），杭州大学中文系方言调查组的《温岭方言》（1959），李荣先生的《温岭方言语音分析》（1966）、《温岭方言的变音》（1978）、《温岭方言的连读变调》（1979）、《温岭方言的轻声》（1992），以及《温岭县志》上的方言章（1992）等。其中全面描写和分析温岭方言语音的有《温岭方言》（下文简称“杭大版”）、《温岭方言语音分析》（下文简称“李荣版”）和《温岭县志》上的方言章（下文简称“县志版”）等。曹广衢先生的两篇文章以研究温岭方言语法为主，为了丰富比较的语料，我们将其文章中涉及到的个别字音添列于比较表中（下文简称“曹广衢版”）。比较文献按照发表时间的先后从左到右排列。

关于温岭方言研究文章所依据的发音合作人情况，各个版本有所不同。唯一作过说明的是《温岭方言》，该文介绍了三个发音人的情况：“本文第一发音人周美清，19 岁。本校一年级同学，温岭温西人，从小在家乡长大，说地道的太平话。第二发音人张兴健，20 岁，本校三年级同学，温岭石陈人，8 岁后随家住温州，能说太平话和温州话。第三发音人王相规，23 岁，本校二年级同学，温岭玉环人，从小在家乡长大，在温州读过三年书，说太平话。”①

李荣先生的温岭方言系列研究文章中均未提及发音合作人和所记方言点的任何情况。但据笔者咨询熊正辉先生和李蓝先生（2011 福州第 16 届全国汉语方言学年会期间）后得知，李荣先生所著关于温岭方言的系列论文的发音人均为其本人。李荣先生是温岭新河镇高桥人。笔者于 2009 年暑假期间采访过张兴健老师（原温岭中学校长，祖籍温州，现以泽国口音为主），和茹根老师（原温岭箬横中学教师，温岭箬横人）。两位老同志都提及：李荣先生曾在 1962 年左右去过一次温岭，在原温岭招待所住过几天。在与他们的面谈及后来的书信来往中，李荣先生留给他们的印象都是——敬业、俭朴、谦和。

张兴健老师回忆说：由傅国通老师与他合写的《温岭方言》在《杭州大学学报》（1959 年第 3 期）上发表后，李荣先生写信给他，希望他继续努力，完成《温岭方言志》。1962 年左右李荣先生到温岭后与他联系，送给他两本书，其中一本是《昌黎方言志》，让他仿照该书的体例和章节来写《温岭方言志》，他当时在温岭泽国中学任教，所以也希望他提供学生的作文材料，可能打算做点语文研究方面的工作。李荣先生当时还去泽国中学借了

① 《温岭方言》，《杭州大学学报》1959 年第 3 期。

嘉靖版的太平县志。后来他也与李荣先生通过几次信。但是由于他的一万多张记音卡片在“文化大革命”中遗失，从此再也未能继续研究温岭方言。

茹根老师回忆说：1962 年左右李荣先生去过一次温岭，当时通过温岭县教育局找过张兴健老师和他等座谈，并在方城小学作过一次讲座，讲座的主题就是温岭方言的连读变调，举的例子有“猪肝、猪心、先生、西瓜”等。后来就发表了那篇《温岭方言语音分析》(《中国语文》1966 年第 1 期)。听说李荣先生还专门在温岭找过一位说书人调查温岭方言，但具体是谁已无从查证。

3.3.1　声母比较

上述文献中所涉温岭方言声母总数的差异主要是由三个方面造成的，即边鼻音声母的分合、舌面中音和舌根音的分合、零声母是否除外。具体见下表：

温岭方言语音研究比较表之一

	《草案》版	曹广衢版	杭大版	李荣版	县志版	本文
总数	26	缺	32	34	29	34
次浊音	分	合	合	分	合	分
舌面中音	无	无	有	无	无	无
零声母	无	有	无	有	有	有

除了李荣先生的所有温岭方言的研究文章都将边音、鼻音声母分为两套——[ʔm ʔn ʔȵ ʔŋ ʔl] 和[m n ȵ ŋ l]外，其他的文章都作一套处理，有的只在声母表后作了些说明，表明“紧喉”与“浊流”的不同特点。实际上，在温岭方言的变音中，这两套能形成音位学上的最小对立，如“娘保姆；姑姑”与“孃奶奶”的不同，前者为[ȵiã$^{31\text{-}15}$]，后者为[ʔȵiã$^{33\text{-}15}$]。

舌面中音的分歧是由于温岭方言中存在见晓组声母能拼细音造成的。分歧表现在两个方面：一是见晓组后拼部分齐齿音时是否发生腭化？在这一点上，温岭方言内部存在差异，坞根、石塘两地是保留舌根声母的，如“健几结鸡研九”等，而其他各点都已腭化（下文将有专章详述）；二是见晓组后拼细音保留古音时到底是属于舌根音还是舌面中音？这其实很大程度上是不同的音位处理方法导致的差异。因为当舌根音后拼细音时，从发音学上看，舌根音的发音部位由于受介音的影响自然要前移，就到了舌面中的位置，所以即使出现了[c]组声母，它们也是和[k]组声母互补的，是/k/组音位的两个变体。“杭大版”的声母表中有四个舌面中音[c ch ɟ ç]，其例字分别为“桂屈葵虚”，这些都是撮口呼字，而见晓组后拼撮口细音保留古音读法是温岭方言的共性特征。另外，在“杭大版”的音系说明中，提到石陈话（原为“石陈区”，石塘镇属“石陈区”）中“见欠健乡”都读为舌面中音。可见，“杭大版”采用的是严式音标记音法，保留了舌面中音这个音位变体。

至于零声母，除“杭大版”不包括零声母外，其他三家虽单列了零声母，并将之与同部位的[ɦ]形成清浊对立，但在记音上都采用了紧喉的[ʔ-]，而非现在通行的[ø]。这也是温岭方言的音系特征之一，本书从之。

3.3.2 韵母比较

温岭方言语音研究比较表之二

	《草案》版	曹广衢版	杭大版	李荣版	县志版	本文
总数	51	缺	50	54	51	51
uo	有	缺	无	有	无	无
卷舌韵母	无	缺	有	无	无	无
开口呼入声韵	三分 aq /eq/eoq	三分 aʔ /ɛʔ/ɯʔ	二分 aʔ /ɤʔ	三分 aʔ /əʔ /ɤʔ	三分 aʔ /əʔ /ɛʔ	三分 aʔ/əʔ/ɤʔ
齐齿呼入声韵	三分 iq /ieq /iaq	二分 iʔ /ieʔ	二分 ieʔ /iɤʔ	三分 iʔ /iəʔ /iaʔ	二分 iʔ /iaʔ	二分 iəʔ/iaʔ
合口呼入声韵	三分 uaq/ueq/uoq /	二分 uaʔ/uoʔ	二分 ueʔ /uoʔ	三分 uaʔ/uəʔuoʔ	三分 uaʔ/uəʔ/uoʔ	三分 uaʔ/uəʔ/uoʔ
撮口呼入声韵	二分 yq/ioq	二分 yøʔyoʔ	二分 yøʔ /yoʔ	三分 yʔ/yoʔ/yuʔ	二分 yʔ/yoʔ	yøʔ/yoʔ

从上表可见，各个版本中韵母的差异主要集中在：韵母的总数、韵母 uo 和 ər 的有无，以及四呼中入声韵的分合问题上。

“杭大版”中有一个卷舌韵母[ər]（如“而”）。实际上温岭方言自身音系中是没有这个音的，它的产生完全是受普通话影响导致的文读结果。关于齐齿呼入声韵，李荣先生（1978）曾指出：[iəʔ]韵跟[iʔ iaʔ]两韵互补。[iəʔ]韵只拼[k k^h g]，[kiəʔ k^hiəʔ giəʔ]是从[kəʔ k^həʔ gəʔ]变来的。曹广衢版中“夹、抱”的注音就是[kɛʔ]、[gɛʔ]，没有 i 介音的。但是，在目前温岭方言的实际读音中，未发现这类字读为开口呼[kəʔ k^həʔ gəʔ]或[kɛʔ]、[gɛʔ]的。撮口呼入声韵的数目除“李荣版”为三分外，其余皆为二分。实际上，李荣先生在其文章中对此作了说明：[yuʔ]韵母只有“噢”一个字。因此，撇开这个字后也就剩下二分了。何况，此字现与“曲”等同音，归入[yoʔ]韵母。

3.3.3 声调比较

《草案》和“曹广衢版”均未涉及温岭方言的声调，所以此处不举。下表只列各版本中的声调相异处，同者从略。

温岭方言语音研究比较表之三

		杭大版	李荣版	县志版	本文
调类数目		7+2	7+2	7+2	7+2
调值	阴上	53	42	42	42
	阳去	11（末尾微升）	13	13	13
	阳入	2	1	1	2
	升变音	45	15	15	15
	降变音	54	51	51	51

关于温岭方言的调类数目，其他三个版本都认为是七个单字调加上两个变音。但是，“杭大版”在对两个变调进行解释时说：“温岭还有两个变调，是在连读中出现的。”这种说法是错误的。温岭方言中的变音变调和连读变读是两种不同的语音现象，前者属语法意义上的变调，后者则属语流音变，当然二者之间也有一定的交叉关系。我们将在后面作专章讨论。至于有些声调的具体调值，虽然存在细微的差异，但并不影响各自调位的区别。

无论从哪方面来看，李荣先生对温岭方言的语音分析确实是最细致、最科学的。当然，这些不同版本中体现出来的声、韵、调上的差异，也反映在今天温岭方言的内部差异上，我们将在后面章节中详述。

第二章　同音字汇

1. 本同音字汇的排列，先按韵母分部，同韵母的字以声母为序，同一声母内又以声调为序。

韵母排序依次如下：

ɿ　i　u　y　a　ia　ua　ɛ　iɛ　uɛ　e　ie　ɔ　iɔ　o　ø　uø　yø　ɤ　iɤ　ɯ　iɯ

ã　iã　uã　ɔ̃　uɔ̃　yɔ̃　øn　ən　in　uən　yn　ɤŋ　uŋ　yuŋ

aʔ　iaʔ　uaʔ　əʔ　iəʔ　uəʔ　ɤʔ　oʔ　uoʔ　yoʔ　øʔ　yøʔ　m　n　ŋ

声母排序依次如下：

p pʰ b ʔm m f v t tʰ d ʔn n ʔl l ʦ ʦʰ ʥ s z ʨ ʨʰ ʥ ʔȵ ȵ ɕ ʑ k kʰ g ʔŋ ŋ h ɦ ʔ

声调排序依次为：阴平[33]、阳平[31]、阴上[42]、阴去[55]、阳去[13]、阴入[5]、阳入[2]。但不标调名，只标调值。

2. 字下加双线“=”的为文读音，下加单线“__”的为白读音，下加浪线“__”的仅表示同音字；右上角的数字表示该字的读音数。

3. 方框“□”表示有音义而本字难定的字。其后小字表示意义或释例。

4. 小字释例中的“～”代表所涉字。

5. 有些字只有变音而本音难考的，就标变音，调值为[15]或[51]；有些字表示一个名词单用时只读变音而不读本调的，在标注本调的同时，也在同组声母或相应的变韵位置后增列了变音的读法。

ɿ

ʦ	[33]资姿咨兹滋孳辎之[1]～乎者也；～间芝猪知支枝肢脂[42]煮子紫纸指耔姊止趾址旨之[2]单念[55]智志痣致至置帜窒齒容纳物体只[1]～有
ʦʰ	[33]雌痴[1]～情[42]鼠此齿耻侈[55]翅次厕刺
ʥ	[31]池驰持迟茔雉痔 [13]箸稚治
s	[33]梳师筛蛳狮斯嘶施私尸司思丝诗[42]死矢史驶[1]屎始[55]絮试四肆赐使大～
z	[31]锄匙辞词祠时瓷糍慈磁是氏似祀士市柿屿藷同“薯”示耳木～饵而尔[13]自字寺恃饲

i

p [42]比彼鄙[55]闭臂蓖蔽毙陛痹秘泌
pʰ [33]批披砒陂刡削（甘蔗、竹子等）上的皮[42]痞丕譬[55]屁庇
b [31]屏[1]～下：温岭地名被皮疲枇琵毗肥[1]啤脾敝坒量词，物体叠放时的一层[13]备避币弊箅篦婢陛鐾～刀布
ʔm [33]咪眯渳小口喝[42]米尾[1][55]□闭上眼睛
m [31]迷弥眉嵋楣縻靡[13]谜味
f [33]飞非菲啡榧腓斐扉痱妃[42]诽悱翡匪[55]费沸肺废痱
v [31]肥[2]淝尾[2]娓微薇唯[1]维[1]惟[1][13]未
t [33]低堤[42]底抵氐诋邸砥骶[55]帝谛蒂
tʰ [33]梯[42]体[55]替剃涕嚏屉替这么
d [31]弟提题蹄啼[13]第地递缔□追
ʔn [42]你拟□粘：～牙齿[55]□纠缠
n [31]泥呢～料尼倪妮霓鲵蚁仪疑宜谊[13]腻艺义易[1]交～议毅二[1]～头：指数字2；排行老二
ʔl [33]哩[42]里李理礼鲤
l [31]离漓篱璃厘狸俚娌梨犁黎鹂[13]泪例利俐痢莉吏丽荔厉励砺沥隶罹□往外伸长劙玻璃等划破
tɕ [33]机鸡基箕饥肌讥叽玑矶姬唧跻奇[1]～数[42]纪挤几己虮姐[1][55]记计寄稽系[1]～鞋带济寂继觊祭制际既暨罽冀髻
tɕʰ [33]溪妻欺凄蹊杞[42]启起杞岂企[55]气汽器弃契亟
dʑ [31]骑奇[2]～怪畸绮琦祁歧祈崎芪鳍岐期棋旗其淇骐琪祺颀徛站立[13]技忌妓
ɕ [33]西矽希熙稀牺曦熹嘻嬉犀□贼贼～：大声喊叫[42]洗徙玺喜禧蟢蜘蛛[55]细系[2]关～戏婿世势
ʑ [31]齐脐～带荠畦□量词，块：一～带鱼[13]誓逝剂
ɦ [31]移姨夷胰颐沂彝饴怡诒[13]异肄勚器物磨损易[2]容～
ʔ [33]衣依医伊揖[42]已以矣[55]意亿忆裔诣翳缢

u

p [33]波坡玻菠播[1]～音[42]补卜谱[55]布怖播[2]广～□嘴或身体凑近以防撒漏
pʰ [33]剖[1]～鱼；～肚颇铺[1]动词[42]普埔圃浦璞叵[55]破铺[2]名词
b [31]脯蒲葡簿菩潽溢出部篰竹编大箩筐□鞋子因太小或破旧而变形[13]步哺捕埠孵[1]□涉水[51]簿篰

ʔm [42]□闭着嘴咀嚼□物体不牢固
m [31]磨动词魔模摩摹[13]磨名词墓募慕暮
f [33]夫肤麸敷俘鹀[42]斧俯甫辅府抚釜醭殕白～：发霉长毛[55]副富付赴赋讣阜咐傅姓
v [31]无[1]巫诬舞武鹉侮芜父符扶负妇[1]～女匐凫浮[13]雾[1]腐[1]～烂驸附务婺
t [33]多都[1]首～[42]朵[55]都[2]副词
tʰ [33]拖[1]～拉机[42]土吐[1]～痰妥椭[55]吐[2]呕～兔唾
d [31]驼驮舵惰肚杜图涂途屠徒[13]大[1]度镀渡踱
ʔn [42]努懦
n [31]奴驽娜婀～挼双手来回用力揉东西，～衣裳 [13]怒糯[1]
ʔl [33]噜[42]卤鲁撸掳虏攎把财物聚拢裸
l [31]罗锣骡螺箩萝卢炉庐鸬颅轳鲈胪 [13]路露鹭
ts [33]租[42]组祖阻诅左佐[55]做
tsʰ [33]粗初搓磋[42]楚础锉挫[55]醋措
s [33]苏稣蔬疏淑姝酥梭蓑梭嗦□动词，龋齿[42]锁琐所[55]数[1]名词诉塑素漱
z [31]锄[13]助
k [33]姑咕沽菇轱孤[42]古辜估股鼓果裹贾[1]商～蛊[55]故顾雇固锢过
kʰ [33]枯骷箍[1]双手紧紧合抱[42]苦[55]裤
g [13]□睏得～～声：睡得呼呼响
h [33]呼乎□泼水箍[2]金～棒[42]虎唬琥浒火伙[55]货
ɦ [31]湖禾壶胡糊弧狐蝴葫和瑚鹄无[2]妇[2]新～娘：新娘子吴[1]蜈[1]梧[1][13]护互腐[2]豆～
ʔ [33]□熄灯乌钨污焐呜窝蜗莴倭 [42]午[1]祸户沪伍[1]队～[55]坞□掩埋

y

ʔl [42]铝吕旅屡缕侣履褛
l [31]驴闾[13]滤虑
tɕ [33]诸朱蛛珠诛侏茱铢株追诸[42]主量词"笔"：一～生意主嘴[55]著拄驻注蛀铸醉缀赘
tɕʰ [33]趋吹炊痴[2]大～：白痴□物体因年久而发脆易碎[42]取娶[55]处趣
dʑ [31]除储除滁厨橱躇柱捶锤陲槌贮椎署专～曙[13]住坠
ʔȵ [42]女语蕊[1]
ȵ [31]渔愚虞[1][13]饵舆遇御危[1]寓驭伪[1]魏[1]

ɕ　[33]书舒抒须鬚需输~赢^{1}虽尿^{1}[42]暑数^{2}动词髓水绥[55]庶恕岁税祟邃成输^{2}运~

ʑ　[31]徐序叙如茹汝殊儒蠕竖聚绪乳垂随^{1}~军隋遂隧髓瑞芮谁墅蕊^{2}[13]树睡遂邃隧穗

k　[33]居拘驹龟规圭硅皈闺归车~马炮[42]举矩鬼轨诡晷[55]句锯^{1}据踞贵桂季鳜

kʰ　[33]区驱蛆躯亏^{1}无欺~：不欺骗[55]去^{1}~年

g　[31]逵葵衢渠瞿距拒跪飓[13]柜炬具惧俱

h　[33]虚^{1}谦~嘘墟靴卉辉^{1}旧读□小儿换牙：~牙盱吁^{1}~叹纬^{1}经~线：旧时织布机上的横线和竖线[42]许栩毁^{1}

ɦ　[31]围于余愈盂榆愉隅馀瑜虞^{2}唯^{2}维^{2}惟^{2}遗违苇^{1}萸[13]为吁^{2}呼~猬谓胃预誉逾喻裕豫禹惠^{1}慧^{1}揄卫^{1}位^{1}慰桅彗

ʔ　[33]淤迂[42]雨予羽禹宇椅伟^{1}旧读[55]喂^{1}~食

a

p　[33]芭^{1}~蕾舞[42]跛摆把^{1}靶[55]拜爸坝

pʰ　[33]葩[55]派^{1}

b　[31]排牌罢[13]败□遗失；家产破败[15]牌簰竹筏

ʔm　[33]妈□歪[42]买

m　[31]埋□隐藏；下蹲[13]卖骂^{1}

t　[55]带戴^{1}~帽□泊船：船~船埠头

tʰ　[33]他她它拖^{2}~脚孵鸡：形容人邋遢；叼：猫~老鼠；小人~大鞋：指小孩儿爱穿大人的鞋，形容脚小鞋大的样子[55]太汰泰

d　[31]□哭簩晒具，篾制，圆而平[13]汏大^{2}□量词，次；条（线）[51]簩

ʔn　[33]奶^{1}乳房，乳汁□~堂：不爽快接受；摆架子[42]哪^{1}乃^{1}

n　[31]拿^{1}挪娜人名哪~吒[13]奈

ʔl　[33]拉^{1}~手

l　[13]赖癞拉^{2}~肚

ts　[33]抓扎^{1}一~生啤[42]咋[55]债斋

tsʰ　[33]差^{1}邮~，出~钗^{1}薛宝~[55]蔡

ʣ　[13]寨

s　[33]莎^{1}□用拳头打人[42]耍洒撒驶^{2}傻

z　[31]柴豺□咧嘴[13]瘵瘦

k　[33]街皆阶[42]解^{1}~放军[55]戒介芥界届尬解^{2}~犯人庎~橱

kʰ　[33]揩咖[42]卡

g	[31]～门：不情愿[13]□用刀切割
ʔŋ	[42]□～～动：得意洋洋的样子
ŋ	[31]崖涯□死皮赖脸地凑近熬^{1}～猪油[13]外^{1}～国；～面捱拖延
h	[33]呵～气哈笑～～[42]蟹[55]□表示众多之中：人～、沙～[51]蟹
ɦ	[31]鞋谐[13]械懈
ʔ	[33]挨埃^{1}～及[42]矮□～意：误解[55]隘

ia

t	[15]爹
tɕ	[33]痂家^{2}～家佳^{2}稼[42]姐^{2}者[55]借驾^{2}
tɕʰ	[42]且□斟；倒：～酒；～茶□～～tɕie^{51}：钹[55]笡歪斜
dʑ	[31]茄[13]□假装施物于人
ɕ	[42]写[55]卸脱～泻下^{1}～降
ʑ	[31]斜邪惹～祸[13]射^{1}～箭麝榭谢
ɦ	[31]爷椰耶[13]夜
ʔ	[33]鸦^{1}乌～；～片□骂；大声叫喊丫^{1}～头[42]野也冶哑^{1}巴[55]亚^{1}

ua

k	[33]瓜^{1} [42]寡剐拐[55]挂褂卦怪
kʰ	[33]夸挎[42]垮蒯[55]跨快筷胯
h	[33]花^{1}哗[42]□衣服不扣扣子[55]化花^{3}动词：～钞票
ɦ	[31]华骅桦铧怀还^{1}～有淮槐徊[13]话^{1}画坏
ʔ	[33]歪蛙哇娃洼娲□双手往里扒拉拢物□调皮、霸道

ɛ

p	[33]班斑般颁[42]板版舨扳[55]扮
pʰ	[33]攀[55]盼襻瓣
b	[31]爿□跨[13]办[15]爿破旧物
ʔm	[33]蛮[42]晚挽枚
m	[31]□逗弄槾馒[13]迈慢谩漫^{1}幔曼
f	[33]帆番翻□酒变质[42]反返□推搡；翻抄[55]贩疲反胃泛
v	[31]烦繁凡范犯矾藩[13]饭万
t	[33]担^{1}～任丹耽单^{1}～一[42]胆掸疸[55]旦担^{2}扁～□暴跳
tʰ	[33]滩摊坍瘫贪熯烙（饼）[42]坦毯忐袒[55]探叹碳
d	[31]谈痰淡坛昙弹^{1}～琴潭^{1}谭檀[13]弹^{2}子～；反～蛋但诞

ʔn　[42]奶2乃2赧囡[15]囡对女孩子面称时的昵称[51]囡女儿

n　[31]难1困~男1现读南1楠[13]难2落~

ʔl　[42]懒览揽漤

l　[31]兰拦栏蓝篮褴澜岚缆榄[13]烂滥

ts　[33]簪1碧玉~[42]斩宰盏攒□形容词，表示很出色、漂亮、优秀等[55]蘸湛赞瓒溅

ts^{h}　[33]参2~加搀掺餐□装饰性地插[42]惨铲阐[55]灿颤□窜出来；显露出来

dz　[31]赚[13]站绽栈□错

s　[33]三叁山舢衫杉删珊姗[42]散1披头~发伞产[55]散2分~疝汕[51]伞

z　[31]谗馋潺婵蚕惭残[13]□布料等没法整块利用

h　[33]酣憨鼾蚶譀说谎，讲~话[42]喊罕嗛谷~（瘪谷子）□嗓子沙哑[55]汉憾撼苋翰

ɦ　[31]咸闲娴含1函涵韩1颌邯衔1~接[13]陷

ʔ　[33]安1鞍[42]限[55]按晏晚[15]馅豇豆~

iɛ

k　[33]乾2~燥间监1~牢奸汉~；~显：很聪明艰菅甘肝1~炎柑尴橄[42]减简碱拣裥赶感敢杆擀干2~革命[55]鉴涧监2国子~

k^{h}　[33]堪勘龛[42]砍刊坎□穷槛侃舰[55]看1嵌

g　[31]衔2~牢□冰，冰冻[13]馅挤；塞

ʔȵ　[33]□~~：一点儿，后字读升变音[42]眼

ȵ　[31]岩颜癌雁□结污垢[13]谚[15]雁

uɛ

k　[33]关鳏乖[42]□量词，一~虾[55]惯贯1一~

k^{h}　宽2髋

g　[31]掼背，挎、扛[13]掼摔；扔□器物的提手

h　[33]儇乖巧

ɦ　[31]还2归~环寰鬟顽玩1~耍[13]玩2古~还3病情复发

ʔ　[33]弯湾幻~灯

e

p　[33]悲碑杯卑[55]贝辈背~脊簸名词：米~；动词：~~过

p^{h}　[33]坯胚[42]□翻找、挖取：~物事咦[55]配沛[15]坯

b　[31]陪培赔[13]背~书；~时佩裴珮□副词，就、马上，我~来

ʔm　[42]每美□长时慢慢咀嚼[55]□人很虚弱，不胜寒冷[15]梅梅子（果实）

m [31]梅霉玫媒莓□木头因年久成粉末状[13]妹昧寐魅煝无烟地燃烧

f [55]嫑“不会”的合体字，否定副词

t [33]堆呆^{1}老年痴~症[42]朐痉挛；拉、扯[55]对戴^{2}姓；爱~□才；刚：~晓得

t^h [33]推煺用热水去鸡、鸭等的毛台~州[42]腿胎苔^{1}舌~[55]态退褪□量词，联排院落，一~屋

d [31]台讲~抬苔^{2}青~颓待怠殆[13]代袋贷队兑绐物体的中间下坠

ʔn [42]馁[55]□温柔又耐心

n [13]内耐^{1}□心里纠结

ʔl [33]□讲话时舌头不灵活[42]磊垒累儡瘰

l [31]来莱雷蕾[13]擂类勓滚动

ts [33]灾栽载^{1}~重[42]宰 [55]再最载^{2}年

ts^h [33]崔催摧[42]猜采踩睬彩璀[55]脆^{2}翠萃悴菜

s [33]腮鳃衰[55]碎粹赛帅

z [31]罪在才材财裁[13]锐随^{2}~便

h [33]虚^{1}虚胖、松软：~扑扑 [42]海[55]□这些；这种

ɦ [31]孩咳语气词，表示赞同[13]害

ʔ [33]哀唉~声叹气埃^{2} [42]亥蔼霭嗳唉应答声[55]艾爱

ie

p [33]边编鞭[42]蝙扁匾贬[55]变遍卞汴

p^h [33]篇偏翩[55]骗片

b [31]辩辨便^{1}~宜 [13]便^{2}方~[51]辫

ʔm [33]咩[42]免勉娩缅腼冕沔渑

m [31]□~腰：下腰；发软棉绵眠[13]面

t [33]滇颠巅癫掂[42]点典[55]店玷

t^h [33]天添[42]舔腆[55]掭增添；补贴：~秤头；~墨

d [31]田甜填□量词，泡，一~尿/屎[13]垫电甸钿殿淀靛奠

ʔl [42]脸爎量词，片、张

l [31]连联殓莲涟琏鲢廉镰濂帘怜 [13]练炼裢楝

tɕ [33]干^{1}兼泔肝^{2}猪~坚肩尖煎竿詹瞻毡沾[42]茧黡盖，动词剪检捡展秸辗鐅带锯齿的镰刀[55]占战见剑建箭荐[15]干豆腐~[51]鸽黡名词

$tɕ^h$ [33]千迁仟签牵谦搴[42]浅谴遣[55]歉欠芡倩茜看^{2}好~：漂亮

dʑ [31]件钱乾^{1}~隆掮潜黔钳虔□(头、身子)歪俭[13]健键缠犍饯[15]钳

ɕ [33]先仙鲜^{1}朝~掀籼扇^{1}刮耳光刮煽轩[42]显险癣闪陕鲜^{2}~见筅~帚：小笤帚[55]扇^{2}蒲~线腺宪献

ʔȵ [33]蔫粘□～～声：哼哼唧唧、嘟嘟囔囔的样子

ȵ [31]年言严妍阎黏呆[42]碾研撵辇染捻□慢慢地硬吃下去[13]念廿验碍

ʑ [31]禅潜单^{2}姓然燃前善膳渐冉[13]贱践羡

k [33]该[42]改[55]个^{3}助词，我～：我的；量词，三～盖钙溉概锯^{2}名词[15]□鸡嗉子

k^h [33]开[42]凯慨楷恺铠[55]去^{2}来～

g [31]渠第三人称单数[13]隑斜倚

ɦ [31]炎盐檐沿延贤弦嫌含^{2}韩^{2}～在嘴里寒筵涎舷妍[13]汗焰现腌焊岸艳砚

ʔ [33]安^{2}～静庵淹烟阉焉蔫馊[42]演衍掩靥□说梦话揞手覆住[55]咽厌燕暗堰宴胭嫣□比身高、长度等[15]燕指燕子[51]靥痂；蟹脐盖□旧秤中用以和秤砣相等重量的东西

ɔ

p [33]包苞胞孢[42]饱宝保堡褒煲葆褓[55]报豹爆^{1}暴跳；火冒三丈

p^h [33]抛脬[42]跑～步[55]炮泡疱

b [31]抱鲍刨^{1}动词袍咆庖[13]刨^{2}名词暴爆^{2}曝

ʔm [33]猫[42]卯铆[55]□眯眼[15]猫

m [31]毛牦髦矛茅锚[13]冒帽瑁貌

f [42] □"不好"的合音，～吃、～看，一般读降变音

t [33]刀[42]倒放～祷捣岛[55]到倒～水

t^h [33]叨掏滔韬弢[42]讨[55]套

d [31]逃桃淘萄陶涛焘道稻□推[13]盗导悼蹈

ʔn [33]孬[42]脑恼瑙[55]□发脾气、堵气

n [31]挠[13]闹□用力踩

ʔl [33]捞[42]老佬姥

l [31]牢劳唠涝痨崂[13]耮点头：头～～；用锄头挖：～番薯；用脚踢人：～脚头

ts [33]搔遭糟[42]早枣藻澡蚤找爪□卷（衣袖、裤腿等）[55]灶罩[51]枣

ts^h [33]操抄[42]草吵炒钞[55]糙躁

s [33]骚梢捎稍筲臊[42]扫^{1}打～嫂[55]扫^{2}～帚燥哨□豪～：爽快、豪爽

z [31]曹嘈漕槽巢造皂[13]□疑问代词，～份儿：什么时候⿰月曹肚里油水少

k [33]高膏羔糕皋睾交教^{1}～书胶郊茭[42]搞镐稿槁缟搅绞皎狡铰校^{1}～对剿[55]告教^{2}支～觉^{1}睏～：睡觉诰窖较酵^{1}～头：～母

k^h [33]薧鱼～（头）：小鱼干；龙头～：水潺干敲烤^{1}～鸡拷[42]考烤^{2}烧～巧[55]靠铐犒

g [31]□不通畅、不顺利：～牢[13]□脚～起：架二郎腿

ʔŋ [42]咬

ŋ [31]熬酒很烈：酒～显敖嗷遨翱[13]傲骄～；夸赞鏊烙饼用具：～盘□煎炸红烧：～鱼

h [33]蒿[42]郝好1 ～坏[55]好2爱～耗孝酵2发～哮

ɦ [31]豪嚎毫昊号1～叫[13]效校2学～号军～

ʔ [33]□称呼；叫唤[42]袄浩皓[55]凹澳奥坳吞懊拗～断

iɔ

p [33]标膘镖飙彪[42]表裱婊

p^h [33]飘漂1～流[42]瞟漂2～白剽[55]票漂3～亮

b [31]嫖瓢鳔[15]薸

ʔm [33]喵[42]秒渺藐淼[55]□迅速一瞥

m [31]苗描瞄[13]庙妙

f [42]□"弗晓"的合音，～得：不知道

t [33]叼刁碉雕凋貂[42]鸟[55]掉吊钓[51]鸟

t^h [33]挑1～刺[42]挑2～选窕佻[55]跳眺粜

d [31]条迢趒走：～路[13]调

ʔl [42]了～结

l [31]撩长～～：细长、狭长燎嘹聊疗辽寥[13]料廖暸

tɕ [33]焦娇骄浇蕉椒姣招昭朝1今～[42]缴侥剿沼侥矫[55]叫照诏[51]饺

$tɕ^h$ [33]锹悄超缲～边[42]巧2～妙跷□便宜[55]翘俏峭窍[15]锹

dʑ [31]乔桥侨荞赵兆肇朝2～代潮瞧樵撬[13]召轿□结交，搅和：～场；～功

ɕ [33]烧肖硝霄捎消销宵萧箫嚣骁枭□掀开[42]小晓少1～数[55]少2～年儿童笑鞘啸哮□"休要"的合音[15]箫

ʔȵ [33]□撒娇；发嗲[42]袅鸟□～～动，形容蠕动的样子[55]绕1缠绕

ȵ [31]饶尧[13]绕2～线

ʑ [31]韶邵绍扰绕3围～

ɦ [31]摇窑谣遥徭姚肴淆[13]耀鹞跃1

ʔ [33]腰妖夭幺要1～求[42]舀邀杳[55]要2～想

o

p [33]巴～结：勤快芭2～蕉笆疤 [42]把2[55]坝霸□涩口：～口[15]疤

p^h [55]怕

b [31]爬杷耙琶[13]龅～牙；～肚臀：撅臀

ʔm [42]马码蚂～蛭，蚂蟥

m [31]麻痳蘑[13]骂相～：吵架

n [31]拿^{2}旧读诺提示别人注意，或读升变音□～～：后字读升变音，儿语，指猪或猪肉

ʔl [33]～～声，形容小孩儿说话的样子[42]哪^2

ts [33]渣楂遮吒哪～[55]炸诈榨蔗

ts^h [33]叉车[42]蹅用力踩或蹬[55]错岔[15]叉

ʥ [31]查茶搽

s [33]沙纱砂痧挲袈[42]舍^1～得[55]晒舍^{2}宿～

z [31]坐座矬房屋等下陷蛇社昨[13]射^2～去快显：跑得很快

k [33]贾^2～宝玉家^{1}加枷袈嘉佳^{2}瓜^2□块：一～西瓜[42]假^{1}真～[55]假^{2}暑～嫁价架

k^h [42]可[55]抲

g [31]□收缴非法交易物□动物交配[13]□嗳气；反胃

ʔŋ [42]我瓦雅

ŋ [31]牙芽衙[13]砑

h [33]花^{2}虾呵～～声，呼吸时气管发出的声音[42]卸～货：卸货[15]虾

ɦ [31]霞[13]话^{2}夏□语气词，表示提示或惊讶，一般读升变音

ʔ [33]丫^2～头；脚～门：脚趾头之间阿～胶蛤～蟆[42]下^{2}底～哑^2～佬：哑巴夏姓厦～门□～色：褪色 [55]亚^{2}挜硬劝别人收下或买下[15]鸦^{2}老～：乌鸦，后字读升变音

ø

p [33]搬[55]半

p^h [33]潘[55]判

b [31]盘^{1}茶～磐蟠拌伴绊般^{1}旧读：一～[13]叛盘^{2}回旋

ʔm [42]满

m [31]瞒鳗蔏包裹：～裆裤，；～烟，烟雾弥漫[13]漫湖～：温岭的一个地名

t [33]端[42]短[55]□还价：～价钿锻断^{1}判～[51]□身大口小的坛子

d [31]团断^2～绝[13]段缎

ʔl [33]卵^1～～，赤子阴。后字读升变音[42]卵^2～子[55]□扔

l [31]孪峦栾銮鸾椂一种柚子：文旦～[13]乱恋[15]

ts [33]钻^{1}名词 [55]钻^{2}动词锥

ts^h [33]氽[42]喘[55]篡蹿窜

ʥ [13]□～山洞：钻山洞

s [33]酸[55]算蒜

ɦ [13]□象声词，呕吐的声音

uø

k [33]官棺倌观冠纶鳏[42]管馆[55]罐灌盥贯[2]《十五~》绘侩会~计

k^h [33]窥亏宽[1] [42]款傀[55]块脍溃~疡馈愧

h [33]欢灰挥盔辉晖恢徽[42]毁贿[55]唤焕痪奂悔晦□食物回锅稍作加工

ɦ [31]回蛔茴完丸桓违[2] [13]慧[2]彗[2]惠[2]会[2]开~汇卫[2]荟位[2]危[2]桅魏[2]谓讳纬[2]苇[2]尉[2]慰□能干秽

ʔ [33]威煨[42]伟[2]委诿萎炜玮痿腕碗婉豌惋苑皖纨缓崴□掉头；回转

yø

tɕ [33]专砖[42]转~身

$tɕ^h$ [33]穿川[55]钏串□混合；混淆

dʑ [31]传[1]动词椽[13]传[2]~记篆

ʔȵ [42]软阮

ȵ [31]元沅原源爰[13]愿

ɕ [33]宣萱喧栓拴闩[42]选

ʑ [31]船全璇[13]旋□骗

k [33]鹃捐娟涓[42]卷[1]~动[55]卷[2]试~眷

k^h [33]圈[42]犬[55]劝券

g [31]拳权蜷颧[13]倦

h [55]楦

ɦ [31]员圆园缘垣玄悬媛援猿袁辕[13]县院眩

ʔ [33]渊冤鸳[42]远[55]怨

ɤ

t [33]兜□盛饭、菜等[42]抖斗[1]米~陡蚪[55]斗[2]~争[15]兜口袋

t^h [33]偷[42]敨展开；喘气[55]透

d [31]头投[13]豆痘逗

n [13]耐[2]旧读

ʔl [33]镂剅抠[42]搂

l [31]楼娄篓髅[13]漏陋

ts [42]走[55]奏揍皱绉邹

ts^h [55]凑

dz [13]宙骤

z [31]愁

s　[33]艘搜馊嗖飕赊奢佘畲[42]瘦叟[55]敒嗽

iɤ

p　[33]□撇嘴
p^{h}　[42]剖[2]
ʔm　[42]母拇[1]某[1]亩[1]牡
m　[31]谋□毒死 [13]谬缪牟
f　[42]否
v　[31]浮[2]
tɕ　[33]勾沟钩[42]狗苟[55]购构够垢
tɕ^{h}　[42]□窥探；伺机[55]扣寇蔻叩
dʑ　[31]厚痀驼背
ʔȵ　[42]偶藕
ȵ　[31]牛
ɕ　[33]□弓背[42]吼[55]鲎彩虹
ɦ　[31]猴侯瘊喉[13]候齁很
ʔ　[33]欧鸥瓯殴□躬身[42]后呕[55]□比（身高、长度）

ɯ

k　[33]歌哥戈[55]个[1]～人[15]歌哥
k^{h}　[33]柯窠稞[15]窠
g　[31]跍
ŋ　[31]蛾鹅俄峨娥讹梧吾[13]误娱悟饿卧[15]鹅
ɦ　[31]河菏□番～：fa$^{33-35}$ɦɯ$^{31-51}$番薯[13]贺
ʔ　[55]屙

iɯ

t　[33]丢
ʔl　[42]柳绺□搅拌
l　[31]留刘浏流硫琉瘤榴镏[13]溜
tɕ　[33]阄周洲州舟赳鸠[42]九酒久韭玖帚肘纠～正；～察[55]救究疚昼咒
tɕ^{h}　[33]秋湫揪丘蚯邱抽□箍[42]瞅丑[55]臭
dʑ　[31]求裘球泅囚仇稠绸酬筹舅酋遒虬[13]旧厩臼灸柩
ɕ　[33]修休羞收[42]手首守朽[55]兽绣秀嗅
ʔȵ　[33]□用手指拧[42]忸扭纽妞

ʑ [31]受授柔揉蹂□米饭熟后再焖会儿[13]就袖寿售授
ɦ [31]由邮油铀游尤犹疣鱿□两人以上一起嬉闹[13]诱佑釉囿宥柚又[1]
ʔ [33]优忧悠幽攸[42]有右友莠[55]幼□躲藏

ã

p [33]浜绷[1]张开[55]□占空间；挡道
pʰ [33]砰烹乓
b [31]庞彭膨澎鬇蚌□扔[13]碰[1]
ʔm [42]猛
m [31]氓盲萌[13]虻孟
t [42]打
tʰ [55]□形容邋遢、散漫的样子：（走路、工作）～记～记
ʔn [55]□竭尽全力
n [31]□（头、手、身体）伸出去
ʔl [42]冷
ts [33]争睁筝枠树的枝节点[55]挣
tsʰ [33]撑～船[55]□赚钱：～钞票
dz [13]□挤过、钻过
s [33]生牲笙甥[42]省[55]硍往缝隙里填塞东西以稳固物体
k [33]庚羹耕更[1]五～[42]哽梗埂耿粳[55]亘更[2]～加
kʰ [33]坑[15]坑
g [31]□“吃”的贬称和俗称[13]箮□捣乱；妨碍
ŋ [13]硬
h [33]夯亨[1]官运～通 [55] 亨[2]大～
ɦ [31]行[1]人～道桁栋梁：栋～衡□转手交易[13]行[2]品～
ʔ [33]樱□转方向[42]杏幸[51]杏指果实，相当于普通话的“～儿”

iã

ʔl [42]两[1]斤～辆
l [31]凉良粮梁粱量[1]～体温[13]亮量[2]力～谅踉靓
tɕ [33]张将[1]～来浆姜僵疆缰[42]奖蒋桨涨长[1]～辈[55]酱将[2]大～绛仗账帐胀
tɕʰ [33]枪腔羌戕鲳[1]昌[1]□～基：现在[42]抢厂敞[55]创[1]倡[1]呛跄□木头等开裂
dʑ [31]强襁场肠丈杖长[2]形容词[13]犟弶老鼠～：捕鼠器

ɕ [33]香乡相[1]厢湘箱襄镶商伤[42]想享响饷晌鲞[55]向相[2]
ʔȵ [33]孃~~：奶奶，后字读升变音[42]仰[51]两[2]数词：~双
ȵ [31]娘瓤[13]酿让[1]
ʑ [31]像象橡祥详翔墙[13]让[2]壤
ɦ [31]洋羊烊垟佯杨扬疡阳恙[13]样漾[15]羊
ʔ [33]央鸯秧殃鞅[42]养氧痒[55]□~~：动手动脚；骚扰

uã

k [33]□量词，一~鱼[42]梗
g [13]□~~声：撞击的声音
h [33]咣~~声[42]□斗殴[55]□走路不稳
ɦ [31]横[1]~直[13]□顺便看望；随手一扫
ʔ [42]□划桨；用筷子往嘴里扒饭

ɔ̃

p [33]帮邦梆[42]泵绑榜磅膀[1]肩~[55]谤
pʰ [33]滂[55]胖膀[2]蹄~
b [31]旁镑傍棒[51]棒
ʔm [42]莽蟒网惘
m [31]忙芒茫[13]望[1]忘[1]
f [33]方芳肪舫坊[42]访纺彷仿妨[55]放
v [31]防房亡[13]望[2]忘[2]妄
t [33]当[1]应~裆[42]党挡[55]当[2]便~；典~
tʰ [33]汤[42]躺倘[55]烫□散步；转悠趟
d [31]糖塘唐搪堂棠膛樘盪冲洗[13]荡~秋千；闲逛：~马路
ʔn [42]攮
n [31]囊馕
ʔl [42]朗
l [33]啷[31]狼郎廊螂榔踉晾锒□小气 [13]浪莨空置
ts [33]脏[1]肮~庄妆赃装章樟彰□弄；做；干；搞[42]掌□液体晃动[55]壮[1]强~葬障瘴嶂
tsʰ [33]仓舱苍疮猖娼昌[2]新~：浙江地名鲳[2] [55]倡[2][55]唱创[2]
s [33]桑霜孀[42]赏爽晌嗓磉柱下石[55]丧搡用手肘推人；挣脱束缚
z [31]常裳嫦床尝偿藏[1]隐~鲿~鱼：海蜇上[1]~山[13]上[2]床~□形容词，有本事：本事~显状尚脏[2]心~藏[2]西~

k [33]刚钢纲冈扛岗^{1}山～缸肛江豇 [42]讲港[55]降杠岗^{2}站～

k^h [33]康糠[42]慷[55]炕亢伉囥

g [31]吭田垄[13]□物体之间留有空间地放置戆憨傻；大大咧咧□耽误（时间、学习、上班等）

ŋ [31]昂

h [42]□语气词，相当于普通话中的“是吧？”

ɦ [31]行^{2}～列□～得/弗牢：说得/不过去航杭吭巷绗粗粗地缝降投～□拟声词，狗叫声[13]笐大竹竿

ʔ [33]肮□～～声，形容人和动物喊叫的声音[42]项

uɔ̃

k [33]光[42]广犷[55]逛

k^h [55]旷矿

h [33]慌荒[42]晃^{1}～动幌谎恍[55]况^{1}晃^{2}踉跄□大放晴

ɦ [31]王枉黄潢璜磺簧凰皇惶蝗煌隍徨湟遑[13]旺

ʔ [33]汪[42]□～肚：蛋黄未煮透；表面不错但内里一塌糊涂[51]□头颈～：脖子

yɔ̃

tɕ [33]桩□捧住；扶住[55]壮^{2}胖：滚～：很胖

$tɕ^h$ [33]窗筐匡框眶[42]闯[55]□花～：花哨抢眼

dʑ [31]狂橦树根：树～头；尾骨：尾巴～骨[13]幢撞

ɕ [33]双[55]况^{2}

ɦ [13]□摇晃

ʔ [42]往

øn

t [33]吨墩敦蹲[42]盹□遮挡[55]顿炖扽□眼皮浮肿下垂

t^h [33]吞[55]□解脱；蜕皮

d [31]盾囤饨沌臀豚潭^{2}旧读。龙～：温岭一个水库[13]钝遁

ʔn [42]暖

n [31]轮沦伦囵仑南^{2}旧读。～瓜；湖～：温岭的一个村名[13]嫩论

ts [33]遵尊鳟罇～头：一种陶罐谆肫簪^{2}挽发髻用的一种头饰[55]俊

ts^h [33]村[42]忖[55]寸

s [33]孙猕参^{3}人～森[42]损

z [31]錾像凿子一样的工具存[13]□放置

ən

p	[33]畚[42]本苯[55]奔
p^{h}	[55]喷
b	[31]盆[13]笨
ʔm	[55]闷^{1}~热焖
m	[31]门们蚊^{1}[13]问^{1}闷^{2}苦~
f	[33]分芬纷吩[42]粉[55]奋粪
v	[31]愤焚氛文坟蚊^{2}纹闻吻[13]份问^{2}

in

p	[33]兵宾滨傧缤膑槟濒彬斌冰[42]丙炳饼屏摒秉禀[55]併合~殡柄[51]饼
p^{h}	[33]乒[42]品[55]聘拼姘
b	[31]平评萍苹坪凭^{1}瓶屏^{2}~风；~障贫频嫔颦并[13]病凭^{2}听任[15]瓶
ʔm	[42]冥暝瞑敏闽皿悯泯
m	[31]名铭茗酩明鸣民[13]命
t	[33]丁盯叮钉名词疔[42]顶鼎[55]订□~肚：不消化钉动词[15]钉名词
t^{h}	[33]汀[42]挺艇铤厅[55]听
d	[31]停亭婷庭廷霆蜓[13]定锭
ʔl	[33]拎□转头[42]领岭凛
l	[31]零铃玲灵棂陵凌菱伶羚聆翎邻林琳霖淋临麟鄰磷鳞[13]另令龄赁蔺吝[15]铃
tɕ	[33]今金斤巾筋津襟矜惊经茎京精睛晶兢真针斟珍甄砧臻贞侦征蒸扰塞住[42]紧锦井阱景憬警颈整拯枕疹诊谨瑾赈境[55]正禁浸晋觐镜竟敬进政症镇震振圳朕甑[15]桥瓶塞
tɕ^{h}	[33]清青氢轻倾亲卿亲侵钦称^{1}动词郴乘蜻蛏[42]寝请顷磬逞骋[55]称^{2}名词秤趁沁揿庆[15]蛏
dʑ	[31]沉陈尘橙程呈逞惩芹勤琴擒禽秦擎芩衾妗近鲸[13]阵仅郑□养病劲
ɕ	[33]新薪心芯欣锌辛莘囟馨歆鑫忻星猩惺腥身深伸申绅呻声升[42]渗婶审沈醒省^{2}反~擤[55]信衅性姓兴胜圣讯迅汛
ʔɲ	[42]拧忍^{1}[55]□长时间坚持
ɲ	[31]人凝宁柠狞咛仍银吟鄞垠迎萦 [13]任^{1}姓韧认刃泞
ʑ	[31]寻忍^{2}秦蕈臣晨成乘城诚承丞仁纫神肾慎甚尽[13]盛任^{2}~务

ɦ [31]寅淫营赢莹盈型形刑邢蝇[13]□轻微移动
ʔ [33]孕应¹～该英瑛婴缨嘤璎鹦鹰莺罂因姻茵音阴荫殷膺[42]引蚓饮隐瘾影颖映[55]印应²答～

uən

k [33]崑[42]滚衮昆¹①杨尚～ [55]棍
kʰ [33]坤[42]昆²～明捆[55]睏
g [13]溃²～脓
h [33]婚昏荤
ɦ [31]魂浑[13]混¹～日子
ʔ [33]温瘟馄[42]稳混²～浊

yn

tɕ [42]准[55]峻骏俊
tɕʰ [33]春椿[42]蠢
dʑ [31]□小口吮吸
ɕ [33]熏[42]笋榫[55]瞬舜殉逊□陡
ʑ [31]旬巡唇纯莼醇淳鹑循吮[13]顺
k [33]军君均钧
kʰ [42]菌
g [31]群裙[13]郡
h [33]勋薰醺[55]训□嗅
ɦ [31]云匀耘[13]韵运润闰晕熨
ʔ [42]允陨

ɤŋ

t [33]灯[42]等[55]登凳蹬瞪撐猛拉
tʰ [33]□（质量、水平等）差
d [31]疼腾藤誊[13]邓□～～声：拟声词，相当于普通话中的"咚咚"声
ʔn [42]□～～声：形容人很热心地张罗
n [31]能[13]□抖动恁

---

①"昆"字在太平话的三个发音人中有差异：本文所记的两种读音同时出现在一个人口中，另外两个人是一个只读[$k^huən^{42}$]，一个只读[$kuən^{42}$]。这个字在温岭方言中也存在地域差异：泽国、岙环读送气音，坞根、新河、松门读不送气。年轻人则只会读送气音。总之，这个字的不同读音在文白异读、地域差异和年龄差异方面均有体现。不送气的读音是白读层，送气的读音是受普通话的影响产生的文读音。

ʔl [42]楞呆拔～登：呆呆的样子
l [13]棱
ts [33]增憎曾¹姓[42]怎
tsʰ [55]蹭
z [31]曾²～经层[13]赠
k [33]跟根[42]哏
kʰ [33]啃[42]肯恳垦[55]□正好：～牢
g [31]□门虚掩[13]□动词，牙齿用力往外伸□量词，一～：手指张开时从中指尖到大拇指尖的距离
h [33]哼[42]很狠
ɦ [31]痕恒[13]恨

uŋ

p [33]崩绷²[55]蹦迸
pʰ [42]捧[55]碰²
b [31]棚²硼²朋²篷²蓬[51]□鱼在水中冒的泡泡
ʔm [42]懵
m [31]蒙盟蠓[13]梦
f [33]风枫疯封丰蜂峰锋烽[55]讽
v [31]冯奉俸逢缝¹动词甭[13]凤缝²名词
t [33]东冬咚[42]懂董[55]冻栋
tʰ [33]通[42]统捅[55]痛
d [31]同童桶铜彤桐瞳筒动[13]洞侗恫
ʔn [55]□有气无力：瘪～～
n [31]农脓侬哝浓¹[13]糯²～米
ʔl [42]垄陇笼¹～罩拢¹～共
l [31]龙拢²拉～笼²鸡～珑聋隆窿[13]弄
ts [33]宗棕综踪鬃[42]总[55]粽纵
tsʰ [33]葱匆聪囱
s [33]松¹放～[42]耸怂悚[55]送宋□锤打
z [31]从¹～来丛崇[13]讼
k [33]公工功恭蚣觥□关注[42]拱龚巩□用东西遮盖[55]攻贡汞
kʰ [33]空¹～地箜[42]控孔恐¹[55]空²亏本
g [13]□～响，撞击声
h [33]轰哄¹～堂大笑薨烘[42]哄²～骗[55]讧蕻
ɦ [31]红¹虹¹洪¹宏¹鸿¹弘¹泓¹

ʔ [33]翁嗡[55]瓮□俯身；低头臃食物腐臭

yuŋ

tɕ [33]中钟盅忠衷锺弓躬宫[42]种[1]～子肿踵冢供[1]～销社[55]种[2]～树供[2]上～

tɕʰ [33]冲[1]充忡憧 [42]宠恐[2] [55]冲[2]口气～铳□打盹儿蹱

ʥ [31]重虫穷[13]共

ʔȵ [33]□～～：小宝贝儿

ɕ [33]兄凶胸汹松凇匈嵩舂

ʑ [31]从[2]～前茸绒戎[13]颂诵□念叨

ɦ [31]融容溶熔蓉榕荣嵘泳雄浓[2][13]咏用佣

ʔ [33]拥雍庸墉慵臃邕[42]永勇涌踊蛹俑恿甬[55]壅施肥

aʔ

p [5]□粘贴百柏伯迫

pʰ [5]珀拍帕魄粕掰脈分开；张开；壁岩开山

b [2]白帛

ʔm [5]趏小心翼翼地走

m [2]陌脉麦蓦沫末抹拍痛打

ts [5]摘则责只[3]量词匝咂仄扎札窄□撒踯（种子等）□勾：衣裳～碎；绊：～类倒（绊倒）

tsʰ [5]察擦插皴冬天因冷风吹而皮肤粗糙或轻微皲裂拆册策测恻侧

ʥ [2]择泽宅

k [5]格隔革[1]

kʰ [5]客

g [2]□闩门；因被东西搁住而关不上门、盖子、抽屉等轧

ʔŋ [5]□掰断、折断

ŋ [2]额□晕过去遏

h [5]赫吓□～被：用线把被面、被褥和被里子固定住

ʔ [5]轭扼呃打～□包粽子阿～婆；～哥

iaʔ

l [2]略掠

tɕ [5]脚爵酌芍～药着[1]～衣裳

tɕʰ [5]雀鹊却怯绰～号

ʥ　[2]着^{2}火~
ȵ　[2]箬匿虐疟
ç　[5]削
ɦ　[2]药钥越阅曰粤悦跃^{2}
ʔ　[5]约

uaʔ

ɦ　[2]划或惑获

əʔ

p　[5]八钵拨^{1}给：钞票~我
p^h　[5]泼拨^{2}~款
b　[2]拔~草；~车：拉车勃脖渤舶跋鼻^{1}
m　[2]袜没~大水物^{1}~事：东西
f　[5]法发髮弗
v　[2]罚乏筏伐阀佛~教物^{2}事~
t　[5]搭得德搭拍打遢邋~：肮脏褡墶
t^h　[5]塔榻蹋塌瘪~~揞涂抹搨烙（饼）□滑脱獭
d　[2]踏沓达阘特
n　[2]捺
ʔl　[5]剌~~声：破裂、断裂的声音
l　[2]猎蜡腊辣勒肋喇邋鑞劣^{1}垃□~头：梳头
s　[5]杀铩刹煞萨塞飒色涩栅卅圾□用力将人推拉
z　[2]闸铡煠微煮；油里微炸□偷偷或匆匆地来去贼
k　[5]个指示词；结构助词；量词，后带宾语
k^h　[5]磕嗑咳恪刻克
h　[5]喝餲饿瞎
ɦ　[2]合^{1}盒狭匣辖核阂
ʔ　[5]鸭押压

iəʔ

p　[5]憋鳖瘪滗沥水笔碧必逼毕壁璧哔辟复~别^{1}区~
p^h　[5]瞥撇匹劈辟^{2}开~僻霹
b　[2]趤跑蹩弼别离~鼻^{2}
ʔm　[5]搣捻；扭转旋扭、瓶盖等
m　[2]灭蔑篾密蜜觅幂谧

t [5]跌滴嫡的[1]目~；~确；打~嘀
tʰ [5]铁贴贴踢剔惕□用工具拨拢
d [2]叠碟蝶谍牒喋敌狄荻翟籴笛迭
ʔl [5]咧
l [2]立笠力历沥雳栗砾列裂烈冽洌趔率[2]利~律捸拧干
tɕ [5]接节结洁织职汁执质浙折执蛰哲浙谪摺睸侧耳绩只[3]量词即积激吉急脊击迹鲫割革葛侧□~菜：夹菜
tɕʰ [5]揭隙劫切窃妾挈锲趄吃~力皵揭皮尺赤斥七漆戚砌乞缉辑泣餖~淡：吭味
dʑ [2]直植值掷秩侄挚杰极辙
ʔȵ [5]捏
ȵ [2]日热逆溺镍聂孽涅镊啮颞蹑业虐
ɕ [5]薛设泄吸熄锡膝息昔惜悉析晰媳蟋虱饰释识室适式湿歇屑楔蝎烁失胁摄慑些□凹进闪闪电
ʑ [2]十硕拾入疾实蚀席袭习涉若弱□滑溜；滑倒集涉舌石截夕汐
k [5]甲钾胛眨夹荚颊郏峡虼~蜢：螳螂
kʰ [5]恰洽掐
g [2]𢴪抱；夹于腋下
ɦ [2]叶页液掖腋曳合[2]~作烨翼曰译邑驿协易[3]交~所
ʔ [5]一乙壹抑逸溢噎躯悄悄地走

uəʔ

k [5]刮括掴聒□裂：~裂
kʰ [5]阔朏~臀：屁股
g [2]□盖印子，~戳□拟声词
h [5]忽揔甩
ɦ [2]滑猾活
ʔ [5]挖□攀爬。~起齁高：爬得很高

ɤʔ

h [5]黑郝霍~乱；~元甲藿

oʔ

p [5]博搏剥北鹁~鸽
pʰ [5]朴扑趴

b　[2]薄雹箔泊梁山~仆驳瀑皺蚊叮后的疱
m　[5]摸[2]抹墨默牧目木沐穆睦莫暮漠幕寞膜
f　[5]幅福复腹覆辐佛仿~馥蝠
v　[2]伏服袱缚栿门槛
t　[5]督褶拼结；修补：衣裳~边笃豰琢啄
tʰ　[5]托拓庹量词，两臂平伸后两个中指指尖的距离
d　[2]独读犊渎牍黩毒铎
ʔl　[5]碌动词。晃动；转动
l　[2]乐[1]快~六绿氯漉□下锅煮；~滚汤：把食物放在沸水里煮辘络~麻绳：麻绳
ts　[5]作
tsʰ　[5]促
s　[5]索朔硕
z　[2]族凿
k　[5]各阁搁角□晒；烤：~太阳觉[2]知~
kʰ　[5]壳廓确皺物体起皮
g　[2]□搁浅；卡住□因不定时吃饭而导致胃病
ŋ　[2]鹤愕鳄乐[2]音~岳
h　[5]豁□害怕㾜打盹。~记：打个盹儿
ɦ　[2]学
ʔ　[5]恶

uoʔ

k　[5]国郭骨谷
kʰ　[5]哭扩窟
ɦ　[2]镬域斛
ʔ　[5]屋握幄渥龌沃

yoʔ

tɕ　[5]捉足烛桌卓瞩嘱粥祝竹啄筑
tɕʰ　[5]喫触黜簇蹙蹴龊曲促麴
dʑ　[2]浊镯逐轴局□猛压；用力捶打
ʔȵ　[5]抈弯折；弄皱
ȵ　[2]玉狱肉搦用力来回揉，~粉
ɕ　[5]叔束黍肃蓄畜[1]~牧缩宿□揉搓

ʑ [2]熟塾属赎孰蜀俗淑术述绝①
ɦ [2]育浴欲穴役疫
ʔ [5]郁

øʔ

t [5]答掇骂
tʰ [5]脱秃凸忒
d [2]夺铎突
ʔn [5]粒□形容腿脚不灵便地走
n [2]诺喏纳钠呐
l [2]捋劣 2
ts [5]卒拙捽束发
tsʰ [5]撮
s [5]率 1～领摔瑟
z [2]杂

yøʔ

tɕʰ [5]出畜 2～生
ȵ [2]月
ɕ [5]刷涮蟀雪说戌恤□理睬
k [5]决诀抉厥谲蕨噘珏菊橘
kʰ [5]缺屈阙瘸蛐
g [2]掘倔崛攫橛量词，截，段
h [5]血嚯

m

ɦ [31]呒
ʔ [42]亩 2姆 2某 2

n̩

h [33]□：～旦：这么；这样。现在很少有人用此词。

---

①“术述绝”三个字今读音存在分歧。专门为此调查了三个发音人，结果得到三种不同的结论：一是“术述绝”都读[yøʔ]；二是“术述绝”都读[yoʔ]；三是“术述”读[yøʔ]，“绝”读[yoʔ]。本文采用第二种读音。因为经过进一步了解发现，第二种读音的发音合作人是最正宗的温岭太平人，而且是非常理想的发音合作人。

ɦ　[31]儿 [13]二^{2}

ʔ　[42]尔^{2}你

ŋ

h　[42]擤□求

ɦ　[31]红^{2}虹^{2}洪^{2}宏^{2}鸿^{2}弘^{2}泓^{2}吴^{2}鱼渔^{2}

[13]□伤口发炎[15]鱼

ʔ　[33]恩齆因鼻孔堵塞而发音不清：~鼻头：鼻头~牢[42]耳^{2}~朵五午^{2}[15]□头颈~短：脖子短

第三章　古今比较

温岭方言的声韵调与以《切韵》为代表的中古汉语语音系统的比较主要有两个途径：一是从今音看中古音的来源，二是从中古音看今音的演变。本文以中国社会科学院语言研究所的《方言调查字表》中的音韵分类作为中古音的体系。舒声韵例字尽量以平声为主，举平以赅上去，但兼及常用性。鼻辅音韵母①不在比较范围。

第一节　声母比较

1.1　今温岭方言声母的中古音来源

下表1是考察今温岭方言34个声母的中古音来源。表中第一列表示每个声母的中古声母来源总数，第二列为今温岭方言声母，第三列为中古声母的具体名称，小字表示主要限定条件，其中“全”表示全部，“少数”或“部分”表示该来源并不整齐，条件比较分散。

表1　　**今温岭方言声母的中古来源**

1	p	帮全
	p^h	滂全
	t	端全
	t^h	透全
	d	定全

① 鼻辅音韵母主要涉及中古音的三母、五摄以及不明来历的白读字音。“三母”指日母、疑母和匣母，“五摄”指止摄、遇摄、曾摄、梗摄和通摄。如：吴五伍|午鱼渔（蟹合口疑母）；儿尔支|二脂|而耳之（止开三日母）；弘（曾合一等韵匣母）；宏（梗合二耕韵匣母）；红洪鸿虹（通合一东韵匣母）。李荣先生认为这些鼻音韵“可以分析成[h ʔ ɦ]声母拼[m n ŋ]韵母，也可以分析成[hn ʔn ɦn] 等复合声母拼零韵母。前一种分析法要承认[m n ŋ]是韵母，后一种分析法要增加 [hn hŋ]两个复合声母。现在按前一种办法处理”（李荣 1985：53）。本文从之。在进行古今语音比较时，我们认为这类字的白读音是声母[h ʔ ɦ] 分别后拼鼻辅音韵母[m n ŋ]，因此不出现在分析范围中。

续表

1	ʔl	来阴声
	l	来阳声
	h	晓洪
	ʔŋ	疑洪；阴声
2	b	並全奉白读
	ʔm	明阴声微白读；阴声
	m	明阳声微白读；阳声
	f	非全敷全
	v	奉部分微文读
	ʔn	泥洪；阴声疑蟹开三、止开三；阴声
	ʥ	澄洪崇洪
	k	见开一二等和合口匣少数
	k^h	溪开一二等和合口匣少数
	g	群开一二等和合口匣少数
	ŋ	疑洪；阳声匣通合一；阳声
3	n	泥洪；阳声来臻合；阳声疑蟹开三、止开三；阳声
	ʔȵ	泥细；阴声日阴声疑细（除蟹开三、止开三外）、流摄；阴声
	ȵ	泥细；阳声日阳声疑细（除蟹开三、止开三外）、流摄；阳声
	ɦ	匣古非上声喻云（古非上声）喻以（古非上声）
4	s	心洪生洪书洪晓通合三钟韵
	ɕ	心细生细书细晓细
	ʦ	精洪知洪庄洪章洪
	$ʦ^h$	清洪彻洪初洪昌洪
	ʔ	匣上声影全喻云（古上声）喻以（古上声）
5	ʨ	精细知细庄细章细见古开三四等
	$ʨ^h$	清细彻细初细昌细溪古开三四等
	ʥ	从细邪细澄细崇细群古开三四等
6	z	从洪邪洪崇洪船洪禅洪日通合三
	ʑ	从细邪细崇细船细禅细日部分

1.2 中古声母在今温岭方言中的演变

下文的表 2（温岭方言声母古今对照表）可以帮助我们认识中古声母在今天的温岭方言中的分化情况。需要详细说明的是：

（1）古微母今有两种声母，一种是唇齿音[v]，一种是鼻音[ʔm]或[m]。前者是文读音，后者是白读音。

（2）古泥母字逢今洪音和[i]韵母时读[ʔn]或[n]声母，如：脑[ʔnɔ^{42}]|泥[ni^{31}]，逢其他细音时读[ʔȵ]或[ȵ]声母，如：女[ʔȵy^{42}]|年[ȵie^{31}]。

（3）古来母一般今读[l]，但臻合口魂谆二韵字读为[n]，如：仑伦沦轮[nøn^{31}]|论[nøn^{13}]。

（4）古精、知、庄、章组也以今韵母洪细为条件一分为二：在洪音前读舌尖前音，在细音前读舌面前音。如：操清抄初[tsʰɔ^{33}]|超徹[tɕʰiɔ^{33}]|招章[tɕiɔ^{33}]。至于这四组字到底是读洪音还是读细音，还得由这些字在中古时的韵摄、等呼的特征来决定。一般来说，古开、合口一二等字读洪音，三四等字读细音。部分韵摄的今洪细分化比较复杂，大都集中在三等字上，如遇合三鱼韵、宕开三、通合三，以及江摄等。这些韵摄字不但在太平话中出现洪细之分，而且在温岭方言内部还出现不同的洪细归并（具体见第四章“内部差异”）。其中庄组和章组特别复杂。有些章组字与精、知组相似，如：“厂昌”与“枪清畅徹”同声母，与“疮初”有异；有些章组字又与庄组一致。如：将精张知[tɕiã^{33}]|庄章[tsɔ̃^{33}]。下文的“韵母比较”部分还将论及。

（5）古日母字在今温岭方言中的读音比较复杂。声母为[ʔȵ]或[ȵ]、[ɦ]或[ʔ]（包括后跟鼻辅音充当的韵母）的读音是最早的白读音，读为[ʑ]或[z]的是文读音。如“耳”有两种读音：[ʔŋ^{42}]~朵和[zɿ^{31}]木~，“忍”也有两种读音：[ʔȵin^{42}]~气和[ʑin^{31}]~耐，“闰润”的白读音为[ɦyn^{13}]，文读音为[ʑyn^{13}]。

（6）古见系字在今温岭方言中的分化很有特色。与大多数汉语方言以今洪细为分化条件不同，古见、溪、群、晓四母在温岭方言中虽然也分化为两类声母，但分化条件不同：第一类读为舌根音，分化条件为此四母的古开口一二等韵（咸山两摄部分开口一二等字的白读音除外）和合口韵（通合三除外），如：家[ko^{33}]|<u>去</u>[kʰie^{55}]|间[kiɛ^{33}]|拳[gyø^{31}]；第二类读为舌面音，主要来自于此四母的古开口三四等、咸山两摄的部分开口一二等和通摄合口三等韵，如：基[tɕi^{33}]|<u>看</u>[tɕʰie^{55}]|穷[dʑyuŋ^{31}]。

疑母在温岭方言中的分化基本上也以今韵母的洪细为条件，逢洪音时读[ʔŋ]或[ŋ]，如：瓦[ʔŋo^{42}]|牙[ŋo^{31}]；与[i]韵母相拼时读[ʔn]或[n]声母，如：拟[ʔni^{42}]|谊[ni^{13}]；逢其他细音读[ʔȵ]或[ȵ]声母，如：藕[ʔȵiɤ^{42}]|颜[ȵiɛ^{31}]；还有个别的读[ɦ]，如“岸[ɦie^{13}]|顽[ɦuɛ^{13}]”等。

匣母在温岭方言中的读音则主要以声调为分化条件，古上声匣母字今读零声母，这里的上声皆为清上，如：杏幸[ʔã^{42}]|项[ʔɔ̃^{42}]|混~浊[ʔuən^{42}]；古非上声匣母字今读[ɦ]声母，如：咸[ɦɛ^{31}]|魂[ɦuən^{31}]|换[ɦuø^{13}]。此外，还有个别保留舌根音声母的，如：<u>衔</u>[giɛ^{31}] 动词|舰[kʰiɛ^{42}]|峡[kiəʔ^{5}]。

喻云、喻以在温岭方言中分化为紧喉声母[ʔ]和浊擦音[ɦ]，分别与声调的阴阳两连。

表 2　　温岭方言声母古今对照表

		清·全清		清·次清		浊·全浊		浊·次浊		清·全清		浊·全浊	
帮组		帮 p		滂 p^h		並 b		明ʔm/m					
非组		非 f		敷 f		奉 v		微 v/ʔm/m					
端泥组	今洪	端 t		透 t^h		定 d		泥 ʔn/	来ʔl/l/n				
端泥组	今细	端 t		透 t^h		定 d		泥 ʔȵ/ȵ	来ʔl/l/n				
精组	今洪	精	ts	清	ts^h	从	z			心	s	邪	z
精组	今细	精	tɕ	清	$tɕ^h$	从	ʑ/ʥ			心	ɕ	邪	ʑ/ʥ
知组	今洪	知	ts	彻	ts^h	澄	ʣ						
知组	今细	知	tɕ	彻	$tɕ^h$	澄	ʥ						
庄组	今洪	庄	ts	初	ts^h	崇	z/ʣ			生	s		
庄组	今细	庄	tɕ	初	$tɕ^h$		ʑ/ʥ				ɕ		
章组	今洪	章	ts	昌	ts^h	船	z			书	s	禅	z
章组	今细	章	tɕ	昌	$tɕ^h$	船	ʑ			书	ɕ	禅	ʑ
日母								日ʔȵ/ȵ/ʑ/z/ɦ/ʔ					
见晓组	今非 i 韵母	见	k	溪	k^h	群	g	疑	ʔŋ/ŋ（洪） ɦ（洪、细）	晓	h	匣	ɦ/ʔ $k/k^h/g$
见晓组	今细	见	tɕ	溪	$tɕ^h$	群	ʥ	疑	ʔn/n（+i） ʔȵ/ȵ（+非 i 细）	晓	ɕ	匣	ɦ/ʔ $k/k^h/g$
影组		影ʔ						喻云	ɦ/ʔ	喻以	ɦ/ʔ		

1.3 声母例外字[1]

中古声母	帮		滂		並			敷	奉			透		定			精
例外字	绊	般[2]	玻	坡	毙	瓣	跑	捧	帆	吠	翡	贷	桶	挺	艇	苔[3]	躁
应读	p	p	p^h	p^h	b	b	b	f	v	v	v	t^h	t^h	d	d	d	ts
现读	b	b	p	p	p	p^h	p^h	p^h	f	f	f	d	d	t^h	t^h	t^h	ts^h

① 本文所举例外字仅按声母、韵母、声调单独分类，不包括声、韵、调杂糅的例外字，可详见“同音字汇”。另外，同时见于《特字表》（见《方言》1991 年第 3 期），或者在中古音系统中本来就有两读的例外字均在此从略。

② “一般”中的老派读法。

③ 用于“舌苔”。

中古声母	从			邪		知		澄		船	书	禅	
例外字	载	蹲	辑	涎	囚|泅	爹	站	瞪	仲	盾	鼠	署	殖/植
应读	z	z	z	ʑ	ʑ	tɕ	ts	dʑ	dz	z	s	z	ʑ
现读	ts	t	tɕ^h	ɦ	dʑ	t	dz	t	tɕ	d	ts^h	ʑ	dʑ

中古声母	见						溪		群	晓	匣	影	喻以	
例外字	俱	愧	酵[1]	矿	懈	劫	墟	恢	菌	汞	茎	秽	捐	阎
应读	k	k	k	k	k	tɕ	k^h	k^h	g	ɦŋ	ʔ	ʔ	ɦ	ɦ
现读	g	k^h	h	k^h	ɦ	tɕ^h	h	h	k^h	k	tɕ	h	k	ȵ

第二节　韵母比较

2.1　古阴声韵

2.1.1　古阴声韵在今温岭方言中的演变

中古阴声韵包括"果假遇蟹止效流"七摄，它们的古音都无辅音韵尾，在今温岭方言中均读为开尾韵。下表3为中古阴声韵在今温岭方言中的演变表，左侧首列为七个阴声韵（分开合），首行为各韵摄的"等"（分一等、二等、三四等），根据各韵摄所拼声母的情况再"等"下分"系组"。后文的古阳声韵和入声韵对照表亦如是。

表3　　温岭方言韵母古今对照表（阴声韵）

	一等			二等				三四等							
	帮系	端系	见系	帮系	泥组	知系	见系	帮系	端组	泥组	精组	庄组	知章组	日母	见系
果开		u	ɯ												ia
		多	哥												茄
果合	u	u/o	u												y
	波	裸/坐	科												靴
假开				o	o	o	o				ia		o	ia	ia
				麻	拿[2]	茶	牙				写		蛇	惹[3]	夜
假合						a	ua/o								
						傻	蛙/瓦								

① 用于"发酵"。

② 属于最老派的读音。现在一般读为[na^{31}]。

③ 用于"惹祸"，意为"惹祸；闯祸"。

续表

	一等			二等				三四等							
	帮系	端系	见系	帮系	泥组	知系	见系	帮系	端组	泥组	精组	庄组	知章组	日母	见系
遇合	u	u	u					u		y	y	u/ʅ	y/ʅ	y	y
	铺	都	姑					夫		女	徐	初/锄	除/猪	如	居
蟹开	e	e/a	ie/e	a	a	a	a	i	i	i	i		i		i
	贝	台/带	该/海	排	奶	斋	皆	蔽	低	泥	际		制		艺
蟹合	e	e	uø				ua	i			e/ y		y	y	y
	杯	堆	灰				怪	废			脆/脆		税	芮	桂
止开								i/e	i	i	ʅ	ʅ	ʅ	ʔn/n ʔŋ	i
								皮/悲	地	离	雌	筛	知	爾/儿 耳	奇
止合								i		e	y/e	e	y	y	y/uø
								非		类	嘴/翠	衰	追	蕊	诡/挥
效开	ɔ	ɔ	ɔ	ɔ	ɔ	ɔ	ɔ	iɔ	iɔ	iɔ	iɔ		iɔ	iɔ	iɔ
	袍	刀	高	包	闹	抄	交	标	雕	疗	消		超	饶	骄
流开	iɤ	ɤ	iɤ					iɤ	iɯ/u	iɯ	iɯ	ɤ	iɯ	iɯ	iɯ
	剖	兜	勾					否	丢/妇	流	秋	搜	抽	柔	丘

上表中比较特殊的地方是：

（1）果摄一等端系的开合口字今韵母为[u]，实际音值上存在些许分化，有些人开始有细微的复元音动程，有些人干脆读成了[əu]——遇摄的合一端系、合三庄组字（还有来母的“庐”字）也是如此。如果读为[əu]，古开口字就符合一等的音韵地位，而合口却不符合了。

果合口精组字今分两种韵母[u]和[o]，从母字读[o]，如“坐座矬房屋地基下陷”等，其他的读[u]。

（2）假开二见系字一般今读[o]，有些字有文白二读，文读音为[ia]，如“下降”中的“下”，本为匣母的去声字，现白读为[ʔo^{42}]，同于“底下”的“下”（本为匣母的上声字），现文读为[ɕia^{55}]。

假开三章组字今分两类：[ia]和[o]，前者为白读层次，后者为文读层次。保留白读层次的如：者[tɕia^{42}]|射麝[ʑia^{13}]，但现在“射麝”二字出现了新的读音[zo^{13}]。“扯昌”字还有一个白读音为[ts^{h}e^{42}]，表“撕扯”义，如：拨把纸/衣裳～爻了；～布①。

假合二见系字韵母也是今分两类：[o]和[ua]，前者为白读层，后者为文

① 以前去商店买布就叫“扯布”，如果要买两尺布，就说“布扯两尺”。

读层。有些字现在有文白二读，如“花[ho^{33}]白[hua^{33}]文|华[ɦo^{31}]白[ɦua^{31}]文”等，这些字的白读音还有少数老年人发成[uo]，可以说比[o]的层次更早。蟹合二中的“话”也是如此。

（3）遇摄的读音比较复杂，主要表现在两个方面：一是无论在合口的一等模韵还是三等鱼韵中，都有部分疑母字的白读音的韵母是由鼻辅音充当的，如“吴五伍午|鱼渔”；二是保留了《切韵》时代“鱼虞有别”的音韵层次，这个层次不仅存在于北部吴语①中，在南部吴语中表现得更为显著。

温岭方言的“鱼虞有别”主要表现在鱼韵的精组和知系字上。精组和知系的虞韵字的韵母都是[y]，而鱼韵字的韵母则分为两类：[ʅ]和[y]，庄组的韵母也分为两类：[ʅ]和[u]。两组中的前者为白读，后者为文读。有的字只有一种白读音，如：猪[tsʅ^{33}]|苎[dzʅ^{31}]|箸[dzʅ^{13}]|煮[tsʅ^{42}]|鼠[tsʰʅ^{42}]；有的字有文白两读，如：絮[sʅ^{55}]白[ɕy^{55}]文|锄[zʅ^{31}]白[zu^{31}]文|梳[sʅ^{33}]白[su^{33}]文。这样，在温岭方言中，猪≠株、煮≠主、锄≠雏、薯≠树。

古见晓组的字一般读[y]声母，但是有些字保留一些白读音，主要元音读为[e]，如：锯[kie^{55}]|渠[gie^{31}]|去[kʰie^{55}]|虚[he^{33}]|许② [he^{55}]。

（4）古蟹开一见组和流开一见系字读带介音[-i]的细音。蟹摄字如“该[kie^{33}]|呆[ȵie^{31}]”等，流摄字如“勾[tɕiɤ^{33}]|口[tɕʰiɤ^{42}]|欧[ʔiɤ^{33}]”等。

蟹开一泰韵端系字读[a]韵母，和同属开口一等的咍韵的端系字韵母[e]（“乃”字白读韵母[a]除外）相区别，却与开口二等端系同韵母，而开一咍韵端系则与合口一等灰韵端系的字同韵母。这样，在温岭方言中奈泰[na^{13}]≠耐咍[ne^{31}]=内灰、太泰[tʰa^{55}]≠态咍[tʰe^{55}]=退灰。

蟹开二见系字的主要元音也是[a]，并且无文白异读（除了用于人名中的“佳”能文读为[ia]韵母外）。蟹合三（非组字除外）、止合三（来母和生母字除外）的韵母是[y]。但蟹合三中来自喻以母的“锐”字、止合三中来自来母的“累类”和来自生母的“衰帅”读为[e]韵母。

---

① 梅祖麟先生在《现代吴语和“支脂鱼虞，共为不韵”》（《中国语文》2001年第1期）一文中提到：“受了李荣、张琨两位先生的启发，我在20世纪90年代初期发现北部吴语有个鱼虞有别的层次，所用的资料是上海、苏州、崇明、宁波、金华、温州方言。”如果将金华和温州方言作为北部吴语的佐证材料，那么温岭方言也将属于北部吴语的范围。实际上，温岭方言和金华、温州方言同属于南部吴语。本文后面将有详细分析。

② 南部吴语（如温州话 郑张尚芳2008）和赣语（如江西吴城话 肖萍2008）等方言中，表远指代词的读音为[hei^{45}]（温州）、[xe^{213}]（吴城），写作“许”字。“许”在温岭方言中出现在人称代词后面表示复数，或者后加普通名词表示“这种；这些”的意思。声调上则比较灵活。如：“许人这种人、许物事这些东西”中读[he^{55}]，在“我许我们、尔许你们”中读[he^{55}]、[he^{51}]或轻声[he]。

（5）流摄开口三等尤韵庄组字今读开口呼韵母[ɤ]，如：搜[sɤ³³]|皱[tsɤ⁵⁵]|嗽[sɤ⁵⁵]，其他系组（除非组字读[iɤ]或[u]外）均读齐齿呼韵母[iɯ]。再加上见组字声母的腭化，于是，温岭方言中精、知、章、见组的流开三尤韵字就大规模地同音了，如：酒精=肘知=帚章=九见，都读成了[tɕiɯ⁴²]；囚邪=绸澄=仇禅=球群，都读成了[dʑiɯ³¹]。

2.1.2 古阴声韵例外字

中古音地位	遇合一	遇合三	蟹开一	蟹开二	蟹开二	蟹合一	止合三	止开三
例外字	错	数名词	耐旧读	晒	佳	外	泪	驶
应读	u	y	e	a	a	ue	e	ɿ
现读	o	u	ɤ	o	o	a	i	a

中古音地位	效合二	效开二	流开三	流开三	流开三	流开三	流开三
例外字	抓	肴淆	牛	廖姓	矛	妇/阜/富/副	彪
应读	ɔ	ɔ	iu	iu	iɤ	iɤ	iu
现读	a	iɔ	iɤ	iɔ	ɔ	u	iɔ

2.2 古阳声韵

2.2.1 古阳声韵在今温岭方言中的演变

古阳声韵指的是"咸深山臻宕江曾梗通"九个摄的舒声韵。除了深摄（只有开口韵）和通摄（只有合口韵）外，其余七韵皆分开合。此九韵在今温岭方言中的分化各有不同，主要分为两类：咸山两摄（咸开一"南男簪蚕錾"白读音除外）为一类，韵尾已脱落，今读开尾韵；"深臻宕江曾梗通"七摄为一类，今保留鼻音韵尾[-n]、[-ŋ]或鼻化韵。另外，由于韵等的不同，主要元音也发生了一些变化。各阳声韵在今温岭方言中的演变情况见下表 4。

表 4　　温岭方言韵母古今对照表（阳声韵）

	一等				二等				三四等							
	帮系	端系	精知系	见系	帮系	泥组	知系	见系	帮系	端组	泥组	精组	庄组	知章组	日母	见系
咸舒开		ε	ε/øn	iε/ε/ie			ε	iε/ε		ie	ie	ie		ie	ie	ie
		贪	三/南	甘/含/暗			杉	尴/咸		添	拈	尖		瞻	染	炎
咸舒合									ε							
									凡							

续表

	一等				二等				三四等							
	帮系	端系	精知系	见系	帮系	泥组	知系	见系	帮系	端组	泥组	精组	庄组	知章组	日母	见系
深舒开											in	in	øn	in	in	in
											林	心	森	深	壬	今
山舒开		ɛ	ɛ	iɛ/ɛ/ie	ɛ		ɛ	iɛ/ɛ	ie	ie	ie	ie		ie	ie	ie
		丹	餐	肝/汉/寒	班		删	奸/晏晚	编	天	年	煎		缠	然	肩
山舒合	ø	ø	ø	uø			yø	uɛ	ɛ		ø	yø		yø	yø	yø
	搬	端	酸	官			拴	关	番		恋	全		专	软	圈
臻舒开		øn		ɤŋ					in		in	in	in	in	in	in
		吞		跟					彬		邻	津	榛	珍	人	巾
臻舒合	ən	øn	øn	uɔn					ən		øn	øn		yn	yn	yn
	盆	敦	村	温					分		轮	遵		春	润	均
宕舒开	ɔ̃	ɔ̃	ɔ̃	ɔ̃							iã	iã	ɔ̃	iã/ɔ̃	iã	iã
	帮	当	仓	康							娘	将	装	张/章	让	香
宕舒合				uɔ̃					ɔ̃							yɔ̃/ uɔ̃
				光					方							筐/王
江舒开					ɔ̃	ɔ̃	yɔ̃	ɔ̃								
					邦	攮	窗	江								
曾舒开	uŋ	ɤŋ	ɤŋ	ɤŋ					in		in			in	in	in
	朋	登	增	肯					冰		陵			蒸	仍	凝
曾舒合				ɦŋ												
				弘												
梗舒开					ã	ã	ã	ã	in	in	in	in		in		in
					浜	冷	撑	坑	兵	丁	灵	精		贞		经
梗舒合								uɔ̃/uã/uŋ								yuŋ
								矿/横/轰								兄
通舒合	uŋ	uŋ	suŋ	uŋ/ɦŋ					uŋ		uŋ	yuŋ	yuŋ	yuŋ	yuŋ	yuŋ
	篷	东	鬆	公/红					风		隆	松	崇	中	绒	弓

从各韵的演变情况来看，特征比较鲜明的有以下几点：

（1）古咸山两摄的鼻音韵尾基本上已经脱落，只在部分咸开一泥母和精组字的白读音中尚有残存，今白读韵母为[øn]，文读韵母为[ɛ]。如“南男|簪参|錾”。

古咸山两摄开口一二等和三四等有别，一二等的主要元音大都是[ɛ]，三四等的主要元音全都是[e]。情况比较复杂的是见系，今大都不读开口呼而读为齐齿呼（不包括晓母和匣母文读），其中见组的主要元音是[ɛ]，影组的主要元音则是[e]，与三四等相同。咸摄见组开口一等字如“感[kiɛ^{42}]‖甘[kiɛ^{33}]”，二等字如“尴[kiɛ^{33}]‖嵌[k^{h}iɛ^{55}]”，影组字如“庵[ʔie^{33}]‖暗[ʔie^{55}]”；山摄见组开口　等字如“看~守[k^{h}iɛ^{33}]‖[乾~燥 kiɛ^{33}]”，二等字如“艰[kiɛ^{33}]‖涧[kiɛ^{55}]”，影组字如“安~生：安稳；安定[ʔie^{33}]‖案[ʔie^{55}]”。山开二的“晏晚”字读开口呼[ʔɛ^{55}]，倒是符合古音韵的地位，但是与温岭方言中同类字的演变情况不同。

咸山两摄开口一等字中有些字的白读音韵母为[ie]，与开口三四等相同，咸摄如“甘~油柑~橘泔米~水”都读[tɕie^{33}]，山摄如：干肝[tɕie^{33}]‖竿秆[tɕie^{42}]见母|岸[ɦie^{13}]疑母|寒韩[ɦie^{31}]‖旱[ʔie^{42}]‖汗焊[ɦie^{13}]匣母。

咸山两摄的晓母开口有一等字而无二等字，一等字读开口呼，与匣母一二等的主要元音一样都是[ɛ]，如晓母的“喊[hɛ^{42}]”和匣母的“憾[hɛ^{55}]‖咸[ɦɛ^{31}]‖陷[ɦɛ^{13}]”等。匣母有些字在温岭方言中保留更早的白读音，这些白读音也是读齐齿呼[iɛ]韵母的，如：馅~头：~儿[giɛ^{13}]‖衔[giɛ^{31}]‖舰[k^{h}iɛ^{42}]。

（2）古阳声韵今读鼻韵母的包括[-n]尾、[-ŋ]尾和鼻化韵，三者并不构成对立。所涉七个古阳声韵中，演变为[-n]韵尾的有“深臻曾梗”四摄，演变为[-ŋ]韵尾的有“臻曾梗通”三摄，演变为鼻化韵的则有“宕江梗”三摄。

深摄今统读为[-n]尾，通摄今统读为[-ŋ]尾，宕江两摄今统读为鼻化韵。其余各阳声韵都有两种鼻韵母共存的情况，且伴随一定的分化条件。曾摄分化为[-n]尾的条件是开口三等，韵母是[in]，其他曾摄字读后鼻韵尾；梗摄分化为[-n]尾的条件也是开口三等，分化为鼻化韵的条件是开口二等，梗摄读鼻化韵与同读鼻化韵的宕江两摄的区别在于主要元音的对立上，前者为[ã]，后者为[ɔ̃]。臻摄除了开口一等见系分化为[-ŋ]尾外，其余的保留[-n]尾读音。开口一等见系字在今温岭方言中仍读为舌根声母，这是由于声母发音时主动发音部位舌根的抬高使得后接韵母同化为后鼻音。

（3）宕摄开口三等字读音按中古的音韵地位来说应该是有[-i]介音的，今温岭方言中却有一部分字读为开口呼，韵母为[ɔ̃]，而非[iã]。这部分字都出现在庄章组。

同理，山摄合口二等字按其音韵地位今该读合口呼韵母，但是庄组中的字有的读撮口呼，如“闩拴[ɕyø^{33}]”等；通摄合口三等庄组字也不同于知章组的读音，如“崇[zuŋ^{31}]”，而知章组的韵母都是[yuŋ]，前拼舌面前声母。

2.2.2 古阳声韵例外字

中古音地位	咸开四	山合一	山合一	山合一	山合三
例外字	鲇~鱼	暖	馒/幔	玩	宛
应读	ie	ø	ø	uø	yø
现读	iã	øn	ɛ	uɛ	uø

中古音地位	臻合三	江开二	梗开一	梗合三	梗合四
例外字	肫	腔	茎	顷/颖营茔	萤/荥
应读	yn	ɔ̃	ã	yuŋ	yuŋ
现读	øn	iã	in	in	in

2.3 古入声韵

2.3.1 古入声韵在今温岭方言中的演变

古入声韵和阳声韵的数目一样，共有九个。在温岭方言中，古入声韵全演变为带喉塞尾的韵母。具体演变情况可见下表5。

古入声韵在今温岭方言中的演变有三个显著的特点：

第一，相对于阳声韵的演变来说，入声韵的演变有更加从合、从简的趋势。最突出的是开口三四等中各韵摄之间的对立趋于消失。九个古入声韵中，除了江摄和通摄外，其余七摄都有开口三等韵，这七个摄的开口三四等韵在今温岭方言中分化为两类：一类是主流派[iəʔ]，一类是少数派[iaʔ]，少数派仅指宕摄开三字，除此之外都是主流派，而且在有古开三、开四的咸山梗三摄中，古开三和开四之间的差异不复存在。

第二，每个古韵摄中阳声韵和入声韵的对应是比较工整的，主要元音基本一致。但两者在今温岭方言中出现了一些错位。咸山两摄阳声韵开口一二等之间主要元音已经没有差别，但是入声韵开口一二等之间有些参差，主要发生在知系（特别是庄组）和见组上。

知系的问题在于一二等字的主要元音存在[ə]和[a]的分合，而见系的问题则在于[-i]介音的有无或前拼声母的差异。例如，二等庄组咸摄字“插闸”和山摄字“扎察杀铡”分化为两组韵母，“插察[$ts^haʔ^5$]|扎[$tsaʔ^5$]”一组，“闸铡[$zəʔ^2$]杀[$səʔ^5$]”一组。这种情况的分化条件似乎是今声母为塞擦音和擦音之间的对立。咸山两摄开口一二等的入声韵今大多为开口呼[əʔ]，但是见系中却有读齐齿呼韵母的现象。咸摄如开口一等的“蛤~蜊[$tɕiəʔ^5$]”，开口二等的“夹袷峡甲胛[$kiəʔ^5$]|掐[$k^hiəʔ^5$]”；山摄开口一等同于咸摄开一，

表 5　　　　**温岭方言韵母古今对照表（入声韵）**

	一等			二等				三四等							
	帮系	端系	见系	帮系	泥组	知系	见系	帮系	端组	泥组	精组	庄组	知章组	日母	见系
咸入开		əʔ	iəʔ/əʔ			aʔ	iəʔ/əʔ		iəʔ	iəʔ	iəʔ		iəʔ		iəʔ
		踏	蛤/盒			插	夹/压		跌	聂	接		折		叶
咸入合								əʔ							
								法							
深入开										iəʔ	iəʔ		iəʔ	iəʔ	iəʔ
										立	集		汁	入	急
山入开		əʔ	iəʔ	əʔ		əʔ	əʔ	iəʔ	iəʔ	iəʔ	iəʔ		iəʔ	iəʔ	iəʔ
		达	割	八		塞	瞎	鳖	铁	烈	薛		哲	热	杰
山入合	əʔ	øʔ	uəʔ			yøʔ	uəʔ	əʔ		øʔ	yøʔ		yøʔ		iaʔ/yøʔ
	泼	脱	活			刷	刮	发		劣	雪		说		阅/月
臻入开								iəʔ		iəʔ	iəʔ	iəʔ	iəʔ	iəʔ	iəʔ
								笔		栗	七	虱	秩	日	一
臻入合	əʔ	øʔ	uoʔ					əʔ		iəʔ	yøʔ	yøʔ	yøʔ		yøʔ
	勃	突	骨					佛		律	戌	蟀	出		橘
宕入开										iaʔ	iaʔ		iaʔ	iaʔ	iaʔ
										略	削		着	弱	脚
宕入合			uoʔ					oʔ							
			郭					缚							
江入开			oʔ			yoʔ	oʔ								
			剥			桌	觉								
曾入开	oʔ	əʔ	əʔ/ɤʔ					iəʔ		iəʔ	iəʔ	əʔ	iəʔ		iəʔ
	北	德	刻/黑					逼		力	即	色	织		极
曾入合			uoʔ												uoʔ
			国												域
梗入开				aʔ		aʔ	aʔ	iəʔ	iəʔ	iəʔ	iəʔ		iəʔ		iəʔ/yoʔ
				百		拆	客	碧	滴	历	积		掷		击/喫
梗入合							uaʔ								yoʔ
							划								疫
通入合	oʔ	øʔ	uoʔ					oʔ		oʔ	yoʔ	yoʔ	yoʔ	yoʔ	yøʔ
	木	秃	谷					福		六	肃	缩	竹	肉	菊

如“割葛[tɕiəʔ5]|渴[tɕʰiəʔ5]”。可见，除了韵母的洪细外，见组开一和开二的区别还相应地表现在开一的声母是舌面前音，开二的声母是舌根音，由于舌根声母在温岭方言中皆可与洪细音拼合，终于形成了两者之间的对立。

梗摄开口无一等，也就不存在如咸山两摄的开口一二等入声韵之间的问题，但是梗摄开口二等入声韵仍然存在同样的[ə]和[a]的分化上，其中庄组字分化的条件如上述咸山摄，其他系组基本上读[a]韵母，与梗摄开口二等的阳声韵主要元音一致。晓匣母中有些字的分化规律性不强。

第三，山摄合口三等喻母的入声韵中有些字今读为齐齿呼[iaʔ]，如：喻以母的“悦阅[ɦiaʔ2]”；月韵喻云母的“越曰粤[ɦiaʔ2]”。

第四，古入声字在今温岭方言中的韵母读音有时还随年龄、个体以及地域的差异而难以统一。此点将在后文第四章“内部差异”中另述。

2.3.2 古入声韵例外字

中古音地位	咸开三	咸开三	山合三	臻开三	曾开三	深开三
例外字	腌	猎	噦	瑟	亿/忆	粒
应读	iəʔ	iəʔ	yøʔ	iəʔ	iəʔ	iəʔ
现读	ie	əʔ	ø	øʔ	i	øʔ

第三节 声调比较

3.1 中古声调在今温岭方言中的演变

中古的四声八调在今温岭方言中演变为七个声调：阴平、阳平、阴上、阴去、阳去、阴入、阳入（见下表6）。

表6 古今声调比较表

		升变音 15		降变音 51				
		阴平	阳平	阴上	阴去	阳去	阴入	阳入
平	清	帮 33						
	次浊		忙 31					
	全浊		旁 31					
上	清			榜 42				
	次浊			莽 42				
	全浊		肚 31					

续表

		升变音 15		降变音 51				
		阴平	阳平	阴上	阴去	阳去	阴入	阳入
去	清				布 55			
	次浊					墓 13		
	全浊					度 13		
入	清						八 5	
	次浊							列 2
	全浊							达 2

总的来看，温岭方言的声调演变主要有三个特点：

（1）声母的清浊（包括次浊和全浊）决定声调的阴阳。温岭方言的声调格局基本上反映了中古四声八调的格局。只是古浊平和古全浊上在今温岭方言的单字调中出现了合流，来自古浊平的“平逃才时蛇”与来自古全浊上的“并稻在是坐”都读为 31 调。至于今温岭方言中的调类名称，我们可以将这一类声调称之为“阳平”或者“阳上”，甚至另取其名。为了便于古今对照和声调的延续性，我们摒弃了第三种方法。同时考虑到由于[31]调中来自古全浊平的字远远多于来自古全浊上的字，我们便取了相应的“阳平”调名以赅“阳上”。但是在连读变调中，来自古浊平和来自古全浊上字的变调规则是不一样的，因此这两类字在连调中分立为“阳平”和“阳上”。

（2）古全浊和古次浊声母的差异也影响到温岭方言的声调格局。古平、去、入三声中，次浊声母字与全浊声母字合为一个阳调类，但是，古上声的次浊声母字却跟清声母字走，成为一个阴调类，如“马买米猛脑袅老懒咬”等，今都读[42]调，声母为与清声母性质相同的紧喉鼻辅音[ʔm ʔn ʔl ʔȵ ʔŋ]。

（3）温岭方言的单字调系统中除了上述七个本调外，还有两个变音——升变音和降变音。

按理说，这两个变音和上述七个单字调不是在同一个层次上的，它们是根据七个本调变读的结果。比如，“蛏”是古清平字，今温岭话单念或作后字时都读[tɕʰin^{15}]：[tɕʰin^{15}]蛏蛏子|[sɔ^{33} tɕʰin^{15}]燥蛏未浸过水的蛏子，但在连读变调中作前字时则按今阴平本调来进行变调，如“蛏肉[tɕʰin^{33}ȵyoʔ^{2}-ȵyuŋ^{51}]|蛏干[tɕʰin^{33} tɕie$^{33-15}$]”。温岭方言中也有相当一部分字在指称一个概念或表达一个独立的意义时，从来就是以变音的形式出现的，有的甚至无论在单字还是在字组中也是读为变音的，所以，很难判断这个单字的本调到底是哪

个。从这个意义上来说，两个变音与其他七个单字调是在同一层次上的。比如，“鸽”是古清入字，在温岭方言中只有一个读音[tɕie⁵¹]，无论是作单字用，还是在“北鸽~子、信鸽、和平鸽”中都一样。又如，在指称“鱼在水中冒的泡泡”时，温岭方言中从来就只说[buŋ⁵¹]，我们无法确切地知道其本字和本调如何，但是根据温岭方言变音的变读规律——“平声变升变音，仄声变降变音”，我们至少可以知道其本调为仄声，即今阴上、阳上、阴去、阳去、阴入、阳入中的某一个调。因此，在拼写“□鱼在水中冒的泡泡”这个字时，声调只能按实际调值标为[51]。

本书“同音字汇”一节就采用了这种添加部分变音的标注法，是温岭方言声调系统的真实反映。

3.2 声调例外字

根据温岭方言中阳平和阳上字在单字调和连读变调中的分合情况不同，下面的声调例外字中“现读”声调将此二类分开说明。

字	中古音韵地位	应读	现读
佐	果开一去箇精	阴去	阴上
颗	果合一上果溪	阴上	阴平
吓	假开二去祃晓	阴去	阴入
腐	遇合三上麌奉	阳上	阳去
屡	遇合三去遇来	阳去	阴上
藷薯	遇合三去御禅	阳去	阳上
署	遇合三去御禅	阳去	阳上
鼻	只开三去至並	阳去	阳入
跑	效开二平肴並	阳平	阴上
教	效开二平效见	阴平	阴去
悄	效开三上小清	阴上	阴平
疗	效开三去笑来	阳去	阳上
搂	流开一平侯来	阳平	阴上
勾	流开一去候见	阴去	阴平
偶	流开一去候疑	阴去	阴上
诱	流开三上有以	阴上	阳去
勘	咸开一去勘溪	阴去	阴上
瓣	山开二去裥並	阳去	阴去
研	山开四平先疑	阳平	阴上

续表

字	中古音韵地位	应读	现读
腕	山合一去换影	阴去	阴上
闽	臻开三平真明	阳平	阴上
辆	宕开三去漾来	阴去	阴上
饷	宕开三去漾书	阴去	阴上
妨	宕合三平阳敷	阳平	阴上
访	宕合三去漾敷	阴去	阴上
亿	曾开三入职影	阴入	阴去
忆	曾开三入职影	阴入	阴去
涯	蟹开二平佳疑	阳平	阳去
橄	咸开一上敢见	阴上	阴平
刊	山开一平寒溪	阴平	阴上
缠	山开三平仙澄	阳平	阳去
艇	梗开四上迥定	阳上	阴上
挺	梗开四上迥定	阳上	阴上

第四章　内部差异

第一节　地域差异

李荣先生曾提及“温岭方言内部略有差别”①。《温岭县志》“方言章”中也提到“温岭话内部略有差异”②。《大溪镇志》中介绍大溪方言“属吴语区台州南部方言片。语音、词汇、句法均与温岭城区基本相同，少数如走、头、蕃、踝等语音略为不同”③。可见，已有的研究虽都提及温岭方言内部差异的存在，但都认为这种差别是很小的。

温岭民间对内部差异的感性认识可能比文献记录要强烈些。特别是与黄岩、路桥接壤的泽国镇，新河镇北部的背闸、东合、城北村等，都被认为带有典型的“黄岩腔”。事实上，随着时间的推移，今天的温岭方言的内部差异更呈现出复杂的一面。

温岭方言语音的地域差异在声母、韵母、声调上均有反映，其中声、韵的差异程度大于声调。地域差异的主要考察点是：太平（街道，原城关镇）、泽国（镇）、石塘（镇）、坞根（镇）、岙环（镇）、新河（镇）、松门（镇）。详见下图1④，文中必要时也会兼及温岭其他地方。

由于这七个方言点在语音上的差异不是突出地表现在声韵调的数目及其音位的差异上，而是主要表现在声韵拼合关系和音值的差异上，因此，本文未将七个方言点的音系一一罗列于此，而是仅着墨于温岭方言最有代表性的内部差异点。

1.1　分尖团

分尖团的方言，可以分为三种类型：[ts/ʧ-tɕ]型，[ts/tɕ-k]型，[tɕ-k/c]型。

---

① 李荣：《温岭方言语音分析》，《中国语文》1966年第1期。

②《温岭县志》，浙江人民出版社1992年版，第833页。

③《大溪镇志》，中国文史出版社2007年版，第721页。

④ 本地图根据“温岭网”中“温岭市政区地图”修改而成，比例和地理位置不变，只是突出了与本文有关的七个方言点。该地图来源网址：http://www.dawenling.com/map_3.htm。

“[ts/tɕ-k]型方言以读[tɕ-k]为主，[tɕ-k/c]型实际上是[ts/tɕ-k]型进一步发展的结果，因此，也可以把[ts/tɕ-k]型和[tɕ-k/c]型看作是一种大的类型（见组细音读[k/c]的类型）。”①温岭方言的精组字（包括知庄章组）今逢细音全部读舌面前音，但见晓组与细音相拼时能保留舌根音的读法。因此，总的来说，温岭方言具有分尖团的特征，是属于上述[tɕ-k/c]型分尖团方言。

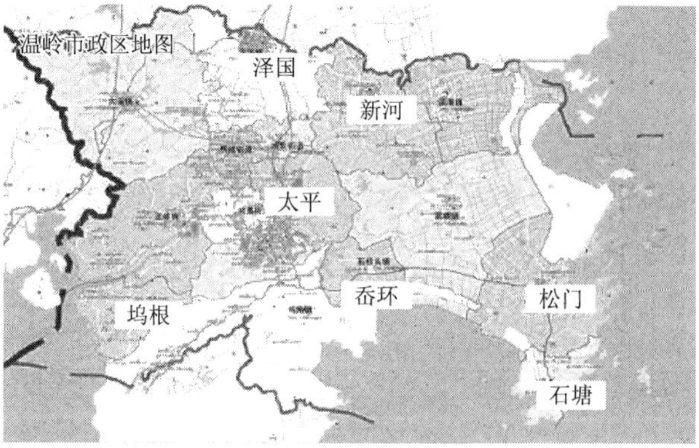

图 1　内部差异比较点

至于哪些具体的细音韵母能和舌根音相拼，而哪些不能相拼从而导致与精组细音的分分合合，这是分尖团的程度问题。正是这个程度问题导致温岭方言的内部形成了两个阵营：完全分尖团和部分分尖团。石塘、坞根为“完全分尖团”类，两地的舌根音能与细音相拼——不论齐撮，并与相应的精组细音形成对立，齐齿韵如：溪[k^{h}i^{33}]≠妻[tɕ^{h}i^{33}]|经[kin^{33}]≠精[tɕin^{33}]|结[kiəʔ^5]≠节[tɕiəʔ^5]|桥[giɔ^{31}]≠潮[dʑiɔ^{31}]|丘[k^{h}iu^{33}]≠秋[tɕ^{h}iu^{33}]|旗[gi^{31}]≠齐[ʑi^{31}]|休[hiu^{33}]≠修[ɕiu^{33}]，撮口韵如：区[k^{h}y^{33}]≠趋[tɕ^{h}y^{33}]|季[ky^{55}]≠醉[tɕy^{55}]|鬼[ky^{42}]≠嘴[tɕy^{42}]|拳[gyø^{31}]≠泉[ʑyø^{31}]；石塘、坞根之外的其他温岭方言为“部分分尖团”类，它们只有部分细音韵母能跟舌根音相拼，齐齿韵有[ie iɛ iəʔ]，如：该[kie^{33}]|拣[kiɛ^{42}]|掐[k^{h}iəʔ^5]，撮口韵有[y yø yn yøʔ yoʔ]，如：句[ky^{55}]|劝[k^{h}yø^{55}]|缺[k^{h}yøʔ^5]；不能拼舌根音的有齐齿韵[i ia iɔ iɤ iɯ/iu in iã iaʔ]和撮口韵[yɔ̃]。又如：“见、建、健、剑、欠、牵、近、几、起、晓、结、鸡、今、其、□[kiã^{33}]在某地；停留、汽、机、企、研、家、求、级、九”等字，在石塘、坞根两地也都是舌根音声母拼齐齿韵，而在其他温岭方言中都是舌面前音拼齐齿韵。

有两点值得特别注意：

① 曹志耘：《南部吴语语音研究》，商务印书馆 2002 年版，第 51 页。

（1）细音能否拼舌根音声母与是否分尖团虽然有密切的联系，但毕竟是两码事。结合中古音来历来看的话，前者仅关乎见系的细音拼合问题，后者却还涉及与精组细音拼合之间的关系问题。温岭方言分尖团的现象之所以复杂的主要原因就在于此。比如说，齐齿韵[ie iɛ iəʔ]能拼舌根音是温岭方言音韵的一个共性特征，但是只有[[ie iəʔ]能分尖团，[iɛ]并不分尖团，因为温岭方言中读[iɛ]韵母的字来自咸山两摄的开口一二等的见系，如“堪感敢减监刊幹艰”等，但是与它们同韵摄的精组却空缺，不存在[tɕ]组声母与[iɛ]相拼的音节①，也就无对应的尖团可分了。

（2）撮口韵能拼舌根音是温岭方言以及台州方言中一个显著的语音特征，但并非所有的撮口韵都能与舌根音相拼，如上文提及的[yɔ̃]等，而且在“部分分尖团”类中还存在“亚差异”。比如臻合三见系字，岙环话中保留舌根音声母后带撮口韵[yuŋ]，太平、松门、新河、泽国四地则是舌根音声母后带撮口韵[yn/ỹ/yŋ]，这里的差异似乎仅导致各个方言点中与舌根音相拼的撮口韵的数目不同而已。但是如果将这样的差异放到各个音系中去横向比较，事情就会复杂得多，如通摄合三见系字，岙环、太平（“菊”字除外）、松门、新河四地的声母今皆腭化为舌面前音，后拼撮口韵[yuŋ]，泽国话中的文读音却仍保留舌根音声母（白读为舌尖音，下文将详述），并后拼合口韵[uŋ]。这样，在岙环话中，军[kyuŋ^{33}]≠弓[tɕyuŋ^{33}]|裙[gyuŋ^{31}]≠穷[dʑyuŋ^{31}]|菌[k^{h}yuŋ^{42}]≠恐[tɕ^{h}yuŋ^{42}]，这些舌根音和舌面前音的前后对立，很容易误以为是分尖团的表现，其实它们都来自于同一见系，并没有来自精组的相应字来与之对立。太平、松门、新河话中这些字虽然像岙环话那样也并不同音，但除了声母的差异外，韵母也不一样，所以不至于引起误导。另外，由于这五个点的通合三知章组字的读音也是舌面前音声母后带撮口韵[yuŋ]，因此，见系字倒是跟知章组字同音了，如：弓见＝中知＝终章[tɕyuŋ^{33}]|恐溪＝宠徹[tɕ^{h}yuŋ^{42}]。

“部分分尖团”类因占大多数，反倒在温岭方言中成了主流读音，而“完全分尖团”由于只存在于石塘、坞根这些温岭的“边界”地带，被温岭人普遍认为温岭方言中非常特殊的少数几个地方之一——另一个特殊的地方是泽国，下文将述之。

尖团音的类型和特征在温岭方言内部的差异正好也是台州方言内部差异的一个缩影。“见晓组声母后拼细音时，在北部吴语中一律腭化成[tɕ]组声母，在南部吴语中有部分腭化现象。但是，在台州方言中除了个别地

① 有一个[tɕiɛ^{51}]的音节，那是“姐”字受普通话影响产生的新读书音，“姐”字的本音是[tɕia^{42}]，口语中一般读降变音[tɕia^{51}]。

方部分已腭化外，基本上还保留舌根音能拼细音的特征。这也是台州方言之所以能够自成一片的主要特点之一。台州方言中的见晓组后拼细音时，还随齐、撮两呼的不同而有区别。当后拼齐齿呼韵母时，除了温岭全县[①]和椒江、黄岩、玉环部分地方腭化外，其他方言仍然保留舌根音[k]组声母”，“当见晓组声母后拼撮口呼时，台州方言一律[②]不腭化，即[k]组声母可以和撮口呼相拼。如‘举归区桂、卷圈劝劝[③]、弓穷共兄凶、菊缺决曲[④]’等。总之，见晓组后拼‘鱼虞祭齐支脂微仙元先谆文阳东钟’十五韵[⑤]合口三等字，今台州方言的声母不腭化”，“因此，台州方言的区别特征并不在于是否分尖团，而是在于分尖团的类型。虽然南部吴语中也有个别地方的见组细音读 [k/c]现象，但绝对没有台州方言那么强的普遍性和系统性”。[⑥]可见，台州方言内部尖团音的两大分野与温岭方言如出一辙。

由于舌根音能拼细音而导致音系的调整，而且中古声韵在今天的温岭方言甚至整个台州各方言中的演变不是呈现出整齐划一的对应关系，有的甚至非常参差和零散，因此，分尖团的具体现象也很难一言以蔽之，分析时稍有不慎便会挂一漏万，失之偏颇。

1.2　侯韵字的读音[⑦]

《汉语方言地图集》（语音卷）中“豆流开一的韵母”[⑧]条目即是对侯韵读音的考察。在该条目中，温岭方言侯韵字的韵母读音属于[ou]类下的[əɯ/ɤɯ]，实际上，这个读音只是温岭方言中侯韵字读音的其中一种，即以太平话为代表的读音。以“豆”字为代表的侯韵字在温岭方言内部的读音不尽相同，具体见下表（为了便于比较，现将李荣先生在《温岭方言的连读变调》[⑨]一文中所提到的“豆”的韵母列于表中。其他各方言点语料为笔者调查所得）。

① 这里的“温岭全县”说法有误，应改成“温岭（不包括石塘、坞根等地）”，理由如上文。

② “一律”一词表述有误，应改成“一般”。

③ “劝”字重出，应删除一字。

④ “弓穷共兄凶、菊缺决曲”在台州方言内部其实是有差异的。总的来说可分成两类：一类包括临海、天台、三门、仙居，一类包括椒江、黄岩、温岭、玉环。而它们各自的内部还有不同层次的差异，如同温岭内部差异一样。这九个例字基本上反映的是临海一类的。

⑤ 十五韵中“阳东钟”三韵也有内部差异，情况与注释④相同。

⑥ 阮咏梅：《台州方言在吴语中的内外关系》，《宁波大学学报》（人文版）2010 年第 1 期。

⑦ 本部分删改自《温岭方言侯韵字读音的内部差异及其变化》（阮咏梅：《汉语学报》2012 年第 1 期）。

⑧ 曹志耘：《汉语方言地图集》（语音卷），商务印书馆 2008 年版，第 163 页。

⑨ 李荣：《温岭方言的连续变调》，《方言》1979 年第 1 期。

表 1

	李荣	太平	松门	坞根	新河	岙环	泽国
豆	ɤ	ɤ	ɤ	ɤ	ɤ	iə	io

从整个侯韵字的韵母读音来看，温岭方言的内部差异主要分为两类：一类以太平为代表，包括坞根、松门、新河、石塘，下表中统称“太平类”；另一类以泽国为代表，包括岙环，下表中统称“泽国类”。“洪音”表示韵母为[ɤ]，“细音”表示韵母为带[-i-]介音的[iɤ]（太平类）、[iə]（岙环）或[io]（泽国）。具体如下：

表 2

声母	太平类	泽国类
帮组	细音	细音
端组	洪音	细音
泥来母	洪音	细音
精组	洪音	细音
见系	细音	细音

由上表可知，温岭方言侯韵字的内部差异，除了表现在主要元音舌位高低、前后的细小差异外，还关键性地体现在端组、泥来母和精组字韵母的洪、细之分上。也就是说，侯韵字在“泽国类”方言上全都读成了细音，带上了[-i-]介音，而在“太平类”方言中则因声母的不同而“兵分两路”——帮组和见系字读洪音，端组、泥来母和精组字读细音。

与其他侯韵字读为带[-i-]介音的方言相比，温岭方言中侯韵字读音的特殊性还体现在因韵母读音的不同而导致的声母变化上，从而也影响了声韵拼合关系的改变。当侯韵见母字在绝大多数汉语方言中保留古见母（舌根音[-k]）的读音时，温岭方言（石塘、坞根除外）则完成了腭化。如果仅侯韵见组字发生腭化，而精组字仍保留古精组舌尖音的读法的话，那侯韵的精组和见组字将保持分立，如表 2 中的“太平类”温岭方言。但是，如果侯韵古精组字也发生跟古见组字同样的腭化时，那么，这两组字就会合二为一，不分尖团了，如表 2 中的“泽国类”温岭方言，即：走＝狗[tɕio^{42}]|奏＝够[tɕio^{55}]|凑＝扣[tɕʰio^{55}] |邹＝勾[tɕio^{33}]。这种现象在全国的汉语方言中是很少见的，其主要原因在于侯韵精组字的腭化可谓屈指可数。以侯韵精组字“走”为例，我们就目前所见语料发现，“走”字声母腭化为[tɕ]的方

言主要有：吴语中的黄岩、萧山、乐清、平阳、湖州、嵊县、上饶[①]，客家话中的上犹社溪[②]。而精组和见组同时腭化、且两组韵母完全相同以至同音的方言点数量就更加微乎其微了，除了“泽国类”温岭方言外，还有吴语台州片中的一些方言，如：椒江、黄岩和玉环的部分等。

由于侯韵字读为带有[-i-]介音的韵母，导致很多汉语方言中流摄一等侯韵和二等尤、幽韵的音韵关系发生一定的变化。《汉语方言地图集》中“楼-流流开一三韵母的异同”（语音卷 164）条目的分类表明：两者不同的占绝大多数。温岭方言中即使存在部分或全部侯韵字读为带[-i-]介音的韵母，但还是与流摄三等（尤、幽）韵相区别：侯韵细音的主要元音是央元音[ə]或后半高元音 [ɤ]、[o]，而尤、幽韵的主要元音则是后高元音[ɯ]（太平老派）或[u]。赵元任曾谈到，在黄岩方言中“ou，iou(钩，鸠)虽全变齐齿，但韵音不同，绝不相混”[③]。这种特征也为温岭方言所共有。不过，流摄三等字中除了个别字用另外的说法外（如“瘦、馊”等），还有少数读音混同于一等侯韵，且也存在与侯韵字读音相似的内部差异。这些字主要出现在非组和知、庄组中。如：

	太平类	泽国类
非组：浮谋否负（尤韵）/谬（幽韵）	iɤ	io
知组：宙（尤韵）	ɤ	io
庄组：邹愁搜嗖皱绉骤嗽（尤韵）	ɤ	io

上述非组中“浮负”的文读韵母为[u]。尤韵来母中的“廖姓”和幽韵帮母中的“彪”字韵母为[iɔ]，与效摄三、四等字的韵母相同。

1.3 果开一见系韵母

果摄开口一等见系字的读音在温岭方言内部的差异也很大，分化出的主要元音有[o]、[u]、[ɤ]、[ɯ]四个。即使同是果摄见系字，它们各自的分布地点也差异较大：有些字多达四个地点的差异，如“歌、鹅、荷薄~”字，在太平、泽国、新河、岙环话中各不相同；有些字只在两个地点有差异，如“可、我、卧”等。就同一个地点来说，基本上都存在两个元音的差异，如太平、松门、坞根、石塘四点读[ɯ]或[o]，泽国读[o]或[u]，新河读[ɤ]或[ɯ]；岙环的主流韵母是[u]或[ɤ]]，但有一个例外字“贺祝~”中读成了复韵母[io]。具体见下表，表中例字只标本调，不标变音。

---

① 陶寰：《吴语一等韵带介音研究——以侯韵为例》，《吴语研究》（第二届国际吴方言学术研讨会论文集），上海教育出版社 2003 年版。

② 许宝华、宫田一郎［日］：《汉语方言大词典》，中华书局 1999 年版。

③ 赵元任：《现代吴语的研究》，科学出版社 1956 年版，第 85 页。

	太平	泽国	新河	松门	坞根	岙环	石塘
歌	kɯ^{33}	ko^{33}	kɤ^{15}	kɯ^{15}	kɯ^{15}	ku^{15}	kɯ^{15}
哥	kɯ^{33}	ko^{33}	kɤ^{33}	kɯ^{15}	kɯ^{15}	kɤ^{15}	kɯ^{15}
饿	ŋɯ^{31}	ŋo^{15}	ŋɯ^{15}	ŋɯ^{31}	ŋɯ^{15}	ŋu^{15}	ŋɯ^{15}
鹅	ŋɯ^{15}	ŋo^{15}	ŋɤ^{15}	ŋɯ^{31}	ŋɯ^{15}	ŋu^{15}	ŋɯ^{15}
可	k^{h}o^{42}	k^{h}o^{42}	k^{h}ɤ^{42}	k^{h}o^{42}	k^{h}o^{42}	k^{h}ɤ^{42}	k^{h}o^{42}
我	ʔŋo^{42}	ʔŋo^{42}	ʔŋɤ^{42}	ʔŋo^{42}	ʔŋo^{42}	ʔŋɤ^{42}	ʔŋo^{42}
个~人	kɯ^{55}	ku^{55}	kɯ^{55}	ku^{55}	kɯ^{55}	ku^{55}	kɯ^{55}
河	ɦɯ^{31}	ɦo^{31}	ɦɤ^{31}	ɦɯ^{31}	ɦɯ^{31}	ɦɤ^{31}	ɦɯ^{31}
何	ɦɯ^{31}	ɦo^{31}	ɦɤ^{31}	ɦo^{31}	ɦo^{31}	ɦɤ^{31}	ɦɯ^{31}
荷~花	ɦɯ^{31}	ɦo^{31}	ɦɤ^{31}	ɦo^{31}	ɦo^{31}	ɦɤ^{31}	ɦɯ^{31}
薄~荷	ɦɯ^{31}	ɦo^{31}	ɦɤ^{31}	ɦɯ^{31}	ɦɯ^{31}	ɦu^{31}	ɦɯ^{31}
贺	ɦɯ^{13}	ɦo^{13}	ɦɤ^{13}	ɦo^{13}	ɦo^{13}	ɦio^{13}	ɦɯ^{13}
卧	ŋɯ^{13}	ŋu^{13}	ŋɯ^{13}	ŋɯ^{13}	ŋɯ^{13}	ŋu^{13}	ŋɯ^{13}

结合果开一见系字的音韵地位，我们可将上表中七地的读音差异程度作如下排列：温岭和石塘→松门和坞根→新河→岙环→泽国。岙环话中果摄见系开口一等字的部分读音呈现出与合口一等主要元音[u]合流的趋势，泽国话中只有一个“个~人”读[u]韵母。但是这七地的主要元音倒是都在舌位后半高以上的区间活动，差异在于舌位的高低和唇的圆展上。

1.4 古阳声韵部分精知系字的洪细

古阳声韵（包括入声韵）中精组、知系和日母的大部分山摄合口二三等、臻通摄的合口三等、宕开三和江摄的字，在温岭方言内部存在显著的声母和韵母上的双重差异，差异主要发生在泽国话中。这些字在泽国话中一般读舌尖前[ʦ]组声母，而温岭其他方言点则读舌面前[ʨ]组声母，相应地，前者后拼洪音，后者则与细音相拼。例如：

	闩	全	传	专	穿	雪	旬①	春①	纯①
泽国	sø^{33}	zø^{31}	ʣø^{31}	ʦø^{33}	ʦ^{h}ø^{33}	søʔ^{5}	zø̃^{31}	ʦ^{h}ø̃^{33}	zø̃^{31}
其他	ɕyø^{33}	ʑyø^{31}	ʥyø^{31}	ʨyø^{33}	ʨ^{h}yø^{33}	ɕyøʔ^{5}	ʑyn^{31}	ʨ^{h}yn^{33}	ʑyn^{31}
	双	撞	窗	捉	叔	宿	虫	终	绒
泽国	sɔ̃^{33}	ʣɔ̃^{13}	ʦ^{h}ɔ̃^{33}	ʦoʔ^{5}	soʔ^{5}	soʔ^{5}	ʣuŋ^{31}	ʦuŋ^{33}	zuŋ^{31}
其他	ɕyɔ̃^{33}	ʥyɔ̃^{13}	ʨ^{h}yɔ̃^{33}	ʨyoʔ^{5}	ɕyoʔ^{5}	ɕyoʔ^{5}	ʥyuŋ^{31}	ʨyuŋ^{33}	ʑyuŋ^{31}

①“旬春纯”是臻合三的字，在温岭方言内部也存在鼻韵尾形式上的差异，后文的“新老派差异”中有详述，此处“其他”类以太平话为代表。

从声母部分来看，上表中所有的例字在泽国话和其他类中都形成非常一致的对应关系，前者是舌尖前音，后者是舌面前音；从韵母部分来看，两者在山宕江通四摄字上的主要元音是一样的，只是前者是洪音，后者多了一个[y]介音而成了细音。臻摄字在两者上的差异则主要表现在主要元音上，泽国话中是[ø]，其他类则是[y]。

可以说，就此项差异而言，泽国话比以太平话为代表的其他类方言变化稍快些，因为泽国话中的这种读音，导致了这些韵摄中合口一等和三等字的合流，如：酸＝宣[sø^{33}]|损＝笋[sø̃^{42}]|丛＝从～前[zuŋ^{31}]，而这些字在其他类中还能保持一三等间的对立，因为“宣”读为[ɕyø^{33}]，“笋”读为[ɕyn^{42}]，“从～前”读为[ʑyuŋ^{31}]，与“酸”、“损”、“丛”不同音。虽然这些韵摄中同一系组内部字音也存在一定的差异，但相比泽国话来说，太平话一类在古今语音对应规律上还是比较整齐的，这样，就便于学习和记忆中古音的音韵地位和古代音韵知识。

1.5　臻摄合口韵的主要元音

臻摄合口的一等端系和一三等来母字在温岭方言内部的地域差异可以分为两派：一派包括坞根、岙环和松门，另一派包括太平、石塘、泽国和新河。两派之间的差异主要表现在主要元音上。臻摄的这类合口字在两派方言中都读为开口呼，舌位的高低和前后也相近，但是唇形有圆展的对立，前一派是展唇的元音[ə]或[e]，后一派是圆唇的元音[ø]。如下表中坞根话和新河话的“存”字读音，就是[zəŋ^{31}]——[zøŋ^{31}]的对立。

臻摄合口一等见系字的内部差异基本上也可分为两派：一派包括坞根和泽国，其他五地是另一派。如下表中的“滚婚温”三字，泽国的主要元音都是[u]，坞根“滚婚”二字的主要元音是[u]，“婚”的主要元音是[ə]，其他各点的主要元音都是[ə]或[e]。更确切地说，坞根是介于两派之间，但更靠近泽国。

	轮	存	尊	吨	村	孙	滚	婚	温
坞根	ŋəŋ^{31}	zəŋ^{31}	tsəŋ^{33}	təŋ^{33}	ts^{h}əŋ^{33}	səŋ^{33}	kuŋ^{42}	huŋ^{33}	ʔuəŋ^{33}
岙环	ŋəŋ^{31}	zəŋ^{31}	tsəŋ^{33}	təŋ^{33}	ts^{h}əŋ^{33}	səŋ^{33}	kuəŋ^{42}	huəŋ^{33}	ʔuəŋ^{33}
松门	ŋən^{31}	zəŋ^{31}	tsəŋ^{33}	təŋ^{33}	ts^{h}əŋ^{33}	səŋ^{33}	kuəŋ^{42}	huəŋ^{33}	ʔuəŋ^{33}
太平、石塘	nøn^{31}	zøn^{31}	tsøn^{33}	tøn^{33}	ts^{h}øn^{33}	søn^{33}	kuən^{42}	huən^{33}	ʔuən^{33}
泽国	nø̃^{31}	zø̃^{31}	tsø̃^{33}	tø̃^{33}	ts^{h}ø̃^{33}	sø̃^{33}	kuŋ^{42}	huŋ^{33}	ʔuŋ^{33}
新河	nøŋ^{31}	zøŋ^{31}	tsøŋ^{33}	tøŋ^{33}	ts^{h}øŋ^{33}	søŋ^{33}	kuəŋ^{42}	huəŋ^{33}	ʔuəŋ^{33}

很有意思的是，对温岭各地方言内部来说，臻摄合口一等端系和见系字是互补的，但是从七个地点的共时平面来看，这些韵母的主要差异就是在主要元音[ə]、[ø]和[u]之间的循环组合。除了坞根外，基本上是两个韵母的两两配对：坞根 əŋ—uŋ/uəŋ；岙环/松门 əŋ—uəŋ；太平/石塘 øn—uən；泽国 ɵ̃—uŋ；新河 øŋ—uəŋ。另外，这七地（特别是太平、松门、泽国）三地各自还存在这类字读音上的新老派差异，与鼻音韵的形式区别一样，我们将在后文另述。

山合一泥母“暖”字读音的内部差异也可归入此类。这类内部差异实际上是由新旧两种语音形式的交替引起的。就像同属于臻合一的“嫩”字在北京话中存在新旧两种语音形式一样，它们可以说都是由发音机制推动的一种语音变化。这里的开口呼一类是由合口呼一类演变而成的，原因是音节中作为介音的后元音 u 在舌位偏前的声母 n 和韵尾 n 的共同影响下趋于失落。它们在音链上的位置不能倒置①。

1.6 声调差异

温岭方言的单字调和连读变调基本上不存在内部差异，在变音中的单纯变调上倒是有一定的内部差异，主要表现在升变音的调值上。一般来说，单字调中升变音的调值记为 15，实际调值其实只到 13 或 14 左右。坞根、岙环两地的升变音有两种自由变读，一种与其他温岭话同为 15，一种是个曲折调，确切地说，是个凸调，实际调值由发音人在 151—454 的曲折区间内随发音状态而变动。此外，也有个别字在一些地方读变音，另一些地方则读本音。如：燕，单念时，作“燕子”解，在岙环读本音[ʔie^{55}]，在其他地方则都读变音[ʔie^{15}]；辣茄，“辣椒”义，在岙环读降变音[ʥia^{51}]，在其他地方则都读升变音[ʥia^{15}]。

1.7 其他方面

还有一些内部差异其实也是由于某个地方的与众不同之处造成的，表现出“一对众”的差异格局。主要的现象有：

（1）通摄唇音字的地域差异主要在于泽国话和其他点的区别上。泽国话中读展唇元音和圆唇元音的字都有，其他点则一律读为圆唇元音。例如：

	蓬	梦	风	冯	蜂	捧
泽国	buŋ^{31}	muŋ^{13}	fəŋ^{33}	vəŋ^{31}	fəŋ^{33}	pʰuŋ^{42}/pʰəŋ^{42}
其他	buŋ^{31}	muŋ^{13}	fuŋ^{33}	vuŋ^{31}	fuŋ^{33}	pʰuŋ^{42}

① 王福堂：《汉语方言语音的演变和层次》，语文出版社 1999 年版，第 35 页。

（2）来母的内部差异并不成系统。上文提到的“轮”类是属于韵母的差异，声母的差异则在“两”字上。“两”字作计量单位时，内部没有差异；但作数词时，除泽国保留来母的读音[ʔl]外，温岭的其他地方都读[ʔȵ]声母，而且在量词前一般还读降变音[ʔȵiã42-51]。

（3）遇、止摄合三的精组字在石塘话中读舌面[tɕ]组声母，而在其他各点方言中一律读舌尖[ts]组声母，如：在石塘话中，“罪在财”与“善”同音，读为[ʑie31]，“最”与“见”同音为[tɕie55]。但在其他点中此二组均不同音，“罪在财”读[ze31]，“善”则读[ʑie31]；“最”读[tse55]，“见”则读[tɕie55]。

第二节　新老派差异

温岭方言内部新、老派的语音差异与地域差异一样，有的属于单项型差异，有的属于多项型差异，即呈现出地域、年龄、性别等多个变量交叉的差异①。新老派之间在声调上无甚区别，在声母上的差异只是出现在臻摄合口的来母字上，“论仑伦沦轮”等字，老派读音与泥母相混为[n]声母，新派则受普通话的影响读边音[l]声母。除此以外，新老派之间的显著差异主要表现在韵母以及与韵母拼合相关的个别声母上。以下几个方面的差异有的只针对温岭方言某一个方言点，有的则是七个点的共性差异。

2.1　ɯ 和 iɯ 韵母

这两个韵母都是地域差异和新老派差异的双重代表。

元音[ɯ]出现在太平、石塘、坞根、松门和新河这五个方言点的音系中，来源于果摄开口一等见系，如“河歌哥何卧鹅”等，这些字的读音在今天的温岭方言内部出现了不同程度的分化，如前文“1.3 果开一见系韵母”例表所示，太平和石塘读[ɯ]音的比例最高，其次是坞根和松门，最后是新河，而泽国和岙环话音系中没有[ɯ]韵母。[ɯ]音的新老派差异体现在三点：一是与[ɯ]音的地域差异一致，也就是说，[ɯ]音在地域上的分布特点与各地新老派发[ɯ]音的差异正好相同；二是读[ɯ]音的人越来越少；三是能把这个[ɯ]音发得很到位的人也已越来越少，相反，越来越多的人发[ɯ]音时，舌位并不到后高点，有的甚至低到[ɤ]或[ə]。[ɯ]→[ɤ]→[ə]/[o]（实际舌位较低，圆唇不是很明显）的变化趋势表明，温岭方言的这一新老派差异极有可能是由于发音的省力因素促成的，是语音经济性的一种表现。

[iɯ]音仅存在于太平话音系中，而且是太平话中最“古老”的音之一。

① 徐越：《杭嘉湖方言语音研究》，中国社会科学出版社 2007 年版，第 47 页。

[iɯ]韵母来源于流开三（非组和庄组除外），如“柳修秋抽绸手九油幽友”等，这些字在温岭其他点中读[iu]韵，而太平的新派读音也是[iu]，已经极少听到[iɯ]的读音了。由于受语音系统的限制，[iɯ]并没有遵从[ɯ]的演变方向——从[iɯ]到[iɤ]①/[iə]/[io]，否则会导致与流摄开口一等侯韵的合并，于是主要元音的变化只是圆唇为同部位的[iu]。只是新、老派都在“偷懒”，老派没有把[ɯ]发到后高处的舌位，新派也不但没有把[u]发到后高处的舌位，而且圆唇特征已减弱。

从[ɯ]的低化和[iɯ]的圆唇化来看，语音演变首先受经济性原则的驱动，然后是语音系统内部的对立统一的平衡需要。

2.2 合口呼韵母

（1）u 韵母

温岭方言中[u]韵母来源于果遇两摄，主要是果开一端系、果合一（从母除外）、遇合一、遇合三鱼韵庄组和虞韵非组。其中帮（非）组和见系字一律读为[u]，不存在任何差异，端系和知系字则表现出一定层次的新老派差异：老派一律读单元音[u]；新派大都读[əu]，有的[u]前有个类似的过渡音[ə]，有的直接发成[əu]；很大一部分人的发音则在[u]、[ᵊu]、[əu]之间自由变读。例如：

	多	搓	蓑	锁	朵	露	奴	做	初	助	数名
老派	tu^{33}	ts^hu^{33}	su^{33}	su^{33}	tu^{42}	lu^{13}	nu^{31}	tsu^{55}	ts^hu^{33}	zu^{13}	su^{55}
新派	$təu^{33}$	$ts^həu^{33}$	$səu^{33}$	$səu^{42}$	$təu^{42}$	$ləu^{13}$	$nəu^{31}$	$tsəu^{55}$	$ts^həu^{33}$	$zəu^{13}$	$səu^{55}$

（2）uø 韵母

蟹山摄合口一等见系字，在李荣先生的温岭方言系列文章中记为[uø]韵母，如：拘管[kuø^42]|相唤[huø^55]|落腕[ʔuø^42]|官场[kuø^33]|蛎灰[huø^33]|工会证[ɦuø^13]。《温岭县志》（1992）“方言章”中也记为[uø]韵母，但是《温岭方言》（1959 年)中记为[ue]韵母。这类字今存在年龄—地域上的双项型差异，差异仍体现在主要元音的圆展唇上：老派读[uø]，新派读[ue]，很多人也将其主要元音发成处于[ø]和[e]之间的过渡位置，圆唇不是很到位，但是有圆唇的色彩。温岭七个点中，松门、新河和岙环话中的主要元音是[e]，如：块[kʰue^55]|灰[hue^33]|会开~[ɦue^13]|官[kue^33]|碗[ʔue^42]。太平话老派的[ø]音最到位，圆唇最明显。

① “牛”字例外，读同流开一等韵[iɤ]。

在温岭其他方言中读[uø]或[ue]韵母的字，个别点的读音却很特殊。如："煨"字在松门话中读[ʔɯ^{33}]，"观"字在石塘话中读为[ky^{33}]。

（3）uo 韵母

[uo]韵记音的分分合合反映的应该也是其变化的轨迹。在 40 年代末的《温岭话新文字草案》和李荣先生的《温岭方言语音分析》（1966）中都有一个韵母"uo"，例字是"话"，《温岭方言的连读变调》（1979）的例词中有类似的"花生/花蚰[huo^{33}] |消化[huo^{55}]|笑话[ɦuo^{13}]"等。但在《温岭方言》（1959）和《温岭县志》（1992）中都没有这个韵母[uo]。我们发现，这个韵母在今天的温岭方言中几乎已经消失，只是偶尔出现在个别老派不经意的口语中。这类字主要来源于假蟹摄合二中的部分字，如"瓜花华化|话画"等。现在这类字的老派读音为[o]韵母，新派读音为[ua]韵母。因此，我们没有将"uo"韵母列入今天的太平话音系中。

2.3　鼻韵母类型

鼻韵母类型的差异在今温岭方言中属于年龄—地域双项型内部差异。

温岭方言中的鼻韵母来源于古阳声韵，现有三种鼻音类型：鼻音韵尾[-n]、鼻音韵尾[-ŋ]和鼻化韵。鼻韵母类型的内部分歧发生在深臻曾梗四摄的部分字上，除了它们的主要元音有细微差别外，鼻音形式是分歧的焦点，但都不构成音位上的对立。

从地域上看，石塘属于单纯的[-n]尾型；坞根、岙环、松门、泽国、新河五点为[-ŋ]尾型或鼻化韵型，很多字的实际读音都处于[-ŋ]尾或鼻化音的不稳定状态，音系处理时两者可选其一；太平则是前、后鼻音的混合型，大多数读[-n]尾，臻开一痕韵和曾开一字则读[-ŋ]尾，如"跟根啃肯很恨恩朋登增"等。可以说，太平话的鼻韵尾类型处于另两类的中间状态。

	林	枕	晨	秦	兵	肯	蒸	声	恩	门	侵
石塘	lin^{31}	tɕin^{42}	ʑin^{31}	ʑin^{31}	pin^{33}	k^{h}ən^{42}	tɕin^{33}	ɕin^{33}	ʔən^{33}	mən^{31}	ts^{h}ən^{33}
太平	lin^{31}	tɕin^{42}	ʑin^{31}	ʑin^{31}	pin^{33}	k^{h}ɤŋ^{42}	tɕin^{33}	ɕin^{33}	ʔŋ^{33} 老 ʔɤŋ^{33} 新	mən^{31}	tɕ^{h}øn^{33}
坞根	liŋ^{31}	tɕiŋ^{42}	ʑiŋ^{31}	ʑiŋ^{31}	piŋ^{33}	k^{h}əŋ^{42}	tɕiŋ^{33}	ɕiŋ^{33}	ʔəŋ^{33}	məŋ^{31}	ts^{h}əŋ^{33}
岙环	liŋ^{31}	tɕiŋ^{42}	ʑiŋ^{31}	ʑiŋ^{31}	piŋ^{33}	k^{h}əŋ^{42}	tɕiŋ^{33}	ɕiŋ^{33}	ʔəŋ^{33}	məŋ^{31}	tɕ^{h}iŋ^{33}
松门	liŋ^{31}	tɕiŋ^{42}	ʑiŋ^{31}	ʑiŋ^{31}	piŋ^{33}	k^{h}əŋ^{42}	tɕiŋ^{33}	ɕiŋ^{33}	ʔəŋ^{33}	məŋ^{31}	tɕ^{h}øŋ^{33}
泽国	liŋ^{31}	tɕiŋ^{42}	ʑiŋ^{31}	ʑiŋ^{31}	piŋ^{33}	k^{h}əŋ^{42}	tɕiŋ^{33}	ɕiŋ^{33}	ʔŋ^{33} 老 ʔəŋ^{33} 新	məŋ^{31}	tɕ^{h}iŋ^{33}
新河	liŋ^{31}	tɕiŋ^{42}	ʑiŋ^{31}	ʑiŋ^{31}	piŋ^{33}	k^{h}eŋ^{42}	tɕiŋ^{33}	ɕiŋ^{33}	ʔeŋ^{33}	məŋ^{31}	tɕ^{h}iŋ^{33}

从新老派的差异来看，石塘话的内部差异最小，我们从年轻人的口中依然能听到纯正的前鼻韵尾的发音；其他五个方言点中鼻韵尾和鼻化音是

两个自由变体，两者出现的语音条件不太固定；内部差异最大的是太平话，新派太平话的鼻韵母类型已经与其他五点相同，老派中也开始出现分化，读后鼻韵尾或鼻化音的范围和频率都在增加，但是分化的语音条件有所限制，后鼻韵尾扩大到臻合一的见系和部分帮组字了，如“温坤昏魂稳|门喷笨”等。读成鼻化音的大多是主要元音为[i ə y]的字，如“林针啃粉菌”等。总的来说，前鼻音尾[-n]在温岭方言中的范围正在日益缩小。

2.4 入声韵的分合

温岭方言入声韵的分合也是属于年龄—地域双项型内部差异，但总的来说，新老派差异大于地域差异。

泽国话中，宕开三药韵的“约、药、钥、跃”不但和臻开三的“乙、一、逸”同韵，而且和山合三月韵的“越、曰、粤”也同韵。不但不同韵摄的三等韵同韵，连开合都不分了；又如，“袜”是山摄合口三等字，“麦”是梗摄开口二等字，“黑”是曾摄开口一等字，舌位的高低应该是不同的。在温岭方言内部都读开口韵，但中古音韵地位的差别发生了不同程度的变化，其中保留得最好的是太平（包括坞根、石塘）话，三个不同的主要元音[ə]、[a[①]]、[ɤ]区分了三个字不同的中古韵等；其他各点的对立在[ɛ]和[a]、[ə]和[a]或者[ə]和[ɤ]之间。下表中这些地域上的差异很大一部分也是和新老派差异纠结在一起的。我们在调查中发现，有些地方即使年龄大的人（70岁以上的），也已经不能区分这些入声韵了。我们认为，这些入声韵在老派温岭话的内部都是能分的，但是现在老派中也已经出现分化，变化的快慢受发音人个人情况影响很大。

<table>
<tr><th></th><th>一</th><th>约</th><th>甲</th><th>接</th><th>脚</th><th>活</th><th>划</th><th>镬</th><th>袜</th><th>麦</th><th>黑</th></tr>
<tr><td>太平</td><td>ʔiəʔ^{5}[②]</td><td>ʔiaʔ^{5}</td><td>kiəʔ^{5}</td><td>tɕiəʔ^{5}</td><td>tɕiaʔ^{5}</td><td>ɦuəʔ^{2}</td><td>ɦuaʔ^{2}</td><td>ɦuoʔ^{2}</td><td>məʔ^{2}</td><td>maʔ^{2}</td><td>hɤʔ^{5}</td></tr>
<tr><td>泽国</td><td colspan="2">ʔiəʔ^{5}</td><td>kiəʔ^{5}</td><td colspan="2">tɕiəʔ^{5}</td><td>ɦuəʔ^{2}</td><td>ɦuaʔ^{2}</td><td>ɦuoʔ^{2}</td><td>mɛʔ^{2}</td><td>maʔ^{2}</td><td>haʔ^{5}</td></tr>
<tr><td>新河</td><td colspan="2">ʔieʔ^{5}</td><td>kiəʔ^{5}</td><td>tɕieʔ^{5}</td><td>tɕiəʔ^{5}</td><td>ɦuɛʔ^{2}</td><td>ɦuaʔ^{2}</td><td>ɦuoʔ^{2}</td><td>mɛʔ^{2}</td><td>maʔ^{2}</td><td>hɛʔ^{5}</td></tr>
<tr><td>松门</td><td colspan="2">ʔiəʔ^{5}</td><td>kiaʔ^{5}</td><td colspan="2">tɕiaʔ^{5}</td><td>ɦuəʔ^{2}</td><td>ɦuoʔ^{2}</td><td>ɦuoʔ^{2}</td><td>məʔ^{2}</td><td>maʔ^{2}</td><td>haʔ^{5}</td></tr>
<tr><td>坞根</td><td>ʔiəʔ^{5}</td><td>ʔiaʔ^{5}</td><td>kiaʔ^{5}</td><td>tɕiəʔ^{5}</td><td>tɕiaʔ^{5}</td><td colspan="2">ɦuəʔ^{2}</td><td>ɦuoʔ^{2}</td><td colspan="2">məʔ^{2}</td><td>hɤʔ^{5}</td></tr>
<tr><td>岙环</td><td colspan="2">ʔiəʔ^{5}</td><td>kiəʔ^{5}</td><td colspan="2">tɕiəʔ^{5}</td><td colspan="2">ɦuaʔ^{2}</td><td>ɦuoʔ^{2}</td><td colspan="2">məʔ^{2}</td><td>haʔ^{5}</td></tr>
<tr><td>石塘</td><td>ʔiəʔ^{5}</td><td>ʔiaʔ^{5}</td><td>kiəʔ^{5}</td><td>tɕiəʔ^{5}</td><td>tɕiaʔ^{5}</td><td>ɦuəʔ^{2}</td><td>ɦuaʔ^{2}</td><td>ɦuoʔ^{2}</td><td>məʔ^{2}</td><td>maʔ^{2}</td><td>hɤʔ^{5}</td></tr>
</table>

① 表中记音采用宽式音标，相同的标音实际上存在各自的些许差异，但并不影响各地音系内的对立统一。

② 在第一章“温岭方言的语音系统”中已有说明：声母为非舌根音的入声韵[iəʔ]的主要元音的舌位实际上在[ɪ]和[e]之间，与声母为舌根音的入声韵（如“甲”）处于互补地位，所以归为同一个入声韵。其他各点的处理方式与太平话相同。

新老派在入声韵上的差异焦点在于其主要元音，集中在[ie]/[iə]/[ia]、[ɛ]/[ø]/[a]、[uə]或[uɛ]/[uo]/[ua]、[yu]/[yo]/[yø]这四组音各自的分合上。新派中入声韵出现了不同程度的合并现象，有些合并甚至非常严重，而且入声韵的主要元音出现了明显的央化趋势。老派的“三足鼎立”到了新派中，就变成了“二分天下”甚至“一统天下”了。如：在新派太平话中，一＝约|接＝脚|麦＝袜|黑＝喝|活＝镬。

新派中入声韵的合并模糊了中古韵摄的不同来历，但“开合口”和“等”的对立大都较好地保留着。

2.5 泽国话中的特殊差异现象

（1）见晓组声母读舌尖前音

宕通摄合口三等见晓组字（不包括疑匣母）在泽国话中的读音，不但有别于温岭其他方言（见下表，以太平话为代表），而且存在内部新老派之间的差异。泽国话中这类字的声母读舌尖前音和舌根音两种：老派读舌尖前[ts]组声母，新派保留舌根音[k]组声母，有的只有一个老派读音，如“局蓄畜~牧”等，有的只有一个新派读音，如“匡筐逛狂|菊麴”。相应地，不同性质的声母会与不同性质的韵母相拼。例如：

	弓/躬/宫/躬	穷	恭	恐	共	巩
老派泽	tsuŋ^{33}	dzuŋ^{31}	tsuŋ^{33}	tsʰuŋ^{42}	dzuŋ^{13}	tsuŋ^{42}
新派泽	kuŋ^{33}	gyŋ^{31}	kuŋ^{33}	kʰuŋ^{42}	gyŋ^{13}/guŋ^{13}	kyŋ^{42}/kuŋ^{42}
太平	tɕyuŋ^{33}	dʑyuŋ^{31}	tɕyuŋ^{33}	tɕʰyuŋ^{42}	dʑyuŋ^{13}	tɕyuŋ^{42}

	眶/框	胸/凶	况	曲	筐	蓄/畜~牧	局
老派泽	tsʰɔ̃^{33}	suŋ^{33}	sɔ̃^{55}	tsʰoʔ^{5}	kʰuɔ̃^{33}	soʔ^{5}	dzoʔ^{2}
新派泽	kʰuɔ̃^{33}	hyuŋ^{33}/ɕyuŋ^{33}	huɔ̃^{55}	kyoʔ^{5}			
太平	tɕʰyɔ̃^{33}	ɕyuŋ^{33}	ɕyɔ̃^{55}	tɕʰyoʔ^{5}	tɕʰyɔ̃^{33}	ɕyoʔ^{5}	dʑyoʔ^{2}

（2）ɥ韵母

《温岭县志》（1992：835）中有一段话：“温岭话‘tɕ’组声母字中，以［y］[y-]为韵母的尖字，泽国镇都读成相应的[ts]组声母，如遇入声韵，还要同时改变韵母，温岭话‘ts’组声母不能和撮口韵拼合，泽国话都可以对应拼合。如：珠：温岭话读[tɕy$^{33\to15}$]，泽国镇读[tsy$^{33\to15}$]；吹：温岭话读[tɕ‘y^{33}]，泽国镇读[tsʰy^{33}]；书：温岭话读[ɕy^{33}]；泽国镇读[sy^{33}]；聚：温岭话读[ʑy^{31}]，泽国镇[zy^{31}]。”

且不论这段话中的一些术语是否精确，它指出的语音差异确实存在于泽国话中。但是这个韵母应该不是舌面前圆唇元音[y]，而是舌尖前圆唇元音[ɥ]。泽国话中读[ɥ]韵母的字大都来源于遇止两摄合口三等的精知庄章日母，如“著储处舒恕如株厨蛀儒铸|随炊瑞虽追”等，泽国话韵母是舌尖圆唇元音[ɥ]，相应的声母是[ʦ]组舌尖音，而温岭其他点的韵母则是[y]，相应的声母都是[ʨ]组舌面音。因此，[ɥ]韵母的差异在温岭方言内部也是一种地域—年龄双项型差异。例如：

	徐	书	如	住	嘴	吹	水	岁	醉
泽国	zɥ^{31}	sɥ^{33}	zɥ^{31}	ʥɥ^{13}	ʦɥ^{42}	ʦʰɥ ^{31}	sɥ^{31}	sɥ^{55}	ʦɥ^{55}
其他	ʑy^{31}	ɕy^{33}	ʑy^{31}	ʥy^{13}	ʨy^{42}	ʨʰy^{33}	ɕy^{42}	ɕy^{55}	ʨy^{55}

这里特别需要一提的是，[ɥ]韵母的出现不仅跟地域有关，还跟年龄和性别有关，它是温岭方言内部唯一一种涉及三个变量的多项型差异。目前来说，性别的差异程度甚至超过了地域和年龄。我们在调查中发现，年龄在七十岁左右的人的泽国话中都已经听不到[ɥ]这个音了，但是，在女性口中却很常见，女性的年龄差异对此影响不明显。这种现象有点儿类似于北京话中的“女国音”，只是在泽国话中是突出地表现在撮口呼韵母[y]变成了舌尖前圆唇元音[ɥ]韵母，与齐齿呼韵母[i]无关，而且也不与同韵的见系字形成对立关系，因为如前文所述，这类字是读舌根音声母带[y]韵母的。

（3）通摄帮系字在老派泽国话中的主要元音读圆唇元音[u]和展唇元音[ə]的字都有，但新派泽国话则一律读为展唇元音。如：蓬[bəŋ ^{31}]|梦[məŋ ^{13}]|风[fəŋ^{33}]|冯[vəŋ^{31}]|蜂[fəŋ^{33}]|捧[pʰəŋ^{42}]。

（4）流合一侯韵精组字的地域差异前文已述，其新老派差异的主要特点是新派正在逐渐脱离老派——舌面声母拼齐齿呼韵母[io]，而向温岭方言的主流读音靠拢——舌尖声母拼开口呼韵母[ɤ]。这种演变趋势受很多因素的影响，包括社会变量和语用因素①。

第三节　文白异读

与北部吴语相比，温岭方言是比较保守的，受官话的影响比较小，不太丰富的文白异读就是一个例证。很多字在其他方言中存在文白异读的，

① 阮咏梅：《温岭方言侯韵字读音的内部差异及其变化》，《汉语学报》2012 年第 1 期。

在温岭方言中只有一种读音。但是，温岭方言的内部差异，无论是地域上的差异，还是新、老派之间的差异，都反映了温岭方言毕竟是发生过一些变化，并且仍在变化着。温岭方言文白异读的特点是涉及范围小，层次却不单一。

一般来说，白读的层次来自不同历史时期的遗留读音和不同方言的影响，而文读则来自读书音及其相应变化。温岭方言中既有保留不同历史时期读音的文白异读，又有地域性的空间差异所反映出的历时变化。比如，果摄歌韵透母的“拖”字在温岭方言中有两类读音：一类是[tʰa^{33}]，如“猫～老鼠”；一类是[tʰu^{33}]或[tʰəu^{33}]，如“～拉机、～泥带水”。第一类[tʰa^{33}]的读音在温岭内部非常统一，第二类则有新、老派上的差异（见前文），三个读音反映了温岭方言中不同的语音层次。跟“拖”同古韵不同古声的“大”字的读音却受蟹摄泰韵字“大”的白读音和普通话的影响，表现出不同的文白异读层次：白读为[du^{13}]或[dəu^{13}]，文读则为[da^{13}]。白读的词有“～娘①|呆大傻瓜|～襟衣裳古装的一种，纽襻扣斜扣到腋下和一侧|～人成人”等，文读的词有“老～娘|～茴茴香|～家|～将|～方|～衣|～元酱豆瓣酱|～人尊称：母亲～人”等。类似的还有表疑问的代词“何”字和表示“跛脚”的“跛”字的读音，在温岭方言中其主要元音也都是[a]。

白读音在温岭内部一般比较统一，而文读音则有很多地域上的差异。如果白读音和文读音都有地域差异的话，则说明该音的变化更加复杂，层次更加丰富。文白异读在字音中的表现可以发生在音节的不同部分，声母、韵母、声调上都有可能，但声母和韵母居多。温岭方言的文白异读现象主要表现在声母、韵母以及声韵兼及三个方面。

3.1　声母的文白异读

（1）非组

白读声母为双唇音[b]或[ʔm]/[m]，文读声母为轻唇音[f]或[v]。这些字大都来源于合口三等的非组，特别是微母居多。如：

肥，白读[bi^{31}]～猪肉瘦肉|～桶马桶|～管会以前的环卫所|～田粉～料

文读[vi^{31}]～胖|～水不流外人田

覆，白读[pʰoʔ^{5}]～转俯卧；反扣着放置；文读[foʔ^{5}]～盖

---

① 白读为[du^{13}ȵiã^{31}]，指女孩子。小女孩儿一般叫“小大娘[ɕiɔ^{42}du^{13}ȵiã$^{31-51}$]”或“大娘头[du^{13}ȵiã^{31} dɤ$^{31-15}$]”。“娘”和“头”都读变音，这里的“娘”不合一般的变音规则，看来也是为了强调别义的作用。如果读为[du^{13}ȵiã$^{31-15}$]则指大姑姑的意思，或叫[du^{13}ku^{33}ȵiã$^{31-15}$]。如果指老年妇女，则文读为[ʔlɔ^{42}da^{13}ȵiã$^{31-15}$]或[da^{13}ȵiã$^{31-15}$]，且后字“娘”要读升变音。有的人写成“度娘”表“女孩儿”义，以示区别于“老大娘”或其他歧义，其实无论从古今语音对应规律还是字面意思上来看，均无此必要。

孵，白读[bu^{13}]赖～鸡瘟鸡或孵蛋的母鸡|～小鸡；文读[fu^{33}]～化

问，白读[mən^{13}]～～相问问看|查家～地刨根～底；文读[vən^{13}]～题|天～

物，白读[məʔ^{2}]～事东西；文读[vəʔ^{2}]事～|～色

雾，白读[ɦm^{13}] 湖～乐清的一个镇名，与温岭接壤；文读[vu^{13}] 发～

（2）日母

白读声母为鼻辅音[ȵ]，文读声母为浊擦音[ʑ]。有的字只有白读音，如：褥棉～：垫在下面的褥子肉[ȵyoʔ^{2}]|瓤[ȵiã^{31}]|仍[ȵin^{31}]|饵[ȵiã^{13}]/[ȵy^{13}]|认[ȵin^{13}]|热[ȵiəʔ^{2}]|染[ʔȵie^{42}]|饶[ȵiɔ^{31}]；有的字只有文读音，如：嚷壤[ʑiã^{13}]|弱若[ʑiəʔ^{2}]|绒茸[ʑyuŋ^{31}]|辱[ʑyoʔ^{2}]|如儒乳瑞[ʑy^{31}]|然燃冉[ʑie^{31}]|柔揉[ʑiɯ^{31}]|扰[ʑiɔ^{31}]|仁纫[ʑin^{31}]|惹[ʑia^{31}]～祸；花头野～：顽皮、淘气。

有文白二读的字主要有：

忍，白读[ʔȵin^{42}] ～气屏气；文读[ʑin^{31}]容～|～者神龟

任，白读[ȵin^{13}] 人名：～弼时；文读[ʑin^{13}] ～务

韧，白读[ȵin^{13}] ～性|～久久|～鸟鸟形容有韧性的东西；文读[ʑin^{13}]坚～不拔

让，白读[ȵiã^{13}] ～～我|～记让一下；文读[ʑiã^{13}]退～

蕊，白读[ʔȵy^{42}]花～；文读[ʑy^{31}]人名

有些字的文白异读有别于一般的日母字，如"润闰"二字音韵地位完全相同，但"润"字的白读音是[ɦyn^{13}]，文读音是[ʑyn^{13}]，而"闰"则只有白读音[ɦyn^{13}]。

3.2 韵母的文白异读

（1）遇合三鱼韵

庄组字白读[ɿ]，文读[u]或[əu]，如："锄"，所有温岭方言的白读音为[zɿ^{13}]，文读音则读[[zu^{13}]，其他点读[zəu^{13}]；"梳"，所有温岭方言的白读音为[sɿ^{33}]，文读音则读[su^{33}]或[səu^{33}]。遇摄部分疑母字也存在文白异读的现象，它们的白读音是鼻辅音韵母[ʔŋ]/[ŋ]，文读音是元音韵母，如模韵的"吴、五伍午"和鱼韵的"鱼渔"的白读音都是[ʔŋ]或[ŋ]，模韵的文读音为[u]，鱼韵的文读音为[y]。见组字的白读韵母是[ie]，文读韵母是[y]。如：锯、渠第三人称单数。

蟹合三的白读韵母是[y]，精组和知系字文读韵母为[e]，见系字文读韵母为[ue]。如：脆，白读[tɕ^{h}y^{55}]物事～爻：东西因时间久而枯朽，文读为[ts^{h}e^{55}]清～。止合三的白读韵母与蟹合三相同，文读音有差异。止合三的文读音只出现在牙音上，读音与蟹合三同为[ue]，如：蟹合三的"桂卫"、止合三的"规毁位"等。

（2）咸开一覃韵

白读韵母为[øn]，文读韵母为[ɛ]。绝大部分咸开一覃韵字都只有文读音，

只有少数白读音出现在温岭地名或老派口语中。例如：

	白读	文读
南	[nøn^{31}] ～瓜|湖～温岭的一个村名	[nɛ^{31}] ～方|朝～
男	[nøn^{31}] ～人	[nɛ^{31}] ～方|～女老少
簪	[tsøn^{33}]旧时妇女用以挽发髻的簪	[tsɛ^{33}]碧玉～
錾	[zøn^{51}]一种凿岩用的铁制工具	[zɛ^{51}]
潭	[døn]^{31} 龙～新河长屿的一个水库	[dɛ^{31}]长～|深～
蚕	[zøn$^{31\text{-}15}$]养～	[zɛ^{31}] ～丝被

（3）止蟹合三见系

白读韵母为[y]，文读为[uø]或[ue]。有些字只有白读音，如“鬼季柜|桂”等；有些字一般只读白读音，仅在正式场合读书面语音，如“胃贵～姓|蹶”；有些字只有文读音，如“麾挥萎讳委|奎”等；有些字则存在文白异读，例如：

	白 读	文 读
辉	[hy^{33}] 光～	[huø^{33}] 人名；光～
毁	[hy^{42}]	[huø^{42}]
伟	[ʔy^{42}] ～大	[ʔuø^{42}] 人名
危	[ɦy^{31}] 安～	[ɦuø^{31}] ～险
纬	[hy^{33}] 经～线	[ɦuø^{13}] ～度
魏	[n̥y^{13}] 古代人名	[ɦuø^{13}] ～国
卫	[ɦy^{13}] ～生	[ɦuø^{13}] 保～|～生|保家～国
惠|慧	[ɦy^{13}]	[ɦuø^{13}]

3.3 声韵兼及的文白异读

（1）假开二

假开二帮组字只有韵母的文白异读，白读韵母为[o]，文读韵母为[a]。见系字的文白异读是声韵皆及，白读声母为舌根音，白读韵母同帮组相同；文读声母为舌面前音，文读韵母为[ia]。但是，一般情况下只读白读音。例如：

	白 读	文 读
巴	[po^{33}] ～弗得～不得|尾～|～结勤快	[pa^{33}] 古～
芭	[po^{33}] ～蕉	[pa^{33}] ～蕾舞
马	[ʔmo^{42}] 白～|拍～屁	[ʔma^{42}] ～上副词

续表

	白读	文读
怕	[pʰo^{55}] ～死	[pʰa^{55}] 害～|恐～
骂	[mo^{13}] 相～	[ma^{13}] ～人
玛	[ʔmo^{42}] ～瑙	[ʔma^{42}] 译名卓～；～丽
霸	[po^{55}] 地主恶～	[pa^{55}] ～权主义
坝	[po^{55}] 筑～	[pa^{55}] 大～
雅	[ʔŋo^{42}] 文～	[ʔia^{42}] ～芳
丫	[ʔo^{33}] ～头	[ʔia^{33}] 王小～
哑	[ʔo^{42}] ～佬	[ʔia^{42}] ～巴
鸦	[ʔo^{33}] 老～乌鸦	[ʔia^{33}] ～雀无声
驾	[ko^{55}] ～驶员	[tɕia^{55}] ～校|～驶员|～机起义
亚	[ʔo^{55}] ～州	[ʔia^{55}] ～非欧；用于人名中
家	[ko^{33}] ～生～具	[tɕia^{33}] ～～户户|～访

（2）止开三日母

白读为鼻辅音韵母，文读的声母和韵母的差异很大，反映了文白异读的不同层次。个别字只有一个白读音的，如“儿”字；也有的字虽然有两个读音，但相比于旧白读层来说是文读音，而相对于新文读层次来说又是白读音，比如说“二”字的两个读音就属于这种情况。具体如下：

	层次 1	层次 2	层次 3
儿	[ɦn^{31}]		
二	[ɦn^{13}]十～	[ȵ̥i^{13}]小～头对第二个的昵称	
尔	[ɦn^{31}]|戈～巴乔夫；～康		[zɿ^{31}]出～反～
而	[ɦn^{31}]～且		[zɿ^{31}]反～
耳	[ʔŋ^{42}]～朵		[zɿ^{31}]木～

第五章 连读变调[①]

“连读变调是汉语方言中很常见的现象，温岭话的连读变调比较复杂。”[②]其复杂性不仅表现在连读变调模式的丰富性，还表现在连读变调与变音变调、语法变调等关系的纠结上。

温岭方言内部在连读变调上不存在明显差异。调查语料中用于 praat 语音分析的两字组和三字组的例词来自李荣先生的《温岭方言的连读变调》（1979）一文[③]，多字组例词和部分加注说明的例词为笔者调查整理所得。本文的发音合作人冯武林，男，出生于 1932 年，居于太平街道方城社区新街，高中文化程度，退休职员。调查时间为 2011 年 8 月。

所有例词经发音人录音后，同时运用 praat 语音分析软件加以验证。文中图表中所涉及的字组声调基频只包括韵母部分，从起点到终点提取 11 个点。为了力求数据的准确性，我们将李荣先生文中所举的每个两字组连调组合的四个例词，提取 11 个基频点后输入到 Excel 表中，再求取同类样本数据的平均值，然后根据所有平均值中出现的最低值和最高值，将本文出现的声调图的下限和上限设为 100～270Hz（两字组）、100～260Hz（三字组）[④]再进行五等分，相当于五度标记法。本文所用 Excel 声调图中的每个调类均用此法所得。

温岭方言有七个单字调和两个变音变调。古全浊平和全浊上在今温岭方言单字调中已合为一调，但在连读变调中却为调类复原，呈现出分立的状态。温岭方言的连调系统就是指八个前字调和十个后字调[⑤]之间的不同组

---

① 本章在第 16 届全国汉语方言学年会分组讨论中宣读时，得到了王福堂先生、王洪君先生、苏晓青先生等与会专家和同行的指点。上海大学凌锋博士始终热心地赐教 praat 语音分析软件的使用。在此一并致谢！文中一切错谬由笔者自负。

② 李荣：《温岭方言的连续变调》，《方言》1979 年第 1 期。

③ 关于李荣先生温岭方言的系列研究文章的发音说明人和记音地点的情况介绍，已在“第一章温岭方言语音分析”中作过详细介绍，此处从略。

④ 调域上下限的异动受语音环境和发音人的状态等因素的影响。我们觉得字组的多寡也是其中的一个因素。一般来说，字组越多越接近语言交际的真实状况，从而降低对声调表意的单纯依赖性。

⑤ 两个变音在连读变调范畴中只出现在后字位置上。个别数词作前字时本音和变音两读的情况是属于语义和语法的层面，详见“第六章温岭方言的变音”，此处从略。

合构成的声调格局，包括两字组、三字组和多字组的连调模式，以及连读变调与语法变调、变音变调之间的错综关系等。

第一节　两字组连读变调

温岭方言两字组的连读变调规律见下表 1。表中左侧首列为前字调名及其相应调值，表中首行为后字调名及其相应调值。前字有八个调，后字比前字多两个调——升变音和降变音。表中黑体数字表示变调后的调值，其他为原调。

表 1　　**温岭方言两字组连读变调表**

前字＼后字	阴平 33	阳平 31	阴上 42	阳上 31	阴去 55	阳去 13	阴入 5	阳入 2	升变音 15	降变音 51
阴平 33	**55 31**	**35 51**	33 **31**	33 31	**35** 55	**35 55**	33 5	33 2	33 **15**	33 **51**
阳平 31	**35 31**	**24 51**	**13 31**	**13** 31	**13** 55	**13 55**	**13** 5	**13** 2	**13 15**	**13 51**
阴上 42	42 33	**55 51**	42 **31**	42 31	42 55	42 13	42 5	42 2	42 **15**	42 **51**
阳上 31	31 33	**55 51**	31 **31**	31 31	31 55	31 **13**	31 5	31 2	31 **15**	31 **51**
阴去 55	**33** 33	**33** 31	**33 31**	**33** 31	**35** 55	**35 55**	**33** 5	**33** 2	**33 15**	**33 51**
阳去 13	13 33	13 31	13 **31**	13 31	13 55	**13 55**	13 5	13 2	13 **15**	13 **51**
阴入 5	**3** 33	5 **51**	**3 31**	**3** 31	**3** 55	**3** 13	**3** 5	**3** 2	**3 15**	**3 51**
阳入 2	2 33	2 **51**	2 **31**	2 31	2 55	2 13	2 5	2 2	2 **15**	2 **51**

上述 64 个两字组（变音组除外）中，单纯前字变调的有 19 组，单纯后字变调的有 9 组，前后字均变的有 8 组，前后字均不变的有 28 组。相对于南部吴语突出的“前变型”连调特征①，和以苏州话为代表的北部吴语的“前重式”变调特点②，温岭方言的连读变调模式可算是偏于南部吴语的。大致来说，阴平、阴去的主流变调相似，阳平、阳去的主流变调相似。从前字来看，四声调值呈阴高阳低的系统对立非常工整。丝毫不变的是阳入，变化较小的是上声，变化明显的是阴平、阳平、阴去、阳去和阴入；从后字来看，任何声调在古四声之后无阴阳之分，如阴平在阴平、阳平后同为 31 调，在阴上、阳上后同为 33 调，在阴去—阳去、阴入—阳入后也同为 33 调。另外，相对于八个单字调，两字组连调后的调位总数增加了三个：两个升调——24 调和 35 调、一个 3 短调。

① 曹志耘：《南部吴语语音研究》，商务印书馆 2002 年版，第 206—209 页。

② 汪平：《苏州方言研究》，中华书局 2011 年版，第 82 页。

1.1　阴平、阳平后头的阴平

对“新鲜、蓑衣、花生、丁香耳环”和“胡须、黄昏、鱼生生鱼腌制品、雄鸡”两组词的声调分析显示，阴平在阴平和阳平后读为中降调，调值接近31。在我们另外进行的温岭方言词汇调查中发现，这样的两字组词例还有：

阴平＋阴平：55＋31

胭脂 ʔie tsɿ　西装 ɕi tsɔ̃　灯心 tɤŋ ɕin　风箱 fuŋ ɕiã　敲梆 k^{h}ɔ̃ pɔ̃

花灯 ho tɤŋ　将军 tɕiã kyn　阴沟 ʔiã tɕiɤ　撑杆篙 ts^{h}ã tɕie　扣腔刚才 tɕ^{h}iɤ tɕ^{h}iã

阳平＋阴平：35＋31

糖冰冰棍 dɔ̃ pin　头花 dɤ ho　长衫 dʑiã sɛ　围巾 ɦy tɕin　头巾 dɤ tɕin

蒲墩 bu tøn　柴间 za kiɛ　撩风檩 liɔ fuŋ　圆规 ɦyø ky　茅坑 mã k^{h}ã

桥墩 dʑiɔ tøn　银秋银项圈 ȵin tɕ^{h}iɯ

阴去、阳去后的阴平也有读31的，如：戒方戒尺 ka^{55}fɔ̃$^{33-31}$、派司扑克 p^{h}a^{55} sɿ$^{33-31}$、绢机织布机 kyø^{55} tɕi$^{33-31}$。但这些词语中的阴去前字并未按照温岭方言中“阴去＋阴平”中的前字那样变为33，而是变同于“阴平+阴平”的读法。有时候同一个人对这些阴平的读法是前后不统一的，不同的人也有不同的读法，都在原调33和变调31间游移。从这点来看，实际口语中，阴平和上声作后字时呈现出了一定的合并趋势，导致温岭方言中后字读降调比例的增加。

1.2　阴平（后带阳平、阴去、阳去）和阴去（后带阴去、阳去）

阳平、阴去、阳去前头的阴平，和阴去、阳去前头的阴去都不是明显的平调，而是升调，只是去声前的阴去的升势比阳平和去声前的阴去要平缓一点儿。其他声调前的阴平和阴去的平调特征则非常典型。我们现在将这种阴平和阴去作前字的调值记为35，更多的是出于声调系统平衡的考虑，实际调值在34或23左右。我们发现，之所以产生这种区别，原因主要在于后字的特征：高平或高降。这是有发音学上的依据的。为了便于高平调或高降调的发音和高音起点的到位，前字如果是平调的话，很自然地会抬高调尾滑向高处。

1.3　阳平作前字

阴平作前字和阳平作前字时的调位都为三个。上表1中，阳平前头的阳平虽然调值为24，其实更多地是声调系统处理的结果，从我们的语音分析中可以看到，它不但没有高于除阴平外的其他调类，其调头起点反倒比其他的更低一点儿。为了有效地区别阳平作前字时的内部几个两字组，特别是“阳平+阴平”、“阳平+阳平”和“阳平+降变音”，以及和“阴平+阳平”之间的不同连调模式，如“桐乡浙江地名、铜墙、铜像、相同”一组词（笔者自拟）的声调差异，我们现在用“35+31、24+51、13+51、35+51”来加以区别。理由有四：

首先，阴平前的阴平和阳平前的阴上变调调形不是纯粹的高平调，实际调值为45。但是如果将它们标为45的话，虽然记音上更准确了，但是又新增加了一个升调，这样会使升调总数增加到四个，调值分别为13、24、35、45，从而导致各个升调管辖的区域狭窄化，增加了声调区别的难度。从温岭方言的连调格局来看，此举实无必要。其次，“每一个调位所占空间的大小并不是严格限制在五度值的划分界限之内。不同声调之间的区分比五度值的划分要宽松得多。这是因为五度值给出的是最大限度的声调级别的划分，而一般情况下，只需要划分出二级或三级就可以了”。①其次，如果处理为四个升调后，就会出现升调太多而高平缺失的不平衡局面。再次，升调作为斜调调形，变化方向相同的几个斜调之间的主要区别在于斜度和调层，而起点和终点的准确位置对于斜调本身并不重要②。因此，温岭方言中的这些斜调只要互相之间能区别开声调曲线的差异，以及这些差异分别发生在哪一调层中就行了。

1.4 阳平作后字

阳平作后字时皆读为降调，但不同声调后的调值有异。根据我们的语音分析（见图1），阳平在去声后最低，调值保持原单字调31不变。最高的是阳平后，调阈最高。其次是阴入、阳上和阳入，处于尴尬位置的倒是阴

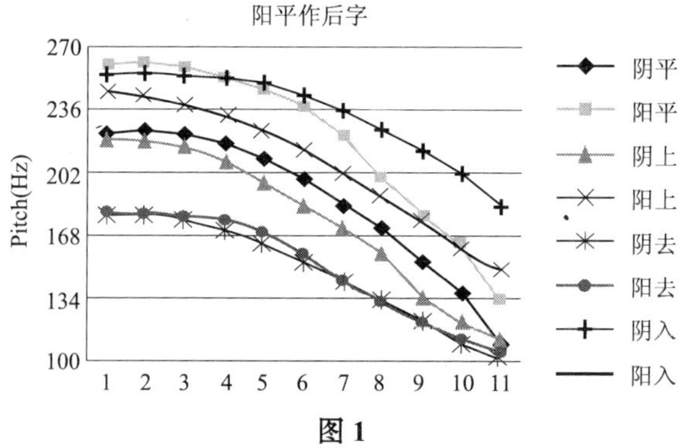

图1

---

① 石锋、廖荣蓉：《语言丛稿》，北京语言学院出版社1994年版，第117页。

② 同上书，第105页。

平和阴上，因为从五度相对音高图上来看，它们的基频起点已经跌落到 4 了。但是我们从语音学的实际结果和温岭方言连读变调的整个调位系统来看，将后字阳平的变调处理为三个层级是没有必要的，即不必在 51 调和 31 调之间另立一个 41 调出来。

1.5　阴上和阳上作后字

阴上和阳上作后字时，已经失去它们在单字调中的对立。从我们的语音分析来看（见图 2 和图 3），八个调类中有六个调类后的阳上的基频起点或音高曲线甚至超过了作后字时的阴上。因此，与李文最大的不同是，我们将后字阴上和阳上的调位归为一个，即为 31 调。图 2 中从左到右四组声调分别为阴平、阴上、阴去、阴入作前字后的阴上和阳上，图 3 中从左到右则分别为阳平、阳上、阳去、阳入作前字后的阴上和阳上。

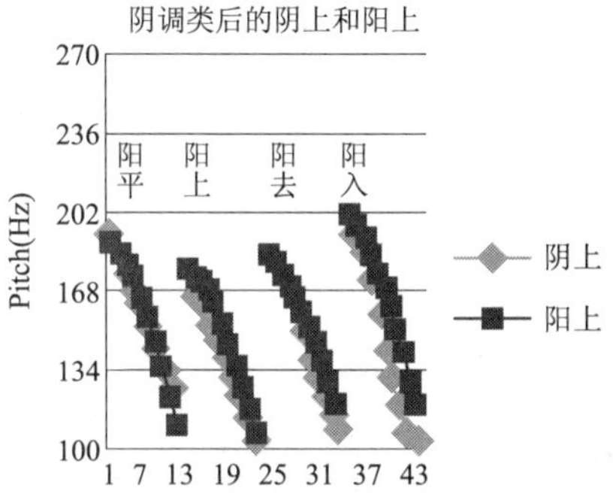

图 2

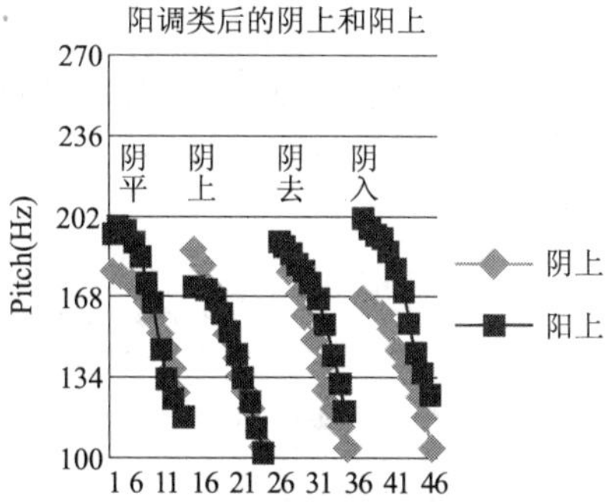

图 3

第二节　三字组连读变调

温岭方言三字组的连读变调不论语法结构如何，基本上是以“1+（2+3）”的规律进行的。这种三字组的变调规律在南方方言中比较常见。三字组中首字的调值不论其后两字是何调类，均仅由其自身调类决定：阴平、阴上、阳上、阳去、阳入，这五个调类都不变调；阴去由高平 55 变为中平 33，阴入由高促 5 变为中促 3，阳平由低降 31 变为低升 13 调。李荣先生（1979）在介绍温岭方言三字组连读变调时提到：“阴平、阴上、阴去、阳去、阳入，这五个调类做三字组的第一字都不变调”①。笔者认为此处的“阴去”应是“阳上”之误。

① 李荣：《温岭方言的连续变调》，《方言》1979 年第 1 期。

三字组里后两字的调值，与两字组的连调相似。两者之间的差异在“缓读”时差异不大，“急读”时就凸显出来了，主要表现在以下几点：

（1）两字组阴平、阳平后的阴平调尾降势明显，而在三字组中基本上为中平调，如：东南风、老人家。但是“金银花”中末字仍读降调。由于读音不稳定，本文仍按同类两字组中后字调值记为 31。

（2）三字组中，如果阴平作首字，平声和去声作中字，末字为高平或高降调时，阴平首字的调值比作两字组前字读 33 调时低一点，而平声和去声中字的调形为中升调，并且起点一般高于阴平首字，终点与高调末字的起点相近。也就是说，这种语音环境下，首字、中字和末字成依次升高的趋势，首字最低，它与中字的起点之间的相对音高的差距与两字组相比已有所调整。如：开裆裤（115）、枯心饭（116）、公债券（155）、根据地（156）、工会证（165）、新来俏（125）、天罗丝[①]丝瓜（125）、西洋镜（125）、干粮袋（126）。如果首字为非阴平，只要末字为高平或高降时，阴平、阳平、阴去、阳去作中字都变为 35 调。如：两面派（365）、地方戏（615）。具体依次见图 4。我们将此类中字统一记为 35 调值，不同于阳平、阳去作两字组中前字的变调。

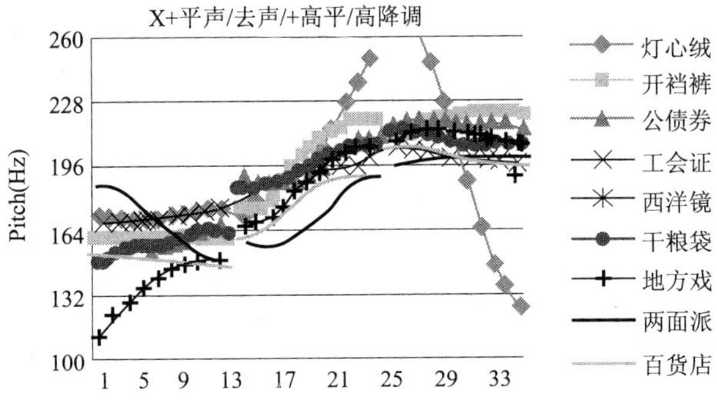

图 4

（3）如果首字为阴平，阳平中字在非高平或高降调前变为中平调 33，如：姑娘嫂（123）、仙人掌（123）、丝棉被（124）、门床板（223）。图 5 中的各组连调显示，中字并未从调域的最低处开始，而是与首字的终点持平甚至略高。阴平作首字和阳平作首字时的调形起点还是有所不同的，阳平成斜调的特征比较明显。

① 按照三字组实际读音，末字的本字应为阴去调，温岭话中同音字有“絮、四、肆”等。此处暂且沿用李文中的汉字。

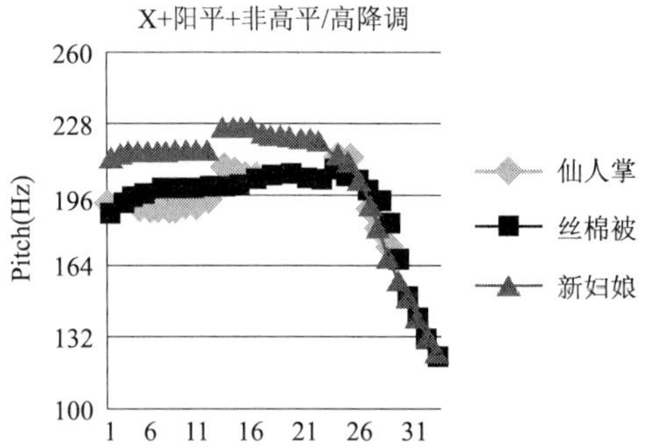

图 5

另外值得一提的是，个别阳上作中字时的变调同于阳去，而非如在同类两字组中的变调。如“新妇娘（142）”一词的连调就不同于同调类组合的“招待员”，“142”的变调规则是 33—35—51，而“新妇娘”中的“妇”读同阳去的变调，变成了 33—33—31（见上图 5）。

（4）阳入在三字组中接近 3 调，因此可与阴入（非阳平前）合并，如：商业局、副食品、教育厅。“教育厅”中间的阳入调值最高（具体见图 7）。阳平末字前的阴入和阳入仍然保留两字组时的对立。李文中阴入和阳入全部分立。

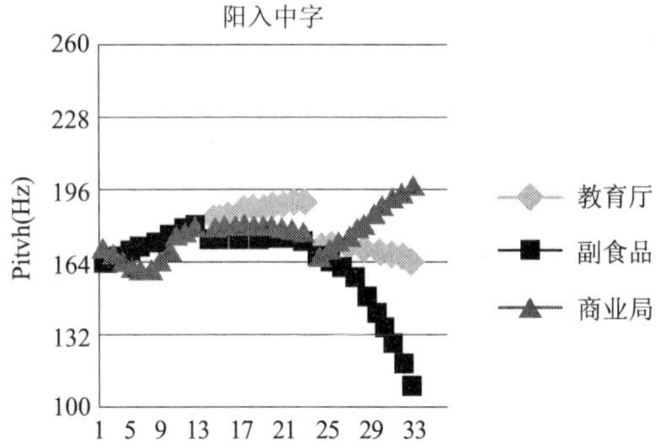

图 6

上述几点可用下表 2 来归纳，表中 X 表示任意调类。其他按“1+(2+3)”规则变调的调类组合不再赘列于表中。可见，温岭方言中三字组连读变调中，中字调类的合并现象比较显著，不但出现了两字组中相同阴调类或阳调类间的合并，甚至出现了阴、阳调类间的合并，如阴平和阳平、阴去和阳去、阴入和阳入，合并的条件不是根据各自的调类，而是由后面的末字调值的高低或调形的特点来决定。

表 2

首字	中　字	末　字	变调模式
X	平声/去声	阳平/阴去/阳去（高平或高降调）	X+35+55/51
X	平声/去声	阴上/阳上/阴入/阳入 （非高平或高降调）	X+33+末字调
		变音	
X	阴入/阳入	X（除阳平外）	X+3+X（除阳平外）

第三节　多字组连读变调

温岭方言中多字组（三字以上）连读变调模式糅合了两字组和三字组的绝大部分特点，但又既不完全等同于两字组，也不完全等同于三字组。

四字组的连调模式是：韵律节奏上有“2+2”和“1+3”的模式，无论语法结构的层次如何，连读变调的规则却仍是遵循“左向原则”，即末两字先按照两字组连调规律变读，然后依次与第二字、首字按三字组的首字变调规则来变。如：“呒尾巴猪”的语法结构是(1+2)+1，“天罗丝壳丝瓜壳”的语法结构是 3+1，“羚羊犀角、清清灵灵、昏昏沉沉”的语法结构都是 2+2，但是语流上的连读变调分别为：[ɦm$^{31-13}$ʔmi^{42}po$^{33-55}$tsɿ^{33}]、[t^{h}ie^{33} lu$^{31-33}$ sɿ$^{55-33}$ k^{h}oʔ^{5}]、[lin$^{31-13}$ ɦiã$^{31-33}$ ɕi^{33} koʔ^{5}]、[tɕ^{h}in^{33} tɕ^{h}in^{33} lin$^{31-35}$ lin$^{31-51}$]、[huən^{33} huən^{33} dʑin$^{31-35}$ dʑin$^{31-51}$]。

但是很多时候，四字组中的第二字既不像两字组中的前字连调规则变，也不像三字组中的首字连调规则变，而是出现更加明显的“调类中和”现象。图 7 中各个短语的第二字是不同调类的，但是基本上都处于中平的位置。

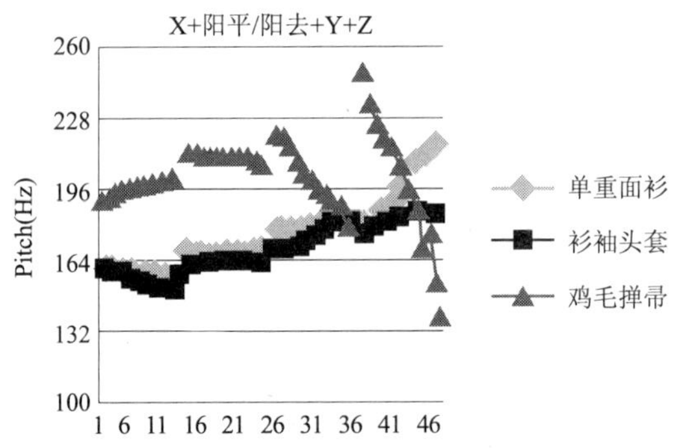

图 7

我们从温岭词汇调查中还得到了其他的四字组词和惯用语。如：

单重面衫单衣 tε^{33}dʑyuŋ$^{31-33}$mie$^{13-33}$sε$^{33-15}$

西瓜帽碗瓜皮帽 ɕi^{33}kua^{33}mɔ$^{13-35}$ʔuø$^{42-51}$

衫袖头套袖套 sε^{33}ʑiɯ$^{13-33}$dɤ$^{31-35}$tʰɔ^{55}

嫁资衣裳嫁衣 ko$^{55-33}$tsɿ$^{33-31}$ʔi$^{33-35}$zɔ̃$^{31-51}$

鸡毛掸帚 tɕi^{33}mɔ$^{31-33}$tε^{42}tɕiɯ$^{42-51}$

钢骨水泥混凝土 kɔ̃^{33}kuoʔ$^{5-3}$ɕy$^{42-55}$ni$^{31-51}$

寄旧商店寄卖店 tɕi$^{55-33}$dʑiɯ$^{13-33}$ɕiã$^{33-35}$tie^{55}

旧衣裳摊 dʑiɯ^{13}ʔi^{33}zɔ̃$^{31-33}$tʰε$^{33-15}$

难办事干难办的事情 nε$^{31-13}$bε$^{13-33}$zɿ$^{13-35}$tɕie^{55}

核桃心仁核桃仁 ɦaʔ^{2} dɔ$^{31-33}$ ɕin$^{33-35}$ȵin$^{31-51}$

打水望影不寄希望 tã^{42} ɕy$^{42-31}$ mɔ̃^{13} ʔin$^{42-31}$

哎呵呐喊瞎起哄 ʔe^{33} ho^{33} nøʔ$^{2-3}$ hε$^{42-31}$

打门撞壁指槐骂桑 tã^{42} mən$^{31-33}$dʑyɔ̃$^{13-33}$ piəʔ^{5}

墨黑捣洞漆黑一片 məʔ^{2} hɤʔ$^{5-3}$tɔ^{42} duŋ^{13}

大头白脑胡说八道 du^{13} dɤ$^{31-33}$ baʔ^{2} ʔnɔ$^{42-31}$

踢脚绷手跌跌撞撞 tʰiəʔ$^{5-3}$tɕia$^{5-3}$ʔpã^{33} ɕiɯ$^{42-31}$

撩弗上箸不像话 liɔ^{31} fəʔ$^{5-3}$zɔ̃^{31} dʑɿ^{13}

东三里四说三道四 tuŋ^{33} sε^{33} ʔli^{42} sɿ^{55}

弗三卵袋盛气凌人 fəʔ$^{5-3}$ sε^{33} ʔlø^{42} de^{13}

呆来五去稀里糊涂 ȵie$^{31-13}$le$^{31-33}$ʔŋ^{42} kʰie^{55}

忽天三七信口雌黄 huoʔ$^{5-3}$tʰie^{33}sε^{33} tɕʰiəʔ^{5}

抲日头影捕风捉影 kʰo^{33} ȵiəʔ^{2} dɤ$^{31-33}$ʔin$^{42-31}$

牛皮凿洞脸皮极厚 ȵiɤ$^{31-13}$ bi$^{31-51}$ zoʔ^{2} duŋ^{13}

掼顺风旗人云亦云 guε^{31} ʑyn^{13}fuŋ$^{33-35}$ dʑi$^{31-51}$

狗皮倒灶为人不齿 tɕiɤ$^{42-33}$ bi$^{31-33}$ tɔ^{42} tsɔ^{55}

零头落冠散架 lin$^{31-13}$dɤ$^{31-33}$loʔ$^{2-3}$ kuø^{55}

韧皮鸟臭顽皮不听话 ȵin^{13} bi$^{31-33}$ tiɔ^{42} tɕʰiɯ^{55}

开花散肚不扣胸前衣扣 kʰie^{33} hua^{33} sε^{42} du^{31}

死争活赖强词夺理 sɿ^{42} tsã^{33} ɦuəʔ$^{2-3}$ la^{13}

行行点点井井有条 ɦɔ̃$^{31-13}$ ɦɔ̃$^{31-33}$ tie^{42} tie$^{42-51}$

等火落羹迫在眉睫 tɤŋ^{42} hu^{42} loʔ$^{2-3}$kã^{33}

一塌刮子总共 ʔiʔ$^{5-3}$tʰəʔ^{5} kuəʔ$^{5-3}$tsɿ$^{42-31}$

哼没冷打总共 hã^{33} maʔ^{2} ʔlã^{42} tã$^{42-31}$

芋头叶水芋艿叶上的水 ɦy^{13} dɤ$^{31-33}$ ɦiəʔ$^{2-3}$ ɕy$^{42-51}$

悬空跑马做事无依据，不着边际 ɦyø$^{31-13}$ k^{h}uŋ^{33} p^{h}ɔ^{42} ʔmo^{42}

凸嘴胖腮嘟着嘴以示不快 t^{h}øʔ$^{5-3}$tɕy^{42} p^{h}ɔ̃$^{55-33}$ se^{33}

打鼻头铳鼻子哼哼以鄙视别人 tã^{42} bəʔ^{2} dɤ$^{31-35}$ tɕ^{h}yuŋ^{55}

温岭方言三字组或多字组连读变调时发生语音词中字的虚化现象，与大多数汉语方言声调演变的趋势是一致的。“从连读调的角度来看，汉语方言声调演变的趋势是‘虚化’。这里所谓的‘虚化’，是指在连读过程中，不同调类之间的区别趋于模糊甚至消失，调类失去区别意义的作用，但调值本身并不一定失去高低升降的特征而变得轻弱模糊”，而且，“音节越多，规律越趋严整。换句话说，音节越多，虚化程度越高。——这里揭示了声调虚化现象的原因，即词语音节的增多使得声调所担负的辨义作用下降，原来区别过细的单字调在多音节词语中一定程度上已经成为羡余成分了”。①

这种虚化现象与古声母和声调的特征及其演变密切相关。吴语全浊声母的发音实际上存在两个变体：在独立单念和作连读首字时，“它是通过声调的阴阳对立来实现的，只有在作连读下字时，才通过声母的清浊对立起作用”②。温岭方言连调格局中“同纽异调”、“异纽同调”和“异纽异调”并存的现象正是吴语声母和声调交替作用的表征。温岭方言连调中的首字调值呈现出平行性的高低对立，即声母的清浊决定声调的高低——清高浊低。首字这种“异纽异调”的特点也是温岭方言“前字型变调类型”的反映。而中字或后字呈现出的显著虚化或合并现象，则是声调的对立减弱或消失后由声母的清浊来承担别义的重任了。比如，古上声在温岭单字调中尚分阴阳，而在作连调组后字时，已经无阴阳之分了。有些调类后面的阴上调不但没有保持“阴高阳低”的音高格局，反而还低于阳上调；阴平在阴平和阳平后变为降调，调值与阴上、阳上作后字时的调型相同；去声也是如此，平声和去声后面的阴去和阳去也变成了同一个高平调；三字组中，阴入和阳入作中字时调值也趋同，阳入调值抬高后与阴入一样导致阴阳域不分。

语音连读所发生的不同于单字调的变化，是属于声调的共时变化。可以连读的就是一个直接成分，不连读的就是两个直接成分。平时实际语言交流中，出于不同的表达需要，同一个短语可以有不同的连读变调的结果。如“东三里四说三道四”，既可以将之分别读为两个两字组的组合[tuŋ$^{33-55}$ sɛ^{33} ʔli^{42} sɿ^{55}]，也可以紧密地读为一个四字组合[tuŋ^{33} sɛ^{33} ʔli^{42} sɿ^{55}]。汪平先生曾提到，“在语流中，每两个停顿之间的语言片段就是一个语音词”，“语音词不是由语言学家划分，而是由说话人划分的，它很灵活，说话人可以按

① 曹志耘：《南部吴语语音研究》，商务印书馆2002年版，第126—129页。

② 曹剑芬：《现代语音研究与探索》，商务印书馆2007年版，第11页。

照自己的习惯或意愿在一定限度内自由地划分语音词”[1]。因此，在实际语言运用中，多字组的连读变调要根据说话者实际语用的需要，来决定字与字、词与词之间的结合紧密度，然后再依据相应的两字组、三字组或四字组的连读变调规律来变读。

第四节　连读变调与变音、语法变调

4.1　连读变调与变音变调

温岭方言有两个变音——升变音和降变音。平声调变为升变音，调值为 15；仄声调变为降变音，调值为 51。舒声调变为变音时，只改变声调，声母和韵母均不变；入声调变为变音时，声母不变，但声调和韵母均变。李荣先生认为，“温岭话的变音比广州话的变音容易分析一点。因为温岭话的变音既不跟八个调类的本调（独用调）相混，又很少跟八个调类的连读变调相混，并且入声字变音还要改变韵母。这就容易使人明白，变音是语法变化，是构词手段。”[2]

实际上，它与语音上的连读变调在声调的表层上存在纠缠不清的关系。相对来说，变音变调比较独立和简单，变音前的调类按照各自的主流变调调值变化。由于连读变调中的后字没有读为高升调的，所以升变音不会和连读变调搞混淆，连读变调和变音变调之间纠缠不清的地方主要在于降变音（下文用 Z——仄声表示）后字和阳平后字，它们构成了温岭方言连调系统中的高降调，如同广州话的高变音和阴平的连读变调相同一样。在面对温岭方言中的高降调时，一方面，我们不要把属于阳平的连读变调结果也看作是降变音，以至于产生温岭话降变音特别丰富的假象。何况，温岭变音的规律——平声变成升变音、仄声变成降变音，就决定了温岭话中四分之三的声调数目变成了降变音。另一方面，我们可以运用温岭变音的规律来辨别这两种类型。按照温岭变音的规律，降变音的字里是不可能包括本音为阳平的字的，因为阳平字要变成升变音。由此推定：阳平后字如果读成高降调，肯定不是变音的结果，而是连读变调的形式。

关于阳平和降变音作为两字组后一字的异同，李荣先生认为，连调组合“12”和“1Z”很相近，“22”和“2Z”也很相近。“青梅”和“亲妹”，“洋黄”和“洋镬”，有时就分不开；关于“32”和“3Z”、“42”和“4Z”、

① 汪平：《方言平议》，华中科技大学出版社 2003 年版，第 5 页。

② 李荣：《温岭方言的变音》，《中国语文》1978 年第 2 期。

"72"和"7Z"这三对，前一字（阴上、阳上和阴去[①]）的调值在阳平、降变音前头差别很大；阳平作为后一字也比降变音略低。只是因为阳平的变调和降变音不能构成惟一差别，所以这三对里阳平的变调姑且也记成51调，以待进一步研究。[②]我们的结论与李荣先生的基本一致，只是认为"12"和"2Z"、"22"和"2Z"虽然很相近，但是并没有"有时候分不开"。我们将"青梅"和"亲妹"、"洋黄一种染料"和"洋镬铝锅"作了语音分析[③]，发现听感上存在明显差异的这两对词，在声调曲线图上表现出来的音高、调形特点也存在一定的差异（见图8）。

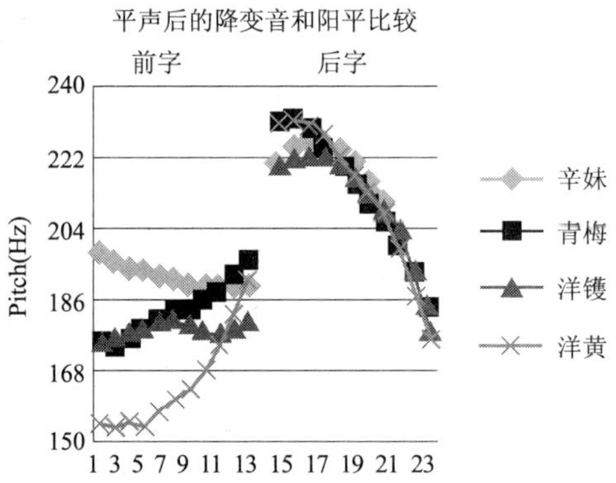

图 8

撇开每个前字调的起势，阳平前的阴平的特点是中微升，而降变音前的阴平显示是个中平调；阳平前的阳平是个低升调，而降变音前的阳平看起来是个平调，但前者起点明显低于后者。阳平后字和降变音后字无论从调值的跨度和调形来看都没什么差异，在上述两对词语中，好像降变音的终点比阳平要高一点，但是在另一组"堂妹、糖酶"的比较结果中却正好相反，即阳平后字的终点稍高于降变音的终点。可见，这种差异是由自由变读引起的，并没有音系学上的对立意义。综上所述，我们根据温岭方言的两字组连调系统及其调值、调形的特点，将这两组分别记为："阴平+阳平"——35+51，"阴平+降变音"——33+51；"阳平+阳平"——24+51，"阳平+降变音"——13+51。

温岭方言变音的功能有很多（详见第六章"变音"）。在实际语言环境

---

① 此处"阴去"疑为"阴入"之误。在此段引文的同一页中，还有一些标调有误，如阴上"小肥"、"小被"中的"小"可能因印刷不清而难以正确分辨。

② 李荣：《温岭方言的连续变调》，《方言》1979年第1期。

③ 该声调图根据笔者发音而作。

中，变音变调和语流的线性变调、语法的立体变调[1]还有错综的关系。温岭方言两字组的连读变调和变音变调的具体规律见前表 1，三字组的连读变调和变音变调的具体规律见前表 2。温岭方言中有很多词或短语虽然在书面形式上是一样的，但是在口语中却可以用不同的语音形式来区别歧义。比如，“小人”作为两字组词，有两种读音：（1）[ɕiɔ^{42}ȵin$^{31-15}$]，指“小孩儿”义；（2）[ɕiɔ$^{42-55}$ȵin$^{31-51}$]，与“君子”相对。前者是变音，后者是两字组连调。加上“话”后的三字组“小人话”这个定中结构的名词性短语，则有三种读音：[ɕiɔ^{42}ȵin$^{31-35}$ɦua$^{13-55}$]、[ɕiɔ$^{42-55}$ȵin$^{31-51}$ɦua^{13}]和[ɕiɔ^{42} ȵin$^{31-33}$ ɦua$^{13-51}$]。第三个就属于变音性质，意思与第一个一样，但是具有小称的功能，可以用于表示“显得幼稚”的意义。

4.2 连读变调与语法变调

连读变调和语法之间存在着一定的关系。连读变调一般指声调在语流中产生的自然变读，但在具体语境中，语义和语法都会影响声调的变化模式。不同的连调模式具有区别词和短语以及不同的句法结构的作用。

首先，词义和词性不同，变调也不同。如：多少，作代词时，表疑问，读为 42-42，或者后字读轻声，如：件衣裳多少钞票这件衣服多少钱？作副词时，读为 42-55，如：个小人多少有趣啊这孩子多么可爱啊！作代词时如表感叹，也读如副词，这一点与普通话中的用法一样。如：买间屋切得多少钞票啊买套房子得多少钱哪！

其次，一些固定的语法结构会打破语流连读变调的常规，从而形成独特的变调现象。典型的有：（1）表示动词短暂貌的“V＋记＋V＋记”格式中，V 不论何调类，皆读本调，无需变调。如：阴平——敲记敲记；阳平——熬记熬记；阴上——吵记吵记；阴去——送记送记；阳去——捱记捱记；阴入——吃记吃记；阳入——拔记拔记。（2）表示动词经历貌或尝试貌的“VV＋过/相”格式，有两种变调形式，一种是前两字按两字组连调规则变，末字一律读为轻声，如：望望过/相、吃吃过/相，变为“(X＋X)＋轻声”；第二种是重叠动词按变音来处理，即首字按三字组连调的首字变调，末字时态助词一律读轻声，而第二个重叠的动词不论何调，一般都变为降变音。如：包包过/相、敲敲过/相、寻寻过/相，变为“X+51+轻声”。（3）温岭话中有些短语结构中间的否定词“弗不”，不像普通话中那样一律读轻声，而是按连调规则变。如：系弗牢 33＋5＋51、当弗牢 33＋5＋51、走弗进 42-3-55、爬弗起 31-3-42、争弗歇 33-3-5。（4）在由动词加正反趋向动词构成的结构

① 余志鸿：《线性序列和立体语法》，《汉语学习》1988 年第 4 期。

中，如“V＋来＋V＋去”、“V＋进＋V＋出”、“V＋上＋V＋落下”等，V和后面第二个趋向动词保持原调不变，第一个趋向动词则大都变为中平调或升变音，如：讲来讲去/讲进讲出、拆来拆去、走来走去/走进走出/走上走落、驮拿来驮去/驮进驮出/驮上驮落。（5）“数＋量”结构一般按两字组连调规则读。数词如被强调时，其后的量词则读轻声。有些特定条件下的“数＋量”结构还有固定的读法，如上声数词“两、五、九”在阴平量词前，一般读为降变音，阴平量词则变为轻声。（6）选择复句“勿是不是……就是”格式中两个“是”的读音也很特别，前一个读为升变音，后一个读为降变音。如：蛾姆蚂蚁搬家——勿是风就是雨[vəʔ^{2} zɿ$^{31-15}$ fuŋ^{33} ʑiɯ^{13} zɿ$^{31-51}$ ʔy^{42}]。

还有一些很特别的短语不合语流、语义、语法的变调规则，它们沿袭了约定俗成的读音。如在俗语“新老大，旧老二，破碎三，切络四”（意思为家庭众多孩子中老大穿新衣服，越到后面的越破旧）中，“破碎三”这个三字组，从语法结构上应该是 2＋1，但是变调却均不合于两字组或三字组以及其他任何一种变调模式，而是读为[pʰu$^{55-33}$ se^{55} sɛ$^{33-31}$]。

语言中句法和音系之间存在着竞争关系：句法要求句法成分的完整，而语音节律韵律要求音系成分有一定的方向性。[①]温岭方言中连读变调和语法变调之间的关系就是这种竞争性的体现。在三字组和多字组的连读变调中，句法并不起作用，左向变调的音系因素起决定作用。这种连读变调主要发生在有实词意义的复合短语之间，如主谓、动宾、联合、偏正结构上。句法变调则大都出现在句法要求明显的结构上，如部分数量短语、后带各种助词或其他成分的以动词为中心的短语，和一些固定的格式中。这些结构中的主要句法成分往往居于首位，而其他成分附着在后，所以左向的音系连读变调与句法结构的右向性在这里发生了冲突，在语义淡化的情况下，句法在同音系的竞争中占了上风，于是语法变调就代替了连读变调。具体的例子如我们上面提到的“小人话”这个三字组的三种读法中，前二者属于连读变调的性质，但是连调的模式却有所不同，“阴上+阳平+阳去”三字组的连调规则一般是“42+35+55”，可见第一个是典型的“阴上+阳平+阳去”三字组连调，意思是“小孩儿的话”；第二个意思是“小人的话”，连调结果却是“55+51+13”，产生差异的原因就在于这个三字组存在内部语法结构的灵活性。前者的定中结构结合紧密，相当于一个“词”，所以按照典型的三字组“1+（2+3）”的模式来变，而后者虽然也是定中结构，但内部结构松散，所以按照“（1+2）+3”的方式来变，这样实际上就相当于“一个两字组加一个后字”的结构了。

① 林华：《音系和语法的竞争——浅谈上声变调的灵活性》，《汉语词汇・句法・语音的相互关联》，北京语言大学 2007 年版。

第五节 小结

关于本章与李荣先生的著名文章《温岭方言的连读变调》（1979）之间的关系有几点需要特别说明：

一、本章写作的缘起直接来自于李荣先生的文章《温岭方言的连读变调》，因为它在汉语方言连读变调的研究方面具有开创性和经典型的意义，本文算是研读该文后的一个读书报告。

二、李荣先生在《温岭方言的连读变调》中，着重用比字的方法来证实温岭方言调类的分化与合并，讨论了两字组和三字组的连读变调规律。至于变调格式的限定条件以及更长字组的变调规律等，都未来得及完成。本文考察了三字组以上的多字组的连读变调规律，以及连读变调与变音变调、语法变调之间的错综关系，算是对李荣先生《温岭方言的连读变调》的一个补充。

三、本人用了相当长的时间，对温岭方言的连读变调进行了深入地考察后，更加深深地折服于李荣先生在面对纷繁复杂的语言事实时所展现出来的非凡的专业功底和学术水平。只是由于李荣先生的文章中尚未提及方言点和发音合作人的详细情况，所以我们无法将本章与他的文章中的具体内容和结论进行严格意义上的比较，而只能就某些差异性作一个简单性的介绍：

1. 两字组连读变调方面，我们认为，阴平和阴去在后字的变调调值为高平或高降调时，比较倾向于变成一个升调，调值处理为 35。李荣先生的文章中都是平调 33。

2. 关于三字组连读变调，李荣先生的文章中说，三字组里后两字的调值，跟两字组的连调一样，不论第一字是什么调类。我们则认为三字组连读变调的顺序虽然是“1+（2+3）”，但是中字并非完全按照两字组连调的前字变调规则来变，而是受到后字调形的牵制，特别是平声和去声作中字时，当它们后跟变调后的调值为高平和高降调时，比较倾向于变成一个升调，调值处理为 35；后跟非高平或高降调时（阴平除外），一般表现为一个平调，调值处理为 33。当后字是变音时，中字一般仍为 33 调。换个角度可概括为，平声和去声作中字时，在平声和去声后字前，一般变为 35 调；而在上声、入声和变音后字前，一般变为 33 调。这里既有纯粹的语音环境导致的变调，也有调类间平衡的结果。总的来说，字组格式越长，音节越多，发生调类中和的现象就越明显。

3. 我们的温岭方言连读变调调查结果显示，温岭方言作为“前变型”连读变调类型，前字的变调固然与其本来的调类很有关系，但是作为一种语流音变，它受后字调形和调值的影响也比较显著。

第六章　变音[①]

众所周知，“南部吴语是小称类型最丰富、功能最发达的方言之一”[②]。这种小称性质的语言现象在温岭方言中就叫“变音”。李荣先生认为，“变音”是相对于“本音”而言的，温岭方言八个调类的独用调及其连读变调，对变音而言，可以叫做本音。本音和变音之间是语法变化的关系。[③]

作为南部吴语的一部分，温岭方言中的变音现象是非常突出的。在《方言调查字表》（中国社会科学院语言研究所 1988 年）3700 多个常用字中，温岭方言常读变音的字就有 800 个左右，占了五分之一强。

第一节　变音的类型

从形式构成的角度来看，温岭方言中的变音主要有单纯变音型和混合变音型两种。

1.1　单纯变音型

单纯变音型是指温岭方言中的有些字音在发生非语音性变化时，只采用单一的改变声调的形式，即变成升变音或降变音，而不同时改变声母或韵母。这种单纯变音现象主要发生在那些非入声的、有实在意义的词根字上。与汉语其他方言相比，总的来说，温岭话的变音属于词根型变音。温岭话中存在大量的单音节名词可以直接通过变音而独立运用，无需进一步双音节化，如“鸟、猫、饺、蛏、橙、桃、薸浮萍、蟢蜘蛛”等，在单用时不但以单音节的形式出现，甚至都不读本音，只以变音的形式出现。另外，很多多音节词根型词语也直接采用变音的形式表达各种小称意义。

---

① 本章部分内容以《再论温岭方言的变音》为题，发表在《吴语研究》（第六届国际吴方言学术研讨会论文集），上海教育出版社 2012 年版。现有较大修改。

② 曹志耘：《南部吴语语音研究》，商务印书馆 2002 年版，第 33 页。

③ 李荣：《温岭方言的变音》，《中国语文》1978 年第 2 期。

1.2 混合变音型

（1）“词缀＋小称变音”型

《普通话水平测试轻声词语表》规定的545个必读轻声词，温岭方言中读为变音的占30%；《普通话水平测试儿化词语表》规定的189个必读儿化词，温岭方言中读为变音的占近 50%。温岭方言里没有普通话那样发达的“子”尾，主要有“儿”尾和“头”尾。

“儿”跟在一些有生命的名词后面，既表示小动物或小孩儿等实在的意义，又表达“细小、喜爱、亲昵”的感情色彩。如：“鸡儿|鸭儿|猫儿|狗儿|猪儿|羊儿|燕儿|鸟儿”等是指“动物的幼崽”，“刮肚儿最小的儿子|独子儿|义儿养子”等是指“儿子、男孩儿”的意思。这些“儿”字虽保留独立的辅音音节，但一律读为升变音 15，是小称变音的表现。它们与阳平“儿”作后字时的连读变调是不一样的。

“头”字在温岭话里出现的频率很高。与“儿”尾一样，作为词缀的“头读为升变音，与其本音或连读变调时的降调型是不同的。如：

后生头小伙子|大娘头女孩儿|细佬头男孩儿|囡儿头小女孩儿|萝卜头|脚布头洗脚布|蛤蟆垂头蝌蚪|衫袖头|裤头短裤|芽头

以上这些表“小”、“可爱”义。而“老倌头老大爷、老师头师傅”等则表“亲切”的感情色彩；“贼骨头、寿头”等则带有“戏谑、鄙夷”义；“菜头白萝卜、叫头哨子、鲞头一种鱼干”与人们的日常生活息息相关，所以，在带上“头”字构成新词后，作为词缀仍然读成变音。“癞头、□[ʥie^{31}]头歪脖子”中的“头”虽然表达的是“脑袋”的实在意义，但一般读为升变音，也带有“调侃、戏谑”的色彩。

（2）“鼻尾、鼻化+小称变音”型

这种类型发生在那些入声字充当后字的变音中。入声字的变音与舒声字不同的地方是它们不仅要改变声调，而且要改变韵母。依据入声字的来历，其变音有不同的形式。“温岭话有十三个入声韵母①，变成二十个舒声韵母。”②在二十个变化后的舒声韵中，元音韵母只有五个：[ɛ iɛ ie uɛ yø]，而鼻音韵母多达十四个：[in ən øn yn uən ŋ ɤŋ yuŋ ã ɔ̃ uɔ̃ iã uã yɔ̃]。在口语中，为了突出小称的色彩，入声变成鼻音韵母的概率更大，同时声调变为[51]。如：隔壁[pin]|橘[kyn]|阿弥陀佛[vuŋ]|尾巴橦骨[kuŋ]尾骨|大伯[pã]|喜鹊[tɕʰiã]|蚊虫药[ɦiã]|小镬[ɦuɔ̃]|书桌[tɕyɔ̃]|白米粥[tɕyuŋ]|墨黑[hɤŋ]|石头屋[ʔuŋ]|

---

① 李荣先生在《温岭方言语音分析》（1966）一文中所列的入声韵为十四个。

② 李荣：《温岭方言语言分析》，《中国语文》1966 年第 1 期。

信壳[kʰɔ̃]|山北[puŋ]温岭地名|新渎[duŋ]温岭地名|划加划[ɦuã]|等。这些入声后字音变时，都在变成鼻音韵母的同时改变声调。按照温岭方言中的变音规律，仄声字要变成降变音。

第二节 变音的作用

李荣先生在《温岭方言的变音》一文中说“温岭变音的作用另行讨论”，但他后来并没有专文“另行讨论”[①]。其实，他已经在该文中有所涉及：“从‘牛’字‘鸡’字的用法，可以看出变音有‘表示小’的作用”；“考虑到温岭话变音和北京话儿化、广州话变音作用相似（如‘名词化’、表示小、表示熟悉等）……说温岭话变音相当于词尾就更有理由了”[②]。本文即在此基础上对温岭方言变音的功能作一个补充。

实际上，我们对变音功能的揭示也只是对一些比较明显的规律性特征作大致的归纳，因为在温岭方言中还存在相当一部分的词语，或只有本音而没有变音，或只有变音而没有本音，或本音和变音两读的情况，但是我们对造成这种现象的原因却不得而知，就拿最常用的关于时间的名词来说，温岭方言中为什么“天亮明天”只有一种本音的读法，而“后日后天”则只有一种变音的读法？为什么“昨日昨天”只有一种变音的读法，而“前日”则只有一种本音的读法？诸如此类，很有意思却让我们不得其解。

2.1 语法意义

“汉语的语流音变大多不是单纯的多音节的连音变读，而是和词的构成方式、词的意义（词汇意义和语法意义）以及词在句中的语法地位紧密相关的。这和西方语言的 sandhi 是有不同的性质的。”[③]通过变调这种内部屈折手段来改变词性以构成新词，是普通话和汉语方言常用的方法，且古已有之。这样，变音和本音之间就形成了语法变化的关系。李荣先生以三个表颜色的形容词“乌、黄、白”为例，说明这三个字的本音表颜色，变音则分别指“黑色染料、蛋黄、蛋白”，认为“‘名词化’就是温岭话变音的语法意义”[④]。这里的“名词化”可以从两个方面来理解。一是改变词性，从而改变意义。类似于普通话的儿化的主导功能。如“盖”字，本音声调

① 李荣：《温岭方言的变音》，《中国语文》1978 年第 2 期。

② 同上。

③ 李如龙：《论汉语方言的语流音变》，《厦门大学学报》（哲学社会科学版）2002 年第 6 期。

④ 李荣：《温岭方言的变音》，《中国语文》1978 年第 2 期。

为“阴去”，作动词用。如读为降变音，则变成了名词。又如：

拖　本音[tʰu^{33}]，动词；升变音[tʰu^{15}]，名词，“鞋拖、地拖”等。

挖　本音[ʔuəʔ^{5}]，动词；降变音[ʔuɛ^{51}]，名词，“耳朵挖”等。

夹　本音[kiəʔ^{5}]，动词；降变音[kiɛ^{51}]，名词，“头发夹、衣裳夹”等；

癫　本音[tie^{33}]，形容词，意思是“疯”；升变音[tie^{15}]，名词，意思是“疯子”。如：“个癫癫起弗落袋啊这个疯子疯得不得了了”，第一个“癫”读升变音，是名词，第二个“癫”读阴平 33 调，是形容词。又如：“做戏个癫[tie$^{33-15}$]做戏的疯子，望戏个呆[ȵie$^{31-15}$]看戏的傻子”，“癫”和“呆”对举，皆读升变音，作名词。

“名词化”的第二个方面是变音可以改变词语的内部语法结构，明确词组还是词，特别是强调“名词化”的特点。如“衣”字，表“衣服”义时在温岭话中是一个语素，不能单调使用，而读升变音时则是一个词，意思是“包在物体外面的一层东西、很薄的、物体天生就有的”，如“花生衣”等。又如：

树头　本音[ʑy^{13}dɤ^{31}]是个方位名词词组，意为“树的顶部”，而读升变音[ʑy^{13}dɤ$^{31-15}$]时则为“木头”义。

花草　虽然都做名词用，但在温岭话中有两种意思，两种读音：如读本音[hua^{33}tsʰɔ^{42}]，义为“花和草”，是个联合结构的词组；如读降变音[hua^{33}tsʰɔ$^{42-51}$]，则指“苜蓿（紫云英），一种草本植物”，是一个词。

后生　本音[ʔiɤ^{42}sã^{33}]是个偏正词组，意为“后来生的”。升变音[ʔiɤ^{42}sã$^{33-15}$]则有两种意思，一为“小伙子”，是个名词；一为“年轻”，则是个形容词。

旧爿　读变音[dʑiɯ^{13}bɛ$^{31-15}$]时，既可以作名词，指“破旧的东西”，也可以作形容词，表示“破旧”义。名词一般只读变音，形容词除了读变音外，还可以读本音[dʑiɯ$^{13-24}$bɛ$^{31-51}$]。如果读“旧爿爿[dʑiɯ^{13}bɛ$^{31-35}$bɛ$^{31-51}$]”，则有减轻形容词程度的意味。

刮肚　本音[kuəʔ$^{5-3}$du^{31}]是个动宾短语，降变音[kuəʔ$^{5-3}$du$^{31-51}$]则是个名词，指“最小的儿子或女儿”。

2.2 词汇意义

这里的词汇意义是指同一名词词性范畴内的词汇意义不同。同一个名词，本音和变音或变音和变音之间所反映的词汇意义是不同的。

	本　音	变　音
生活	“过的日子”或“过日子”义	降变音，“本领”义
小人	“人格卑鄙的人”义	升变音，“小孩儿”义

囡	多用于固定的词中，表示“女儿”或“女孩儿”义	升变音，“对女孩子的当面昵称”义 降变音，“对女儿的背称”义
阿姨	“母亲”义	升变音，“对年轻女子的礼貌称呼”义
老倌	“丈夫”义	升变音，“年纪大的男子”义
罐头	“罐头食品的简称”义	升变音，“各种小罐子”义
娘娘	“皇后或贵妃；女神”义	升变音，“姑妈”义

2.3 “指小”

温岭方言变音的“指小”功能与普通话的儿化相同。所有名词在“大”和“小”对举，或强调“小”的语义时，都采用变音的形式。李荣先生的文章中以“鸡”和“牛”的分析比较为例，已对此作了详细的说明，这里不再赘述。

普通话在强调数量的多少上是采用重音的方式，而温岭话则主要靠变音来体现。在表“小”、“少”、“轻”时，不是把数词重读，而是把量词读成升变音或降变音。温岭方言中的量词两读——本音和变音的现象是相当普遍的。至于读本音还是变音，需根据具体的语言环境和语用表达方式来选择。有时候会出现只有本音，没有变音；或本音、升变音和降变音三读的情况。变音的功能和读音规则是选择的主要依据，但有时候又只是人们约定俗成的读法而已。如：不同的数词表基数或序数意义时，数量短语中数词和量词的变音并不统一。数词“一”表基数和序数义时，其后量词皆可两读（见下文）；其他数词只在表序数义时，其后量词才有两读，表基数义时，即使有区分客观量和主观量的表达需要，但在量词的读音上则无本音和变音之别，主要还得借助副词、重音和语气等其他表达手段来表现。

变音的功能在量词上的表现主要在于对量的主观认识和表达上，即量词的主观性上。“主观量”是语言的主观性在量范畴上的具体体现[①]。一般来说，温岭方言中读本调的量词，表达的是“客观量”，而读变音的量词，表达的则是“主观量”。石毓智认为，“所谓的形态就是借助于某种特定的语音形式来表达某种语法意义，那么形态的语音形式就可能与基式的语音形式发生相互制约关系”[②]。主观量的大小、多少、轻重、高低等，就是通过本音——基式，和变音——变式之间相互对立、相互制约的关系体现出来的。本音表示主观量的大、多、重、高等所谓的积极意义，变音则表示主观量上的小、少、轻、低等所谓的消极意义。量词的变音只和本音相对，

① 梁晓玲：《黑龙江方言的量词》，《方言》2010 年第 3 期。

② 石毓智：《试论汉语的句法重叠》，《语言研究》1996 年第 2 期。

变音的不同读法——升变音还是降变音，并不构成表义上的对立。

存在本音和变音对立情况的量词主要出现在以下格式中：

（1）一+量

相对于其他数词构成的数量短语，“一+量”格式中的量词本音和变音两读的现象更加没有限制。“一”表示客观量时，量词读本音；数词“一”带上主观上的“最小量”色彩时，量词一般读为变音。如：

例 1　我昨日便只买了一件[dʑie$^{31-15/51}$]衣裳我昨天只买了一件衣服。

例 2　渠兜兜里只剩一块[k^{h}uø$^{55-51}$]钞票爻他口袋里只剩下一块钱了。

例 3　我一样[hiã$^{13-15/51}$]物事也呒买到我一样东西也没买到。

例 4　我一刻[k^{h}əʔ^5-k^{h}ɤŋ^{51}]便睏去爻我一会儿就睡着了。

（2）概数+量

运用数量短语格式表示概数的方式主要有两种：一是在“十、廿、百、千、万”等数词后附加“把”、“几”等表示概数的词语，如“十几张、百把斤、千把块、万几亩”等；二是大小相邻的两个数词连用，如：一两排、三四寸、五六撮、七八倍、八九行。

（3）量词独用

量词独用有两种读音：省略数词“一”时，独用量词读本音表不定指；表定指的量词读变音。可以说，出现在句首的“量+名”中的量词肯定是定指的，读变音，而且并不按照一般温岭方言中的平、仄变音规则来分升变音或降变音，而是统读为降变音。

（4）量+加+量

如前所述，这种格式表示“每一”、“逐一”、“多”和“周遍”的意思。格式中的后面一个量词如果读变音，而第一个量词读本音，一般表示“每一、逐一”义，相当于普通话的“每一+量”或“一+量”的重叠；如果后面的量词也保持本音的话，除了同样表达“每一、逐一”的意思外，还有强调“全部”、“数目多”、“程度深”的语气，相当于普通话的“一+量+又+一+量”的格式。如：

例 1　个个人多少会买衣裳啊这个人多会买衣服啊，橱里挂得件加件柜子里挂了一件又一件。

例 2　个人拨我个衣裳件加件望过去这人把我的衣服一件件地看过去。

例 3　渠个衣裳件加件都齁好看个她的衣服每一件都很好看的。

例 1 中的第二“件”字读本音[dʑie^{31}]，例 2 和例 3 中的第二“件”字读本音和变音皆可。但是，“件”在温岭方言中是阳上字，按照仄声字变读降变音的规则，“件”理应读成降变音 51 调，可事实上，例 2 和例 3 中的第二个“件”字可自由变读升变音或降变音均可，在表义和表情上并无二致。

这种量词不完全按照变音规则自由变读或两读的情况在温岭方言中并不少见，主要发生在数词“一”后的量词或“量+加+量”格式中的量词，导致了一个量词就有本音、升变音和降变音三种读法。如：一份[vən$^{13/15/51}$]题目/人家、一双[ɕyɔ̃$^{33/15/51}$]皮鞋、一根[kuã$^{33/15/51}$]头发、一舀[ʔiɔ$^{42/15/51}$]水，等等。

2.4 表“喜爱、亲切、轻松”或“厌恶、鄙夷、戏谑”的色彩

2.4.1 名词方面

以跟人们日常生活息息相关的普通名词为主，越常用越容易变音。变音的使用概率和频率是和事物、关系的常用度、亲近度成正比的。因为变音本身具有表达“喜爱、亲切、轻松、随意”的语义色彩。有时一些词语字面上的意义看上去并不是正面、积极、美好的，但由于直接反映人们生活中的方方面面，所以也用变音来表现熟悉、随意的程度。这些普通名词主要分为以下几类：

称谓或关系类：爸|妈|哥|弟|妹|叔|婶|舅|爸爸|妈妈|爷爷|叔公|姑娘姑妈|舅公|丈公|叔婆|太公|太婆|娘姨|外甥|刮肚囡最小的女儿|刮肚儿最小的儿子|大伯|大姆伯母|老太扁老太婆，一种不礼貌的称呼|朋友家朋友|双生双胞胎

日常食物类：烧饼|菜扁|鸡脚爪|红冬柿|赤猪肉瘦肉|黄鱼鲞|菜梗|茶散茶叶茶|散嘴零食|鱼|虾|蟹|蟹脚|早白一种米|晚米|汤圆|镬焦锅巴|菜干|饮汤饭刚煮开后上面的一层米汤|酒配下酒菜|火烧|豆腐干|番薯干|豆腐浆豆浆|蟹糊|花生衣|辣茄|蛏|花蚶|鲫鱼|鲙鱼海蜇|梅筒鱼梅鱼|李|杏|梅|桃|梨

生活用品类：苍蝇拍|网球拍|面桶|面盆|手巾|面巾毛巾|抱裙兜婴儿或东西用的围裙|被单|面油面霜|篦机篦子|小包车|脚踏车|纺车|小车|手拉车|箱橱

服饰类：短衫袖|夹袄|夹里|捺纽|肚褡|尿衲尿布|毛线衫|汗衣|纽珠纽扣

动物类：雄狗|草狗|毛辣利一种毛毛虫|鹁鸽鸽子|蛴蝴蚂蚁|曲蟮蚯蚓|鸟|萤火|猫|燕|夜游蝙蝠|虼蜢螳螂|田流流蜗牛

身体、生理现象类：酒靥|牢搔胡络腮胡|赤人膏身体上的污垢|疤□[ʔie^{-51}]痂|鸡爪疯手脚痉挛不能屈伸|大颌风因患腮腺炎引起的大腮帮|乌鸟斑雀斑|蹉喉咙哑嗓子|长口舌结巴|老麻脸上长麻子的人|老缺兔唇的人

方位类：胳肢窝[kʰiəʔ^{5}tsaʔ$^{5-3}$ʔo$^{42-51}$]|山脑顶|山脚|门扇后|脚后跟|手掌心

风俗类：望三日新娘结婚后第三天回娘家|送日子|搬过屋|对周满周岁|打花鼓

这些名词中表称谓的名词在温岭话中，有时并不一定遵循“平声变升、仄声变降”的变音规律。如“爸爸、姐姐、哥哥”等，都有两读的变音。这有点儿类似于今天港台腔的亲属称谓读音，因为在港台腔的普通话中，

“爸爸、妈妈、哥哥、弟弟、叔叔、阿姨”等全读成了一种声调模式，类似于“42-35”。另外值得一提的是，温岭话中也有一些名词，本来是含有贬义的，甚至是骂人的称谓语，但有时通过变音后，可以用于关系亲近的人之间，或者用于轻松、随意的描述和语境中。比如：

牌位　本音意为“灵位”。用于指称人时，相当于“家伙、坏蛋、死鬼”等义。但是，如果前加“小”字组成“小牌位”，则读为升变音，专指小孩儿或青少年了。就像普通话里的“小鬼”一样。

棺材　与“牌位”相似。只是“棺材”读本音时并不用于指人而只指物。当前加“小”字组成“小棺材”时才既可指物又可指人，读升变音，意为“小的棺材”或指“小孩儿、青少年”。

行贩　本音意为“小贩”和“像小贩一样精于世故、油滑、无所顾忌的人”。但是，前加“小”字组成“小行贩”后读为降变音，则专指那些行为举止像小贩一样的小孩儿或年轻人。

滥污　这个词只有变音，没有本音。意思是“脏、邋遢”。如果单独使用的话，可以作形容词，也可以特征“滥污”来代替具有“烂污”特征的人，作名词。但是一旦前加“小”字。则明显地改变了词语的语义色彩，带有“怜爱、亲昵”的感情和语气。

2.4.2　*动词方面*

相对于名词来说，温岭方言中普通动词读变音的现象要少一些。主要集中在两类：一类是那些地方色彩浓厚的动词，如“镗火暖烤火|打圆场|搞隔腾说话不流利|动无钻潜水|拖堂|勚倒摔倒|落腕|撩手痒喜欢去触碰、招惹别人”等，这些动词大多不是行为动词，而是以表事件或状态为主的。温岭方言动词的变音现象主要发生在动词的重叠式上；另一类是单音节动词。温岭方言中的单音节动词重叠后一般并不读轻声，而是或读本音，或读变音。当表达或强调动作行为的尝试、短暂、轻松等义时，一般不论其本音的调类皆读为降变音。这里的降变音与轻声的语义功能相当。比如：

渠他日加日每天老酒啜啜[toʔ^{55}-tɔ̃^{51}]喝喝。

嘐嘐嬉嬉玩玩儿[ɕi$^{33-51}$]，工资照常。

我平时也不做什么，就是班上上[zɔ̃$^{31-51}$]，屋里菜买买[ʔma$^{42-51}$]，饭烧烧[ɕiɔ$^{33-51}$]，衣裳洗洗[ɕi$^{42-51}$]。夜得晚上电视望望[mɔ̃$^{13-51}$]，牌打打[tã$^{42-51}$]，麻将搓搓[tsʰo$^{33-51}$]。

另外的常用动词重叠如：

平声：抛抛|浇浇|挑挑|猜猜|招招|飘飘|敲敲|嬉嬉|搔搔[tsɔ$^{33-51}$]|吹吹|炊炊|推推|担担|抄抄||揩揩|谈谈|弹弹|拉拉|描描|寻寻|刨刨|抱抱|补补|撩撩

上声：等等|拣拣|抖抖|讲讲|写写|走走|动动|扫扫

去声：练练|画画|念念|问问|□□滚滚|旋旋转转

入声：吃吃|吸吸|读读|踏踏|趬趬[biəʔ^{2}-bin^{51}]跑跑|哭哭|剥剥|碌碌[ʔloʔ^{5}-ʔluŋ^{51}]把罐子等摇一摇

但有些动词重叠后不读降变音。如：唱唱、跳跳、教教、笑笑、叫叫、拜拜、送送、倒倒等。据分析，这类动词基本上为古阴去字和少量的阴平字。由于在温岭话中，这两类声调是平调型，调值分别为[55]和[33]。即使按照连读变调的规律，两个阴去或两个阴平相连，它们的调值也是在[55]和[33]间变化，始终保持平调型。为了表意上的需要，这种高平或中平字相连时就很容易变成类似普通话的轻声了。因为它们在后跟高降调的降变音时，没有足够的空间表示这种声调上的变化。

另外，当这种动词重叠被用来表达“儿童体”的语气时，则可用升变音。如：

妈妈，抱抱[bɔ$^{31-15}$]啊！

宝宝，妈妈摇摇[ɦiɔ$^{31-15}$]尔你睏睏觉。

这种“儿童体”的变音现象更加反映了小称变音功能的普遍性。因为“不仅在汉语中，在所有的人类语言中，小称都与亲密、儿语相关。Jurasky 曾建立过一个小称模型，在各种语言中，小称均起源于与儿童相关的词语，并且高调与亲密相关”，“无论是儿化还是高调亲密理论可以得到更为基础的生物行为学的支持”①。

2.4.3 数词方面

温岭方言中的数词也可产生变音，在末尾和首字的位置均有可能。

在末尾的数词表基数概念时不用变音，但表序数概念时有的可以变音。如表排行大小时，从 1 到 9 的基本数字中变音频率最高的是 1、3、5、6、7、9 这六个数字。从最大的到最小的分别是：老大（没有变音读法）或老一[ʔlɔ$^{42-33}$ʔiəʔ^{5}-ʔin^{51}]|老三[ʔlɔ$^{42-33}$sɛ$^{33-15}$]|老五[ʔlɔ$^{42-33}$ʔŋ$^{42-51}$]|老六[ʔlɔ$^{42-33}$loʔ^{2}-luŋ^{51}]|老七[ʔlɔ$^{42-33}$tɕ^{h}iəʔ^{5}- tɕ^{h}in^{51}]|老九[ʔlɔ$^{42-33}$tɕiɯ$^{42-51}$]。但当你表达年龄和背乘法口诀时，并不变音，如十九、廿九、三十九、九十九等最后的“九”字皆读本音[tɕiɯ^{42}]。只是在表达小称意义时，才读为降变音，如教师曾被称为“臭老九[tɕ^{h}iɯ$^{55-33}$ʔlɔ^{42}tɕiɯ$^{42-51}$]”，读降变音以显地位之低和无足轻重；而俗话“饭后百步走，活到九十九”中的最后一个“九”，一般并不变音，而是读本调，表示“九十九”是个很大的数字，几乎长命百岁了。又如“十三”这个数字，在温岭话中有两种意思，一种是一般意

① 朱晓农：《方法：语言学的灵魂》，北京大学出版社 2008 年版，第 213 页。

义上的数字“13”，另一种则是“疯疯癫癫；神态举止不大正常”之意，需读升变音。有时候也用“十三点”一词，读为降变音，变音义与“十三”同。但“十三点”的本音义为时间名词。此外，当相邻的两个数字连用表示概数义时，最后面的数词一般要变音。如：

十三四［ʑiəʔ^{2}sɛ^{33}sɿ$^{55-51}$］　　廿七八［ȵie^{13}tɕʰiəʔ$^{5-3}$pəʔ^{5}-pɛ^{51}］

五六十［ʔŋ^{42}loʔ^{2}ʑiəʔ^{2}-ʑin^{51}］　　两三万［ʔȵiã^{42}sɛ^{33}vɛ$^{13-51}$ ］

八九千［pəʔ$^{5-3}$tɕiɯ^{42}tɕʰie$^{33-15}$］　　一两百［ʔiəʔ$^{5-3}$ʔȵiã^{42}paʔ^{5}-pã^{51}］

与同属台州方言的天台方言不同的是，温岭方言中“概数+量”或“两个相邻数词连用表概数”的形式是可以在不同的场合中，都可以用变音或本音来表达不同的语用功能的。而天台方言中，“如果在比较郑重严肃的语言环境中，也往往不说变音，只说本音”①。这是两种方言在变音使用上的不同之处。

数词作前字时也能产生变音，这是数词不同于其他词性的特殊之处，也打破了小称变音一般只发生在单字或后字的惯例。一至九数词中，一、三、六、七、八这五个数词，无论是表基数义还是序数义，都与同声调字的一般连读变调模式相同。但是两、四、五、九这四个数词却有特殊之处，具体见下表（表中首行为温岭方言连读变调中的八个声调，调值分别为：阴平 33，阳平/阳上 31，阴上 42，阴去 55，阳去 13，阴入 5，阳入 2。每个声调各举一例字）。

		阴平“班”	阳平“层”	阴上“组”	阳上“桶”	阴去“对”	阳去“队”	阴入“节”	阳入“日”
四	基数	**55 33**	**55 31**	**55 42**	**55 31**	**55 33**	**55 13**	**55 3**	**55 2**
	序数	33 33	33 31	33 42	33 31	33 55	33 55	33 5	33 2
	广用连调	33 33 汽车	33 31 算盘	33 42 对手	33 31 账簿	33 55 布帐	33 55 性命	33 5 做作	33 2 快活
两五九	基数	**51 33**	**51 31**	**51 42**	**51 31**	**51 33**	**51 13**	**51 3**	**51 2**
	序数②	42 33	55 31	42 42	42 31	42 55	42 13	42 5	42 2
	广用连调	42 33 点心	55 31 下年	42 42 老酒	42 31 懒惰	42 55 打扮	42 13 酒袋	42 5 板壁	42 2 小麦

“四”的特殊性在于其与一般的连调模式不同，但它读[55]调是其作为阴去调的原调，所以仍属连读变调的范畴。但“两、五、九”这三个阴上

① 戴昭铭：《天台方言研究》，中华书局 2006 年版，第 82 页。

② 温岭方言同普通话一样，“两”不能用在量词前表序数，而是用“二[ɦn^{13}]”代替，此处除外。

字表基数义后带量词时却都读成[51]调了，这是降变音的调值；表序数义时，“五、九”的变调与一般连调模式相同。

不过，当“四、两、五、九”在数量短语中读特殊变调或变音时，后面的量词不能同时读变音（量词读变音的情况见前文），只能读本调或轻声。

2.4.4　副词方面

与其他词性相比，温岭方言中的副词读变音形式的不算多。常用的有“毛估估[mɔ$^{31-13}$ku^{42}ku$^{42-51}$]、逐个[dʑyoʔ^{2}kie$^{55-51}$]、独个[doʔ^{2}kie$^{55-51}$]、偏偏[pʰie^{33}pʰie$^{33-15}$]、一贯[ʔiəʔ$^{5-3}$kuɛ$^{55-51}$]、统统[tʰuŋ^{42}tʰuŋ$^{42-51}$]、老实[ʔlɔ^{42}ʑiəʔ^{2}-ʑin^{51}]、起码[tɕʰi^{42}ʔmo$^{42-51}$]”等。还有几个否定副词，如：𠲎[fuŋ^{51}]“勿曾”的合音；□[fiɔ$^{42-51}$]“弗晓”的合音。这种现象可能跟副词本身就是主要用来修饰动词和形容词作状语而需要强调的性质有关。

有些副词不读变音，但是又不同于一般的连读变调，如“老早早就”一词读为[ʔlɔ^{42}tsɔ$^{42-55}$]，倒与上文提到的数词“四”的情况相似，都是念高平调[55]，符合“高调”表小称的共性。这种现象可能与有些方言中的“合变式”小称变调类型有关，是小称具有使词语副词化、语法化的重要手段，或成为一部分副词等虚词的形式标记的功能①。但尚需进一步挖掘。

2.5　形象化

增强语言表达的形象性和生动性，也是温岭变音的主要作用之一。形容词本身所负载的表示人或事物性质和状态的功能，使它成为温岭方言变音形象化的重要体现者。温岭方言中读变音的形容词比较多。如“污霉|蜜甜|些[ɕia^{33}]薄|半生冷熟半生不熟|碧绿|笔直|毕静很安静|烁[ɕiəʔ^{5}]亮|雪白 绵软|夹生|合身|轰暖很温暖|弯龙弯弯弯曲曲|突嫩很嫩|笃稳|阴光很光滑|蒙蒙亮|赤条条 ”等。这些形容词大都有本音和变音的对比形式。在 ABB 式摹状形容词上表现得尤为突出。与普通话或其他方言不同的是：温岭话中有一些词根意义表示消极意义的 ABB 式形容词一般读本音，而一些表示积极意义的 ABB 式形容词则只有变音而无本音。除此之外，相当一部分 ABB 式形容词有本音和变音两种读音，但词形相同，即同一个 ABB 式形容词有两种不同的读音，表示两种不同的语义内容。一般来说，这些形容词是客观地描述事物的情状或人们的生理或心理感觉的。词根及其后面的重叠词缀本身都无所谓“肯定或否定”、“正面或反面”、“积极或消极”、“褒义或贬义”。但在温岭话中，ABB 式的本音较多地带有“不满”的消极色彩，而变音形式则带“喜爱”的积极色彩。如：

---

① 曹志耘：《吴语汤误方言合变式小称调的功能》，《中国语文》2011 年第 4 期。

硬邦邦|软耷耷|壮鼓鼓|瘰绷绷|瘪几几|圆滚滚|长抗抗|甜咪咪|酸几几|咸几几|辣呵呵|饱登登|热烘烘|红东东|黑紫紫|蓝依依|糊嗒嗒|厚嗒嗒|韧久久|黑塌塌|滑齐齐|烂嗒嗒|笨得得|肉累累

另外，温岭话中很少与 ABB 式相应的 BBA 式形容词，如普通话或一些方言中的“喷喷香|滚滚圆|冰冰冷|雪雪白|墨墨黑”等词语在温岭话里都是 ABAB 式的，即“喷香喷香|滚圆滚圆|冰冷冰冷|雪白雪白|墨黑墨黑”。ABAB 式形容词在温岭话中是本音和变音两读，但不区别语义和词语的附加意义。

第三节　入声字变音

温岭方言中的入声字发生变音时，不但要改变声调，还要改变韵母。声调的变化很简单，入声属于仄声，所以一律变成降变音[51]。但是韵母的变化就显得复杂多了。目前为止，只有两篇文章中涉及温岭方言的入声字变音问题，一篇是曹广衢先生的《温岭话入声变调同语法的关系》(1958)，另一篇是李荣先生的《温岭方言的变音》(1978)。李荣先生在《温岭方言的变音》里已经详细地分析了入声字变音的分化类型和条件（见本章第一节）。曹广衢先生《温岭话入声变调同语法的关系》一文，列举了入声词变音的七类语法环境，以及入声字分化的语音条件。李、曹两文其实同中见异，异中有同。主要表现在以下几方面：

首先，入声变音的调值不同。他们都认为入声的变音是降变音，但是降变音的调值略有高低差异。李文认为是 51，曹文则认为是 53。李文的调值降的幅度大，更彻底。我们认为这两种记调都没错，但高降调 51 可能更好一点儿，因为它更能体现温岭变音的特点，而且正好与升变音的调值构成语音上的鲜明对比。

其次，入声变音的韵母分化类型不同。李文在分析温岭话十三个入声韵母变成二十个舒声韵母时，划分了三种分化类型：一对一、一对二和一对三的关系。具体如下：

一对一：iəʔ-iɛ；øʔ-øn；aʔ-ã；iaʔ-iã；uaʔ-uã；ɤʔ-ɤŋ

一对二：iʔ-ie/in；yʔ-yø/yn；əʔ-ɛ/ən；uəʔ - uɛ/uən；oʔ-ɔ̃/uŋ；yoʔ-yɔ̃/yuŋ

一对三：uoʔ-uɔ̃/uŋ/ŋ

曹文则分析了八个主要元音[i o a ɯ uo e ɛ ø]的变化情况，但是这些变化都是“一对一”的关系：iʔ-iŋ、uoʔ-uŋ、aʔ-aŋ、oʔ-ɔŋ、ɯʔ-ɯŋ、eʔ-e、ɛʔ-ɛ、øʔ-ø。

第三，韵母分化的条件不同。李文详细地分析了入声字变音的韵母分化种类和条件，而且指出分化的条件主要是来历不同。[iʔ yʔ əʔ uəʔ]四个入声韵母分化成元音韵母和鼻音韵母的条件是来历的不同，一般来说，来自山咸两摄的入声字变成元音韵母，而来自深臻曾梗摄的入声字变成鼻音韵母。[oʔ yoʔ]虽然也有分化，但分化的结果都属于鼻音韵母，只是来自宕江摄的入声字变成了[ɔ̃ yɔ̃]，而来自通曾摄的入声字则变成了[uŋ yuŋ]。曹文也讨论了入声变音的分化类型和条件，但他认为，“入声变阴声和阳声[①]的语音条件是由于主要元音的不同：入声的主要元音是 i、o、a、ɯ、uo 的变阳声，主要元音是 e、ɛ、ø 的变阴声”[②]。由此可见，关于入声字韵母的分化类型和条件，李文侧重于共时的描写分类和历时的分析探源相结合的方式，富有理论性；而曹文则偏重于语音的共时描写，强于应用性，便于记忆。

最后需要指出的是：虽然两篇文章研究的对象都是温岭话，但是，可能由于温岭方言本身存在的内部差异，以及文章作者主观上的对语言材料分析的不同方式，所以两篇文章对温岭方言语音系统，特别是韵母的音值描写和韵母系统的处理上还是存在一定的差异。我们比较了两篇文章的入声韵，发现两者在基本对应的情况下有个别尚可补充或值得斟酌的地方。李文中提到[iʔ]有两种分化类型：[ie]和[in]，它们的分化条件分别是山咸摄和深臻曾梗摄[③]。但我们发现来自山摄的一组字“撇蔑铁节结”等，变音后并未变成元音韵母，而是变成了鼻音韵母。这算是对李文所举例外的一个补充。曹文中列举的八个主要元音是[i o a ɯ uo e ɛ ø]。我们发现这个[uo]放在这里显得很不和谐。首先因为它是个复合元音，而其他的都是单元音。另外，按照主要元音的定义，在二响复合元音中的两个元音的地位一般是不平等的，存在主次之分。[uo]的主要元音其实是[o]，所以，它可以和已经存在的[o]归为一类。这样，曹文中的八个主要元音实际就剩下了七个。李文中涉及的入声韵有十三个。但从元音的构成来看，实际上也只有七个主要元音：[i o a y ɔ ə ø]。通过比较，[ɯ]和[o]只是舌位高低的不同，一个后高，一个后半高；[e]、[ɛ]、[a]和[ə]的差异也与此类似。再者，由于入声喉塞尾音的影响，元音间的差异会缩小一点。当然，他们的文章都能自圆其说，所举的例证也是符合他们对现象的说明和总结的规律的。

① 此处的“阴声”和“阳声”应该就是本文所指的“元音韵母”和“鼻音韵母”，阳声包括鼻化韵和鼻尾韵。

② 曹广衢：《温岭语入声变调同语法的关系》，《中国语文》1958 年第 4 期。

③ 李荣：《温岭方言的变音》，《中国语文》1978 年第 2 期。

第七章　其他语音现象

一般来说，语音是在一定的规律下发展变化的，但是总有一些例外游离于语音的演变规律之外的，这些例外就成了特殊的语音现象。温岭方言中也有一些语音现象是比较特殊的，这些特殊性既表现在温岭方言语音自身演变上的不合对应规律性，也表现在与全国其他汉语方言读音的比较中所表现出来的差异性。这些特殊的语音现象主要存在于日常生活用语和温岭地名当中。一般来说，外部的非语言因素和内部的语言因素等，都会导致语音变异的发生。

第一节　特殊音变

除了前文所述的连读变调、变音等语音特点外，温岭方言中还存在其他的特殊音变现象，特别是连音音变。在实际语言交流中，字音的输出不是孤立的，临近的音相互影响，是造成语音演变规律例外的重要原因之一。这种“连音变化”是单纯的语音之间的相互影响所致，属于语言内部因素造成的变化[①]。温岭方言中常见的连音变化现象包括合音、同化、异化和弱化等。

1.1　合音

语流环境或发音的省力需求是导致合音的两大语音因素，此外还有造词或别义的需要。合音的结果可能产生合音字，也可能有新合成的音节却无可记录的相对应的汉字。合音的来源可分成两类：一是双音节词，二是单音节虚词+单音节实词，或者单音节实词+单音节虚词。温岭方言中的合音现象主要发生在末尾音节为[ʔ]或[ɦ]充当声母的音节上，涉及助词、否定副词、代词等方面。除了有些否定副词与动词组成的合音固定下来成为历史音变外，其他的合音基本上属于纯粹的连音音变，没有固定的音节，更没有形成文字可供记录。

① 李荣：《音韵存稿》，商务印书馆 1982 年版，第 107 页。

1.1.1 助词

助词的附着特性，以及有些单音节助词本身的音节特点，使其很容易与前面的音节产生合音现象。

（1）爻

温岭方言中与普通话的“了”相对应的助词发音是[ɦɔ^{31}]，一般写作“爻”。由于“爻”字音节[ɦɔ^{31}]中的“浊[ɦ]跟元音同时开始，同时终止”①，所以它在词末或句末就很容易与其前一个音节产生合音。助词“爻”的音变现象类似于普通话中助词“啊”的变读，“爻”在具体语流中的读音随着前一音节的特点变化而变化，而且声调上有时并不表现为纯粹的轻声。本部分的“爻”以实际调值标调，在其他章节中作为助词与语气词一样皆读轻声，不标调。前一音节影响比较大的语音条件如下表：

前一音节的语音条件	合成音节	例　词
-n 尾	[nɔ^{31}]	炖爻[tøn^{55}nɔ^{51}]炖了 并爻[pin^{55}nɔ^{51}]合并了 问爻[mən^{13}nɔ^{51}]问了
-ŋ 尾	[ŋɔ^{31}]	好用爻[hɔ^{42}ɦyuŋ$^{13-35}$ŋɔ$^{-51}$]可以了
去[k^{h}əʔ]作趋向补语	[k^{h}ɔ^{31}]	机会塌去爻[t^{h}əʔ^{5}k^{h}ɔ^{31}]失去了 昏去爻[huən^{33}k^{h}ɔ^{31}]昏过去了 走去爻[tsɤ^{42}k^{h}ɔ^{31}]去了 嬉去爻[ɕi^{33}k^{h}ɔ^{31}]玩去了 上课去爻[zɔ̃^{31}k^{h}u^{55}k^{h}ɔ^{31}]上课去了 睏去爻[k^{h}uən^{55}k^{h}ɔ^{31}]睡着了；去睡了
歇[ɕiəʔ^{5}]	[ɕiɔ^{51}]	尔快顶拨我你快点儿给我歇爻[ɕiɔ^{51}]停了
得[təʔ^{5}]	[dɔ^{31}]/[tɔ^{42}]	晓得爻[ɕiɔ^{42}dɔ^{31}]知道了 来得爻[le^{31}dɔ^{31}]在了
着[dʑiəʔ^{2}]作结果补语	[dʑiɔ^{31}]/ [dʑiɔ^{51}]	寻着爻[ʑin^{31}dʑiɔ^{31}]找到了 买着爻[ʔma^{42} dʑiɔ^{31}]买到了 睏着爻[k^{h}uən^{55} dʑiɔ^{51}]睡过了 喫着爻[tɕ^{h}yoʔ^{5} dʑiɔ^{51}]吃到了 望着爻[mɔ̃^{13}dʑiɔ^{51}]看到了

从上表可知，“爻”类现象的合音音节的声母是由前一音节的声母决定的，韵母部分的主要元音是[ɔ]，与“爻”相同。合音音节涉及的声调大致有两种：第一种是“爻”的本调[31]，第二种是[51]。这两种声调[31]或[51]，实际上是“爻”字作为阳平充当两字组后字时的两种变调形式，合音音节读[31]还是[51]，与前面音节的声调很有关系，可以说，“X+爻”

① 李荣：《温岭话“咸淡”倒过来念还是“咸淡”》，《方言》1986 年第 2 期。

组成的合音音节与前一音节实际上构成了一个两字组的连读变调，这个合音的音节就按“X+阳平”的两字组连读变调模式来变读。如果前一音节是像“去”字那样本身因弱化而读轻声的，那么，合音音节自然也就轻了，类似于［31］调。

（2）勿＋语气助词

“勿+语气助词”跟在动词后组成的结构，在温岭方言中实际上相当于一个肯定一否定式疑问格式，即“V+不+V？”或“V+否？”。这种格式产生了两个最常见的合音音节：一个是“勿+唉”的合音[ve]，另一个是“勿+啊[va]”的合音。后者是前者的变体，询问语气的表达更加强烈。如：

渠天酿来哦[ve]他明天来否？

尔作业做完爻哦[ve]你做完作业了吗？

尔去哦[va]你去吗？我问尔搭捞遍数我问你这么多遍，尔咋儿弗应我你怎么不回答我呢？

（3）个＋语气助词

“个[kəʔ]”在温岭方言中表示一个相当于普通话“的”的陈述语气助词，后加另一个语气助词后常常发生合音，如：“个＋啊”合成[ka]，“个+耶”合成[kiɛ]。比如：

尔㑚忘记爻解你别忘记了哦？

我弗拨尔个物事喫爻减我不会把你的东西吃了的？

1.1.2 否定副词+V

否定副词与后面的动词常常合音，是汉语方言中一个常见的音变现象。温岭方言中的这类否定副词主要涉及“勿[vəʔ²]”、“弗[fəʔ⁵]”、“休[ɕiɯ³³]”三个，且产生了常见的合音字形。其中，“勿”和“弗”有时有互读情况。

（1）“勿+用”[vuŋ¹³]

表示“不用”，即“甭”。如：

我独个头会妆好个我一个人会弄好的，尔～来是爻你不用来好了。

个件事干尔～搭我讲这件事情你不用跟我说。

（2）“弗+曾”[fuŋ⁴²]或[fuŋ⁵¹]

表示“不曾”、“未曾”的意思，表强调时都读降变音。泽国话中这种意思读[vəŋ¹³]，应该是“勿曾”二字的合音。如：

我屋里尔来过爻～你来过我家没？

我一日书也～读过我一天学也不曾上过。

（3）“休+要”[ɕiɔ⁵⁵]

表示“别、不要”的意思。

我～走去好我（还是）别去好，害得渠难过死害得她这么难过。

尔～用完解你（可）别用完了哦。

（4）“弗+晓”[fiɔ⁴²]

我眼也～得我一点儿也不知道。

尔嘈个～得我工作爻解你难道不知道我工作了吗？

（5）“弗+会”[fe⁵⁵]

表示“不愿意”或“不”的意思，既可用于主观意愿上的否定，也可用于对客观事实的否定。如：

渠两个老早便～好爻他俩早就不好了。

我只～去个我才不愿去呢。

间店眼都～旺个这间店一点儿都不兴隆。

（6）“弗+好”[fɔ⁵¹]

表示“不好”的意思。如：～看难看|～望不好看；没有意思|～妆难办|～过难受；难过|～听|～写。

1.1.3　代词和其他

“拨[pəʔ⁵]给”和“搭[təʔ⁵]让；和；跟；给”是温岭方言中的两个动词和介词的兼类词，当第三人称单数代词“渠[gie³¹]”跟在它们后面时就会产生合音。“拨+渠”读为合音[pe⁴²]，“搭+渠”读为合音[te⁴²]。例如：

（1）[pe⁴²]弗[pe⁴²]给他不给他？

（2）老师都[te⁴²]讲爻还做弗来老师都跟他说了还不会做。

从这两个合音上来看，似乎这里的第三人称单数为“伊”更合适，因为“伊”在温岭话中读为[ʔi³³]，适合与前面的音节组成合音，“渠”的主要元音虽然与两个合音[pe⁴²]和[te⁴²]的主要元音相同，但是舌根音声母的存在实际上很难与前面的音节产生合音。

还有一些实词内部的音节与音节之间也能产生合音，如果不了解这其实是合音的结果的话，往往很难理解一个词的词义，因为好像缺乏理据性。如：“中午”的意思在温岭方言中用“日头昼”一词，太平话读[ȵiəʔ²dɤ³¹⁻³⁵ tɕiɯ⁵⁵]，泽国话读[ȵiəʔ²dio³¹⁻³⁵tɕiu⁵⁵]，两地分别有人读成[ȵiɤ³¹⁻¹³ tɕiɯ⁵⁵]和[ȵio³¹⁻¹³ tɕiu⁵⁵]，与“牛昼”同音。但是，在表示“太阳”或“太阳光”的意思时，“日头”从不发生合音。

1.2　同化

在语流中，音节与音节之间、音素与音素之间会互相影响而产生同化或异化现象。温岭方言中语音异化的现象比较少见，同化现象则比较明显，顺同化和逆同化都存在。

1.2.1 顺同化

（1）鼻音韵尾＋[ʔ]/[ɦ]开头的音节

这条与前文“爻”的音变现象相同。这种语言环境中，[ʔ]或[ɦ]开头的音节变成了鼻辅音声母开头的音节，如：

中央[tɕyuŋ$^{33-55}$ʔiã$^{33-31}$]，后字“央”→[ʔȵiã$^{33-31}$]。有时候后字读阴平不变调。

同学[duŋ$^{31-13}$ ɦoʔ^{2}]，后字“学”→[ŋoʔ^{2}]。

呒闲[ɦm$^{31-35}$ɦɛ$^{31-51}$]，后字“闲”→[mɛ$^{31-51}$]，还以为温岭话中表示“没空”的词语要写成“呒慢”，实际上它是“呒闲”两个音节语音同化的结果。

（2）韵母同化

止开三、蟹开四字的主要元音一般为[i]，但是有些字音在双音节词中变成了元音[y]，主要是语音的顺同化导致的。如：“狐狸”、“荸荠”和“肚脐”等，有些太平人和泽国人就读为：狐**狸**[ɦu$^{31-24}$ly$^{31-51}$]|荸**荠**[bu$^{31-24}$ʑy$^{31-51}$]|肚**脐**[du$^{31-24}$ʑy$^{31-51}$]。而在其他词中还是读为[i]韵母，如：**狸**猫[li$^{31-24}$ʔmɔ^{33}]|**荠**菜[ʑi$^{13-13}$tsʰe^{55}]|**脐**带[ʑi$^{31-13}$ta^{55}]|长**脐**[dʑiã$^{31-24}$ʑi$^{31-51}$]指公蟹，母蟹是圆脐的。

又如“盘缠路费”读为[bø$^{13-24}$zø$^{31-51}$]。“缠”字的中古音地位是山开三仙韵澄母，它在温岭话中的读音应该是[dʑie^{31}]。但是事实上，温岭话中该字的两个读音都有出入，一个是[dʑie^{13}]，声韵和词义都相符，但是声调不一样；另一个就是这个“盘缠”中的[zø^{31}]有人就以为是“盘船”。“盘缠”在温岭话中的读音倒是与苏州话相似，苏州话中是[bø zø^{23}]①。

泽国话中有人将“灯笼”读为[təŋ$^{33-35}$ləŋ$^{31-51}$]，也是连音音变使两个原本不同的韵母同化了，后者本应读为[luŋ$^{31-51}$]的。

“世”是蟹开三祭韵书母字，今温岭话念为[ɕi^{55}]，与“势”同音。在“世界、逝世、几世”等词语中全都念[ɕi^{55}]。但是在泽国一带，唯独在“观世音”中读[sɥ^{55}]或[ɕy^{55}]②，一般人叫“[kuø$^{55-33}$ɕy$^{55-33}$ʔin^{33}]”或“[kuø$^{55-33}$ɕy$^{55-33}$ʔin$^{33-15}$]”。我们将这种现象视为连音变化导致的结果可能是最为合理的一种解释。因为“世”前的“观”在温岭话中读为圆唇元音，这个圆唇的色彩就顺延到了后接的“世”上，使其也变成了圆唇元音。随着新派在“观”类字上圆唇色彩的减弱，“世”读圆唇元音的现象也在逐渐淡化。

1.2.2 逆同化

逆同化正好与顺同化相反，指前一个音节或音素受后一个音节或音素的影响而导致的同化现象。温岭话中的逆同化现象如：

---

① 汪平：《方言平议》，华中科技大学出版社 2003 年版，第 59 页。

② 两者之间的差异详见第四章“内部差异”。

�盘，指小轮子。“勡”字应为阳去，与“类”同音。这类小轮子有人读为[le^{13}bø$^{31-15}$]，有人则读为[lø^{13}bø$^{31-15}$]，与“乱盘”同音。实际上是前字“勡”受后字的影响而变成同一个[ø]韵母了，与上文中的“盘缠”相似，但“盘缠”是顺同化，而“勡盘”是逆同化。

“对联”在温岭话中有人是说[le$^{31-13}$te^{55}]的，其实就是“联对”[lie$^{31-13}$te^{55}]一词的逆同化形式，“联对”与“对联”是一对异序同义词，前字“联”受后字“对”的影响而逆同化为同一个[e]韵母。

1.3 弱化

语流中弱化的现象包括轻声、轻音、声母弱化、韵母弱化等。

1.3.1 轻声

李荣先生已经介绍了温岭方言中的轻声现象。他认为温岭方言轻声的性质有四项：字音的时间缩短、字调的音程变窄、失去固有调形或固有调形未详、有时候有声韵的变化。在解释第一项“字音的时间缩短”时举了两对例字：五斤≠五经、十斤≠席经，并说“粗粗一听，听不出以上‘五斤、十斤’的第二字略短。对比以上两对两字组，就能听出这两对两字组前字同音，后字声韵相同，差别就在于量词‘斤’字的音略短”①。实际上，除了量词“斤”字的音长略短外，还有一些伴随的音变现象，那就是：“五斤”中前字“五”读成降变音〔51〕②，后字“斤”就相对较轻；“十斤”中后字“斤”则读降变音。李荣先生所举的这两个例子的读法倒与黄岩话很接近。

1.3.2 声韵的弱化

舌尖中音比较容易发生弱化，并使音节的韵母发生相应的变化。比如：

“饨”是古定母字，温岭话中读[døn^{31}]，但是“馄饨”一词在太平新派、松门、坞根、岙环、新河、箬横等地很多人读成了[ʔuən$^{33-35}$nən$^{31-51}$ /nəŋ$^{31-51}$]，定母字读成了泥母字。

“臀”，温岭话中与“饨”同音，在“朏臀”、“臀部”中都读[døn^{31}]，但很多人将“朏臀□[ʔɛ^{15}]：屁眼”读成[kʰuəʔ$^{5-3}$luŋ$^{31-13}$ʔɛ^{15}]，中间的“臀”字整个音节弱化了，声母由塞音变成了边音，韵母也有前鼻韵尾变成了后鼻韵尾。

温岭方言中称热水为“汤”，称温水为“温嫩汤[ʔuən^{33}nøn^{13}tʰɔ̃$^{33-15}$]”，但是也有发成[ʔuən^{33}luən^{13}tʰɔ̃$^{33-15}$]的，将鼻辅音进一步弱化为边音了。

① 李荣：《温岭方言的轻声》，《方言》1992年第1期。

② 关于数量词的读音，详见第六章“温岭方言中的变音”。

疑问代词的两读也是弱读现象的反映，而且对比很工整，如：
“什么”：解某[ka^{42}ʔm^{42}]——[ɦa^{31}ɦm$^{31-13}$]何么
“谁”：减儿[kiε^{42}ɦn^{31}]——[ɦε^{31}ɦn$^{31-13}$]何儿
“哪儿/哪里”：减邑[ƙiε^{42}ɦi^{31}]——[ɦε^{31}ɦi^{13}]何邑

表进行态的词语在温岭话中有[le^{31}voʔ]/[le^{31}təʔ]/lc^{31}ləʔ]，太平话读[le^{31}voʔ]，泽国话读[le^{31}təʔ]/le^{31}ləʔ]，三者声母的发音部位由前向后，发音方法由唇齿浊擦音到舌尖中清塞音再到边音的变化，皆成逐渐弱化之势。

第二节　地名中的特殊读音

“在种种方言现象中地名往往有特殊的读法，跟单字音不同”，“这类特殊读音往往反映了各种不同的语言现象，把他们记下来是有一定价值的”。①

温岭东、南、西三面滨海，海岸线又长又曲，境内岛屿星罗棋布，河泾纵横交错，陆屿山丘零星间或其中，为一“四山一水五分田”的沿海丘陵地区，素称鱼米之乡。因此，温岭方言中的许多特殊读音就发生在这些与“山”、“水”、“田”有关的地名上。

2.1　屿

《广韵》里写作“嶼”，徐吕切，属语韵上声字。中古的音韵地位应该是遇合三鱼韵上声邪母字。在今普通话和绝大部分汉语方言中都读成零声母音节，韵母为[y]，温岭方言中则完全保留了中古“鱼虞有别”的音韵特征，且在地名中读为降变音[zɿ^{51}]。其“正统”的发音倒成了不合全国方言之群，从而带上了“特殊”的帽子。

根据《温岭县地名志》②记载，温岭岛礁大都散布于东南沿海，有大小岛屿 122 个，数量居台州地区之首。其中以“屿”命名的就有以下 43 个：熨斗屿、瓦屿、大鳖屿、小鳖屿、蜡烛顶屿、龟屿、磨轴心屿、龙担屿、竹屿、蛤蟆屿、后屿、前屿③、癞头屿、花罗屿、砍下屿、小龟屿、鸡冠头屿、洛屿、山人屿、甘草屿、老鼠屿、斜偷屿、和尚屿、饭箅屿、老公头屿、北头屿④、蟹（虾）屿、小蚊虫屿、乌屿、梅花屿、蚊虫浜屿、棺材屿、半边屿、门头屿、横屿、深竹屿、小扁屿石塘、大扁屿石塘、稻草亭屿、小红

---

① 汪平：《方言平议》，华中科技大学出版社 2003 年版，第 136 页。

② 浙江省温岭县地名委员会办公室编：《温岭县地名志》（内部资料），1988 年。电子版见温岭图书馆网址：http://www.wllib.net.cn/dimingzhi/mulu.htm。

③ “前屿”、“后屿”又叫“双屿”。

④ 根据书中注释，“北头屿”疑为“北斗屿”。

屿、小屿、担屿、茶屿（乐清湾）。这些“屿”都是由岩石组成的小岛，符合《广韵》中的释义：海中洲也。屿名大都因其形而得名。

温岭地名中还有一部分是带“屿”字的，却非“海中洲”也。如国家4A级旅游区并有世界吉尼斯之称的“长屿硐天[ʥiã$^{31-13}$zʅ$^{31-51}$duŋ^{31}tʰie^{33}]”，只因其峰峦蜿蜒起伏，犹如海上一座狭长的岛屿而得名。其他带“屿”字的地方也大都因温岭境内之山“脉隐而精露”得之的，如：瓦屿、关屿、鸳屿、夹屿、木勺、茶、叶诸屿[①]。《温岭地名志》（1988）卷七“方言地名音义集注”部分中“屿”字条是这样写的：“屿（音士 shì）原为小岛。地名有：牧屿、长屿、油屿、前瓦屿、后瓦屿、石屿、担屿、扁屿泽国、茶屿泽国、夹屿、屿头、小屿詹、螺屿、青屿、麻车屿、捕屿。”[②]

从以上文献可知，温岭方言中读[zʅ^{31}]音的“屿”字有两种意思：一是“海中之屿”，二是“陆上之屿”。“陆上之屿”的得名原因可能有二：一是其早期一带为海，后来升为陆地；二是因似“海中之屿”而得名。

2.2 泾

据《嘉靖太平县志卷之一地舆志上・山川》记载：《郡志》称黄岩南八乡有九河九百三十六泾，今循其迹而求之，温岭得三分之二云。[③]今仅泽国一镇就有主要的“横泾、下珠山泾、竖石泾、扁屿泾、山坑泾、新渎泾、长泾、楼下泾”等[④]。

“泾”字在《广韵》中属于青韵平声字，古灵切，与“经”同音，释为“水名。淮南子云泾水出薄洛之山”。温岭地名中的“泾”字与其原意相符，但是读音上有出入。按其中古音韵地位来看，梗开三青韵平声见母字在今天的温岭方言中应该读为[tɕin^{33}]（太平）/[tɕiŋ^{33}]（泽国等）/[kin^{33}]（石塘、坞根），但实际声调上一般读成阴去，有时候读成阳去。根据温岭方言连读变调的规律，后字变调为[55]调的，其原调不是阴去就是阳去，阴平或阳平作后字时是不可能变为[55]调的。

如以上所举的泽国地名中，读阴去的有：横泾、下珠山泾、竖石泾、扁屿泾、新渎泾、长泾、楼下泾；山坑泾可以阴去和阳去两读。泽国还有一个地名叫“[ʔio^{42}ɦŋ^{13}ʥiŋ^{55}]”，人们都不知道其文字的具体写法。按照泽国话的读音来推测，第一个字肯定是“后”；第三个字肯定是个阳去字，因为声母是个浊声母，根据其周边地理环境的特征，我们基本上可以推测就

① 浙江温岭方志办编：《太平县古志三种》，中华书局 1997 年版，第 15 页。

② 浙江省温岭县地名委员会办公室编：《温岭县地名志》（内部资料），1988 年，第 710 页。

③ 浙江温岭方志办编：《太平县古志三种》，中华书局 1997 年版，第 15 页。

④ 阮法根主编：《泽国镇志》，中华书局 1999 年版，第 43-68 页。

是这个“泾”字；中间的字是个鼻辅音充当韵母的字，在泽国话中可供选择的有“红洪吴宏鸿虹弘泓”这几个。根据地名的命名规律来看，“吴”或“洪”的可能性最大，因为这两个字一般可以作姓氏，“洪”字还有“水大”的意思，与“泾”有意义上的联系，所以可能性最大①。

2.3　其他

（1）大闾

一个镇名，原温岭城南区政府所在地，读[da^{13}li$^{31-15}$]。“闾”字没有读为撮口呼韵母，“大”字也没有读一般的白读音[du^{13}]。

（2）山北/山南

因居山之南北而得名。两个地名中方位词的读法有所不同。“山南”只能按两字组连调规律读为[sɛ$^{33-35}$nɛ$^{31-51}$]新派或[sɛ$^{33-35}$nøn$^{31-51}$]老派，“山北”则可以有两读：本音按一般两字组连调规律读为[sɛ^{33}poʔ^{5}]，还可读为变音[sɛ^{33}puŋ^{51}]。当地人也有根据变音的读法写为“山本”的，然后又有人根据这个写法读为[sɛ^{33}pəŋ^{51}]的。出现这个“一地两名”的很大原因就是不知道这个读音的本字是什么，因为在泽国话中没有一个单字是读为[puŋ^{51}]音节的，除非是变音。

与“山南”情况类似的还有前面章节中提到的“湖南”、“龙潭”等温岭的地名，涉及到文白异读和新老派差异的问题。城区还有个地方叫“南门外”，现在一般人读[nɛ$^{31-13}$mən$^{31-35}$ŋa$^{13-55}$]，但老派的人则读为[nøn$^{31-13}$mən$^{31-35}$ ŋa$^{13-55}$]或[nøn$^{31-13}$mən$^{31-35}$ȵie$^{13-55}$]。

（3）箬横

温岭的一个镇，一般读[ȵiaʔ^{2}ɦuɔ̃$^{31-51}$]，新河靠近箬横的有些地方则读[ȵyoʔ^{2}ɦuɔ̃$^{31-51}$]。温岭有个闽南人移居地叫“箬山”，分“里箬”、“外箬”等，这两个“箬”都可本音和变音两读。

（4）新河

应为[ɕin$^{33-35}$ɦɯ$^{31-51}$]，但有些人读为[ɕin$^{33-35}$ɦu$^{31-51}$]，“河”与“湖”不分了。如“新河中学”就读成[ɕin^{33}ɦu$^{31-33}$tɕyuŋ^{33}ɦoʔ^{2}]。

（5）小河

现太平街道有个“小河”村，写起来从来就是这两个字，读的时候一般也按后字为升变音的两字组连调规律读为[ɕiɔ^{42}ɦɯ$^{31-15}$]，但在“小河管理区”这个说法中就读为[ɕiɔ$^{42-35}$ɦɯ$^{31-51}$]了，前字是阴平的调值。

---

① 本章写好后不久，笔者的父亲终于向当地人打听到该地名的写法就是“后洪泾”，证实了笔者的推测是正确的。

（6）屏下

“屏下村”今属温岭太平街道，当地人读为[$bi^{31-13}ʔo^{42-51}$]，而不是[$bin^{31-13}ʔo^{42-51}$]。

（7）牧屿

音[$moʔ^{2}z\!ɿ^{31-51}$]，古称“鹜屿”。据《嘉靖太平县志卷之一地舆志上·山川》记载：“鹜屿，在县北三十里，山形如鹜，故名”。后因“查鹜、牧通读，遂名牧屿”①。这个结论是很科学的。“鹜”字在《广韵》里是莫卜切，屋韵去声，与“木”同一小韵”。“木”与“牧”同属明母，但“木”是合口一等，“牧”是合口三等，属“目”小韵。在温岭方言中，“木”与“目”同音，因此，从中古音韵的地位来说，“鹜”与“牧”是同音的，但在今天温岭方言里的读音已相差很大，“牧”音[$moʔ^{2}$]，“鹜”音[vu^{13}]。

（8）湖漫

其特殊之处在于“漫”字上。首先是“漫”字的老派韵母比较特别，主要元音为[ø]；第二是“漫”字的变音为升变音，按照仄声变为降变音的规则应该读为降变音。这样就出现了四个读音：[$ɦu^{31-13}mø^{13-55}$]老派或[$ɦu^{31-13}mɛ^{13-55}$]新派；[$ɦu^{31-13}mø^{13-15}$]老派或[$ɦu^{31-13}mɛ^{13-15}$]新派。

（9）湖雾

处于温州乐清和温岭接壤地带，读音为[$ɦu^{31-13}ɦm^{13-55}$]，如果按一般温岭人的读法应该是[$ɦu^{31-13}vu^{13-55}$]。属于保留古微母读如明母的现象，而且变成了鼻辅音音节，与“无”的白读音[$ɦm^{31-15}$]性质一样。

（10）百亩坦

读为[$paʔ^{5-3}ʔm^{42}dɛ^{13}$]。[$dɛ^{13}$]表示的是地势比较平坦的低洼地，温岭是个平原，山间也有很多这种地形。另外，这个音与表示“低矮、平坦”的形容词是同音的，所以，应该是同一个字具有形容词和名词的两种用法，它们的语义特征是相同的。而“坦”字在温岭方言中一般应读[$t^{h}ɛ^{42}$]，意义上倒是有一定的联系。

（11）美国

温岭没有“美国”这个地名。但是石塘一带的人在这个国名的读音上很特别。温岭人一般读[$ʔme^{42}kuoʔ^{5}$]，他们却读成[$ʔmi^{42}kuoʔ^{5}$]，如同“米国”。

第三节　避讳音

避讳，也叫禁忌、忌讳，英语叫 taboo，来源于太平洋上的汤加语。禁

① 浙江省温岭县地名委员会办公室编：《温岭县地名志》（内部资料），1988 年，第 297 页。

忌文化是最能反映一个国家、民族和地方文化特征的重要方面之一。人们在社会人际交往中要特别注意避免的现象往往体现在语言的方方面面。温岭方言中除了存在汉文化和汉语言共同的避讳方面外，还有一些比较特殊的避讳音表现。这种避讳音与李荣先生所谓的“回避同音字”现象[①]有很大的联系，因忌讳才回避一些互相排斥的同音字也是造成语音演变规律例外的主要原因之一。但是同音字的回避现象具有强烈的地方色彩。

“死”是人类最普遍的避讳字，它在词汇意义上的避讳的普遍性超过了其在语音形式上的避讳。因为有很多同义词或委婉的表达法可指代“死”的概念，但是并不是所有的语言或方言都没有“死”的同音字。温岭方言中“驶史始矢”等就是它的同音字。

温岭方言中的同音字回避现象比较多地遗留在地名读音和字形的变迁中。除了回避不吉利的语义联想外，追求雅化也是一种普遍的心理。比如：

龟屿[$ky^{33}zɿ^{31-51}$]：也叫“贵屿”。在温岭话中，“龟”与“贵”同声韵而不同调，“龟”为阴平[33]，“贵”为阴去[55]，但两个字在“屿”前的连读变调相同，所以就变成同音词了。

饭箅屿[$vɛ^{13}bi^{13}zɿ^{31-51}$]：又叫“万皮屿”。饭箅本是一种蒸饭的炊具，因屿状如饭箅而得名。改为“万皮屿”后虽读音完全相同也略显雅化，但已不知其意了。

山人屿[$sɛ^{33}ȵin^{31-33}zɿ^{31-51}$]：原叫“杀人屿”，因曾在屿上杀人而得名。现为辟邪改更名。“山”和“杀”同属古山开二生母，但“山”为舒声韵，“杀”为入声韵，在温岭方言中亦不同音。

花罗屿[$ho^{33}lu^{31-13}zɿ^{31-51}$]：原意为“虾箩屿”，因求雅化而更名。两词现若按新派读音，“花”读[hua^{33}]，“虾”读[ho^{33}]，则又不同音了。

洛屿[$loʔ^{2}zɿ^{31-51}$]：也叫“六屿”、“绿屿”、“鹿屿”。在温岭话中，洛=六=绿=鹿，可以互相替代。

① 李荣：《音韵存稿》，商务印书馆 1982 年版，第 111 页。

第八章　词汇概说

第一节　词汇的来源

每一种语言或方言都不是自足的，特别是其词汇的来源都不是单一的，也不是亘古不变的，更不会与其他方言没有差异，因此，其词汇来源的多元性、历史发展的层次性及其自身的独特性，构成了特定的词汇系统。总的来说，与现代汉语词汇的构成一样，温岭方言中除了与古汉语一脉相承的以及自身固有的土词俗语外，还不可避免地接受了来自其他方言和外来词的输入。

1.1　古代汉语的纵向传承

现代汉语的源头是古代汉语。因此，温岭方言中不但保留着已经在普通话中消失的词语，而且还遗存着最古老的汉语底层词。比如：薸[biɔ$^{-15}$]浮萍｜篺[ba^{-15}]筏子：竹篺｜垟[ɦiã^{31}]田野｜揔[huəʔ^{5}]甩｜箬[ȵiaʔ^{2}]竹叶：棕～｜嬉[ɕi^{33}]玩儿｜ 㠠㠡[lɛ$^{31-13}$ʔu$^{33-15}$]肮脏，褴褛｜土狗蝼蛄[t^{h}u^{42}tɕiɤ$^{42-51}$]｜虾蟆衣[ʔo^{33}mo$^{31-35}$ʔi$^{33-31}$]车前草｜扭[tɕyoʔ^{5}]拾取；拣取。郑张尚芳先生在《温州方言志》中介绍温州方言的词汇来源时说："温州词汇是多层次构成的。有最古老的古越语层次，属底层词"①。他提及的温州方言词汇的几个遗留层次，在温岭话中也同样保留着。无论是古越语层、古楚语层、温岭方言中的古语词，大多是些常用的词语，属于基本词汇的范畴，因为常说常用，使得这些词语一直得以保留。如：着穿[tɕiaʔ^{5}]｜踦[dʑi^{31}]站立。《广韵》渠绮切："踦，立也。"也同"徛"｜晏[ʔɛ^{55}]迟，晚。《广韵》于谏切｜□[tsoʔ^{5}]～酸：变质而发酸发臭｜脈[p^{h}aʔ^{5}]分开。另外如"衣裳、衫袖、镬、汤热水、昨夜、斫砍、翼翅膀"等。

1.2　方言和共同语之间的横向吸收

现代汉语共同语作为强势语言，它对各种方言的冲击是不可阻挡的。温岭方言不但从共同语中吸收了自身所缺的词语，而且有时还会淘汰掉自

---

① 郑张尚芳：《温州方言志》，中华书局 2008 年版，第 211 页。

身已有的词语，或者两者并存。比如，“电灯、电话、冰箱、洗衣机、手机、激光、抗美援朝、全国人大、改革开放、一国两制、商品大潮、辛亥革命、社会主义初级阶段、和谐社会、‘三个代表’、科学社会主义、可持续发展”等在各个历史时期产生的新词新语，直接进入到温岭方言中，为温岭方言注入了大量的新鲜血液。还有如“火柴、肥皂、毛巾、洗澡”等，在温岭方言中本来是有其自身说法的——“自来火、洋皂、面巾、缴骑身[tɕiɔ^{42}dʑi^{31} ɕin^{33}]”，现在却两者并存，形成了词汇上的“文白异读”系统。早期外来词性质的“马铃薯”或“土豆”也是如此，这两个是普通话中的常用词汇，温岭方言中则有其自己的叫法——“洋芋头”。

由于受地缘和历史上语言的亲属关系的影响，温岭话从其他方言中吸收词语（或从一定意义上来说就是同源的）较多的是温州话、闽南话和上海话。温岭话与温州话词汇的关系将在下文详细比较。上海话对现代汉语共同语书面语词汇的贡献也影响到温岭方言，温岭方言中不但使用已经进入普通话的上海话词语，如“三脚猫、落汤鸡、小儿科、坐冷板凳、拆穿西洋镜”等，就连“戆大、老三老四、摆噱头、黄包车、板车、踏脚车、卸货、写意[ɕia$^{33-35}$ʔi^{55}]舒服；爽”等上海话特色非常明显的词语，温岭话中也随处可听。温岭话与闽南话的渊源可上溯到秦代，因为那时都属闽中郡。被公认为是闽南话最有特色的词语在温岭话中也能找到，比如：坵同“丘”，一～田|横直反正|□“弗会”的合音|乌饭麻糍|滥湿|日昼中午|箸筷子|兜盛|值钿疼爱|随手马上|配下饭的菜|后生形容词，年轻。

1.3　外来词的输入

外来词进入方言的途径有两种：一种是先进入共同语，然后再影响到各种方言；一种是先进入某种方言，然后再影响到其他方言。对现代汉语共同语的书面语影响最大的外来词输入方言是广州话和上海话。温岭方言中的外来词主要来源于这两大方言，但带上了明显的温岭方言语音的色彩。

来自于广州话的外来词有：T 恤衫[t^{h}i^{33}ɕyoʔ$^{5-3}$sɛ$^{33-15}$]|快巴[k^{h}ua$^{55-33}$pa^{42}]|鸦片[ʔia$^{33-35}$p^{h}ie^{55}]|克力架[k^{h}əʔ$^{5-3}$liəʔ$^{2-3}$ko^{55}]|吉他[tɕiəʔ$^{5-3}$t^{h}a$^{33-51}$]|的确良[tiəʔ$^{5-3}$k^{h}oʔ^{5}liã$^{31-51}$]|。来自于上海话的外来词更多，或者在几种不同的外来词形式中采用了上海话的形式。如：高尔夫球[kɔ^{33}ɦn^{31}fu$^{33-35}$dʑiu$^{31-51}$]|模特儿[mu$^{31-13}$dəʔ$^{2-3}$ɦn$^{31-51}$]|夹克衫[dʑia^{13}k^{h}əʔ$^{5-3}$sɛ$^{33-15}$]|色拉[səʔ$^{5-3}$ʔla^{33}]|酒吧[tɕiu^{42}pa$^{33-15}$]|三明治[sɛ^{33}min$^{31-35}$dʐʅ$^{13-55}$]|迪斯科[diəʔ^{2}sʅ$^{33-55}$k^{h}u$^{33-31}$]|冰淇淋[pin^{33}dʑi$^{31-35}$lin$^{31-51}$]|咖喱粉[ko^{33}li$^{31-33}$fən$^{42-51}$]|霓虹灯[ni$^{31-13}$ɦŋ$^{31-35}$tɤŋ$^{33-31}$]|乔其

纱[dʑiɔ^{31}dʑi$^{31-35}$so$^{33-31}$] 法兰绒[fəʔ$^{5-3}$lɛ$^{31-35}$ʑyuŋ$^{31-51}$]。①

“外来词一旦输入就会本土化，即受到受惠语言的语音结构、语义结构和社会文化背景的制约，变成受惠语言的词汇”，外来词的本土化，表现在语音、词义、构词、词性四个方面。②温岭方言中的外来词本土化，确切地说是本地化，而且一般只是发生在语音上的本地化，即从广州话或上海话输入的外来词进入温岭话后，就纳入到温岭话的语音系统中，不但不再读外语的原音，而且也不直接照搬广州话或上海话的读音，而是经温岭话的语音结构改造，用温岭话现成的音节来读，或使它的读法符合温岭话的语音系统的要求。除了上面所举的例词外，很多字母词形式的外来词的读音也“温岭化”了如“KTV[kʰie^{42}tʰi^{42}vi^{51}]”、“VCD[vi^{31}ɕi^{42}di^{51}]”等。总的来说，温岭方言中的外来语读音不但是“Chinglish”，而且是“Wenglish”了。

当然也有很多外来词没有进入温岭话，如“司塔特（starter）”，是日光灯上的启辉器，温岭话中就叫“启辉器”，或有人讹读为“启管器”；有些外来词进入温岭话后，即使后来又有了新的书面语词，但它也没有被淘汰，而是两者并存，甚至外来词更常用，如“司必灵 [sɿ^{33}piəʔ^{5}lin$^{31-51}$]”，是一种弹簧锁，宁波话里也在用；另一个“马达克[ʔmo^{42}dəʔ^{2}kʰəʔ^{5}]”也是如此，年轻人都在说“摩托车”了，反倒只有老年人还在用这个外来词。

一般来说，这些外来词要么不进入温岭话，一旦进入了温岭话，基本上只是改语音而不改形式，除了个别比较特殊的，如：“米达尺”说成[maʔ^{2}dəʔ$^{2-3}$tɕʰiəʔ^{5}]，不是按照温岭话中“米”的读音来念的。产生这种情况的可能原因有二：一是按照其原来的英文单词“meter”的发音，第一个元音“e”既有可能发成[e]，也有可能发成[i]，所以音译时“米达”或“马达”就都出现了；二是这种尺子除了作量具外，还常常被裁缝或家庭主妇用来教训或吓唬人的工具，表示“揍人”这个动作的词的就叫[maʔ^{2}]，所以就以讹传讹变为“抹达尺”了。还有一个外来词叫“开司米”，是一种毛线，按其字面来读，应该是[kie^{33}sɿ^{33}ʔmi^{42}]，但是温岭话中却说 [kʰiɛ^{42}sɿ$^{33-35}$mie$^{31-51}$]，字形上更应写成“铅丝棉”。

第二节 词汇的特点

我们从构词、词形、词义、词的语用色彩等方面，在与普通话的比较中去发现温岭方言词汇的特点。

---

① 以上外来词的例词来自游汝杰《〈上海通俗语及洋泾浜〉所见外来词研究》（《中国语文》2009年第3期，第261—268页）。国际音标和注释为笔者所加。

② 游汝杰、邹嘉彦：《社会语言学教程》，复旦大学出版社2004年版，第222页。

2.1 构词上

2.1.1 单音节词多

汉语词汇双音节化的发展趋势并没有明显地改变温岭话中单音节占统治地位的特征，这也是温岭方言在词汇上的存古特征的一个反映。就拿词缀来说，普通话中大量的双音节词是通过带“子”、“儿”和“头”尾的附缀法的方式产生的，这些词缀在温岭话中的比重各不相同。比如说，普通话中可以带“子”尾的词在温岭话中一般仍然是单音节词，语音上大多读变音。比如下列对应词组中，前者是普通话里的“子”尾双音节词，后者是温岭话里的单音节词：

箱子——箱	稻子——稻	椅子——椅	麦子——麦
盒子——盒	蛏子——蛏	袋子——袋	橘子——橘
镜子——镜	棒子——棒	篮子——篮	茄子——茄
裤子——裤	鸭子——鸭	虫子——虫	桌子——桌
袜子——袜	裙子——裙	桃子——桃	尺子——尺

除了上述这些词缀外，有些在普通话中需要双音节来表达的义项，在温岭话中只用单音节来表达。或者说，虽然在普通话中也能单用，但是温岭话单用所表达的词性或意义均有所不同。这种情况在动词和形容词上显得更有特色。比如：

（1）动词单用

爪：名词和动词的兼类词。作动词用时，表示“用手紧紧抓住以支撑身体”，如：渠双手齁～～牢他拼命用双手抓牢。

维：袒护、纵容等。相当于普通话口语里的“护、惯”等相同意思的综合。如：尔拨渠死～～起，哈拨渠～着无用着爻你这样拼命袒护他，结果把他惯坏了。

傲：夸赞；赞美。如：自～自|我单位堶[①]人都齁～～渠个我们单位里的人都极力夸赞他的。

赖：依恋、留恋、需要。如温岭俗语中说“望望娘，弗～娘；望望爸，弗～爸”，有两种意思：一是“看看妈妈，觉得无所谓；看看爸爸，也觉得无所谓”，就是不太依恋的意思；二是“多跟爸爸妈妈在一起，就不会太依恋他们”。普通话里单用时与这个义项比较接近的是“留在某处不肯走开”，但没有后跟表人名词的宾语。

---

① 堶，《集韵》盍韵德盍切：地之区处。吴语一般俗写为“搭”。（见郑张尚芳《温州方言志》，中华书局 2008 年版，第 235 页）。我们认为，温岭方言中位于名词后的［tə⁵］与名词一起构成方所或时间短语的，本字皆为“堶”。这个实义名词后来逐渐虚化为助词。

辩：争吵。如：讲讲讲讲梁横～起爻讲着讲着就争吵起来了。|渠两个长日死～个～这两人整天拼命地吵。

搡：推搡；用力往外踢或推。如：夜埲睏睏暖猛显，拨被都～着完晚上睡得太热了，把被子都踢光了。《现代汉语词典》中已经注明该字是个方言词，“猛推”义。温岭话中的意义略有差异。

（2）形容词单用

旺：多；热闹。如：小菜场埲人～显菜场里人很多，很热闹。

惶：发怒。如：脾气替日 腾个，一句讲着哦～起爻脾气这么差，说了他一句就发怒了。

健：健康；硬朗。如：我外婆九十岁爻还蛮～个我外婆九十岁了还挺硬朗的。

慧：能干。如：我囡己日～显我女儿今天很能干。

花：名词和形容词的兼类词。作形容词时，指“花心（不稳重；感情上不专一）”如：个人～猛显，偎搭渠聚队这人很花心的，别跟他在一块儿。

烟：名词和形容词的兼类词。作形容词时，指“烟雾浓重”，如：还香烟死喫喫起，间里多少～啊还拼命抽烟啊，房间里烟雾多重啊！

龙：名词和形容词的兼类词。作形容词用时，指“因有能耐而名声大振、左右逢源等”。如：渠大学毕业之后便～起爻他大学毕业后就厉害起来了。

2.1.2 *名词后缀*

相比大量的“子”尾词，普通话中的儿化词及其儿化音更是普通话的“焦点特征”[①]。以前认为“现代温岭话里，‘头’用得最多，‘子’很少用，‘儿’根本不用”[②]，实际上，温岭话中也有带“儿”的词，基本上是作一个实词来用的，表示“儿子或动物的幼崽”义，能独立地成词或充当语素。如果指相当于普通话儿化词用法的“儿”，在温岭话中有两种表示法：一种是儿尾，一种是变音。如：普通话的“小刀儿”，作儿尾词用时，温岭话读[ɕiɔ^{42}tɔ$^{33-35}$ɦn$^{31-51}$]或[ɕiɔ^{42}tɔ^{33}ɦn$^{31-15}$]，前者是连读变调形式，后者是变音形式；作儿化词用时，只能读[ɕiɔ^{42}tɔ$^{33-15}$]。关于“儿”和变音的情况，详见“第六章变音”，此处从略。

温岭话中有带“子”的词，但大部分是表实义的语素，如“鸡子”、“鸭子”是指“鸡蛋”和“鸭蛋”，而非指“鸡”或“鸭”。除此之外，在“鹅蛋、鸟蛋”等中就不用“子”了。普通话（还有北京话等）中也用“鸡子、鸭子”指“鸡蛋、鸭蛋”，但需儿化。“子”在“鸭子”中作词缀时，则读轻声，就指“鸭”，“鸡”则是个单音节词，不带任何词缀。温岭话中还有

① 汪平：《汉语方言的焦点特征》，《语文研究》2005 年第 3 期。

② 曹广衢：《浙江温岭话“头”的用法研究》，《中国语文》1959 年第 1 期。

一些带“子”的词，如“样子、范子、码子号数；人质；尺码”等，数量并不多，而且意义已经虚化，但又未发展到成词缀的地步，主要是起构词和双音节化的作用。最重要的是，温岭话中所有带“子”的词都不读轻声，而是按一般的连读变调来读。

温岭话中的“头”尾是很发达的，有将近二十种用法①。有些“头”尾的用法，普通话中也很常见，有些则很少见，如普通话口语里也可用“看头、吃头”指“可看之处、可吃之处”，但不说“买头、想头、听头、学头、打头”等，而这些用法在温岭话里非常普遍，用于表示事物比较抽象的属性。有些用法在普通话里则根本不用，而是采用了其他的表达法。比如：

温岭话	普通话	温岭话	普通话
鼻头	鼻子	长头	长度
纸头	纸（片）	阔头	宽度
熟头	熟人	斤头	斤两
领头	领子	一肚头	一肚子
柜桌头	柜子上	一堆头	一（整）堆
镬蒙头	锅盖上	一脚头	一脚
早界头	上午	廿支头	廿支装
上半年头	上半年	一角头	一角的（钱）

上面这些例子可分成以下六类：

（1）普通名词。“鼻头、纸头、领头”等属最常见的“头”尾名词。

（2）改变词性。单音节形容词后加“头”变成名词主要分两类，第一类是表度量，如“长头、阔头”是用“形容词+头”的格式表示度量，即“长度、宽度”，还有“深头”指“深度”、“弯头”指“弯度”；第二类是表普通名词，如“熟头”指“熟悉的人”。

还有一种是用“度量单位+头”的格式表度量，如“斤头”即“斤两”或“重量”的意思。

（3）表方位。“镬蒙头、柜桌头”不是指“锅盖、柜子”，而是指附着在它们表面的上方。“角落头”指“角落“、“角落里”、“角落上”，具体意义随语境而定。

（4）表时间的范围。温岭方言中的时间名词带不带“头”在表义上是有区别的。能带“头”的一般是表示能分成一段一段的具体时间的名词，如“早界头上午、晏界头下午、黄坤头黄昏、枯星头早晨、日昼头中午、上半年头上半年、下半年头下半年、上个月头上个月、下个月头下个月”。但不能说“天酿明天头、

① 曹广衢：《浙江温岭话“头”的用法研究》，《中国语文》1959年第1期。

己日今天头”。有些时间名词带不带“头”的用法缺乏一定的理据性。如：一整天的时段中，唯一不带“头”的是“晚上”，温岭方言中是有“晚头”这个词，但表示的是“今天晚上”的意思，表示“夜里”或“晚上”的意思时，要用“夜埼”。

（5）表量词的情状。“名量词+头”的格式，相当于普通话中的“一+名量词+名词”表“整、满”等意义。如：整堆～一大堆｜一肚～满肚子；“一脚～”强调的是“踢”动作的程度，“一抲～”则强调“手握的量”。“一角头”、“廿支头”表示的则是物体作为整体的组成量，“一角头钞票”指“单位为一角的钱”，“廿支头香烟”指“一盒二十支装的香烟”。

此外，温岭方言中还有一个比较特殊的名词词缀——“功”，它用在单音节动词后，变动词的词性为名词，指某个方面的意义、功能、价值、能力等。普通话中也有类似的词语，如“唱功”等，但温岭话中的这种带“动词+功”成名词的构词法更有生成性，使用也更广泛，而且与普通话中的词语同形却不同义。由于“功”构成的词语意义非常丰富，因此很难与普通话中的某个词一一对应。比如：

个饭店埼个菜喫功蛮好个这个饭店里的菜的味道挺好的。

个地方眼也呒告嬉功这地方一点儿也没什么好玩儿的。

只麦克风唱功齁好个这个麦克风效果挺好的。

部电影望功还呒泽这部电影看看还可以。

渠个两年赚功好显啊他这两年赚钱赚得很不错啊！

2.1.3 重叠式

从共时的角度来看，重叠式广泛存在于现代汉语各方言中，而且各方言在名词、动词、形容词、量词、副词、象声词等词类上都同时运用，空缺的情况非常少。[①]重叠式可分为单纯重叠式和复杂重叠式两种。单纯重叠式是指语言成分的完全重叠，复杂重叠式是附加和重叠的套用。也可以说，前者是窄式重叠式，后者是广式重叠式。本文仅介绍温岭方言中的广式重叠式，主要分布在动词、形容词、量词和象声词上。

（1）动词重叠式

“AA+相”。单音节动词重叠后加“相”字，表尝试态，相当于普通话或有些方言（苏州话、宁波话等）中的“AA+看”。如：喫喫相吃吃看、望望相看看看、忖忖相想想看。

“VV+动”。单音节动词重叠后加“动”字，具有形容词的作用，相当于普通话中“……的样子”、“……的感觉”。比如：

---

① 刘丹青：《苏州方言重叠式研究》，《语言研究》1986年第1期。

只望着人影来伏晃晃动只看到人影在晃动的样子。

我个两日一眼弗好过，条肚埼疙疙动我这两天有点儿不舒服，（肚子里）有恶心的感觉。

个人扭扭动个，望着哦难过起爻这个人扭来扭去的，（让人）看着就讨厌。

“A记A记”。单音节动词后加“记”后再重叠，表示动作的持续和状态的延续，具有摹状的功能，相当于普通话中的“A啊A的”。如：笑记笑记、摆记摆记一瘸一拐、摇记摇记、走记走记。

“A上A”。表示动作的重复，相对于“A了又A”，如：讲上讲、洗上洗、踏上踏、哭上哭。

“AB个B”。这种格式中重叠的B成分可以是动词，，也可以是形容词，而A一般是程度副词作修饰中心语的状语，温岭话中一般是“齁”和“死”。如“齁/死�个趨”，指“使劲、拼命地跑”；“齁/死长个长”，则指“太长/高了”。

温岭方言中的动词重叠式对可重叠的动词在音节上有严格限制，那就是只有单音节动词才能构成广式重叠结构。但对动词是否为自主动词和句类上则没有一定的选择性。动词重叠的语法意义在第十一章“动词的体貌”中再述。

（2）形容词重叠

“AA+个”。单音节形容词后加“个”，使表性质的形容词变成了状态形容词。如：薄薄个、扁扁个、轻轻个、大大个、壮胖壮个。“个”字有两种读音，一种是读原调[kie^{55}]，一种是读降变音[kie^{51}]。读原调时，强调形容词的状态；读降变音后则有降低程度的意味。在句法动能上可充当谓语、定语和状语。比如：

橘要拣皮薄薄个个好喫橘子要挑皮儿薄一点儿的好吃。

我还是喜欢壮壮个个我还是喜欢胖一点儿的。

我轻轻个拨渠歇落去，渠也醒爻我轻轻地把她放下去，她都醒了。

“AA+尔”。与“AA+个”重叠式的区别有二：一是“尔”只有一种降变音的读法[zɿ$^{31\text{-}51}$]；二是只能充当谓语和状语成分，不能作定语。

这种形容词重叠式中的后加成分“个”和“尔”，相当于北部吴语中的“叫”。有人认为它们都是状语的标志，相当于普通话的“地”。但是刘丹青先生认为这是不对的，因为在苏州话中“AA叫”后多数要加“葛”，“葛”才相当于普通话的“地”，而“叫”是一个独立的语素①。我们从温岭话的实际来看，也认同刘丹青先生的观点。只是在温岭话的“AA个”、“AA尔”和苏州话的“AA叫”之间，还是存在一点儿差异的，确切地说，温岭话的

① 刘丹青：《苏州方言重叠式研究》，《语言研究》1986年第1期。

“AA个”作定语的用法不为苏州话的“AA叫”所具有，至少该文中未提及。

（3）数量词重叠

“A 加 A”。表示逐指“每一”或数量多的意思。重叠后的第二个量词常常读变音。如：个加个、件加件、份加份一~人家、张加张、年加年、样加样。

“数量短语+生/相”。数量短语后加“生”（泽国等）或“相（太平等）”，表示人或事物呈现的单位或形式。如：拨个块蛋糕分成三块生/相把这块蛋糕分成三块；几张桌拼来一张生/相几张桌子拼成一张。

（4）象声词重叠

与普通话中的象声词重叠式相似，但温岭语中的象声词重叠更加丰富。主要格式是：

“AA声”。双音节象声词后加“声”后表示描摹声音的状态。如“笃笃声、簌簌声、咯咯声”等。

“BBA”。单音节动词前加单音节重叠的象声词，具有形容词的作用。如：达达滚、嗒嗒滰、哇哇叫、别别跳、珠珠蹿跳跃。

2.2 词形和词义上

本部分仅介绍温岭话中那些与普通话“同形异义”的词语类型。这种“同形异义”按差异的程度可分为两种；一是义项多寡的差异。比如以下是温岭方言中有特色的词语的主要释义：

后生：（1）名词，同普通话；（2）形容词，年轻

气候：（1）同普通话；（2）气量、气度

味道：（1）名词，同普通话；（2）形容词：舒服、爽。如：长日嬉嬉多少～啊整天玩儿多舒服啊！

劳碌：（1）同普通话；（2）好动。如：个小人～显个～这孩子非常好动。

鲜：（1）同普通话；（2）得意、娇滴滴

好用：（1）同普通话；（2）可以；有出息；好使

奸：（1）贬义，同普通话；（2）褒义，聪明。表褒义还是贬义，需视语境和语气而定。

有趣：（1）同普通话；（2）可笑。如：个人多少～啊！拨自个物事园进去，拨别人个物事都驮爻这个人多可笑啊！把自己的东西放进去，把别人的东西都拿掉。

啰嗦：温岭话有三种意思：（1）难弄。如：个人多少～，尔许都㑚望着渠这人很难弄的，你们都别看他！（2）麻烦，不方便。如：晓得个事干替啰嗦个话，我老早弗做爻早知道这事情这么麻烦的话，我早就不做了！（3）个人扣讲话～猛，各许都蛮好个这人就讲话很啰嗦，其他都不错的。普通话里只有第三个义项。

心事：（1）同普通话；（2）动词，担心、发愁

想：（1）同普通话；（2）爱慕；羡慕；希望得到。普通话里“想念”的意思在温岭方言中用“忖”来表示。

对头：（1）同普通话；（2）对面

劝：（1）同普通话；（2）用语言安慰

日子：（1）同普通话；（2）名词：特指结婚的日子；（3）动词：结婚

爬起：（1）同普通话；（2）起床

二是有些词的义项虽然也有与普通话相同的部分，但其常用义项与普通话出入很大，甚至完全相反。比如：

呼：吸。如：～螺蛳/海蛳。温岭方言中与“吸气”意思相反的词是“敨[$t^hɤ^{42}$]气”。

饶舌：指惹是生非，不安分。如：男同学里算渠顶～男同学中数他最多事儿。

皮包：指钱包，读变音。如果表示“皮的包”，就用“包[$pɔ^{33\text{-}15}$]”或“皮包[$bi^{31\text{-}35}pɔ^{33\text{-}31}$]”。

腰围：指腰布。温岭话中用“腰身”来表“腰围”的意思。

退：量词，用于房子的纵深层次，相当于量词“进”，如“三～九名堂”，形容房屋多，前后院相连不断。

又如（左为温岭话，右为普通话）：

坐起——入座　　死去——滚蛋　　屋里——家；家里

落市——赶集　　调皮——凶悍　　山势——势力；实力

2.3 词的地方文化色彩

语言既是文化的重要组成部分，又是文化的载体。方言与其地方文化之间的关系亦如是。方言既是许多地方文化形式的表达工具，当地的民间故事和传说、地方曲艺、民谣等都离不开方言，同时，方言词汇特别是地方文化词语本身又能反映出蕴含着的地方精神。这些文化词语可分为具体的几个小类，如景观词、风物词、习俗词、观念词等①。温岭方言主要词汇详见下一章“温岭方言词汇分类表”。

除此之外，实际上还有一些与日常生活息息相关的事件性词语，不但反映了特定地方的生活方式，还能折射出不同时代的特征。就拿“买肉、买酒”来看，温岭话中一般说“斫猪肉、舀老酒”。在过去的温岭人的日常生活中，“猪肉”是无标记的“肉”，不像现在什么肉都有，而且动词是“斫”，那是卖猪肉人的动作，“斫”的也就一二斤，甚至几两而已；与“肉”一样，

① 李如龙：《汉语方言的比较研究》，商务印书馆2003年版，第20页。

以前温岭人心目中的酒就是黄酒，温岭人叫“老酒”，是江浙一带盛行的。所以，“老酒”自然也成了温岭话词语中无标记的“酒”。那时的老酒不是像现在这样瓶装的，而是放在“酒雕[①]”里，由卖酒的人用专门的酒舀（酒勺）舀出来卖的。这些词语中的核心动词“买”本来是基于“买方”的立场的，结果在老派的温岭话中就变成了“卖方”的行为。当社会生活发生变化后，新派的词语也就不再凸显卖方的地位，而是回归词语的本义了。

温岭话词汇系统中还有一种非常有意思的语言现象，即存在大量的与动植物（特别是水生动物）有关的地方文化词语，这些词语主要是靠隐喻的方式生成的。这种现象在其他方言中也很普遍，因为汉民族的传统思维方式是以整体直觉思维为特征的，在语言表达时往往“或喻于声，或方于貌，或拟于心，或譬于事”[②]。只是“始源域”（相当于修辞学上的“喻体”）有不同的表现形式，反映不同的地方文化特色。温岭是个三面滨海的地方，温岭方言的词汇带有浓厚的海洋气息是不言而喻的。温岭人借助这些在生活场景中随处可见的动植物和水族生物，凭借对它们的特征、习性等的认知和经验，来诠释对客观世界和人类社会生活的抽象认识，大量的动植物类文化词语的产生，既是温岭人自然运用隐喻方式认识世界的结果，也是温岭人表达其认知和经验的方式。“在语言隐喻中，不单单是以具体隐喻抽象，而且还存在着以具体隐喻具体、以抽象隐喻具体和以抽象隐喻抽象这三种不同的隐喻。”[③]从温岭方言的语言实际来看，我们所说的这类动植物的隐喻是属于前两种的。温岭话的这类动植物词语的隐喻也是“近取诸身，远取诸物”的反映，将动植物的具象和抽象的“人”的本性（包括人的外形、性格、本性和社会活动等）联系起来。虽说“隐喻中的始源是多元的”[④]，它们可以是具体的，也可以是抽象的，但在温岭话的实际语言交际过程中，始源和目标要随说话人的语用目的来确定。下面这些隐喻都是在温岭话中普遍使用的，前后部分都可以作始源或目标。比如：

形容人体特征的词语如：鲳鱼嘴小嘴｜沙蜂腰细腰｜虱股/蟹股胖人｜蚤□[hɛ33-15]瘦小的人｜鲇鱼嘴大嘴｜鸬鹚头颈长脖子｜翘嘴浮蚝翘嘴｜趴脚蟢八字脚。

形容性格特征的词语有：

（1）水族类：滑溜鳗滑头滑脑｜海卵喷天吹牛｜烂白大不修边幅｜红头君喝酒后满脸通红｜蛤蜊口守口如瓶｜死蛤蜊沉默寡言｜大头黄鱼肥头大耳｜弹糊跳跳鱼：长得黑｜晾风鳗鲞户外

---

① 温岭人的俗体字是“刁”。李荣先生认为本字是“花雕”的“雕”，见《温岭方言语音分析》（《语文论衡》，1985年，第52页）。

② 刘勰著，周振甫注：《文心雕龙》，人民文学出版社1981年版，第395页。

③ 王文斌：《隐喻的认知构建与解读》，上海外语教育出版社2007年版，第62页。

④ 同上书，第65页。

闲逛｜虾狗弹指虾蛄。驼背｜鳓鱼刺难弄｜鲻鱼头挨批评｜鲜鲻娇滴滴｜蟹血一无所有｜红脚螈穿红鞋｜大脚虾一只脚大一只脚小｜鲙鱼头颈海蜇的脖子。指屡教不改｜死白蟹无用｜大水蟹花钱无计划；无主见｜空蟹壳外强中干｜浮头鱼昏头昏脑｜大水蟹｜乌皮鲤鳍皮肤黝黑｜白眼张鱼双眼无神、无精打采｜搅荡乌龟捣蛋鬼｜昂刺头不乖的孩子｜雕里鳖性格内向但厉害。雕：大酒坛。

（2）动植物类：追壁蟢壁上观；胆小怕羞｜疥橱猫贪吃、贪腥｜篚里狗家中厉害、外面窝囊｜睏虫喜欢睡觉｜红头雉鸡满脸通红｜央沟鸭[①]指男妓之类｜踏羊鸟有气无力｜摸虱虫慢性子｜滑皮鸟淘气｜木卵雄鸡四肢发达、头脑简单｜蛤蟆垂头年龄小、数量多｜老乌阉长寿、资深｜斑斑多嘴多舌｜无头苍蝇不知所措｜茅坑苍蝇纠缠不清、让人讨厌｜赤卵鸡赤裸｜呒尾巴猪精明油滑、办事不牢｜蔊菜籽胆胆小｜斑斑嘴能说会道｜滥贱虫犯贱｜滑鲤鳍滑头滑脑、待人不实｜白老鼠吃亏、上当｜飞虱壳不稳重。

上述词语中有些是单个名词，有些是前加修饰语的名词短语，但总体上表示一个独立的概念。还有一些是俗语，用句子的形式表达一个复杂的内容，这些俗语所涉及的动物有时是一个，有时是两个，表明两者之间的相互关系，隐喻的则是人们的社会活动和事件的属性。比如：

苍蝇套绿豆壳：形容衣服不合身、不配套。

老鼠尾巴生大毒：形容小题大做。

鲙鱼望虾做眼：形容无主见，依葫芦画瓢。

墨鱼笑鲑鲇：形容半斤八两，或五十步笑百步。

虾虮作弗了大浪：形容小人物难有作为。

苍蝇跟牛卵：形容死缠烂打，挥之不去，让人生厌。

螺蛳壳里做道场：形容在狭小的空间里做大事。

沙蟹爬进盐堆：形容自找苦吃。

第三节　词汇的内部差异

温岭方言词汇的内部差异相对来说比语音的内部差异小。跟语音的内部差异分片一样，温岭方言词汇的内部差异在地域上也可以分为三片：中片——以太平为代表，南片——以石塘为代表，北片——以泽国为代表。

有些词语在地域上的差异和新老派差异也是重合的。有时候一个词语有好几种不同的说法，这些不同的说法也可能是地域—年龄的双项型差异类型。如前文已经提及的“哪里”，就有五种说法：[lɛ^{13}ɦuã$^{31-51}$]、[kiɛ^{42}ɦi^{31}]、[ʔlo^{42}ti$^{42-31}$]、[ɦɛ^{33}ɦuã$^{31-51}$]、[ɦɛ^{31}ɦi^{13}]。其中[lɛ^{13}ɦuã$^{31-51}$]可能是“[le^{31}+ɦɛ$^{31-13}$+ɦuã$^{31-51}$]”的快读导致的合音形式。温岭话中，表示地点的介词用“[le^{31}]”，

---

① 泽国话里指“没见过大世面的人”。

一般写作“来”，但在介宾短语结构中只读原调，并不变调。新派多用“在”。前面章节中已经提到，辅音[ɦ]跟在别的声母后面时很容易发生合音现象。泽国的年轻人一般说[ʔlo^{42}ti$^{42-31}$]（哪底），最接近“哪里”一词。还有如“什么”和“谁”都有两种说法：什么——[ɦa^{31}ɦm^{13}]和[kã^{42}ɦm^{31}]；谁——[kiɛ^{42}ɦn^{31}]和[ɦɛ^{31}ɦn$^{31-13}$]。

以下是三地差别最大的一些词语，从中也可看出各地的“特征词”。

	词条	太平	泽国	石塘
1	怎么	tsɛ^{42}ɦn^{31}/tsa^{42}ɦn^{31}	tsɛ^{42}ɦn^{31}	tsa^{33}ɦn^{55}
2	我们	ʔŋo^{42}tɤŋ^{15} /ʔŋo$^{33-35}$he^{55}	ʔŋo^{42} təŋ^{15} /ʔŋo$^{33-35}$he^{55}	ʔaʔ$^{5-3}$tən$^{42-51}$
3	这样	ɕin^{55}ȵiəʔ^{2}	t^{h}i^{55}nəʔ^{2}	ɕin^{55}ȵiəʔ^{2}
4	跑	di^{13}	biəʔ^{2}	di^{13}
5	这么多	ɕin^{55}tu^{33}	təʔ$^{5-3}$ʔlɔ^{55}	kəʔ$^{5-3}$ʔlɔ^{55}
6	叔叔	阿叔	阿叔	阿吉
7	伯伯	伯伯	伯伯	阿扁
8	次	乏	乏	封
9	婴儿	娃娃	娃娃	阿[ʔme^{-15}]
10	外公（婆）	阿公（婆）	阿公（婆）	外湖
11	新娘子	新妇/新妇娘	新妇/新妇娘	新奴/新奴相
12	哥	大大/哥	阿哥	大大/哥
13	没有	呒/[hŋ$^{-51}$]	呒	呒/[hŋ$^{-51}$]
14	番薯	fa$^{33-35}$ɦɯ$^{31-51}$	fɛ$^{33-35}$zɿ$^{31-51}$	ha$^{33-35}$ ɦɯ$^{31-51}$
16	舌苔	[kiɛ^{55}]	苔	[kiɛ^{55}]
17	大便	屙[ʔɯ^{55}]	ʔe^{55}	屙[ʔɯ^{55}]

有些词语在三片的内部还存在一定的差异。比如：“爹爹”是“父亲或丈夫的父亲”义，太平话中“爹爹”或“阿爸”，箬横话则叫“阿爹”。“童养媳”，太平叫“养老新妇”，箬横叫“一脚新妇”；“连襟”，太平叫“两娘姨丈”，泽国叫“姊夫郎舅”；“手肘部”，太平叫“捆脖头”，泽国叫“手脖头”。

岙环话里也有一些特征词，如：“外面”说成“外[ȵie^{13}]向”，其他各地都叫“外面、外头”等；“旁边”说成“旁埼[tɛ^{51}]（变音）”，其他各地一般叫“边埼[təʔ]”；“蚯蚓”叫“蛐蟮[k^{h}yøʔ$^{5-3}$ʑyø$^{31-51}$]”，其他各地写法一致，但读作[k^{h}yøʔ$^{5-3}$ ʑie$^{31-51}$]”。

第四节　与吴语其他方言词汇的比较

《嘉靖太平县志卷之二·方言》中首次介绍温岭方言时说："风土不同，语言亦异。太平故越地也，在上古为东夷，汉以后为会稽郡，故自浙以东，谣俗之言，大略相似。"[①]近六百年过去了，温岭方言与浙东其他方言之间的差异绝对不止那时提及的几个词语不同而已，与吴语内部其他方言词汇之间的差异也很明显。下面我们将温岭话与宁波话、温州话和苏州话作一词汇上的比较。从方言分区的角度来看，宁波话属于吴语太湖片的甬江小片。这里的"浙东"是地理上的概念，可以说，宁波在浙东，台州在浙东南，温州在浙南。

4.1　与宁波话的比较

《宁波方言的词汇特点》[②]一文中介绍宁波方言词汇与古汉语词汇的传承关系时列举了21个古语词。我们发现与温岭话完全一样的有13个：鞔、揾、餲、嬾、绐、赑、饕、醾、肥、砑、跨、脤、韵。另外有一个"挼"字，温岭话中也用，但非《说文·手部》所注的"两手相切摩也"义，而是表示"用手将物体放平来回揉搓"的意思，如"～衣裳"等。温岭话中表"两手相切摩"的词是"捺"。还有一些词也为温岭话和宁波话共有，但是意义上有点区别。这里仅举一些常用词为例：

词	词　义	
	宁波话	温岭话
横	(1) 斜视；(2) 中途顺便到别处去	无 (1) 有 (2)
嗅	(1) 嗅；(2) 吻；亲：～嘴	有 (1) 无 (2)
挜	(1) 硬把东西送给或卖给人；(2) 掷：石头～过来	有 (1) 无 (2)
掠	用筷子或其他工具钩取东西：～饭|～垃圾	用手或其他工具拢物
擤	用手捻鼻出涕	用力出涕
挮	(1) 两手用力揉搓；(2) 把衣服等揉作一团胡乱堆放	两个词：(1) 挮；(2) 扔
镂	(1) 用手指或工具挖；(2) 形容词，品质恶劣	有 (1) 无 (2)
鳞	(1) 刮去（鱼鳞）；(2) 音伦。刮去（树皮、竹节等）	有 (2) 无 (1)
着	(1) 穿 (2) 下棋 (3) 涂（颜色）	有 (1) (2) 无 (3)

① 浙江温岭方志办编：《太平县古志三种》，中华书局1997年版，第41页。

② 周志锋：《宁波方言的词汇特点》，《宁波大学学报》（人文版）2010年第1期。

续表

词	词义	
	宁波话	温岭话
攮	身体推排	用力捅或戳
调排	（1）捉弄（2）安排；调遣	有（2）无1
回头	也说“推头”：（1）拒绝；（2）解雇	同“回头”；但“推头”除了“回头”义外，还有“借口”的意思。
做	（1）同；同一；（2）用在“A做A”格式中，相当于“尽管、纵然”义	有（1）无（2）。（1）义的读音是“组”，温岭话中与“做”不同音
天亮	早上、上午	明天。读为[$t^{h}ie^{33\text{-}35}$ȵ$i\tilde{a}^{13\text{-}55}$]

4.2 与北部吴语和南部吴语的词汇比较

从词汇上来说，温岭话是近于北部吴语还是近于南部吴语呢？我们还是从方言特征词的角度来考察，因为它们能表现出方言词汇的根本特征，常常很容易被人察觉到。许多学者已经尝试过选取一些代表性词语作为区分南、北吴语的词汇标准。游汝杰先生曾利用《浙江方言词》提供的材料，选择了其中200个词来比较各片的异同，研究结果显示，与以绍兴方言为代表的北部吴语相比，以“临海”为代表的台州方言在词汇上与北部吴语的接近率比金华和丽水还低，比温州略高。[①]与临海同属台州片方言而在临海之南的温岭话，在上述这种关系的程度上比临海话更高，即比金华话和丽水话更远于北部吴语，而比临海话更近于南部吴语。

阮咏梅曾在《台州方言在吴语中的内外关系》一文中，选取了12条词语作为南北吴语的词汇比较项。该文当时认为，由于南北吴语在词汇方面的内部差异相对语音来说较小，所以未像语音比较那样对南部吴语和台州吴语作内部各点的细致划分，北部吴语内部之间的词汇差异比南部吴语更小，故亦未作细分。[②]为了更好地说明温岭话的词汇与南北吴语之间的关系，本文调整了研究的思路，选取苏州话和温州话分别作为北部吴语和南部吴语的代表点，同时还增加了宁波话作为参照点，因为语言特征上被认为是属于北部吴语的宁波话，从地理位置上来说属于浙江东部，是北部吴语中最接近台州方言的。根据方言特征词目的“使用频度、义项多少和派生能力的强弱”[③]等方面，本文参考了该文中的12个词条并重新作了增删，最

① 游汝杰：《汉语方言学导论》，上海教育出版社1992年版，第72—78页。

② 阮咏梅：《台州方言在吴语中的内外关系》，《宁波大学学报》（人文版）2010年第1期。

③ 李如龙：《汉语方言的比较研究》，商务印书馆2003年版，第134页。

后确定下列 14 条比较项。下表中苏州话语料来自于汪平先生（2011）的《苏州方言研究》和他本人，温州话语料来自于郑张尚芳先生（2008）的《温州方言志》，宁波话语料由周志锋先生提供。

		苏州话	宁波话	温州话	温岭话
1	筷子	筷儿	筷	箸	箸
2	白糖	白糖	白糖	糖霜	糖霜
3	灶	灶头	灶	镬灶	镬灶
4	事情	事体	事体	事干	事干
5	鸡蛋	鸡蛋	鸡蛋	（子）卵	鸡子
6	客人	客人	人客	人客	人客
7	肥皂	肥皂	肥皂	洋皂	洋皂
8	猪圈	猪圈	猪件间	猪栏	猪栏
9	中午	中浪	昼过	日昼	日昼
10	今天	今朝	今密（今读入声结）	该日/居日	己日
11	“草席”的量词	条	条	领	领
12	第三人称单数	俚	其	渠	渠
13	动词：提	拎	挈	挈	挈
14	湿	潮	湿/潮	濫	濫

上述 14 条比较项中，第 1 条是构词特征比较，特别是词缀的特征；第 1—8 条是日常生活的基本词汇比较；第 9—10 条是时间名词比较；第 11 条考察量词，第 12 条考察代词，第 13 条和第 14 条分别考察动词和形容词。除了“灶、事情、中午、第三人称单数”四项不同和“筷子”项略有不同外，其他比较项的苏州话说法与普通话完全一致——当然，苏州话中也有很多与普通话不同的词汇特点，详见《苏州方言研究》[①]。同属北部吴语的宁波话则表现出一定的南北过渡的色彩，与普通话完全一样的有六项，与苏州话完全一样的有五项，基本一样的有三项。而温州话和温岭话在这 14 项上竟然无一与普通话和苏州话一致。从温岭话的视角来看，它与温州话之间，除了“鸡蛋”和“今天”两项略有差异外，其他全部相同；它与宁波话之间，除了“人客”和“挈”两项一致外，则相异的为多。此外，从方言词汇的历时比较观点来看，温岭话与温州方言保留的古语词和有共同来源的词语也超过苏州话和宁波话。因此，总的可以说，在词汇关系上，温岭话与南部吴语近，而与北部吴语远。

① 汪平：《苏州方言研究》，中华书局 2011 年版，第 17—179 页。

第九章 词汇表

限于篇幅，本章只收较有特色的温岭方言词汇（包括一些语汇），其中有很多不能与普通话词语一一对应，或者普通话中根本没有。

本章词汇共分十九类。实词一般按意义分类，虚词则主要按功能归类。每个词条包括汉字、国际音标注音和释义三部分，释义力求简单，与普通话意思相同时便不再释义。个别比较特殊的词语另加例词或例句。同义词或意义非常相近的一类词的第一条顶格排列，其他各条缩进一格排列，注释从前省。词条注音以温岭老派发音为准，同时兼顾读音和说法的普遍性。温岭方言的语音系统详见第一章。

“【 】”内的字表示另外的说法或读音；“（ ）”内的字表示可出现可不出现；“[ ]”表示例句。两个“#”之间的字表示合音。轻声不标调。

壹 天文、地理

日头 ȵiəʔ^{2}dɤ$^{31-51}$ 太阳；阳光

太阳佛 tʰa$^{55-33}$ɦiã$^{31-33}$vəʔ^{2} 太阳

黄胖日头 ɦuɔ̃$^{31-13}$pʰɔ̃$^{55-33}$ȵiəʔ$^{2-3}$dɤ$^{31-51}$ 不强烈的阳光

太阴佛 tʰa$^{55-33}$ʔin^{33}vəʔ^{2} 月亮

晕 ɦyn^{13} 日晕；月晕

天狗拖去爻 tie$^{31-13}$tɕiɤ$^{42-51}$tʰa^{33}kʰəʔɦɔ 日食；月食

天亮爻 tʰie^{33}liã$^{13-35}$ɦɔ$^{31-51}$ 天亮了

天暗落来爻 tʰie^{33}ʔie^{55}loʔ$^{2-3}$le^{31}ɦɔ 天暗了

鲎 ɕiɤ^{55} 彩虹

七颗星 tɕʰiəʔ$^{5-3}$kʰu$^{33-55}$ɕin^{33} 北斗

扫帚星 sɔ$^{55-33}$tɕiu^{42}ɕin^{33} 彗星

倏流星 ɕyøʔ$^{5-3}$liu$^{31-35}$ɕin^{33} 流星

天架 tʰie$^{33-35}$ko^{55} 天气

好天架 hɔ^{42}tʰie$^{33-35}$ko^{55} 晴天

糊云天架 ɦu$^{31-13}$ɦyn$^{31-33}$tʰie$^{33-35}$ko^{55} 阴天

天架冷 tʰie$^{33-35}$ko^{55}ʔlã$^{42-31}$ 天冷

天架暖 t^{h}ie$^{33-35}$ko^{55}ʔnøn$^{42-31}$ 天热

天架闷显 t^{h}ie$^{33-35}$ko^{55}ʔmən^{55}ɕie$^{42-31}$ 天气闷热

秋过爻 tɕ^{h}iu^{33}ku$^{55-33}$ɦɔ 立秋后

雨花毛ʔy^{42}hua^{33}mɔ$^{31-15}$ 毛毛雨

梅雨 me$^{31-13}$ʔy$^{42-31}$ 连阴雨

落雨 loʔ^{2}ʔy$^{42-31}$ 下雨

雨晴爻ʔy^{42}ʑin^{31}ɦɔ 雨停了

雨夹雪ʔy^{42}kiəʔ$^{5-3}$ɕyøʔ^{5}

落雪 loʔ^{2}ɕyøʔ^{5} 下雪

雪晴爻 ɕyøʔ^{5}ʑin^{31}ɦɔ 雪停了

雪烊爻 ɕyøʔ^{5}ɦiã^{31}ɦɔ 化雪

霜冰碴 sɔ̃^{33}pin^{33}ts^{h}a$^{33-15}$ 冰凌

衔冰 giɛ^{31}pin^{33} 结冰

大风 du^{13}fuŋ^{33} 台风；狂风

　风痴①fuŋ$^{33-55}$ts^{h}ɿ$^{33-31}$

　打风痴 tã^{42}fuŋ$^{33-55}$ts^{h}ɿ$^{33-31}$ 刮台风

顺风 ʑyn^{13}fuŋ^{33}

对头风 te$^{55-33}$dɤ$^{31-35}$fuŋ$^{33-31}$ 顶风

盘风 bø$^{31-13}$fuŋ$^{33-15}$ 旋风

呒风爻 ɦm$^{31-15}$fuŋ^{33}ɦɔ 风停了

电式起 die^{13}ɕiəʔ$^{5-3}$tɕ^{h}i$^{42-31}$ 闪电（名词）；打闪（动词）

雷佛响 le$^{31-13}$vəʔ$^{2-3}$ɕiã^{42} 打雷

雷劈落来 le^{31}p^{h}iəʔ^{5}loʔ$^{2-3}$le^{31} 雷劈

关雾 kuɛ$^{33-35}$vu$^{13-55}$ 发雾

露水 lu^{13}ɕy$^{42-31}$

露水浓显 lu^{13}ɕy^{42}ɦyuŋ^{31}ɕie$^{42-31}$ 下露；露重

落霜 loʔ^{2}sɔ̃^{33} 下霜

做大水 tsu$^{55-33}$du$^{13-33}$ɕy$^{42-31}$ 洪灾

没大水 məʔ^{2}du$^{13-33}$ɕy$^{42-51}$ 涝灾

旱天ʔie^{42}t^{h}ie$^{33-15}$ 旱灾

地鳌转折 di^{13}ŋɔ$^{31-15}$tɕyø^{42}tɕiəʔ^{5} 地震

溪坑水 tɕ^{h}i^{33}k^{h}ã^{33}ɕy$^{42-31}$ 山间水流

---

① 李荣先生认为温岭方言中“风痴”中“痴”的本字就是“台”字（李荣《台风的本字》，分上、中、下三篇分别刊于《方言》1990 年第 4 期、1991 年第 1 期和第 2 期）.

洪潮 ɦŋ$^{31-13}$ʥiɔ$^{31-51}$ 洪峰
潮水 ʥiɔ$^{31-13}$ɕy$^{42-31}$ 潮汐

贰 时令、时间

春（季）tɕʰyn^{33} (ky^{55}) 春天
暖天 ʔnøn^{42}tʰie$^{33-15}$ 夏天
秋（季）tɕʰiu^{33} (ky^{55}) 秋天
冷天 ʔlã^{42}tʰie$^{33-15}$ 冬天
三十夜黄坤 sɛ^{33}ʑiəʔ$^{2-3}$ɦia^{13}ɦuɔ̃$^{31-35}$kʰuən$^{33-31}$ 除夕
大年初一 da^{13}ȵie$^{31-33}$tsʰu^{33}ʔiəʔ^{5}
正月半 tɕin^{33}ȵyøʔ$^{2-3}$pø^{55} 元宵
端午 tø^{42}ʔŋ$^{42-51}$
七月七 tɕʰiəʔ$^{5-3}$ȵyøʔ$^{2-3}$tɕʰiəʔ^{5} 七夕
七月半 tɕʰiəʔ$^{5-3}$ȵyøʔ$^{2-3}$pø^{55} 中元（农历七月十五）
八月十六 pəʔ$^{5-3}$ȵyøʔ$^{2-3}$ʑiəʔ$^{2-3}$loʔ^{2} 中秋
九月九 tɕiu^{42}ȵyøʔ$^{2-3}$tɕiu$^{42-51}$ 重阳
十月半 ʑiəʔ^{2}ȵyøʔ$^{2-3}$pø^{55} 下元（农历十月十五）
时间 zɿ$^{31-35}$kiɛ$^{33-31}$
时长 zɿ$^{31-24}$ʥiã$^{31-51}$ 时间，指时段多少～：多少时间
正月 tɕin^{33}ȵyøʔ^{2}-ȵyø^{51}
闰月 ɦyn^{13}ȵyøʔ^{2}-ȵyø^{51}
双春年 ɕyɔ̃^{33}tɕʰyn$^{33-35}$ȵie$^{31-51}$ 两立春之年
大月 du^{13} ȵyøʔ^{2}-ȵyø^{51} 农历三十天的月份
小月 ɕiɔ^{42}ȵyøʔ^{2}-ȵyø^{51} 农历二十九天的月份
上半月 zɔ̃^{13}pø$^{55-33}$ȵyøʔ^{2}-ȵyø^{51} 上半月。无上旬、中旬、下旬的概念
下半月 ʔo^{42}pø$^{55-33}$ȵyøʔ^{2}-ȵyø^{51} 下半月
星期日 ɕin^{33}ʥi$^{31-13}$ȵiəʔ^{2}-ȵin^{51}
　礼拜日 ʔli^{42}pa$^{55-33}$ ȵiəʔ^{2}-ȵin^{51}
天亮亘 tʰie^{33}liã$^{13-33}$mã^{15} 凌晨
枯星头 kʰu^{33}ɕin$^{33-35}$ dɤ$^{31-51}$ 清晨
　睏晨头 kʰuən$^{55-33}$ʑin$^{31-35}$dɤ$^{31-51}$
昼饭前 tɕiu$^{55-33}$vɛ$^{13-33}$ʑie$^{31-15}$ 午前
早界 tsɔ$^{42-35}$ka^{55} 上午
日昼 ni^{13}tɕiu^{55} 中午

昼饭后 tɕiu$^{55-33}$vɛ$^{13-33}$ʔiɤ$^{42-51}$ 午后

晏界ʔɛ$^{55-35}$ka^{55} 下午

日墶ȵiəʔ^{2}təʔ白天

黄坤头 ɦuɔ̃$^{31-13}$kʰuən$^{33-35}$dɤ$^{31-51}$ 黄昏

烧夜火 ɕiɔ^{33}ɦia^{13}hu$^{42-51}$ 傍晚

晚头ʔmɛ^{42}dɤ$^{31\ 15}$ 夜晚

上半夜 zɔ̃^{13}pø$^{55-35}$ɦia$^{13-55}$

下半夜ʔo^{42}pø$^{55-35}$ɦia$^{13-55}$

半夜三更 pø$^{55-33}$ɦia$^{13-33}$sɛ$^{33-55}$kã$^{33-31}$ 半夜

整长日 tɕin^{42}dʑiã$^{31-33}$ȵiəʔ^{2}-ȵin^{51} 整天

整长夜 tɕin^{42}dʑiã$^{13-35}$ɦia$^{13-55}$ 整夜

日子头ȵiəʔ^{2}tsɿ$^{42-55}$dɤ$^{31-51}$ 日期

己日 tɕi^{42}ȵiəʔ^{2}-ȵin^{51} 今天

天酿 tʰie$^{33-35}$ȵiã$^{13-55}$ 明天

后日ʔiɤ^{42}ȵiəʔ^{2}-ȵin^{51} 后天

大后日 du^{13}ʔiɤ^{42}ȵiəʔ^{2}-ȵin^{51} 大后天

昨日 zo^{31}ȵiəʔ^{2}-ȵin^{51} 昨天

前日 ʑie^{31}ȵiəʔ^{2} 前天

大前日 du^{13}ʑie^{31}ȵiəʔ^{2} 大前天

前两日 ʑie^{31}ʔȵiã^{42}ȵiəʔ^{2} 前几天

昨夜 zo^{31}ɦia^{13} 昨晚

天酿枯星 tʰie^{33}ȵiã$^{13-33}$kʰu$^{33-55}$ɕin$^{33-31}$ 明早

　天酿睏晨 tʰie^{33}ȵiã$^{13-33}$kʰuən^{55}ʑin$^{31-51}$

月份ȵyøʔ^{2}vən^{13}

个月头 kəʔ^{5}ȵyøʔ$^{2-3}$dɤ$^{31-51}$ 这个月

上个月头 zɔ̃^{13}kəʔ^{5}ȵyøʔ$^{2-3}$dɤ$^{31-51}$ 上个月

　上月 zɔ̃^{13}ȵyøʔ^{2}-ȵyø^{51}

下个月头ʔo^{42}kaʔ^{5}ȵyøʔ$^{2-3}$dɤ$^{31-51}$ 下个月

　下月ʔo^{42}ȵyøʔ^{2}-ȵyø^{51}

后个月头ʔiɤ^{42}kəʔ$^{5-3}$ȵyøʔ$^{2-3}$dɤ$^{31-51}$ 下下个月

头个月头 dɤ^{13}kəʔ$^{5-3}$ȵyøʔ$^{2-3}$dɤ$^{31-51}$ 前个月

月头ȵyøʔ^{2}dɤ$^{31-15}$ 月初

月中ȵyøʔ^{2}tɕyuŋ$^{33-15}$

月底ȵyøʔ^{2}ti$^{42-51}$

初一 tsʰu^{33}ʔiəʔ^{5} 阴历月首日

一号ʔiəʔ$^{5-3}$ɦɔ^{13} 阳历月首日

年份ȵie$^{31-13}$vən$^{13-55}$

己年 tɕi$^{42-55}$ȵie$^{31-51}$ 今年

下年ʔo$^{42-55}$ȵie$^{31-51}$ 明年

后年ʔiɤ^{42}ȵie^{31}

大后年 du^{13}ʔiɤ^{42}ȵie^{31}

旧年 dʑiu^{13}ȵie$^{31-15}$ 去年

前年 ʑie^{31}ȵie^{31}

大前年 du^{13}ʑie^{31}ȵie^{31}

闲两年 ɦɛ$^{31-13}$ʔȵiã$^{42-55}$ȵie$^{31-51}$ 往年

开年 kʰie$^{33-35}$ȵie$^{31-51}$ 年初

整长年 tɕin^{42}dʑiã$^{31-35}$ȵie$^{31-51}$ 整年

个两年 kəʔ^{5}ʔȵiã$^{42-55}$ȵie$^{31-51}$ 近几年

转凡 tɕyø^{42}vɛ$^{31-15}$ 日后；以后

半日 pø^{55}ȵiəʔ^{2} 半天

　一界ʔiəʔ$^{5-3}$ka$^{55-51}$

整长界 tɕin^{42}dʑiã$^{31-35}$ka^{55} 整半天

一长界ʔiəʔ$^{-3}$dʑiã$^{31-35}$ka^{55} 大半天儿

一基ʔiəʔ$^{5-3}$tɕi$^{33-15}$ 一会儿

一个月头ʔiəʔ$^{5-3}$kəʔ$^{5-3}$ȵyøʔ$^{2-3}$dɤ$^{31-51}$ 一个月

十几日 ʑiəʔ^{2}tɕi^{42}ȵiəʔ^{2} 十多天

一趟ʔiəʔ$^{5-3}$tʰɔ̃^{55} 一段日子

腔基 tɕʰiã$^{33-55}$tɕi$^{33-31}$ 现在

早凡 tsɔ^{42}vɛ$^{31-15}$ 先前；以前

扣腔 tɕʰiɤ^{55}tɕʰiã$^{33-31}$ 刚才

等一记 tɤŋ^{42}ʔiəʔ$^{5-3}$tɕi$^{33-15}$ 过一会儿

第二日 di^{13}ɦin$^{13-33}$ȵiəʔ^{2}-ȵin^{51} 次日

个趟时间 kəʔ$^{5-3}$tʰɔ̃^{55}zɿ$^{31-35}$kiɛ$^{33-31}$ 近来

从腔基起 ʑyuŋ^{31}tɕʰiã$^{33-55}$tɕi^{33}tɕʰi$^{42-31}$ 自此以后；从今以后

下世ʔo^{42}ɕi^{55} 下辈子

……之前 tsɿ^{42}ʑie$^{31-15}$

……之后 tsɿ^{42}ʔiɤ$^{42-51}$

日子ȵiəʔ^{2}tsɿ$^{42-31}$ 日子；专指结婚的日子；动词，结婚

市日 zɿ^{31}ȵiəʔ^{2} 赶集的日子

古历 ku^{42}liəʔ^{2} 农历

阳历 ɦiã$^{31-13}$liəʔ^{2} 公历
日加日ȵiəʔ^{2}ko^{33}ȵiəʔ^{2}-ȵin^{51} 每天
月加月ȵyøʔ^{2}ko^{33}ȵyøʔ^{2}-ȵyø^{51} 每月
年加年ȵie$^{31-13}$ko^{33}ȵie$^{31-15}$ 每年
夜加夜 ɦia^{13}ko^{33}ɦia$^{13-51}$ 每晚
钟头 tɕyuŋ$^{33-35}$dɤ$^{31-51}$ 小时

叁　方向、位置

东（边）面 tuŋ$^{33-35}$ (pie^{33}) mie$^{13-55}$ 东边
西（边）面 ɕi$^{33-35}$ (pie^{33}) mie$^{13-55}$ 西边
南（边）面 nɛ$^{31-13}$ (pie^{33}) mie$^{13-55}$ 南边
北（边）面 poʔ$^{5-3}$ (pie^{33}) mie$^{13-55}$ 北边
畸手面 tɕi^{33}ɕiu^{42}mie^{13} 左边
顺手面 ʑyn^{13}ɕiu^{42}mie^{13} 右边
上面【头】zɔ̃^{13}mie$^{13-55}$ [dɤ^{31}]
下面【头】ʔo^{42}mie^{13} [dɤ$^{31-15}$]
眼头前ʔȵiɛ^{42}dɤ$^{31-35}$ʑie$^{31-51}$ 跟前
前头 ʑie$^{31-24}$dɤ$^{31-51}$ 前方；前面
　头前 dɤ$^{31-24}$ʑie$^{31-51}$
后头ʔiɤ^{42}dɤ$^{31-15}$ 背后或后方
　后坤ʔiɤ^{42}k^{h}uən$^{33-15}$ 后面；背面
横边 ɦuã$^{31-13}$pie$^{33-15}$ 旁边
　边墇pie$^{33-15}$təʔ 边上
头圈 dɤ$^{31-35}$k^{h}yø$^{33-31}$ 周围
中央 tɕyuŋ^{33}ʔȵiã$^{33-15}$ 中间
　当中央 tɔ̃^{33}tɕyuŋ$^{33-55}$ʔȵiã$^{33-31}$
　当中 tɔ̃^{33}tɕyuŋ$^{33-15}$
里头ʔli^{42}dɤ$^{31-15}$ 里面
　里面【向】ʔli^{42}mie^{13} [ɕiã^{55}]
外头 ŋa^{13}dɤ^{31} 外面
　外面【向】ŋa^{13}mie$^{13-55}$ [ɕiã^{55}]
底墇 ti^{42}təʔ底部
正面 tɕin$^{55-35}$mie$^{13-55}$
（反）糙面 (fɛ^{42}) ts^{h}ɔ$^{55-35}$mie$^{13-55}$ 物体的反面
脚下 tɕiaʔ$^{5-3}$ʔo$^{42-51}$

顶墶tin^{42}təʔ顶部

单边 tɛ^{33}pie$^{33-15}$ 旁边；一边；侧面

远个地方ʔyø^{42}kəʔdi^{13}fɔ̃^{33} 远处

（两）对头（ʔȵiã^{42}）te$^{55-33}$dɤ$^{31-15}$ 对面

到处 tɔ$^{55-35}$tɕ^{h}y^{55}

弗管哪底 fəʔ$^{5-3}$kuø$^{42-15}$ʔlo^{42}ti$^{42-31}$

堂地 dɔ̃^{31}di^{13} 地方

地墶di^{13}təʔ地上

角落头 koʔ$^{5-3}$loʔ$^{2-3}$dɤ$^{31-15}$ 角落

缝眼 vən^{13}ʔȵiɛ$^{42-15}$ 缝隙

日头下ȵiəʔ^{2}dɤ$^{31-33}$ʔo$^{42-51}$ 太阳照到的地方

月亮下ȵyøʔ^{2}liã$^{13-33}$ʔo$^{42-51}$ 月亮照到的地方

亮堂 liã^{13}dɔ̃$^{31-51}$ 光线亮的地方

阴堂ʔin^{33}dɔ̃$^{31-51}$ 太阳照不到的地方

肆 农事、农具

到田墶去 tɔ$^{55-33}$die^{31}təʔk^{h}ie$^{55-33}$ 下地干活

犁地 li$^{31-13}$di$^{13-55}$

耪地 lɔ^{13}di$^{13-55}$ 刨地

整园头 tɕin^{42}ɦyø$^{31-35}$dɤ$^{31-51}$ 整地

卸种 ho^{42}tɕyuŋ$^{42-31}$ 播种

插田 ts^{h}aʔ^{5}die$^{31-51}$ 插秧

烧草木灰 ɕiɔ^{33}ts^{h}ɔ^{42}moʔ$^{2-3}$huø$^{33-15}$ 积土肥

碾河泥ʔȵie^{42}ɦɯ$^{31-35}$ni$^{31-51}$

扎猪栏 tsaʔ$^{5-3}$tsɿ$^{33-35}$lɛ$^{31-51}$ 清除猪圈中的猪粪等污物

出猪栏 tɕ^{h}yøʔ$^{5-3}$tsɿ$^{33-35}$lɛ$^{31-51}$

捉狗屙 tɕyoʔ$^{5-3}$tɕiɤ^{42}ʔɯ^{55} 拾狗粪

壅田ʔyuŋ^{33}die^{31} 施肥；浇粪

摘嫩脑 tsaʔ$^{5-3}$nøn$^{13-33}$ʔnɔ$^{42-51}$ 庄稼打尖

拔草 bəʔ^{2}ts^{h}ɔ$^{42-31}$ 除草

削土 ɕiəʔ$^{5-3}$t^{h}u$^{42-31}$ 松土

加土 ko^{33}t^{h}u$^{42-31}$ 培土

放水 fɔ̃$^{55-33}$ɕy$^{42-31}$ 排水

抽水 tɕ^{h}iu^{33}ɕy$^{42-31}$ 引水

打水 tã^{42}ɕy$^{42-31}$ 灌水

割早稻 tɕiəʔ$^{5-3}$tsɔ^{42}dɔ$^{31-51}$ 夏收
割晚稻 tɕiəʔ$^{5-3}$ʔmɛ^{42}dɔ$^{31-51}$ 秋收
割稻 tɕiəʔ$^{5-3}$dɔ^{31}
斫麦 tɕyoʔ$^{5-3}$maʔ^{2} 割麦
打米 tã^{42}ʔmi$^{42-31}$ 碾米
舂米 ɕyuŋ^{33}ʔmi$^{42-31}$
磨粉 mu^{13}fən$^{42-31}$ 磨面
晒田 so$^{55-33}$die^{31}
耙田 bo$^{31-13}$die^{31} 磙田
调工 diɔ^{13}kuŋ$^{33-15}$ 换工
叫栏 tɕiɔ$^{55-33}$lɛ^{31} 动物发情
蜕皮 tʰøn$^{55-33}$bi^{31}
蜕壳 tʰøn$^{55-33}$kʰoʔ^{5}-kʰɔ̃^{51}
孵 bu^{13}
癞孵 la^{13}bu$^{13-55}$ 菢窝
雄鸡蹄 ɦyuŋ$^{31-35}$tɕi^{33}di^{31} 鸡啼
狗吭 tɕiɤ^{42}ɦɔ̃^{31} 狗叫
伏土 voʔ^{2}tʰu$^{42-31}$ 冬眠
蒗花 lɔ̃^{13}hua^{33} 扬花
稻头挂落来 dɔ$^{31-55}$dɤ$^{31-51}$kua^{55}loʔ$^{2-3}$le^{31} 结穗
割卵屋 tɕiəʔ$^{5-3}$ʔlø^{42}ʔuŋ^{51} 阉
舀茅坑ʔiɔ^{42}mã$^{31-35}$kʰã$^{33-31}$ 淘粪
锄头 zɿ$^{31-13}$dɤ$^{31-51}$
洋镐 ɦiã$^{31-13}$kɔ$^{42-31}$ 镐
铁锹 tʰiəʔ$^{5-3}$tɕʰiɔ$^{33-15}$ 铁锨
木锹 moʔ^{2}tɕʰiɔ$^{33-15}$ 木锨
犁耙 li$^{31-24}$bo$^{31-51}$ 犁
　犁头 li$^{31-24}$dɤ$^{31-51}$
　犁壁 li$^{31-13}$piəʔ^{5}
　犁手 li$^{31-13}$ɕiu$^{42-51}$
　犁盘 li$^{31-13}$bø^{31}
　犁脚 li$^{31-13}$tɕiaʔ^{5}
磨 mu^{13} 石磨
　磨盘 mu^{13}bø$^{31-51}$
　磨砻担 bø$^{31-13}$luŋ$^{31-33}$tɛ^{55} 磨把

磙筒 kuən^{42}duŋ$^{31-15}$ 磙

风车 fuŋ$^{33-55}$ts^{h}o$^{33-31}$ 扇车

车壳 ts^{h}o^{33}k^{h}oʔ^{5}-k^{h}ɔ̃^{51} 水车部件

车板 ts^{h}o^{33}pɛ$^{42-31}$

车骨 ts^{h}o^{33}kuoʔ^{5}

车头 ts^{h}o$^{33-35}$dɤ$^{31-51}$

车柱 ts^{h}o$^{33-35}$dʑy$^{31-51}$

车脚 ts^{h}o^{33}tɕiaʔ^{5}

车杠 ts^{h}o$^{33-35}$kɔ̃^{55}

畚箕 pən^{33}tɕi$^{33-15}$ 簸箕，用于装谷物等，粗篾做，有四只环

羿箕 giəʔ^{2}tɕi$^{33-15}$ 无环的畚箕

割稻鑗tɕiəʔ$^{5-3}$dɔ^{31}tɕie$^{42-51}$ 镰刀

硬刀 ŋã^{13}tɔ^{33} 砍刀

绞刀 kɔ^{42}tɔ$^{33-15}$ 铡刀

马笼ʔmo^{42}ʔluŋ$^{42-51}$ 篓

箅 p^{h}in^{33} 大的粗篾席，晒场上常用的

接箩 tɕiəʔ^{5}lu$^{31-51}$ 用来盛谷物等的器具，竹编，一般为底方上圆

拢簩ʔluŋ^{42}da$^{31-51}$ 圆而平的大筛子，竹编，孔较大

纱筛 so$^{33-55}$sɿ$^{33-31}$ 用来筛粉的小筛子，丝做的

糠筛 k^{h}ɔ̃$^{33-55}$sɿ$^{33-31}$ 用来筛糠的筛子，竹篾丝做的

米筛ʔmi^{42}sɿ$^{33-15}$ 用来筛米等小东西的筛子，竹篾丝做

牛轭 ȵiɤ$^{31-13}$ʔaʔ^{5}

马笼头ʔmo^{42}luŋ$^{31-35}$dɤ$^{31-51}$ 马的笼嘴

牛鼻头桊 ŋiɤ$^{31-13}$bəʔ$^{2-3}$dɤ$^{31-35}$kyn^{55} 穿在牛鼻子上的小铁环或小木棍儿

马缰绳ʔmo^{42}tɕiã$^{33-35}$ʑin$^{31-51}$ 缰绳

槽 zɔ$^{31-15}$ 给牲畜用的食槽的统称；水槽

猪槽 tsɿ$^{33-35}$zɔ$^{31-51}$ 喂猪用的食槽

伍　动植物

1. 牲畜、动物

雄猫 ɦyuŋ$^{31-13}$ʔmɔ$^{33-15}$ 公猫

草猫 ts^{h}ɔ^{42}ʔmɔ$^{33-15}$ 雌猫

猫儿ʔmɔ^{33}ɦn$^{31-15}$ 猫崽

雄狗 ɦyuŋ$^{31-13}$tɕiɤ$^{42-51}$ 公狗

草狗 ts^{h}ɔ^{42}tɕiɤ$^{42-51}$ 母狗

狗儿 tɕiɤ^{42}ɦn$^{31-15}$ 狗崽
洋狗 ɦiã$^{31-13}$tɕiɤ$^{42-51}$ 哈巴狗
畜生 tɕʰyøʔ$^{5-3}$sã^{33} 牲口
羊 ɦiã$^{31-15}$ 羊的总称
老爷羊ʔlɔ^{42}ɦia$^{31-35}$ɦiã$^{31-51}$ 供佛后养在庙里的羊
羊儿 ɦiã$^{31-13}$ɦn$^{31-15}$ 羊羔
雄猪 ɦyuŋ$^{31-35}$tsɿ$^{33-31}$ 公猪
猪雄 tsɿ$^{33-35}$ɦyuŋ$^{31-51}$ 种猪
草猪 tsʰɔ^{42}tsɿ$^{33-15}$ 母猪
猪娘 tsɿ$^{33-35}$ȵiã$^{31-51}$ 生小猪的母猪
肉猪 ȵyoʔ^{2}tsɿ$^{33-15}$ 骟猪
（小）猪儿（ɕiɔ^{42}）tsɿ^{33}ɦn$^{31-15}$ 猪崽
奶猪ʔna^{42}tsɿ$^{33-15}$ 刚出生不久的小猪崽
冲猪 tɕʰyuŋ^{33}tsɿ$^{33-15}$ 半大的肉猪
雄牛 ɦyuŋ$^{31-24}$ȵiɤ$^{31-51}$ 公牛
割牯 tɕiəʔ$^{5-3}$ku^{42} 阉割了的公牛
　小割牯 ɕiɔ^{42}tɕiəʔ$^{5-3}$ku$^{42-51}$ 阉割了的小公牛
牛雄 ȵiɤ$^{31-24}$ɦyuŋ$^{31-51}$ 配种的公牛
黄牯牛 ɦuɔ̃$^{31-13}$ku$^{42-55}$ȵiɤ$^{31-51}$ 配种的公黄牛
草牛 tsʰɔ$^{42-55}$ȵiɤ$^{31-51}$ 母牛
牛娘 ȵiɤ$^{31-24}$ȵiã$^{31-51}$ 生小牛的母牛
牛儿 ȵiɤ$^{31-13}$ɦn$^{31-15}$ 牛犊
雄马 ɦyuŋ$^{31-13}$ʔmo$^{42-51}$ 公马
草马 tsʰɔ^{42}ʔmo$^{42-51}$ 母马
老鼠驴ʔlɔ^{42}tsʰɿ^{42}ly$^{31-15}$ 驴
狗头虎 tɕiɤ^{42}dɤ$^{31-33}$hu$^{42-51}$ 狼
狐狸 ɦu$^{31-24}$ly$^{31-51}$
黄鼠狼 ɦuɔ̃$^{31-13}$tsʰɿ^{42}lɔ̃$^{31-15}$
野猫ʔia^{42}ʔmɔ$^{33-15}$ 山猫
乌狲ʔu^{55}søn$^{33-31}$ 猴子
老鼠ʔlɔ^{42}tsʰɿ$^{42-31}$
油老鼠 ɦiu$^{31-13}$ʔlɔ^{42}tsʰɿ$^{42-51}$ 田鼠
夜游 ɦia^{13}ɦiu$^{31-15}$ 蝙蝠
象鼻头 ʑiã$^{31-13}$bəʔ$^{2-3}$dɤ$^{31-51}$ 象鼻
大蛇 du^{13}zo^{31}

利头蝮 li^{13}dɤ$^{31-33}$pʰoʔ^{5} 眼镜蛇

碾件ʔȵie^{42}ʥie^{51} 蜥蜴

壁蜥 piəʔ$^{5-3}$ɕiəʔ^{5} 壁虎

青蛙 tɕʰin$^{33-55}$ʔua$^{33-31}$

　牛蛙ȵiɤ$^{31-35}$ʔua$^{33-31}$

　癞刺蛤蟆 la^{13}tsʰɿ$^{55-33}$ʔo$^{33-35}$mo$^{31-51}$ 蟾蜍

　蛤蟆垂头ʔo^{33}mo$^{31-33}$ʥy$^{31-33}$dɤ$^{31-15}$ 蝌蚪

老乌阄ʔlɔ^{42}ʔu$^{33-55}$tɕiu$^{33-31}$ 乌龟

鸡鹅鸟鸭 tɕi^{33}ŋɯ$^{31-33}$tiɔ^{42}ʔəʔ^{5}-ʔɛ^{51} 家禽的总称

雄鸡 ɦyuŋ$^{31-35}$tɕi$^{33-31}$ 公鸡

雄鸡头 ɦyuŋ$^{31-13}$tɕi^{33}dɤ$^{31-15}$ 小公鸡

草鸡 tsʰɔ^{42}tɕi$^{33-15}$ 母鸡

老鸡雄ʔlɔ^{42}tɕi$^{33-35}$tɕyuŋ$^{31-51}$ 大公鸡

癞孵鸡 la^{13}bu$^{13-33}$tɕi$^{33-15}$ 孵蛋鸡

小草鸡 ɕiɔ^{42}tsʰɔ^{42}tɕi$^{33-15}$ 小母鸡

鸡黄 tɕi^{33}ɦuɔ̃$^{31-15}$ 鸡雏儿

鸡儿 tɕi^{33}ɦn$^{31-15}$ 小鸡

乌骨鸡ʔu^{33}kuoʔ$^{5-3}$tɕi$^{33-15}$

雄鸭 ɦyuŋ$^{31-13}$ʔəʔ^{5}-ʔɛ^{51} 公鸭

雄鸭头 ɦyuŋ$^{31-13}$ʔəʔ$^{5-3}$dɤ$^{31-15}$ 小公鸭

草鸭 tsʰɔ^{42}ʔəʔ^{5}-ʔɛ^{51} 母鸭

鸭黄ʔəʔ$^{5-3}$ɦuɔ̃$^{31-15}$ 鸭雏儿

鸭儿ʔəʔ$^{5-3}$ɦn$^{31-15}$ 小鸭子

鹅黄 ŋɯ$^{31-13}$ɦuɔ̃$^{31-15}$ 鹅雏儿

鸟儿 tiɔ^{42}ɦn$^{31-15}$ 小鸟儿

鹁鸽 poʔ$^{5-3}$tɕiəʔ^{5}-tɕie^{51} 鸽子

竹魂 tɕyoʔ^{5}ɦuən$^{31-51}$ 猫头鹰

黄头雀 ɦuɔ̃$^{31-13}$dɤ$^{31-33}$tɕʰiaʔ^{5}-tɕʰiã^{51} 麻雀

黄阿 ɦuɔ̃$^{31-35}$ʔa^{33} 黄鹂

衔牌鸟 giɛ^{313}ba$^{31-33}$tiɔ$^{42-51}$ 画眉

老鸦 lɔ^{13}ʔo$^{33-15}$ 乌鸦

斑斑 pɛ^{33}pɛ$^{33-15}$ 八哥

老鹰 lɔ^{13}ʔin$^{33-15}$ 鹰

水鸭 ɕy^{42}ʔəʔ^{5}-ʔɛ^{51} 野鸭

白鹭 baʔ^{2}lu^{13}

翼膀 ɦiəʔ^{2}pɔ̃$^{42-51}$ 翅膀

鸟脚爪 tiɔ^{42}tɕiaʔ$^{5-3}$tsɔ$^{42-51}$ 鸟爪

结喉 tɕiəʔ^{5}ɦiɤ$^{31-51}$ 嗉囊

青虫 tɕʰin^{33}dʑyuŋ$^{31-15}$ 菜青虫

蟀蟀 ɕyøʔ$^{5-3}$ɕyøʔ^{5}-ɕyn^{51} 蟋蟀

屋灶头蟀ʔuoʔ$^{5-3}$tsɔ$^{55-33}$dɤ$^{31-33}$ɕyøʔ^{5}-ɕyn^{51} 灶蟋蟀

蜻蛉 tɕʰin$^{33-35}$lin$^{31-51}$ 蜻蜓

虼蜢 kiəʔ$^{5-3}$ʔmã$^{42-51}$ 蚱蜢

卷叶虫 kyø^{42}ɦiəʔ$^{2-3}$dʑyuŋ$^{31-51}$ 螟

  包心虫 pɔ^{33}ɕin$^{33-35}$dʑyuŋ$^{31-51}$

水阄 ɕy^{42}tɕiu$^{33-15}$ 瓢虫

牛头野叉ȵiɤ$^{31-13}$dɤ$^{31-33}$ʔia^{42}tsʰo$^{33-15}$ 天牛

蟢 ɕi$^{42-51}$ 蜘蛛

蜣蚼hu^{42}ʔm$^{42-51}$ 蚂蚁的总称

  大头蜣蚼du^{13}dɤ$^{31-33}$hu^{42}ʔm$^{42-51}$ 蚂蚁的一种，头很大

  山头蜣蚼sɛ^{33}dɤ$^{31-33}$hu^{42}ʔm$^{42-51}$ 山上的大蚂蚁

  白蚼baʔ^{2}ʔm$^{42-31}$ 白蚁

土狗 tʰu^{42}tɕiɤ$^{42-51}$ 蝼蛄；倒卖票的黄牛

蛐蟮 kʰyøʔ$^{5-3}$ʑie$^{31-51}$ 蚯蚓

田流流 die$^{31-13}$liu$^{31-35}$liu$^{31-51}$ 蜗牛

蛘 ɦiã$^{31-15}$ 粮食里的虫

菜虫 tsʰe$^{55-33}$dʑyuŋ$^{31-15}$ 蚜虫

苍蝇 tsʰɔ̃$^{33-35}$ɦin$^{31-51}$

茅坑苍蝇 mã$^{31-13}$kʰã^{33}tsʰɔ̃$^{33-35}$ɦin$^{31-51}$ 大头苍蝇

  绿头苍蝇 loʔ^{2}dɤ$^{31-33}$tsʰɔ̃$^{33-35}$ ɦin$^{31-51}$

苍蝇子 tsʰɔ̃^{33}ɦin$^{31-33}$tsɿ$^{42-51}$ 苍蝇卵

茅坑虫 mã$^{31-13}$kʰã$^{33-35}$dʑyuŋ$^{31-51}$ 蛆

蚊虫 mən$^{31-24}$dʑyuŋ$^{31-51}$ 蚊子

刺虫 tsʰɿ$^{55-35}$dʑyuŋ$^{31-51}$ 孑孓

蚤 tsɔ^{42} 跳蚤

虱 ɕiəʔ^{5} 虱子

灶蟀 tsɔ$^{55-33}$ɕyøʔ^{5} 蟑螂

蠓蚣 muŋ$^{31-35}$kuŋ$^{33-31}$ 蜈蚣

膏虱 kɔ^{33}ɕiəʔ^{5} 臭虫

桑呀 sɔ̃$^{33-55}$ʔia$^{33-31}$ 蝉

萤火 ɦin$^{31-13}$hu$^{42-51}$ 萤火虫
拉屁阄 la^{13}pʰi$^{55-33}$tɕiu$^{33-15}$ 臭大姐
蚂蛭ʔmo$^{42-55}$zɿ$^{31-51}$ 蚂蝗
头发娘 dɤ$^{31-13}$fəʔ$^{5-3}$ȵiã$^{31-51}$ 纺织娘；螳螂
毛齿蜊 mɔ$^{31-13}$tsɿ^{42}ləʔ^{2}-lɛ^{51} 毛毛虫
虫子 dʑyuŋ$^{31-13}$tsɿ$^{42-51}$ 虫卵
角 koʔ^{5} 触须
蜂刺 fuŋ$^{33-35}$tsʰɿ^{55} 螫针
黄鳝 ɦuɔ̃$^{31-13}$ʑie^{31} 鳝鱼
胖头 pʰɔ̃$^{55-33}$dɤ^{31} 鳙鱼
　胖头鱼 pʰɔ̃$^{55-33}$dɤ$^{31-35}$ɦŋ$^{31-51}$
鲇鱼ȵiã$^{31-24}$ɦŋ$^{31-51}$
白鲢 baʔ^{2}lie$^{31-51}$ 鲢鱼
草鱼 tsʰɔ$^{42-55}$ɦŋ$^{31-51}$ 鲩鱼
鲤□ʔli^{42}tɕiu$^{42-31}$ 鲤鱼
　鲤□头ʔli^{42}tɕiu^{42}dɤ$^{31-15}$
面鱼 mie^{13}ɦŋ$^{31-15}$ 银鱼
乌狼ʔu$^{33-35}$lɔ̃$^{31-51}$ 河豚
　乌狼股ʔu^{33}lɔ̃$^{31-33}$ku$^{42-51}$
鲜梅皮 ɕie^{33}me$^{31-33}$bi$^{31-15}$ 比目鱼
　肉鳎ȵyoʔ^{2}tʰəʔ^{5}
鱼苗 ɦŋ$^{31-13}$miɔ$^{31-15}$
鲙鱼 zɔ̃^{13}ɦŋ$^{31-15}$ 海蜇
田蟹 die$^{31-13}$ha^{42} 大闸蟹
白蟹 baʔha$^{42-51}$ 白蟹；梭子蟹
寅 ɦin^{15} 青蟹
蛤蜊 tɕiəʔ$^{5-3}$li$^{31-15}$
蛎肉 li^{13}ȵyoʔ^{2}-ȵyuŋ^{51} 牡蛎
蚌壳 bã^{31}kʰoʔ^{5}-kʰɔ̃^{51} 蚌
生青壳 sã^{33}tɕʰin^{33} kʰoʔ^{5}-kʰɔ̃^{51} 小贝壳类，壳青且长毛
海参 he^{42}søn^{33}
　刺参 tsɿ$^{33-55}$søn$^{33-31}$
　肉参ȵyoʔ^{2}søn^{33}
鲑鲇 ky^{33}ku$^{33-15}$ 鱿鱼的一种，头大身小，略呈红色
娃娃鱼ʔua^{33}ʔua^{33}ɦŋ$^{31-15}$ 鲵

颌鳃 giɛ^{31}se^{33} 鳃

炮仗鼓 pʰɔ$^{55-33}$ʥiã$^{31-33}$ku$^{42-51}$ 鳔

鱼子 ɦŋ$^{31-13}$tsɿ$^{42-31}$ 鱼卵

潺 zɛ^{31} 口水；鱼蛇等体液

2. 植物、庄稼、蔬菜、瓜果

凉柳 liã$^{31-13}$ʔliu$^{42-31}$ 柳树

梧桐 ŋɯ$^{31-24}$duŋ$^{31-51}$

绒毛轰 ʑyuŋ$^{31-13}$mɔ$^{31-33}$huŋ$^{33-15}$ 松针

树篰 ʑy^{13}bu$^{31-15}$ 松果

红榉 ɦŋ$^{31-13}$ky$^{42-31}$ 榉树

檀香木 dɛ$^{31-13}$ɕiã^{33}moʔ^{2}

楠木 nɛ$^{31-13}$moʔ^{2}

毛刺栎 mɔ$^{31-13}$ləʔ$^{2-3}$li$^{13-51}$ 栎树

桑乌树 sɔ̃^{33}ʔu$^{33-35}$ʑy$^{13-55}$ 桑树

　桑叶 sɔ̃^{33}ɦiəʔ^{2}-ɦie^{51}

　桑乌 sɔ̃$^{33-55}$ʔu$^{33-31}$ 桑葚果

苦楝树 kʰu^{42}lie$^{31-35}$ʑy$^{13-55}$ 楝树

香椿树 ɕiã^{33}tɕʰyn$^{33-35}$ʑy$^{13-55}$

樟树 tsɔ̃$^{33-35}$ʑy$^{13-55}$

玉爱花 ȵyoʔ^{2}ʔe^{55}hua^{33} 栀子花

棕榈 tsuŋ$^{33-35}$li$^{31-51}$

树秧 ʑy^{13}ʔiã$^{33-15}$ 树苗

树段 ʑy^{13}dø$^{13-55}$ 树干

　树杈 ʑy^{13}tsʰo^{55} 树枝

　树脑头 ʑy^{13}ʔnɔ^{42}dɤ$^{31-15}$ 树梢

　树根头 ʑy^{13}kɤŋ$^{33-35}$dɤ$^{31-51}$ 树根；根部

　树橦头 ʑy^{13}ʥyɔ̃$^{31-35}$dɤ$^{31-51}$

　年头 ȵie$^{31-13}$dɤ$^{31-51}$ 年轮

　树桥头 ʑy^{13}tsã$^{33-35}$dɤ$^{31-51}$ 木节；树疤

竹叶 tɕyoʔ$^{5-3}$ɦiəʔ^{2}-ɦie^{51}

竹节 tɕyoʔ$^{5-3}$tɕiəʔ^{5}

花瓣 hua$^{33-35}$pʰɛ^{55}

花蕊 hua^{33}ʔȵy$^{42-51}$

洋荷花 ɦiã$^{31-13}$ɦɯ$^{31-35}$hua$^{33-31}$ 水葫芦

荷花 ɦɯ$^{31-35}$hua$^{33-31}$
荷叶 ɦɯ$^{31-13}$ɦiəʔ^{2}-ɦie^{51}
芍药 tɕiəʔ$^{5-3}$ɦiaʔ^{2}
柴爿花 za$^{31-13}$bɛ$^{31-35}$hua$^{33-31}$ 杜鹃花
梅花 me$^{31-35}$hua$^{33-31}$
梅ʔme^{-15} 梅子
太阳佛花 t^{h}a$^{55-33}$ɦiã$^{31-33}$vəʔ$^{2-3}$hua$^{33-15}$ 向日葵
芙蓉花 vu$^{31-13}$ɦyuŋ$^{31-35}$hua$^{33-31}$ 木芙蓉
百合 paʔ$^{5-3}$ɦiəʔ^{2}
怕痒草 p^{h}o$^{55-33}$ʔiã^{42}ts^{h}ɔ$^{42-51}$ 含羞草
花草 hua^{33}ts^{h}ɔ$^{42-51}$ 紫云英
草子 ts^{h}ɔ^{42}tsɿ$^{42-51}$ 苜蓿
葫芦宝ʔu^{33}lu$^{31-33}$pɔ$^{42-51}$ 葫芦
浆 tɕiã^{33} 花木汁液
草梗 ts^{h}ɔ^{42}kuã$^{42-51}$ 草秆
薸 biɔ$^{31-15}$ 浮萍
湖苔 ɦu$^{31-24}$de$^{31-51}$ 青苔
木耳 moʔ^{2}zɿ^{31} 木耳
　白木耳 baʔ^{2}moʔ$^{2-3}$zɿ^{31} 银耳
　乌木耳ʔu^{33}moʔ$^{2-3}$zɿ^{31} 黑木耳
蒗箕 lɔ̃$^{31-35}$tɕi$^{33-31}$ 蕨
谷米豆麦 kuoʔ$^{5-3}$ʔmi^{42}dɤ$^{31-33}$maʔ^{2} 泛指五谷
稻 dɔ^{31} 稻子
　水稻 ɕy^{42}dɔ$^{31-51}$
　中季稻 tɕyuŋ^{33}ky$^{55-33}$dɔ^{31} 一年种三季稻子的中间一季
麦 maʔ^{2}
　大麦 du^{13}maʔ^{2}
　小麦 ɕiɔ^{42}maʔ^{2}
狗尾巴粟 tɕiɤ^{42}ʔmi^{42}po^{33}ɕyoʔ^{5}-ɕyuŋ^{51} 黍；小米
珍珠米 tɕin^{33}tɕy^{33}ʔmi$^{42-31}$ 玉米；玉米棒
米仁ʔmi$^{42-55}$ʑin$^{31-51}$ 薏苡
稻头 dɔ^{31}dɤ$^{31-15}$ 穗
谷蹧 kuoʔ$^{5-3}$hɛ$^{42-51}$ 秕谷，指空或不饱满的籽粒
稻秸 dɔ^{31}tɕie$^{42-31}$ 秸秆
秧ʔiã^{33} 秧苗

种 tɕyuŋ^{42} 种子

顷 tɕ^{h}in^{42} 稗草

乌豆ʔu$^{33-35}$dɤ$^{13-55}$ 黑豆

赤豆 tɕ^{h}iəʔ$^{5-3}$dɤ^{13} 红小豆

蚕豆 zɛ$^{31-13}$dɤ$^{13-55}$ 豌豆

豆子芽 dɤ$^{31-13}$tsɿ^{42}ŋo$^{31-35}$ 发芽的豌豆

川豆 tɕ^{h}yø$^{33-35}$dɤ$^{13-55}$ 蚕豆

洋芋头 ɦiã$^{31-13}$ɦy^{13}dɤ$^{31-15}$ 马铃薯

番薯 fa$^{33-35}$ɦɯ$^{31-51}$

芋头 ɦy^{13}dɤ^{31} 芋艿

薯药 zɿ$^{31-13}$ɦiəʔ^{2} 山药

棉花桃 mie$^{31-13}$hua^{33}dɔ$^{31-15}$ 棉桃

糖梗 dɔ̃$^{31-13}$kuã$^{42-31}$ 甘蔗

烟酒叶ʔie^{33}tɕiu^{42} ɦiəʔ^{2}-ɦie^{51} 烟草

菜 ts^{h}e^{55} 菜的总称

香莴笋 ɕiã^{33}ku^{33}ɕyn$^{42-31}$ 莴笋

包心菜 pɔ^{33}ɕin$^{33-35}$ts^{h}e^{55} 卷心菜

菜花 ts^{h}e$^{55-33}$hua^{33} 花椰菜

大橦菜 du^{13}dʑyɔ̃$^{31-35}$ts^{h}e^{55} 大头菜

菜蕻 ts^{h}e$^{55-35}$huŋ^{55} 油菜薹

菠龙菜 pu^{33}luŋ$^{31-35}$ts^{h}e^{55} 菠菜

空心菜 k^{h}uŋ^{33}ɕin$^{33-35}$ts^{h}e^{55} 蕹菜

蒿菜 hɔ$^{33-35}$ts^{h}e^{55} 茼蒿

田荠 die$^{31-13}$ʑi$^{31-15}$ 荠菜

香菜 ɕiã$^{33-35}$ts^{h}e^{55} 芫荽

大蒜 da^{13}sø^{55}

大蒜夹 da^{13}sø$^{55-33}$kiəʔ^{5}-kiɛ^{51} 蒜头

蒜心 sø$^{55-33}$ɕin^{33} 蒜薹

葱橦头 ts^{h}uŋ^{33}dʑyɔ̃$^{31-35}$dɤ$^{31-51}$ 葱头

金针 tɕin$^{33-55}$tɕin$^{33-31}$ 黄花菜

洋葱垂 ɦiã$^{31-13}$ts^{h}uŋ$^{33-35}$dʑy$^{31-51}$ 洋葱

辣茄 ləʔ^{2}dʑia$^{31-15}$ 辣椒

青椒 tɕ^{h}in$^{33-55}$tɕiɔ$^{33-31}$ 柿子椒

菜梗 ts^{h}e$^{55-33}$kuã$^{42-51}$ 菜帮子

刺瓜 ts^{h}ɿ$^{55-33}$ko$^{33-15}$ 黄瓜

天罗絮 t^{h}ie^{33}lu$^{31-35}$sɿ^{55} 丝瓜
田瓜 die$^{31-35}$ko$^{33-31}$ 菜瓜
早蒲 tsɔ^{42}bu$^{31-15}$ 长形的蒲瓜
木勺蒲 moʔ^{2}zoʔ$^{2-3}$bu$^{31-51}$ 圆形的蒲瓜
荸荠 bu$^{31-24}$ʑy$^{31-51}$
山粉 sɛ^{33}fən$^{42-31}$ 芡实
老菱ʔlɔ$^{42-55}$lin$^{31-51}$ 菱角
茭首 kɔ^{33}ɕiu$^{42-31}$ 茭白
络 loʔ^{2}-lɔ̃^{51} 橘络，橘瓣上的白丝
柚 ɦiu$^{31-15}$ 现在对柚子的总称，以前无此说法
　棶 lø$^{31-15}$ 柚子的一种
　文旦 vən$^{31-13}$dɛ$^{13-51}$ 柚子的一种，以玉环文旦最有名
香瓜 ɕiã$^{33-55}$ko$^{33-31}$ 甜瓜
漤柿ʔlɛ^{42}zɿ$^{31-51}$ 方形柿子
红冬柿 ɦŋ$^{31-13}$tuŋ^{33}zɿ$^{31-51}$ 圆形柿子
圈圆 k^{h}yø$^{33-35}$ɦyø$^{31-51}$ 龙眼
壳 k^{h}oʔ-k^{h}ɔ̃^{51} 果壳
瓤ȵiã^{31} 果核
肉ȵyoʔ-ȵyuŋ^{51} 果仁
籽 tsɿ^{42} 果籽

陆　空间、器具

1. 场所

屋ʔuoʔ^{5} 房屋
　楼屋 lɤ$^{31-13}$ʔuoʔ^{5} 楼房
　矮屋ʔa^{42}ʔuoʔ^{5}-ʔuŋ^{51} 平房
　洋房 ɦiã$^{31-24}$vɔ̃$^{31-51}$ 西式楼房
　茅厂 mɔ$^{31-13}$tɕ^{h}iã$^{42-51}$ 草房；茅棚；草棚
　茅厂屋 mɔ$^{31-13}$tɕ^{h}iã^{42}ʔuoʔ^{5}-ʔuŋ^{51}
　茅棚 mɔ$^{31-24}$buŋ$^{31-51}$
　吊脚屋 tiɔ$^{55-33}$tɕiaʔ$^{5-3}$ʔuoʔ^{5}-ʔuŋ^{51} 吊脚楼
新妇间 ɕin^{33}ɦu^{31}kiɛ^{33} 婚房
　洞房间 duŋ$^{31-13}$vɔ̃$^{31-35}$kiɛ$^{33-31}$
间里 kiɛ^{33}ʔli$^{42-31}$ 房间；房间里
正屋 tɕin$^{55-33}$ʔuoʔ^{5} 正房

上间 zɔ̃^{13}kiɛ^{33} 堂屋
门床间 mən$^{31\text{-}13}$zɔ̃$^{31\text{-}35}$kiɛ$^{33\text{-}31}$ 卧室
客间 kʰaʔ$^{5\text{-}3}$kiɛ$^{33\text{-}15}$ 客厅
喫饭间 tɕʰyoʔ$^{5\text{-}3}$vɛ$^{13\text{-}33}$kiɛ$^{33\text{-}15}$ 餐厅
横间 ɦuã$^{31\text{-}13}$kiɛ^{33} 厢房
里间ʔli^{42}kiɛ$^{33\text{-}15}$ 里面的房间
外间n̥ie^{13}【ŋa^{13}】kiɛ$^{33\text{-}15}$ 外面的房间
堂前间 dɔ̃$^{31\text{-}13}$ʑie$^{31\text{-}33}$kiɛ$^{33\text{-}15}$ 门厅
镬灶间 ɦuoʔ^{2}tsɔ$^{55\text{-}33}$kiɛ$^{33\text{-}15}$ 厨房
镬灶头 ɦuoʔ^{2}tsɔ$^{55\text{-}33}$dɤ^{31} 灶头
阁 koʔ^{5}-kɔ̃^{51} 阁楼
磨粉间 mu$^{31\text{-}13}$fən^{42}kiɛ$^{33\text{-}15}$ 磨房
谷仓 kuoʔ$^{5\text{-}3}$tsʰɔ̃^{33} 粮仓
柴间 za$^{31\text{-}35}$kiɛ$^{33\text{-}31}$ 柴房
灰间 huø^{33}kiɛ$^{33\text{-}15}$ 灰房
岛地 tɔ^{42}di^{13} 院子；天井
晒台 sa$^{55\text{-}33}$de$^{31\text{-}15}$ 阳台；露台
茅坑间 mã$^{31\text{-}13}$kʰã^{33}kiɛ$^{33\text{-}15}$ 茅房旧指厕所
肥桶间 bi$^{31\text{-}13}$duŋ^{31}kiɛ$^{33\text{-}15}$ 马桶间旧指厕所
过道 ku$^{55\text{-}33}$dɔ$^{31\text{-}51}$ 走廊
围墙 ɦy$^{31\text{-}24}$ʑiã$^{31\text{-}51}$ 院墙；围墙
屏风墙 bin$^{31\text{-}13}$fuŋ$^{33\text{-}35}$ʑiã$^{31\text{-}51}$ 影壁
栅栏门 səʔ$^{5\text{-}3}$lɛ$^{31\text{-}35}$mən$^{31\text{-}51}$
大门 du^{13}mən^{31} 正门
小门 ɕiɔ^{42}mən$^{31\text{-}15}$ 边门
地栿 di^{13}voʔ^{2} 门槛
横担 ɦuã$^{31\text{-}35}$tɛ^{55} 门楣
窗门 tɕyɔ̃$^{33\text{-}35}$mən$^{31\text{-}51}$ 现在的窗子
阘门 dəʔ^{2}mən$^{31\text{-}51}$ 旧时的窗子
　阘门窗 dəʔ^{2}mən$^{31\text{-}35}$tɕʰyɔ̃$^{33\text{-}31}$
老虎窗ʔlɔ^{42}hu^{42}tɕʰyɔ̃$^{33\text{-}15}$ 天窗
阘方 dəʔ^{2}fɔ̃$^{33\text{-}15}$ 窗台
阘门齿 dəʔ^{2}mən$^{31\text{-}33}$tsʰɿ$^{42\text{-}51}$ 窗格
摇皮 ɦiɔ$^{31\text{-}13}$bi$^{31\text{-}15}$ 钌铞
堂子枷 dɔ̃$^{31\text{-}13}$tsɿ^{42}ko$^{33\text{-}15}$ 门窗框

栓 ɕyø$^{33-15}$ 门窗栓

司必林 sɿ^{33}piəʔ^{5}lin$^{31-51}$ 弹簧锁

胡梯 ɦu$^{31-35}$tʰi$^{33-31}$ 楼梯；扶梯

胡梯头 ɦu$^{31-13}$tʰi$^{33-35}$dɤ$^{31-51}$ 楼梯口；楼梯上

栅栏 səʔ$^{5-3}$lɛ$^{31-15}$ 栏杆

女儿墙ʔȵy^{42}ɦn$^{31-35}$ʑiã$^{31-51}$ 女墙；屏风

间沿头 kiɛ^{33}ɦie$^{31-35}$dɤ$^{31-51}$ 台阶；廊下平台

炕床 kʰɔ̃$^{55-33}$zɔ̃^{31} 卧炕，床体封闭像柜子，用于储物

屋基ʔuoʔ$^{5-3}$tɕi^{33} 地基

屋顶ʔuoʔ$^{5-3}$tin$^{42-31}$ 房顶

屋墩头ʔuoʔ$^{5-3}$tøn^{33}dɤ^{31} 屋脊

撩风 liɔ$^{31-35}$fuŋ$^{33-31}$ 檩

栋桁 tuŋ$^{55-33}$ɦã^{31} 栋梁

椽 dʑyø^{31}

烟囱管ʔie^{33}tsʰuŋ$^{55-33}$kuø$^{42-31}$ 烟囱

楼板 lɤ$^{31-13}$pɛ$^{42-31}$

地板 di^{13}pɛ$^{42-31}$

地平 di^{13}bin^{31} 一楼的地板

天平 tʰie$^{33-35}$bin$^{31-51}$ 天花板

廊柱 lɔ̃$^{31-13}$dʑy^{31} 柱子

磉址 sɔ̃^{42}tsɿ$^{42-31}$ 柱础石

屋檐ʔuoʔ^{5}ɦie$^{31-51}$

屋（檐）⿰日亢ʔuoʔ$^{5-3}$ [ɦie$^{31-33}$] gɔ̃$^{31-51}$ 檐沟

篷 buŋ$^{31-15}$ 篷子

央沟ʔiã$^{33-55}$tɕiɤ$^{33-31}$ 污水渠

店棚头 tie$^{55-33}$bã$^{31-35}$dɤ$^{31-51}$ 柜台

戏棚头 ɕi$^{55-33}$bã$^{31-35}$dɤ$^{31-51}$ 戏台

枪篱 tɕʰiã$^{33-35}$li$^{31-51}$ 篱笆

狗窠 tɕiɤ^{42}kʰɯ$^{33-15}$ 狗窝

　羊栏 ɦiã$^{31-24}$lɛ$^{31-51}$ 羊圈

　马栏ʔmo$^{42-55}$lɛ$^{31-51}$ 马棚

　牛栏ȵiɤ$^{31-24}$lɛ$^{31-51}$ 牛圈

　猪栏 tsɿ$^{33-35}$lɛ$^{31-51}$ 猪圈；猪圈里的污物

　鸡窠 tɕi^{33}kʰɯ$^{33-15}$ 鸡窝

沟 tɕiɤ$^{33-15}$ 水渠；水沟

地坎头 di^{13}tɕ^{h}ie^{33}dɤ$^{31\text{-}15}$ 田间的隔堤
河坎头 ɦɯ$^{31\text{-}13}$tɕ^{h}ie^{33}dɤ$^{31\text{-}15}$ 河堤；河岸头
坝 po^{55}
茅坑 mã$^{31\text{-}35}$k^{h}ã$^{33\text{-}31}$ 粪坑
城墙 ʑin$^{31\text{-}24}$ʑiã$^{31\text{-}51}$
城门洞 ʑin$^{31\text{-}13}$mən$^{31\text{-}35}$duŋ$^{13\text{-}55}$ 城门
坟 vən^{31} 坟墓
马路ʔmo^{42}lu^{13}
街 ka$^{33\text{-}15}$
街埠 ka$^{33\text{-}35}$təʔ街上
弄堂 luŋ^{13}dɔ̃$^{31\text{-}15}$ 巷子
汽车路 tɕ^{h}i$^{55\text{-}33}$ts^{h}o$^{33\text{-}35}$lu$^{13\text{-}55}$ 公路
渡头 du^{13}dɤ$^{31\text{-}15}$ 渡口
村 ts^{h}øn^{33} 村子
村埠 ts^{h}øn^{33}təʔ村头；村子里
乡下 ɕiã^{33}ʔo$^{42\text{-}51}$
城市头 ʑin$^{31\text{-}13}$zɿ$^{31\text{-}35}$dɤ$^{31\text{-}51}$ 城里
　城里 ʑin$^{31\text{-}13}$ʔli^{42}
屋里ʔuoʔ^{5}li$^{42\text{-}51}$ 家；家里
老屋里ʔlɔ^{42}ʔuoʔ^{5}li$^{42\text{-}51}$ 老家
隔壁份 kaʔ$^{5\text{-}3}$piəʔ$^{5\text{-}3}$vən$^{13\text{-}51}$ 邻屋
市场 zɿ$^{31\text{-}55}$dʑiã$^{31\text{-}51}$ 农贸集市；小商品市场
小菜场 ɕiɔ^{42}ts^{h}e$^{55\text{-}33}$dʑiã$^{31\text{-}15}$ 菜市场
店面 tie$^{55\text{-}35}$mie$^{13\text{-}55}$ 铺面；店面
小店 ɕiɔ^{42}tie$^{55\text{-}51}$ 杂货店；糖果店
布店 pu$^{55\text{-}35}$tie^{55}
糕饼店 kɔ^{33}pin^{42}tie^{55} 点心店
碗店ʔuø^{42}tie^{55} 瓷器店
钟表店 tɕyuŋ^{33}piɔ^{42}tie^{55}
鞋店 ɦa$^{31\text{-}13}$tie^{55} 鞋帽店
木器店 moʔ^{2}tɕ^{h}i$^{55\text{-}35}$tie^{55}
米店ʔmi^{42}tie^{55} 粮店
猪肉摊 tsɿ^{33}ȵyoʔ$^{2\text{-}3}$t^{h}ɛ$^{33\text{-}15}$ 肉铺
酱油店 tɕiã$^{55\text{-}33}$ɦiu$^{31\text{-}33}$tie^{55} 酱料店
棉筒店 mie^{13}duŋ^{31}tie^{55} 棉花店

寄旧卖店 tɕi$^{55-33}$dʑiu$^{13-33}$ɕiã$^{33-35}$tie^{55} 寄卖店

旧货摊 dʑiu^{13}hu$^{55-33}$t^{h}ɛ$^{33-15}$

旧衣裳摊 dʑiu^{13}ʔi^{33}zɔ̃$^{31-33}$t^{h}ɛ$^{33-15}$

打银店 tã^{42}ȵin$^{31-35}$tie^{55} 银匠店

柴爿店 za$^{31-13}$bɛ$^{31-35}$tie^{55} 柴煤店

煤场 me$^{31-13}$dʑiã$^{31-51}$

煤球店 me$^{31-13}$dʑiu$^{31-35}$tie^{55}

当店 tɔ̃$^{55-35}$tie^{55} 当铺

药店 ɦiaʔ^{2}tie^{55} 药店。不分中药铺、西药房

剃头店 t^{h}i$^{55-33}$dɤ$^{31-35}$tie^{55} 理发店

浴室 ɦyoʔ^{2}ɕiəʔ^{5} 澡堂

旅馆ʔly^{42}kuø$^{42-51}$ 旅店

茶馆店 dʑo$^{31-13}$kuø^{42}tie^{55} 茶馆

小喫摊 ɕiɔ^{42}tɕ^{h}yoʔ$^{5-3}$t^{h}ɛ$^{33-15}$ 小吃店

棺材店 kuø^{33}ze$^{31-35}$tie^{55}

　寿坊店 ʑiu^{13}fɔ̃$^{33-35}$tie^{55} 死者用品店

　寿衣店 ʑiu^{13}ʔi$^{33-35}$tie^{55} 寿衣店；死者用品店

厂 tɕ^{h}iã^{42} 工厂

工场 kuŋ$^{33-35}$dʑiã$^{31-51}$ 作坊

染坊ʔȵie^{42}fɔ̃^{33}

杀猪场 səʔ$^{5-3}$tsɿ$^{33-35}$dʑiã$^{31-51}$ 屠宰场

打铁店 tã^{42}t^{h}iəʔ$^{5-3}$tie^{55} 铁匠铺

屋场ʔuoʔ^{5}dʑiã$^{31-51}$ 建筑工地

学堂 ɦoʔ^{2}dɔ̃$^{31-51}$ 学校

私馆 sɿ^{33}kuø$^{42-51}$ 私塾

托儿所 t^{h}oʔ$^{5-3}$ɦn$^{31-33}$su$^{42-51}$

幼稚班ʔiu$^{55-33}$dʑɿ$^{31-33}$pɛ$^{33-15}$ 幼儿园

　幼儿班ʔiu$^{55-33}$ɦn$^{31-33}$pɛ$^{33-15}$

剧院 dʑiəʔ^{2}ɦyø^{13}

舞厅 vu^{31}t^{h}in$^{42-51}$

稻田 dɔ$^{31-55}$die$^{31-51}$ 水田

燥地 sɔ$^{55-35}$di$^{13-55}$ 旱地

山地 sɛ$^{33-35}$di$^{13-55}$ 山坡地

沙地 so$^{33-35}$di$^{13-55}$ 沙土地

泥涂头 ni$^{31-13}$du$^{31-35}$dɤ$^{31-51}$ 泥滩；滩涂

盐碱地 ɦie$^{31-13}$kiɛ^{42}di^{13}

山垄地 sɛ^{33}luŋ$^{31-35}$di$^{13-55}$ 梯田

秧田ʔiã$^{33-35}$die$^{31-51}$

平地 bin$^{31-13}$di$^{13-55}$ 平原；平地

山岙 sɛ$^{33-35}$ʔɔ^{55} 山谷

蛋 dɛ^{13} 山间平地

山脑头 sɛ^{33}ʔnɔ^{42}dɤ$^{31-15}$ 山顶

山脚下 sɛ^{33}tɕiaʔ$^{5-3}$ʔo$^{42-51}$ 山脚

半山腰 pø$^{55-33}$sɛ^{33}ʔiɔ$^{33-15}$ 山腰

小河涧 ɕiɔ^{42}ɦɯ$^{31-13}$kiɛ$^{42-51}$ 小河

河汊涧 ɦɯ$^{31-13}$tsʰo$^{55-33}$kiɛ$^{42-51}$ 支河

河湾头 ɦɯ$^{31-13}$ʔuɛ$^{33-35}$dɤ$^{31-51}$ 河湾

水窟 ɕy^{42}kʰuoʔ^{5}-kʰuŋ^{51} 水坑

岸头 ɦie^{13}dɤ$^{31-15}$ 岸；岸上

滩头 tʰɛ$^{33-35}$dɤ$^{31-51}$ 滩；滩头

海湾头 he^{42}ʔuɛ$^{33-35}$dɤ$^{31-51}$ 海湾；海湾里

园（头）ɦyø^{31}（dɤ^{31}）菜地

田横头 die$^{31-13}$ɦuã$^{31-35}$dɤ$^{31-51}$ 田埂

晒场 so$^{55-33}$dʑiã$^{31-15}$ 打谷场

佛堂 vəʔ^{2}dɔ̃$^{31-51}$

关庙 kuɛ$^{33-35}$miɔ$^{13-55}$ 关帝庙，关公庙

岳庙 ŋoʔ^{2}miɔ^{13} 岳飞庙

土地庙 tʰu^{42}di^{13}miɔ$^{13-55}$

保界庙 pɔ^{42}ka$^{55-35}$miɔ$^{13-55}$ 大的地方性土地庙

阎罗王殿ȵie$^{31-13}$lu$^{13-33}$ɦuɔ̃$^{31-33}$die$^{13-55}$ 阎王殿

孝堂 hɔ$^{55-33}$dɔ̃^{31} 灵堂

火葬场 hu^{42}tsɔ̃$^{55-33}$dʑiã$^{31-15}$ 殡仪馆

赌博场 tu^{42}poʔ$^{5-3}$dʑiã$^{31-15}$ 赌场

婊子店 piɔ^{42}tsɿ^{42}tie^{55} 妓院

乌烟馆ʔu^{33}ʔie^{33}kuø$^{42-51}$ 鸦片馆

2. 家庭用具

家（生）伙 ko^{33}（sã^{33}）hu$^{42-31}$ 家具；器械

门床 mən$^{31-24}$zɔ̃$^{31-51}$ 床

门床板 mən$^{31-13}$zɔ̃$^{31-33}$pɛ$^{42-31}$ 床板

八仙桌 pəʔ$^{5-3}$ɕie^{33}tɕyoʔ^{5} 旧时的大方桌

茶桌 dʑo$^{31-13}$tɕyoʔ^{5}-tɕyɔ̃^{51}

柜桌 gy^{13}tɕyoʔ^{5} 柜形桌子

竹椅 tɕyoʔ$^{5-3}$ʔy$^{42-51}$

太师椅 tʰa$^{55-33}$sɿ^{33}ʔy$^{42-31}$ 高背椅

圈椅 kʰyø^{33}ʔy$^{42-51}$

抝椅ʔɔʔ$^{55-33}$ʔy$^{42-51}$ 摇椅

椅靠背ʔy^{42}kʰɔ$^{55-35}$pe^{55} 椅背

睏椅 kʰuən$^{55-33}$ʔy$^{42-51}$ 躺椅

凳头 tɤŋ$^{55-33}$dɤ$^{31-15}$ 凳子

琴凳 dʑin$^{31-13}$tɤŋ^{55} 供纳凉等用的长凳

长凳头 dʑiã$^{31-13}$tɤŋ$^{55-33}$dɤ$^{31-15}$ 长板凳

玻璃橱 pu^{33}li$^{31-35}$dʑy$^{31-51}$ 衣橱

格 kaʔ^{5}-kã^{51} 抽屉

镬 ɦuoʔ^{2} 锅

　熬盘 ŋɔ$^{31-13}$bø^{31} 平底锅

　暖锅ʔnøn^{42}ku$^{55-15}$ 火锅

　钢中镬 kɔ̃^{33}tɕyuŋ^{33}ɦuoʔ^{2}-ɦuɔ̃^{51} 铝锅

茶壶 dʑo$^{31-24}$ɦu$^{31-51}$ 烧水壶；茶壶

镬蒙（盖）ɦuoʔ^{2}mən^{13}（tɕie^{42}）锅盖

饭锹 vɛ^{13}tɕʰiɔ$^{33-15}$ 锅铲

筅帚 ɕie^{42}tɕiu$^{42-31}$ 洗锅刷

草镬絮 tsʰɔ^{42}ɦuoʔ$^{2-3}$sɿ^{55} 洗碗布

舀ʔiɔ$^{42-51}$ 大汤勺

　水舀 ɕy^{42}ʔiɔ$^{42-51}$ 水瓢

猪食缸 tsɿ^{33}ʑiəʔ$^{2-3}$kɔ̃^{33} 泔水缸

罎 tø$^{42-51}$ 中间大、两头小的一种圆口矮坛子

酒雕 tɕiu^{42}tiɔ^{33} 大酒坛子

铅桶 kʰiɛ^{42}duŋ$^{31-51}$

浴桶 ɦyoʔ^{2}duŋ^{31} 澡盆

搦粉桶ʔȵyoʔ^{2}fən^{42}duŋ$^{31-51}$

捣杵头 tɔ^{42}tsʰɿ^{42}dɤ$^{31-15}$ 小舂具中的杵头

捣杵碗 tɔ^{42}tsʰɿ^{42}ʔuø$^{42-51}$ 研磨药材等用的碗状小舂具

捣臼 tɔ^{42}dʑiu^{31} 大舂具

庎橱 ka$^{55-33}$ʥy^{31} 装碗筷和菜等用的橱子，有门和抽屉
庎刀 ka$^{55-33}$tɔ^{33} 菜刀
磉砧板 sɔ̃^{33}ʨin^{33}pɛ$^{42-31}$ 砧板
面床 mie^{13}zɔ̃^{31} 面板。做面食用的
面杖 mie^{13}ʥiã^{31} 擀面杖
麦饼卷 maʔ^{2}pin^{42}kyø$^{42-51}$ 小擀面棍
饭甑 vɛ^{13}ʨin^{55} 箅。大蒸笼
蒸笼 ʨin$^{33-35}$luŋ$^{31-51}$
撩篱 liɔ$^{31-13}$li$^{31-15}$ 笊篱
漏斗 lɤ^{13}tɤ$^{42-51}$
盆碗盏 bən$^{31-13}$ʔuø^{42}tsɛ$^{42-31}$ 食具的总称
洋碗 ɦiã$^{31-13}$ʔuø$^{42-51}$ 搪瓷碗
银碗ȵin$^{31-13}$ʔuø$^{42-51}$ 金属碗
茶盏 ʣo$^{31-13}$tsɛ$^{42-31}$ 茶碗
老酒杯ʔlɔ^{42}ʨiu^{42}pe$^{33-15}$ 酒杯
箸 ʣɿ^{13} 筷子
箸笼 ʣɿ^{13}luŋ^{31} 筷子笼
瓢羹 biɔ$^{31-13}$kã$^{33-15}$ 羹匙
羹瓢 kã^{33}biɔ$^{31-15}$
篰 bu$^{31-51}$ 箩筐
箩 lu$^{31-15}$ 小箩
笼 luŋ$^{31-15}$ 笼子
篣 da$^{31-51}$ 圆而平的笸箩
拢篣ʔluŋ^{42}da$^{31-51}$ 较小的篣
畚斗 pən$^{55-33}$tɤ$^{42-51}$ 比畚箕质量好，一般属生活工具
一斗ʔiəʔ$^{5-3}$tɤ$^{42-51}$ 专用于扫垃圾的。“一”是动词，意思是把垃圾等扫进或撮进来
筲箕浅 sɔ$^{55-33}$ʨi^{33}ʨʰie$^{42-51}$ 有提手的，较小而浅的筲箕
火钳 hu$^{42-55}$ʥie$^{31-51}$ 通火工具；夹煤球、柴火等用的铁钳

3. 工具

轮齿 nøn$^{31-13}$tsʰɿ^{42} 齿轮
榔头 lɔ̃$^{31-13}$dɤ$^{31-15}$
钳 ʥie$^{31-15}$ 钳子

螺丝开 lu$^{31-13}$sɿ^{33}kʰie$^{33-15}$ 螺丝刀

烙铁 loʔ^{2}tʰiəʔ^{5} 烙铁

锯 kie^{55} 锯子

螺钻①lu$^{31-13}$tsø^{55} 钻子

刨 bɔ^{13} 刨子

錾 zøn$^{31-51}$ 錾子

凿 zoʔ^{2}-zɔ̃^{51} 凿子

冲头 tɕʰyuŋ^{33}dɤ$^{31-15}$ 冲子

锉刀 tsʰu^{42}tɔ$^{33-15}$ 锉子

斧头 fu$^{42-55}$dɤ$^{31-51}$ 斧

摺尺 kaʔ$^{5-3}$tɕʰiəʔ^{5} 摺尺

角尺 koʔ$^{5-3}$tɕʰiəʔ^{5} 曲尺

[石長]子 dʑä^{13}tsɿ$^{42-51}$ 楔子

铁墩 tʰiəʔ$^{5-3}$tøn$^{33-15}$ 铁砧

泥夹 ni$^{31-13}$kiəʔ^{5}-kiɛ^{51} 抹子

蛎灰桶 li^{13}huø^{33}duŋ$^{31-51}$ 灰兜

铁板 tʰiəʔ$^{5-3}$pɛ$^{42-51}$ 泥板

杠筒 kɔ̃^{33}duŋ$^{31-15}$ 竹制筒状的挑具

撬棍 dʑiɔ^{31}kuən^{55}

纺车锤 fɔ̃^{42}tsʰo$^{33-35}$dʑy$^{31-51}$ 纺锤

绢机 kyø$^{55-33}$tɕi^{33} 织布机

洋车 ɦiã$^{31-35}$tsʰo$^{33-31}$ 缝纫机

棉筒锤 mie^{13}duŋ^{31}dʑy$^{31-15}$ 弹弓手锤

秤花 tɕʰin$^{55-33}$hua^{33} 秤星

　秤梗 tɕʰin$^{55-33}$kuã$^{42-51}$ 秤杆

　秤纽绳 tɕʰin$^{55-33}$ʔȵiu$^{42-55}$ʑin$^{31-51}$ 秤杆上的提绳

　天平秤 tʰie^{33}bin$^{31-35}$tɕʰin^{55} 天平（秤）

肉凳ȵyoʔ^{2}tɤŋ^{55} 肉案

洋剪 ɦiã$^{31-13}$tɕie$^{42-31}$ 理发用的推子

剃刀布 tʰi^{33}tɔ$^{33-35}$pu^{55} 鐾刀布

钓鱼钩 tiɔ$^{55-33}$ɦŋ$^{31-13}$tɕiɤ$^{33-15}$ 鱼钩

钓鱼竿 tiɔ$^{55-33}$ɦŋ$^{31-33}$tɕie$^{33-15}$ 鱼竿

鱼箩 ɦŋ$^{31-13}$lu$^{31-15}$ 鱼篓

---

① 泽国话中叫"勴钻[le^{13}tsø^{55}]"。

渔网 ɦŋ$^{31-13}$ʔmɔ̃$^{42-51}$

鱼叉 ɦŋ$^{31-13}$tsʰo$^{33-15}$

木壳枪 moʔ^{2}kʰoʔ$^{5-3}$tɕʰiã$^{33-15}$ 木枪

土快五 tʰu^{42}kʰua$^{55-33}$ʔŋ$^{42-51}$ 老式步枪

监斩牌 kiɛ^{33}tsɛ^{42}ba$^{31-15}$ 斩条；斩牌

老虎坐凳ʔlɔ^{42}hu^{42}zo^{31}tɤŋ^{55} 老虎凳

铁链索 tʰiəʔ$^{5-3}$lie^{13}soʔ^{5}-sɔ̃^{51} 钢索；链条

柒　称谓、亲属

赤佬 tsʰəʔ$^{5-3}$ʔlɔ$^{42-31}$ 对人的詈称

鬼渣 ky^{42}tso$^{33-15}$ 人渣

霍生爻个 huoʔ$^{5-3}$sã^{33}ɦɔ^{31}kəʔ骂人的话，畜生养的

女客（人）ʔȵy^{42}kʰaʔ^{5}（ȵin^{31}）女人

老孺人ʔlɔ^{42}ʑy$^{31-35}$ȵin$^{31-51}$ 妇女；一般指已婚妇女

老牌位ʔlɔ^{42}ba$^{31-35}$ɦy$^{31-51}$ 对老人的詈称

老倌ʔlɔ^{42}kuø$^{33-15}$ 老年男子；ʔlɔ^{42}kuø^{33} 丈夫

　老倌人ʔlɔ^{42}kuø^{33}ȵin$^{31-15}$ 老年男子

老太ʔlɔ^{42}tʰa$^{55-51}$ 老年妇女

　老太扁ʔlɔ^{42}tʰa$^{55-33}$pie$^{42-51}$ 对老年妇女的贬称

大蛮男子 du^{13}mɛ$^{31-33}$nɛ$^{31-33}$tsɿ$^{42-31}$ 中年男人

后生老孺人ʔiɤ^{42}sã^{33}ʔlɔ^{42}ʑy$^{31-35}$ȵin$^{31-51}$ 年轻妇女

大蛮老孺人 du^{13}mɛ$^{31-33}$ʔlɔ^{42}ʑy$^{31-35}$ȵin$^{31-51}$ 中年妇女

后生ʔiɤ^{42}sã$^{33-15}$ 年轻人；年轻

　后生人ʔiɤ^{42}sã$^{33-35}$ȵin$^{31-51}$ 年轻人

大蛮后生 du^{13}mɛ$^{31-33}$ʔiɤ^{42}sã$^{33-15}$ 成熟的年轻人

　健大后生 dʑie^{13}du$^{13-33}$ʔiɤ^{42}sã$^{33-15}$

细佬（头）ɕi$^{55-33}$ʔlɔ^{42}（dɤ$^{31-15}$）男青少年

小后生 ɕiɔ^{42}ʔiɤ^{42}sã$^{33-15}$ 小伙子

大娘（头）du^{13}ȵiã^{31}（dɤ$^{31-15}$）女青少年

　小大娘 ɕiɔ^{42}du$^{13-33}$ȵiã$^{31-51}$ 小女孩儿

小人 ɕiɔ^{42}ȵin$^{31-15}$ 小孩儿；ɕiɔ$^{42-55}$ȵin$^{31-51}$ 小人，与“君子”相对

　小弯 ɕiɔ^{42}ʔuɛ$^{33-15}$

囡儿头ʔnɛ^{42}ɦn$^{31-33}$dɤ$^{31-15}$ 小女孩

娃娃ʔua^{33}ʔua$^{33-15}$ 婴儿

长人 dʑiã$^{31-24}$ȵin$^{31-51}$ 高个子的人

　　长脚 dʑiã$^{31-13}$tɕiaʔ^{5}

矮卵ʔa^{42}ʔlø$^{42-51}$ 矮个子的人

　　矮脚股ʔa^{42}tɕiaʔ$^{5-3}$ku$^{42-51}$

壮股 tɕyɔ̃$^{55-33}$ku$^{42-51}$ 胖人

大人 du^{13}ȵin$^{31-15}$ 胖人；du^{13}ȵin^{31} 成人

瘵绷 za^{13}pã$^{33-15}$ 瘦人

蚤憨 tsɔ^{42}hɛ$^{33-15}$ 比喻瘦小的人

吗哼ʔma^{33}hã$^{33-15}$ 体弱的人

圆眼弹 ɦyø$^{31-13}$ʔȵiɛ^{42}dɛ^{13} 眼大又圆的人；眼球凸显的人

大喉咙 du^{13}ɦiɤ$^{31-35}$luŋ$^{31-51}$ 声音大的人

睏虫 kuən$^{55-33}$dʑyuŋ$^{31-15}$ 瞌睡的人

贪喫鬼 tʰɛ^{33}tɕʰyoʔ$^{5-3}$ky$^{42-51}$ 馋嘴的人

　　贪□阄 tʰɛ^{33}gã^{31}tɕiu$^{33-15}$

疥橱猫 ka$^{55-33}$dʑy$^{31-33}$ʔmɔ$^{33-15}$

野狗ʔia^{42}tɕiɤ^{42} 野狗；比喻贪玩的人

喫酒人 tɕʰyoʔ$^{5-3}$tɕiu$^{42-55}$ȵin$^{31-51}$ 喝酒的人

酒保 tɕiu^{42}pɔ$^{42-51}$ 嗜酒者

　　酒鬼 tɕiu^{42}ky$^{42-51}$

烟棍ʔie$^{33-35}$kuən^{55} 嗜烟者

　　烟囱管ʔie^{33}tsʰuŋ^{33}kuŋ^{42}

⿰巾监⿰巾亚lɛ^{13}ʔu$^{33-15}$ 肮脏的人

堕贫 du$^{31-13}$bin^{31} 游手好闲者；流浪者

　　流徒 liu$^{31-24}$du$^{31-51}$

癫 tie$^{33-15}$ 疯子

哑佬ʔo^{42}ʔlɔ$^{42-51}$ 哑巴者

老□ʔlɔ^{42}ɕiɤ$^{33-15}$ 驼背者

佝背 dʑiɤ$^{31-35}$pe^{55} 驼背（者）

聋碰 luŋ$^{31-13}$bã$^{13-55}$ 聋人

　　聋公 luŋ$^{31-35}$kuŋ$^{33-31}$

摆脚 pa^{42}tɕiaʔ^{5} 瘸子

　　老摆ʔlɔ^{42}pa$^{42-31}$

崴手ʔuø^{42}ɕiu$^{42-51}$ 手腕伸不直者

荒顶 huɔ̃^{33}tin$^{42-31}$ 秃子

畸手利肥tɕi^{33}ɕiu^{42}li^{13}pʰiəʔ^{5} 左撇子

落牙郎 loʔ^{2} ŋo$^{31-35}$ lɔ̃$^{31-51}$ 缺门牙的人

麻爷 mo$^{31-24}$ɦia$^{31-51}$ 长麻子的人

　麻面 mo$^{31-13}$mie$^{13-55}$

大头爷 du^{13}dɤ$^{31-35}$ɦia$^{31-51}$ 大脑袋的人

哭巴 k^{h}uoʔ$^{5-3}$pa$^{33-15}$ 爱哭的人

　□巴 da^{31}pa$^{33-15}$

　□长 da^{31}dʑiã$^{-15}$

　哭阄 k^{h}uʔ$^{5-3}$tɕiu$^{33-15}$

笑星 ɕiɔ$^{55-33}$ɕin$^{33-15}$ 开心的人

红头雉鸡 ɦŋ$^{31-13}$dɤ$^{31-33}$dʑʅ^{31}tɕi^{33} 红光满面的人

憋死藤阄 piəʔ$^{5-3}$sʅ^{42}dɤŋ$^{31-35}$tɕiu$^{33-31}$ 精神萎靡的人

告炮鬼 kɔ^{33}p^{h}ɔ$^{55-33}$ky$^{42-51}$ 该枪毙的人

朋友（家）buŋ$^{31-13}$ʔiu^{42} (ko$^{33-15}$) 朋友

相好 ɕiã^{33}hɔ$^{42-31}$ 好朋友

带头人 ta$^{55-33}$dɤ$^{31-35}$ȵin$^{31-51}$ 领头的人

　滚头 kuən^{42}dɤ$^{31-15}$

自家人 zʅ^{13}ko$^{33-35}$ȵin$^{31-51}$ 自己人

　自班人 zʅ^{13}pɛ$^{33-51}$ȵin$^{31-51}$

组班人 tsu^{42}pɛ$^{33-35}$ȵin^{31} 同一帮【班】人

伙计 hu^{42}tɕi^{55} 同伙；合伙人：拼～|做～：合伙；堂倌

别个 biəʔ^{2}kie^{55} 外人；别人

各班人 koʔ$^{5-3}$pɛ$^{33-35}$ȵin$^{31-51}$ 非自己人；另一帮人

打生人 tã^{42}sã$^{33-35}$ȵin$^{31-51}$ 陌生人

对象 te$^{55-33}$ʑiã^{31} 恋人

主人家 tɕy^{42}ȵin$^{31-35}$ko$^{33-31}$ 主人；房东；东家

当家人 tɔ̃^{33}ko$^{33-35}$ȵin$^{31-51}$

　撑门头人 tsã^{33}mən$^{31-33}$dɤ$^{31-35}$ȵin$^{31-51}$

姘头 p^{h}in^{33}dɤ$^{31-15}$ 情人

　傍生人 bɔ̃$^{31-13}$sã$^{33-35}$ȵin$^{31-51}$

人客ȵin$^{31-13}$k^{h}aʔ^{5} 客人

陪客 be$^{31-13}$k^{h}aʔ^{5}

份头 vən^{13}dɤ^{31} 有人情往来关系的邻居或远房亲戚

同年夹届 duŋ$^{31-13}$ȵie$^{31-33}$kiəʔ$^{5-3}$ka^{55} 同龄人

竞对头 dʑin^{13}te$^{55-33}$dɤ$^{31-15}$ 对手

对头人 te$^{55-33}$dɤ$^{31-35}$ȵin$^{31-51}$ 仇人

　死对头 sʅ^{42}te$^{55-33}$dɤ^{31}

当地人 tõ^{33}di$^{13-33}$ȵin$^{31-15}$ 本地人

地方头人 di^{13}fõ^{33}dɤ$^{31-35}$ȵin$^{31-51}$ 小范围的同乡

外头人 ŋa^{13}dɤ$^{31-33}$ȵin$^{31-15}$ 外地人

　外路（人）ŋa^{13}lu^{13}（ȵin$^{31-15}$）

　外路宝 ŋa^{13}lu^{13}pɔ$^{42-51}$ 对外地人的贬称

乡下（头）人 ɕiã^{33}ʔo^{42}（dɤ$^{31-35}$）ȵin$^{31-51}$

城市（头）人 ʑin$^{31-13}$zɿ^{31} (dɤ$^{31-35}$) ȵin$^{31-51}$ 城里人

东北佬 tuŋ^{33}poʔ$^{5-3}$ʔlɔ$^{42-31}$ 北方人的统称

　江北佬 kõ^{33}poʔ$^{5-3}$ʔlɔ$^{42-31}$ 指宁波人

驶外洋个 sa^{42}ŋa^{13}ɦiã^{31}kəʔ华侨或海外华人

华侨 ɦua$^{31-24}$dʑiɔ$^{31-51}$

白洋 baʔ^{2}ɦiã$^{31-15}$ 欧美洋人

媒人婆 me$^{31-13}$ȵin$^{31-35}$bu$^{31-51}$ 媒婆

　老大媒ʔlɔ^{42}du$^{13-33}$me^{31}

新郎官 ɕin^{33}lõ$^{31-35}$kuø$^{33-31}$ 新郎

新妇（娘）ɕin^{33}ɦu$^{31-33}$ (ȵiã^{31}) 新娘

陪郎 be$^{31-55}$lõ$^{31-51}$ 伴郎

门床扎【脚】mən$^{31-13}$zõ$^{31-33}$tsaʔ^{5}【tɕiaʔ^{5}】指关系非常好的伴郎

　洞房扎【脚】duŋ^{13}võ$^{31-33}$tsaʔ^{5}【tɕiaʔ^{5}】

陪姑 be^{31}ku^{42} 伴娘

傧相 pin$^{55-35}$ɕiã^{55} 婚礼上的司仪等

生娘 sã$^{33-35}$ȵiã$^{31-51}$ 产妇

大肚人 du^{13}du$^{31-35}$ȵin$^{31-51}$ 孕妇

头花喜 dɤ$^{31-13}$hua^{33}ɕi$^{42-51}$ 头胎

寡公 kua^{42}kuŋ^{33} 鳏夫

光棍 kuõ$^{33-35}$kuən^{55} 未婚男子

老大娘ʔlɔ^{42}du$^{13-33}$ȵiã^{31} 大龄剩女

老寿星ʔlɔ^{42}ʑiu^{13}ɕin^{33} 长命的人

短命鬼 tø^{42}min$^{13-33}$ky$^{42-51}$ 短命的人

老板ʔlɔ^{42}pɛ$^{42-51}$

好撑人家 hɔ^{42}tsʰã^{55}ȵin$^{31-35}$ko$^{33-31}$ 有钱人家

铅户人家 kʰiɛ^{42}ʔu^{42}ȵin$^{31-33}$ko$^{33-15}$ 穷人

　铅户 kʰiɛ^{42}ʔu$^{42-51}$

跌薄 tiəʔ$^{5-3}$boʔ^{2} 破落户

代死鬼 de^{13}sɿ^{42}ky$^{42-51}$ 替罪羊

通笼 t^{h}uŋ^{33}luŋ$^{31-15}$ 被出卖者；通风报信

倒运鬼 tɔ^{42}ɦyn$^{13-33}$ky$^{42-51}$ 倒霉的人

独个人卵 doʔ^{2}kie$^{55-33}$ȵin$^{31-33}$lø$^{42-31}$ 孤独的人；一个人

奸鬼 kiɛ^{33}ky$^{42-31}$ 精明的人；奸猾的人

滑头码子 ɦuəʔ^{2}dɤ$^{31-33}$ʔmo^{42}tsɿ$^{42-31}$ 滑头的人

滑头鬼 ɦuəʔ^{2}dɤ$^{31-33}$ky$^{42-31}$

阿大 aʔ$^{5-3}$du^{13} 傻瓜

呆大富贵ȵie$^{31-13}$du$^{13-33}$fu$^{55-35}$ky^{55}

寿头 ʑiu^{13}dɤ$^{31-15}$

呆大桃【鬼】ȵie$^{31-13}$du$^{13-33}$dɔ$^{31-15}$【ky$^{42-31}$】

呆大ȵie$^{31-13}$du$^{13-55}$

大痴 du^{13}tɕ^{h}y$^{33-15}$

饭店嫂 vɛ^{13}tie$^{55-33}$sɔ$^{42-51}$ 饭店老板娘

赶头钻【酸】tɕie^{42}dɤ$^{31-35}$tsø$^{33-31}$【sø$^{33-31}$】能干的人

老鬼ʔlɔ^{42}ky$^{42-31}$ 老手

老家子ʔlɔ^{42}ko^{33}tsɿ$^{42-31}$

嫩头子 nøn^{13}dɤ$^{31-33}$tsɿ$^{42-51}$ 新手

老把子ʔlɔ^{42}po^{42}tsɿ$^{42-31}$ 内行人

秀才 ɕiu$^{55-33}$ze$^{31-15}$ 识字的人；有学识的人

亮眼人 liã^{13}ʔȵiɛ$^{42-35}$ȵin$^{31-51}$

大老粗 da^{13}ʔlɔ^{42}ts^{h}u$^{33-15}$ 不识字者

花眼人 hua^{33}ʔȵiɛ$^{42-35}$ȵin$^{31-51}$ 瞎子；不识字者

书糊 ɕy$^{33-35}$ɦu$^{31-51}$ 钻到书堆里的人

燥鸭 sɔ$^{55-33}$ʔɔʔ^{5}-ʔɛ^{51} 不会游泳的人

败子 ba^{13}tsɿ$^{42-31}$ 败家子（专指男性）

败婆 ba^{13}bu^{31} 败家子（男女皆可）

半桶粪 pø$^{55-33}$duŋ^{31}fən^{55} 半懂不懂的人

半桶【笼】哄 pø$^{55-33}$duŋ^{31}【luŋ^{31}】huŋ^{55}

劈天板 p^{h}iəʔ$^{5-3}$t^{h}ie^{33}pɛ$^{42-31}$ 胆大的人

胆小鬼 tɛ^{42}ɕiɔ^{42}ky$^{42-31}$ 胆小的人

老伯垂头ʔlɔ^{42}paʔ$^{5-3}$dʑy$^{31-33}$dɤ$^{31-15}$ 很老成的小孩儿

跌力风 tiəʔ$^{5-3}$liəʔ$^{2-3}$fuŋ^{33} 冒失的人

□娘屄ʔȵiɔ^{33}ȵiã$^{31-33}$pi$^{33-15}$ 轻浮的人（多指女性）

七六抖 tɕʰiəʔ$^{5-3}$loʔ$^{2-3}$tɤ$^{42-51}$ 粗心的人

呒橦头 m$^{31-13}$dʑyɔ̃$^{31-13}$dɤ$^{31-51}$ 做事不牢靠的人

搅荡乌龟 kɔ̃^{42}dɔ̃^{13}ʔu$^{33-55}$ky$^{33-31}$ 捣蛋鬼；好事者

懒惰胚 lɛ^{42}du^{31}pʰe^{33} 懒人

海三 he^{42}sɛ$^{33-15}$ 吹牛大王

　海卵 he^{42}ʔlø$^{42-51}$

　半天绒花 pø$^{55-33}$tʰie^{33}ʑyuŋ$^{31-35}$hua$^{33-31}$

斑斑 pɛ^{33}pɛ$^{33-15}$ 八哥；指爱说话的人

直兄 dʑiəʔ^{2}ɕyuŋ$^{33-15}$ 说话爽直、容易得罪人的人

大细只眼 du^{13}ɕi$^{55-33}$tɕiəʔ$^{5-3}$ʔȵiɛ$^{42-51}$ 眼睛一大一小，指势利的人

癞头 la^{13}dɤ$^{31-15}$ 耍赖的人

　癞头皮 la^{13}dɤ$^{31-35}$bi$^{31-51}$

　癞脚皮 la^{13}tɕiaʔ^{5}bi$^{31-51}$

　烂皮 lɛ^{13}bi^{31}

大脚婆 du^{13}tɕiaʔ^{5}bu$^{31-51}$ 大脚的人（女性）

摸虱虫ʔmoʔ$^{5-3}$ɕiəʔ^{5}dʑyuŋ$^{31-51}$ 慢性子的人

发剧鬼 fəʔ$^{5-3}$dʑiəʔ$^{2-3}$ky$^{42-31}$ 急性子的人

拉尿阄【股】la^{13}ɕy^{33}tɕiu$^{33-15}$【ku$^{42-51}$】尿床的孩子

滑皮鸟 ɦuəʔ^{2}bi$^{31-33}$tiɔ$^{42-31}$ 淘气的孩子

恶鬼ʔoʔ$^{5-3}$ky$^{42-31}$ 蛮横凶悍的人

戆大 gɔ̃^{13}du$^{13-55}$ 游手好闲者

　野胡ʔia$^{42-55}$ɦu$^{31-51}$

嫖柱 biɔ$^{31-13}$dʑy$^{31-51}$ 好色的男人

泼婆（娘）pʰaʔ^{5}bu$^{31-51}$（ȵiã$^{31-51}$）泼辣的女人

活乌龟 huəʔ^{2}ʔu$^{33-55}$ky$^{33-31}$ 戴绿帽的男人

踏羊鸟 dəʔ^{2}ɦiã$^{31-33}$diɔ$^{42-31}$ 有气无力的人

大水蟹 du^{13}ɕy^{42}ha$^{42-51}$ 随波逐流的人

半雌雄 pø$^{55-33}$tsʰɿ$^{33-35}$ɦyuŋ$^{31-51}$ 不男不女的人

烂框蛇 lɛ^{13}tɕʰyɔ̃$^{33-35}$zo$^{31-51}$ 品行不端的人；坏人

老师ʔlɔ^{42}sɿ$^{33-15}$ 教师

当兵人 tɔ̃^{33}pin$^{33-35}$ȵin$^{31-51}$ 军人

老师（头）ʔlɔ^{42}sɿ^{33}（dɤ$^{31-15}$）师傅

做衣裳老师 tsu$^{55-33}$ʔi^{33}zɔ̃$^{31-33}$ʔlɔ^{42}sɿ$^{33-15}$ 裁缝师傅

剃头老师 tʰi^{33}dɤ$^{31-33}$ʔlɔ^{42}sɿ$^{33-15}$ 理发匠

打铁人 tã^{42}tʰiəʔ^{5}ȵin$^{31-51}$ 铁匠

小铜担 ɕiɔ^{42}duŋ$^{31-35}$tɛ^{55} 小铜匠
打鑞人 tã^{42}ləʔ^{2}ȵin$^{31-51}$ 锡匠
木匠老师 moʔ^{2}ʑiã$^{13-33}$ʔlɔ^{42}sɿ^{33} 木匠师傅
打银老师 tã^{42}ȵin$^{31-33}$ʔlɔ^{42}sɿ^{33} 银匠
小铜匠 ɕiɔ^{42}duŋ$^{31-33}$ ʑiã$^{13-51}$ 锁匠
皮鞋老师 bi$^{31-13}$ɦa$^{31-33}$ʔlɔ^{42}sɿ$^{33-15}$ 皮鞋匠
泥水 ni$^{31-13}$ɕy$^{42-31}$ 泥水工
补镬个 pu^{42}ɦuoʔkəʔ补锅的
牙郎 ŋo$^{31-24}$lɔ̃$^{31-51}$ 生意中介人
摆摊个 pa^{42}tʰɛ$^{33-15}$kəʔ摊贩
做小生意个 tsu$^{55-33}$ɕiɔ^{42}sã^{33}ʔi$^{55-51}$kəʔ小贩
做戏法个 tsu$^{55-33}$ɕi$^{55-33}$fəʔ^{5}-fɛ^{51}kəʔ卖艺者
弹棉筒个 dɛ^{31}mie$^{13-33}$duŋ$^{31-51}$kəʔ弹棉花的人
写字先生 ɕia^{42}zɿ$^{13-33}$ɕie$^{33-55}$sã$^{33-31}$ 代书者
卖申报个 ma^{13}ɕin^{33}pɔ^{55}kəʔ卖报者
卖鲜人 ma^{13}ɕie$^{33-35}$ȵin$^{31-51}$ 卖鱼人
换糖客 ɦuø^{13}dɔ̃$^{31-15}$kʰaʔ^{5}-kʰã^{51} 收废品者
捉垃圾个 tɕyoʔ$^{5-3}$ləʔ$^{2-3}$səʔ^{5}-sɛ^{51}kəʔ拾荒者
杀猪人 səʔ$^{5-3}$tsɿ$^{33-35}$ȵin$^{31-51}$ 屠户
　杀猪客 səʔ$^{5-3}$tsɿ^{33} kʰaʔ^{5}-kʰã^{51}
台门头佬 de$^{31-13}$mən$^{31-33}$dɤ$^{31-33}$ʔlɔ$^{42-51}$ 看门人
老差ʔlɔ^{42}tsʰa$^{33-15}$ 跑腿的人
喂猪个ʔy$^{55-33}$tsɿ^{33}kəʔ饲养员
　喂牛个ʔy$^{55-33}$ȵiɤ^{31}kəʔ
厨倌（爷）dʑy$^{31-35}$kuø$^{33-31}$（ɦia$^{31-51}$）厨师
烧饭个 ɕiɔ$^{33-35}$vɛ$^{13-55}$kəʔ伙夫
卸货个 ho^{42}hu^{55}kəʔ搬运工
拔车人 bəʔ^{2}tsʰo$^{33-35}$ȵin$^{31-51}$ 车夫
担脚 tɛ$^{55-33}$tɕiaʔ^{5} 挑夫
扛轿个 kɔ̃$^{33-35}$dʑiɔ$^{13-55}$kəʔ轿夫
船老大 ʑyø$^{31-13}$ʔlɔ^{42}da^{13} 船家
　撑船人 tsʰã$^{33-35}$ʑyø$^{31-35}$ȵin$^{31-51}$
种田个 tɕyuŋ$^{55-33}$die^{31}kəʔ农民
　种田人 tɕyuŋ$^{55-33}$die$^{31-35}$ȵin$^{31-51}$
打鱼人 tã^{42}ɦŋ$^{31-35}$ȵin$^{31-51}$ 渔民

抲鱼人 kʰo$^{33\text{ɦ}}$ɦŋ$^{31-35}$ȵin$^{31-51}$

讨海人 tʰɔ^{42}he$^{42-55}$ȵin$^{31-51}$

打野兽个 tã^{42}ʔia^{42}ɕiu^{55}kəʔ猎人

客 kʰaʔ^{5} 顾客；客人

屋主ʔuoʔ$^{5-3}$tɕy$^{42-51}$ 房东

冷事ʔlã^{42}zɿ^{13} 账房先生

蹲店棚头个 dʑi^{31}tie$^{55-33}$bã$^{31-35}$dɤ$^{31-51}$kəʔ店员

帮工 pɔ̃$^{33-55}$kuŋ$^{33-31}$ 雇工

长年 dʑiã$^{31-24}$ȵie$^{31-51}$ 长工

散工 sɛ^{42}kuŋ$^{33-15}$ 零工；短工

娘ȵiã$^{31-15}$ 保姆；姑妈

丫鬟ʔiɔ^{33}ɦuɛ$^{31-15}$

奶娘ʔna^{42}ȵiã$^{31-15}$ 奶妈

讨饭人 tʰɔ^{42}vɛ$^{13-33}$ȵin^{31} 乞丐

做官个 tsu$^{55-33}$kuø^{33}kəʔ官员

做呈个 tsu$^{55-33}$dʑin^{31}kəʔ讼师

证明人 tɕin$^{55-33}$min$^{31-35}$ȵin$^{31-51}$ 证人

监牢头 kiɛ^{33}lɔ$^{31-33}$dɤ$^{31-15}$ 监狱看守

老白娘ʔlɔ^{42}baʔ$^{2-3}$ȵiã$^{31-51}$ 尼姑

望花鸟 mɔ̃^{13}hua^{33}diɔ$^{42-51}$ 巫婆

灵姑（壳）lin$^{31-13}$ku^{33} (kʰoʔ^{5}-kʰɔ̃^{51})

抲逃神 kʰo^{33}dɔ$^{31-35}$ʑin$^{31-51}$ 神汉

拐子 kua^{42}tsɿ$^{42-51}$ 扒手；人贩子

剪绺 tɕie^{42}ʔliu$^{42-51}$ 扒手

贼 zəʔ^{2}

绿壳 loʔ^{2}kʰoʔ^{5} 土匪；强盗

旋人大王 ʑyø^{13}ȵin$^{31-33}$da$^{13-33}$ɦuɔ̃^{31} 骗子

沙龙 so$^{33-35}$luŋ$^{31-51}$ 流氓

沙龙头 so^{33}luŋ$^{31-35}$dɤ$^{31-51}$ 流氓头子

沙龙毛 so^{33}luŋ$^{31-35}$mɔ$^{31-15}$ 小流氓

乌烟鬼ʔu^{33}ʔie^{33}ky$^{42-51}$ 吸毒者

绿壳大佬 loʔ^{2}kʰoʔ$^{5-3}$du$^{13-33}$ʔlɔ$^{42-31}$ 黑帮头子

绿壳毛 loʔ^{2}kʰoʔ$^{5-3}$mɔ$^{31-15}$ 黑帮走卒

班房胚 pɛ^{33}vɔ̃$^{31-33}$pʰe$^{33-15}$ 囚犯；该坐牢的人

同伙 duŋ$^{31-13}$hu$^{42-31}$ 同案犯

婊子 piɔ^{42}tsɿ$^{42-31}$ 妓女

　滥飞机 lɛ^{13}fi$^{33-55}$tɕi$^{33-31}$

央沟鸭ʔiã^{33}tɕiɤ^{33}ʔəʔ^{5}-ʔɛ^{51} 男妓

黄婆鸟 ɦuɔ̃$^{31-13}$bu$^{31-33}$tiɔ$^{42-31}$ 色情业中介；鸨母

老娭ʔlɔ^{42}ʔie^{33} 妻子

囡儿婿ʔnɛ^{42}ɦn$^{31-35}$ɕi^{55} 女婿

囡ʔnɛ$^{42-51}$ 女儿

儿 ɦn^{31} 儿子

新妇 ɕin^{33}ɦu^{31} 儿媳妇；新娘子

娘舅ȵiã$^{31-13}$dʑiu$^{31-51}$ 舅舅

娘妗ȵiã$^{31-13}$dʑin$^{31-51}$ 舅妈

侄女 dʑiəʔ^{2}ʔȵy$^{42-51}$

外甥 ŋa^{13}sã$^{33-15}$

外甥囡 ŋa^{13}sã^{33}ʔnɛ$^{42-51}$ 外甥女

外侄 ŋa^{13}dʑiəʔ^{2} 妻之兄弟之子

外侄女 ŋa^{13}dʑiəʔ^{2}ʔȵy$^{42-51}$ 妻之兄弟之女

双生 ɕyɔ̃^{33}sã$^{33-15}$ 双胞胎

家娘新妇 ko^{33}ȵiã$^{31-33}$ɕin^{33}ɦu^{31} 婆媳

孙 søn$^{33-15}$ 孙子

孙新妇 søn^{33}ɕin^{33}ɦu^{31} 孙媳妇

孙女 søn^{33}ʔȵy$^{42-51}$ 孙女

孙女婿 søn^{33}ʔȵy$^{42-31}$ɕi^{55} 孙女婿

外孙 ŋa^{13}søn$^{33-15}$ 外孙

外孙女 ŋa^{13}søn^{33}ʔny$^{42-51}$ 外孙女

玄孙 ɦyø$^{31-35}$søn$^{33-31}$ 重孙

玄孙女 ɦyø$^{31-13}$søn^{33}ʔȵy$^{42-51}$ 重孙女

玄玄孙 ɦyø$^{31-13}$ɦyø$^{31-35}$søn$^{33-31}$ 玄孙

大辈 du^{13}pe^{55} 长辈

迫迫亲 paʔ$^{5-3}$paʔ$^{5-3}$tɕʰin$^{33-15}$ 远房亲戚

同辈 duŋ$^{31-13}$pe^{55} 平辈

下辈ʔo^{42}pe^{55} 晚辈

共家人 dʑyuŋ^{13}ko$^{33-35}$ȵin$^{31-51}$ 一家人

整家人 tɕin^{42}ko$^{33-35}$ȵin$^{31-51}$ 全家人

家属 ko^{33}ʑyoʔ^{2}

亲眷 tɕʰin$^{33-35}$kyø^{55} 亲戚

老丈人ʔlɔ^{42}ʥiã$^{31-35}$ȵin$^{31-51}$ 丈人

老倌屋里ʔlɔ^{42}kuø^{33}ʔuoʔ$^{5-3}$ʔli$^{42-31}$ 婆家

外婆屋里 ŋa^{13}bu$^{31-15}$ʔuoʔ$^{5-3}$ʔli$^{42-31}$ 姥姥家

叔伯兄弟 ɕyoʔ$^{5-3}$paʔ$^{5-3}$ɕyuŋ^{33}di^{31} 堂兄弟

叔伯姊妹 ɕyoʔ$^{5-3}$paʔ$^{5-3}$tsɿ^{42}me^{13} 堂姐妹

表兄弟 piɔ^{42}ɕyuŋ^{33}di^{31} 表兄弟

表姊妹 piɔ^{42}tsɿ^{42}me^{13} 表姐妹

捌　生理、疾病

1. 生理

乌颅头ʔu^{33}lu$^{31-35}$dɤ$^{31-51}$ 头

脑底心ʔnɔ^{42}ti^{42}ɕin^{33} 头顶

后脑壳ʔiɤ^{42}ʔnɔ^{42}k^{h}oʔ^{5} 后脑勺

后沿颈ʔiɤ^{42}ɦie$^{31-33}$ʨin$^{42-31}$ 颈后凹处

食米窟 ʑiəʔ^{2}ʔmi^{42}k^{h}uoʔ^{5} 囟门

太阳角 t^{h}a$^{55-33}$ɦiã$^{31-33}$koʔ^{5} 太阳穴

眼骨头ʔȵiɛ^{42}kuoʔ^{5}dɤ$^{31-51}$ 额头

旋 ʑyø^{13} 发旋

鬓发 pin$^{55-33}$fəʔ^{5} 鬓

斩发 tsɛ^{42}fəʔ^{5}-fɛ^{51} 额前发

辫 bie$^{31-51}$ 辫子

头髻 dɤ$^{31-35}$ʨi^{55} 髻

风屑壳 fuŋ^{33}ɕiəʔ$^{5-3}$k^{h}oʔ^{5} 头屑

面 mie^{13} 脸

面颊股 mie^{13}ʨiəʔ$^{5-3}$ku$^{42-31}$ 脸蛋；腮帮

面膨骨 mie^{13}bã$^{31-33}$kuoʔ^{5} 颧骨

眼眉毛ʔȵiɛ^{42}mi$^{31-35}$mɔ$^{31-51}$ 眉毛

眼乌珠ʔȵiɛ^{42}ʔu$^{33-55}$ʨy$^{33-31}$ 眼珠；黑眼珠

眼白仁ʔȵiɛ^{42}baʔ$^{2-3}$ȵin$^{31-15}$ 眼白

眼乌珠仁ʔȵiɛ^{42}ʔu^{33}ʨy^{33}ȵin$^{31-15}$ 瞳人

眼横头ʔȵiɛ^{42}ɦuã$^{31-33}$dɤ$^{31-15}$ 眼角

裥 kiɛ^{42} 皱纹；褶

眼泡皮ʔȵiɛ^{42}p^{h}ɔ$^{55-35}$bi$^{31-51}$ 眼皮

眼睫毛ʔȵiɛ^{42}ʨiəʔ^{5}mɔ$^{31-51}$ 睫毛

眼圈ʔȵiɛ^{42}kʰyø$^{33-15}$

眼泪ʔȵiɛ^{42}li^{13}

眼□ʔȵiɛ^{42}ʔuɔ̃$^{42-31}$ 眼屎

鼻头 bəʔ^{2}dɤ$^{31-51}$ 鼻子

　鼻头垂 bəʔ^{2}dɤ$^{31-35}$ʥy$^{31-51}$ 鼻尖

　鼻头梁 bəʔ^{2}dɤ$^{31-35}$liã$^{31-51}$ 鼻梁

　鼻头空 bəʔ^{2}dɤ$^{31-35}$kʰuŋ^{55} 鼻孔

　鼻头毛 bəʔ^{2}dɤ$^{31-35}$mɔ$^{31-51}$ 鼻毛

　鼻头涕 bəʔ^{2}dɤ$^{31-35}$tʰi^{55} 鼻涕

　鼻头屙 bəʔ^{2}dɤ$^{31-35}$ʔɯ^{55} 鼻屎

耳朵ʔŋ^{42}tu$^{42-31}$

　耳朵垂ʔŋ^{42}tu^{42}ʥy$^{31-15}$ 耳垂

　耳朵空ʔŋ^{42}tu^{42}kʰuŋ^{55} 耳孔

　耳朵屙ʔŋ^{42}tu^{42}ʔɯ^{55} 耳屎

嘴唇 tɕy$^{42-55}$ʑyn$^{31-51}$

牙齿 ŋo$^{31-13}$tsʰɿ$^{42-31}$

　门前牙 mən$^{31-13}$ʑie$^{31-35}$ŋo$^{31-51}$ 门牙

　大牙 du^{13}ŋo^{31}

　牙齿橦头 ŋo$^{31-13}$tsʰɿ^{42}ʥyɔ̃$^{31-35}$dɤ$^{31-51}$ 牙根

　牙床 ŋo$^{31-13}$zɔ̃$^{31-51}$

　老虎牙ʔlɔ^{42}hu$^{42-55}$ŋo$^{31-51}$ 智齿

牙岩 ŋo$^{31-13}$ȵiɛ$^{31-51}$ 牙垢

口舌（头）kʰiɤ^{42}ʑiəʔ$^{2-3}$（dɤ$^{31-51}$）舌头

小口舌 ɕiɔ^{42}kʰiɤ^{42}ʑiəʔ^{2}-ʑie^{51} 小舌

鉴 kiɛ^{55} 舌苔

滥吐卤 lɛ^{13}tʰu$^{55-33}$ʔlu$^{42-51}$ 唾沫

泼粪 pʰəʔ$^{5-3}$fən^{55} 唾沫星子

下巴潺卤ʔo^{42}bo$^{31-13}$zɛ$^{31-33}$ʔlu$^{42-31}$ 涎水

嘴横头 tɕy^{42}ɦuã$^{31-35}$dɤ$^{31-51}$ 嘴角

酒显 tɕiu^{42}ɕie$^{42-51}$ 酒窝

颌鳃 giɛ^{31}se^{33} 鱼鳃

下巴ʔo$^{42-55}$bo$^{31-51}$

胡须 ɦu$^{31-35}$ɕy$^{33-31}$

头颈 dɤ^{31}tɕin$^{42-31}$ 脖子

喉咙 ɦiɤ$^{31-24}$luŋ$^{31-51}$ 喉咙；嗓门

　喉咙头 ɦiɤ$^{31-13}$luŋ$^{31-33}$dɤ$^{31-51}$ 喉咙；喉结

　喉咙结 ɦiɤ$^{31-13}$luŋ$^{31-33}$tɕiəʔ^{5} 喉结

骑身 dʑi^{31}ɕin^{33} 躯体；身子

肩胛头 kie^{3}kiəʔ^{5}dɤ$^{31-51}$ 肩膀

攀肩骨 pʰɛ^{33}tɕie^{33}kuoʔ^{5} 肩胛骨

骼则下 kʰiəʔ$^{5-3}$tsaʔ$^{5-3}$ʔo$^{42-51}$ 腋窝

心窝窟 ɕin^{33}ʔu^{33}kʰuoʔ^{5} 胸口

胸头 ɕyuŋ$^{33-35}$dɤ$^{31-51}$ 胸脯

奶（奶）ʔna^{33}（ʔna$^{33-15}$）乳房；乳汁

背脊身 pe$^{55-33}$tɕiəʔ$^{5-3}$ɕin^{33} 脊背

龙骨 luŋ$^{31-13}$kuoʔ^{5} 脊椎

肋膨骨 ləʔˀɓã$^{31-33}$kuoʔ^{5} 肋骨

小肚（头）ɕiɔ^{42}du$^{31-51}$（dɤ$^{31-51}$）小腹

（条）肚（diɔ$^{31-13}$）du^{31} 肚子

肚脐（眼）du$^{31-55}$ʑy$^{31-51}$（ʔȵiɛ$^{42-51}$）肚脐

尾巴樁骨ʔmi^{42}po^{33}dʑyɔ̃$^{31-33}$kuoʔ^{5}-kuŋ^{51} 尾骨

脈脚下 pʰaʔ$^{5-3}$tɕiaʔ$^{5-3}$ʔo$^{42-31}$ 两腿之间

脚䐴 tɕiaʔ$^{5-3}$giəʔ^{2}-giɛ^{51} 腹股沟

脚肚毛 tɕiaʔ$^{5-3}$du$^{31-35}$mɔ$^{31-51}$ 腿毛

朏臀 kʰuəʔ^{5}døn$^{31-51}$ 臀部

　朏臀安 kʰuəʔ$^{5-3}$døn$^{31-33}$ʔɛ$^{33-15}$ 臀沟

　朏臀眼 kʰuəʔ$^{5-3}$døn$^{31-33}$ʔȵiɛ$^{42-15}$ 肛门

上肚 zɔ̃^{13}du^{31} 上腹

肝 tɕie^{33}【kiɛ^{33}】

腰子ʔiɔ^{33}tsɿ$^{42-51}$ 肾

肚角 du^{31}koʔ^{5} 盲肠

顺手 ʑyn^{13}ɕiu$^{42-31}$ 右手

畸手 tɕi^{33}ɕiu$^{42-31}$ 左手

手臂（筒）ɕiu^{42}pi^{55}（duŋ$^{31-15}$）手臂

上手臂筒 zɔ̃^{13}ɕiu^{42}pi$^{55-33}$duŋ$^{31-15}$ 上臂

捆静头 kʰuən^{42}tsã$^{33-35}$dɤ$^{31-51}$ 胳膊肘

下手臂筒ʔo^{42}ɕiu^{42}pi$^{55-33}$duŋ$^{31-15}$ 下臂

手静头ʔɕiu^{42}tsã$^{33-35}$dɤ$^{31-51}$ 手腕骨

拳头 gyø$^{31-24}$dɤ$^{31-51}$

手末节头 ɕiu^{42}məʔ$^{2-3}$tɕiəʔ^{5}dɤ$^{31-51}$ 手指

大手末节头 du^{13}ɕiu^{42}məʔ$^{2-3}$tɕiəʔ^{5}dɤ$^{31-51}$ 拇指

翘天指 tɕʰiɔ$^{55-33}$tʰie^{33}tsɿ$^{42-31}$ 食指

中央指 tɕyuŋ^{33}ʔȵiã^{33}tsɿ$^{42-31}$ 中指

无名指 vu$^{31-13}$min$^{31-33}$tsɿ$^{42-31}$

小手末节头 ɕiɔ^{42}ɕiu^{42}məʔ$^{2-3}$tɕiəʔ$^{5-3}$dɤ$^{31-15}$ 小指

手末头安 ɕiu^{42}məʔ^{2}dɤ$^{31-33}$ʔɛ^{15} 指缝；手指与手掌连接处

手末节头腕 ɕiu^{42}məʔ$^{2-3}$tɕiəʔ$^{5-3}$dɤ$^{31-33}$ʔuø$^{42-51}$ 指关节

手掌心 ɕiu^{42}tsõ^{42}ɕin$^{33-15}$ 手心

硬子 ŋã^{13}tsɿ$^{42-31}$ 趼（同手脚上的“茧”）

手背（头）ɕiu^{42}pe^{55}（dɤ^{31}）

手末节头尖 ɕiu^{42}məʔ$^{2-3}$tɕiəʔ$^{5-3}$dɤ$^{31-33}$tɕie$^{33-15}$ 手指尖

手末节头甲 ɕiu^{42}məʔ$^{2-3}$tɕiəʔ$^{5-3}$dɤ$^{31-33}$kiəʔ^{5} 手指甲

箕箩头 tɕi^{33}lu$^{31-33}$tɤ$^{31-15}$ 指纹

箕 tɕi^{33} 箕形指纹

箩 lu^{31} 圆形指纹

脚 tɕiaʔ^{5} 下肢；足

上脚肚 zõ^{13}tɕiaʔ$^{5-3}$du$^{31-51}$ 大腿

饭锹骨 vɛ^{13}tɕʰiɔ^{33}kuoʔ^{5} 胯骨①

屁股骨 pʰi$^{55-33}$ku^{42}kuoʔ^{5} 大腿根

脚髋头 tɕiaʔ$^{5-3}$kʰuø$^{33-35}$dɤ$^{31-51}$ 膝盖

脚腰擐 tɕiaʔ$^{5-3}$ʔiɔ$^{33-35}$guɛ$^{13-55}$ 腿弯处

下脚肚ʔo^{42}tɕiaʔ$^{5-3}$du$^{31-51}$ 小腿

脚肚子 tɕiaʔ$^{5-3}$du^{31}tsɿ$^{42-51}$ 腿肚子

脚筒骨 tɕiaʔ$^{5-3}$duŋ$^{31-33}$kuoʔ^{5} 胫骨

脚腕 tɕiaʔ$^{5-3}$ʔuø$^{42-51}$ 脚踝

脚股睁 tɕiaʔ$^{5-3}$ku^{42}tsã$^{33-15}$ 脚踝凸起处

脚背头 tɕiaʔ$^{5-3}$pe$^{55-33}$dɤ^{31} 脚背

脚后跟 tɕiaʔ$^{5-3}$ʔiɤ^{42}kɤŋ$^{33-15}$

脚腰桥 tɕiaʔ$^{5-3}$ʔiɔ$^{33-35}$dʑiɔ$^{31-51}$ 脚心

脚底心 tɕiaʔ$^{5-3}$ti^{42}ɕin$^{33-15}$ 脚心；脚掌

脚末节头 tɕiaʔ$^{5-3}$məʔ$^{2-3}$tɕiəʔ^{5}dɤ$^{31-51}$ 脚趾

---

① 泽国话中指“肩胛骨”。

大脚末节头 du^{13}tɕiaʔ$^{5-3}$məʔ$^{2-3}$tɕiəʔ^{5}dɤ$^{31-51}$ 大脚趾
小脚末节头 ɕiɔ^{42}tɕiaʔ$^{5-3}$məʔ$^{2-3}$tɕiəʔ$^{5-3}$dɤ$^{31-15}$ 小脚趾
脚末节头安 tɕiaʔ$^{5-3}$məʔ$^{2-3}$dɤ$^{31-33}$ʔɛ^{15} 趾缝
脚末节头甲 tɕiaʔ$^{5-3}$məʔ$^{2-3}$tɕiəʔ$^{5-3}$dɤ$^{31-33}$kiəʔ^{5} 趾甲
脚末脑头 tɕiaʔ$^{5-3}$məʔ$^{2-3}$ʔnɔ$^{42-55}$dɤ$^{31-51}$ 脚尖
脚末节头尖 tɕiaʔ^{5}məʔ$^{2-3}$tɕiəʔ$^{5-3}$dɤ$^{31-33}$tɕie$^{33-15}$ 脚趾尖
皮肤 bi$^{31-35}$fu$^{33-31}$
毛滚 mɔ$^{31-13}$kuən$^{42-51}$ 汗毛
毛空 mɔ$^{31-13}$kʰuŋ^{55} 毛孔
胎记 tʰe^{42}tɕi^{55} 身体印记
记号 tɕi$^{55-35}$ɦɔ$^{13-55}$ 身体印记；一般的记号
气道 tɕʰi$^{55-33}$dɔ^{31} 气味
骨头 kuoʔ^{5}dɤ$^{31\ 51}$
筋头 tɕin$^{33-35}$dɤ$^{31-51}$ 筋
青筋 tɕʰin$^{33-55}$tɕin$^{33-31}$ 粗的静脉血管
屙 ʔɯ^{55} 屎
尿 ɕy^{33}
赤人膏 tɕʰiəʔ$^{5-3}$ȵin$^{31-33}$kɔ$^{33-15}$ 体垢
衣 ʔi^{33} 胎盘
死人骨头 sɿ^{42}ȵin$^{31-33}$kuoʔ^{5}dɤ$^{31-51}$ 尸骨
面嘴 mie^{13}tɕy$^{42-51}$ 相貌
瓜子脸 kua^{33}tsɿ^{42}ʔlie$^{42-51}$
圆圆面 ɦyø$^{31-13}$ɦyø$^{31-33}$mie$^{13-51}$ 圆脸
□锣面 tʰã^{33}lu$^{31-35}$mie$^{13-55}$ 扁脸
四方脸 sɿ$^{55-33}$fɔ̃^{33}ʔlie$^{42-51}$ 方脸
板凳面 pɛ^{42}tɤŋ$^{55-35}$mie$^{13-55}$ 扁平脸
大头大面 du^{13}dɤ$^{31-33}$du$^{31-33}$mie$^{13-55}$ 胖脸
小骨脸 ɕiɔ^{42}kuoʔ$^{5-3}$ʔlie$^{42-51}$ 瘦脸
啃头 kʰɤŋ^{33}dɤ$^{31-15}$ 前额前凸的头型
扁头 pie^{42}dɤ$^{31-15}$
块头 kʰuø$^{55-33}$dɤ^{31} 体格；身架
人条 ȵin$^{31-13}$diɔ$^{31-15}$ 身材
大奶 du^{13}ʔna$^{33-15}$ 丰乳
大人 du^{13}ȵin$^{31-15}$ 粗身材

水桶段 ɕy^{42}duŋ^{31}dø^{13} 矮胖身材

冬瓜橛 tuŋ^{33}kua^{33}gyøʔ^{2}

瘵绷 za^{13}pã$^{33-15}$ 瘦子

小分头 ɕiɔ^{42}fən^{33}dɤ$^{31-15}$ 一种小侧分的发型

大包头 da^{13}pɔ$^{33-35}$dɤ$^{31-51}$ 一种又高又蓬松的发型

小平头 ɕiɔ^{42}bin$^{31-33}$dɤ$^{31-15}$ 平头

白头毛 baʔ^{2}dɤ$^{31-35}$mɔ$^{31-51}$ 白发

炒米白 tsʰɔ^{42}ʔmi^{42}baʔ^{2}-bã^{51} 花白发

朆老先白头 vuŋ^{13}ʔlɔ^{42}ɕie^{33}baʔ$^{2-3}$dɤ$^{31-51}$ 少白头

荒顶 huɔ̃^{33}tin$^{42-31}$ 秃顶

光头勫 kuɔ̃^{33}dɤ$^{31-35}$le$^{13-55}$ 光头

圈圆眼 kʰyø^{33}ɦyø$^{31-33}$ʔȵiɛ$^{42-31}$ 大眼

虾皮眼 ho^{33}bi$^{31-33}$ʔȵiɛ$^{42-31}$ 小眼

慢皮眼 mɛ^{13}bi$^{31-33}$ʔȵiɛ$^{42-31}$ 单眼皮

双沿眼 ɕyɔ̃^{33}ɦie$^{31-33}$ʔȵiɛ$^{42-51}$ 双眼皮

蛤蟆眼ʔo^{33}mo$^{31-33}$ʔȵiɛ$^{42-31}$ 凸眼

金鱼眼 tɕin^{33}ɦŋ$^{31-33}$ʔȵiɛ$^{42-31}$

阔嘴 kʰuəʔ$^{5-3}$tɕy$^{42-31}$ 大嘴

鲳鱼嘴 tɕʰiã^{33}ɦŋ$^{31-33}$tɕy$^{42-51}$ 小嘴

歪嘴ʔua^{42}tɕy$^{42-51}$

尖嘴 tɕie^{33}tɕy$^{42-31}$

翘嘴 tɕʰiɔ$^{55-33}$tɕy$^{42-51}$

鼻头梁罡罡个 bəʔ^{2}dɤ$^{31-35}$liã$^{31-51}$kɔ̃^{33}kɔ̃^{33}kie$^{55-51}$ 高鼻

塌鼻头 tʰəʔ$^{5-3}$bəʔ$^{2-3}$dɤ$^{31-15}$ 扁鼻

猪娘耳朵 tsɿ^{33}ȵiã$^{31-33}$ʔŋ^{42}tu$^{42-31}$ 招风耳

老鼠耳朵ʔlɔ^{42}tsʰɿ^{42}ʔŋ^{42}tu$^{42-51}$ 小耳朵

嫩皮嫩手 nøn^{13}bi$^{31-33}$nøn$^{13-33}$ɕiu$^{42-51}$ 娇嫩的手

粗肤手 tsʰu^{33}fu^{33}ɕiu$^{42-31}$ 粗糙的手

通关手 tʰuŋ^{33}kuɛ^{33}ɕiu$^{42-31}$ 掌纹横贯掌心的手

蒲扇手 bu$^{31-13}$ɕie$^{55-33}$ɕiu$^{42-31}$ 又大又肥厚的手

2. 生理现象、疾病

面色 mie^{13}səʔ^{5} 脸色

气力 tɕʰi$^{55-33}$liəʔ^{2} 力气

力头 liəʔ^{2}dɤ$^{31-51}$
岁头 ɕy$^{55-33}$dɤ^{31} 岁数
睏觉 kʰuən$^{55-35}$kɔ^{55} 睡
睏去爻 kʰuən^{55}kʰəʔɦɔ 入睡
睏弗去 kʰuən$^{55-33}$fəʔ$^{5-3}$kʰie^{55} 失眠
眼□弗牢ʔȵiɛ^{42}nã^{31}fəʔ^{5}lɔ$^{31-51}$ 眼睏
呼贼睏 hu^{33}zəʔ$^{2-3}$kʰuən^{55} 打鼾
做眠梦 tsu$^{55-33}$mie$^{13-35}$muŋ$^{13-55}$ 做梦
讲夜话 kɔ̃^{42}ɦia$^{13-35}$ɦua$^{13-55}$ 说梦话
魇起ʔie^{42}tɕʰi$^{42-31}$ 梦魇
旽去爻 tɕʰyuŋ^{55}kʰəʔɦɔ 打瞌睡
绷清架 pã^{33}tɕʰin$^{33-35}$ko^{55} 打哈欠
打嗝 tã^{42}ʔaʔ^{5}-ʔa^{51}
打嚏 tã^{42}tʰi^{55} 打喷嚏
敨气 tʰɤ^{42}tɕʰi^{55} 呼吸
眼力【火】ʔȵiɛ^{42}liəʔ^{2}【hu$^{42-31}$】视力
眼火好ʔȵiɛ^{42}hu^{42}hɔ$^{42-31}$ 视力好
眼亮显ʔȵiɛ^{42}liã$^{13-33}$ɕie$^{42-51}$
眼火腾ʔȵiɛ^{42}hu^{42}tʰɤŋ^{33} 视力差
盲刺眼 mã$^{31-13}$tsʰɿ$^{55-33}$ʔȵiɛ$^{42-31}$ 近视眼
远视眼ʔyø^{42}zɿ$^{13-33}$ʔȵiɛ$^{42-31}$
老花眼ʔlɔ^{42}hua^{33}ʔȵiɛ$^{42-31}$
瞟眼 pʰiɔ^{42}ʔȵiɛ$^{42-51}$ 斜视
斗鸡眼 tɤ$^{55-33}$tɕi^{33}ʔȵiɛ$^{42-51}$
花眼 hua^{33}ʔȵiɛ$^{42-31}$ 瞎眼
独只眼 doʔ^{2}tɕiəʔ$^{5-3}$ʔȵiɛ$^{42-51}$ 瞎一只眼睛；一只眼睛
嵌眼 kʰiɛ$^{55-33}$ʔȵiɛ$^{42-51}$ 眼眶下陷
耳朵亮显ʔŋ^{42}tu^{42}liã^{13}ɕie$^{42-51}$ 听力好
聋耳朵 luŋ$^{31-13}$ʔŋ^{42}tu$^{42-31}$ 聋人
打头弗影 tã^{42}dɤ$^{31-33}$fəʔ$^{5-3}$ʔin$^{42-31}$ 耳背；记忆力差
鼻头灵显 bəʔ^{2}dɤ$^{31-51}$lin^{31}ɕie$^{42-31}$ 嗅觉好
聋鼻头 luŋ$^{31-13}$bəʔ$^{2-3}$dɤ$^{31-51}$ 嗅觉差
鼻头塞牢 bəʔ^{2}dɤ$^{31-51}$səʔ^{5}lɔ$^{31-51}$ 鼻子不通气
老缺ʔlɔ^{42}kʰyøʔ^{5}-kʰyø^{51} 豁唇

龅牙 bo^{13}ŋo$^{31-15}$

口舌勤牢定 tɕʰiɤ^{42}ʑiəʔ$^{2-3}$ʔle^{33}lɔ^{31}din^{31} 大舌头；舌头不灵活

嘴呒味 tɕy^{42}ɦm$^{31-35}$mi$^{13-55}$ 嘴乏味

吐腔 tʰu$^{55-33}$tɕʰiã^{33} 倒胃口；厌烦

哑佬ʔo^{42}ʔlɔ$^{42-51}$ 哑巴

喊喉咙 hɛ^{42}ɦiɤ$^{31-33}$luŋ$^{31-15}$ 嘶哑

长口舌 dʑiã$^{31-13}$tɕʰiɤ^{42}ʑiəʔ^{2}-ʑie^{51} 口吃

张嘴齁臭个 tɕiã^{33}tɕy^{42}ɦiɤ^{13}tɕʰiu^{55}kəʔ 口臭

落头发 loʔ^{2}dɤ$^{31-33}$fəʔ^{5} 脱发

仙人臭 ɕie^{33}ȵin$^{31-35}$tɕʰiu^{55} 狐臭

汗流弗出 ɦie^{13}liu^{31}fəʔ$^{5-3}$tɕʰyøʔ^{5} 闭汗

头颈嗯闪去爻 dɤ^{31}tɕin^{42}ʔŋ$^{33-15}$ɕie^{42}kʰəʔɦɔ^{31} 落枕

沙蜂腰 so^{33}fuŋ^{33}ʔiɔ$^{33-15}$ 细腰

单边笪 tɛ^{33}pie^{33}tɕʰia$^{33-15}$ 外斜肩

无常肩 vu$^{31-13}$zɔ̃$^{31-35}$tɕie$^{33-31}$ 耸肩

鸡胸 tɕi$^{33-55}$ɕyuŋ$^{33-31}$

连鬓胡 lie$^{31-13}$bin$^{31-33}$ɦu^{31} 络腮胡

络骚胡 lɔ^{13}sɔ$^{33-35}$ɦu$^{31-51}$

断桥胡 dø^{31}dʑiɔ$^{31-35}$ɦu$^{31-51}$ 中间断开的胡子

八字胡 pəʔ$^{5-3}$zɿ^{13}ɦu$^{31-15}$

撇脚 pʰiəʔ$^{5-3}$tɕiaʔ^{5} 脚残

撇手 pʰiəʔ$^{5-3}$ɕiu$^{42-51}$ 手残

撇脚撇手 pʰiəʔ$^{5-3}$tɕiaʔ$^{5-3}$pʰiəʔ$^{5-3}$ɕiu$^{42-31}$ 肢残

□水脚 hua^{42}ɕy^{42}tɕiaʔ^{5} 八字脚

平脚底心 bin$^{31-13}$tɕiaʔ$^{5-3}$ti^{42}ɕin$^{33-15}$ 扁平足

六只手末节头 loʔ^{2}tɕiəʔ$^{5-3}$ɕiu^{42}məʔ$^{2-3}$tɕiəʔ$^{2-3}$dɤ$^{31-15}$ 六指

吃力 tɕʰiəʔ^{2}liəʔ^{2} 累

筋头求来 tɕin$^{33-35}$dɤ$^{31-51}$dʑiu^{31}le^{31} 抽筋

肚餲 du^{31}həʔ^{5} 饿

肚饱 du^{31}pɔ^{42} 饱

口燥 tɕʰiɤ^{42}sɔ$^{55-33}$ 口渴

口着 kʰiɤ^{42}dʑiaʔ^{2} 口干

鸟子斑 tiɔ^{42}tsɿ^{42}pɛ$^{33-15}$ 雀斑

涨瘖 tɕiã^{42}ʔle$^{42-51}$ 粉刺；青春痘

热痱ȵiəʔ^{2}fi^{55} 痱子

老鼠奶ʔlɔ^{42}tsʰɿ^{42}ʔna$^{33-15}$ 疣

主头 tɕy^{42}dɤ$^{31-15}$ 皮肤疙瘩

毛滚治 mɔ$^{31-13}$kuən^{42}dʑɿ^{13} 鸡皮疙瘩

靨ʔie$^{42-51}$ 痂

要拉尿【屙】紧ʔiəʔ$^{5-3}$la^{13}ɕy^{33}【ʔɯ^{55}】tɕin^{42} 内急

拉尿 la^{13}ɕy^{33} 撒尿

拉屙 la^{13}ʔɯ^{55} 拉屎

3. 疾病

毛病 mɔ$^{31-13}$bin$^{13-55}$

生毛病 sã^{33}mɔ$^{31-35}$bin$^{13-55}$ 生病

生冷棍 sã^{33}lã^{42}kuən^{55} 感冒

偷针 tʰɤ$^{33-55}$tɕin$^{33-31}$ 麦粒肿

鸡盲眼 tɕi^{33}mã$^{31-13}$ʔȵiɛ$^{42-31}$ 夜盲

眼翳上起ʔȵiɛ^{42}ʔi^{55}zɔ̃^{31}tɕʰi$^{42-31}$ 白内障

疏牙 su$^{33-35}$ŋo$^{31-51}$ 虫牙

鸡眼旋 tɕi^{33}ʔȵiɛ^{42}ʑyø^{13} 鸡眼

肚里有虫 du^{31}ʔli$^{42-31}$ʔiu^{42}dʑyuŋ^{31} 患寄生虫

瘤瓜ʔle^{42}kua$^{33-15}$ 疥疮

冻冰 tuŋ$^{55-33}$pin$^{33-31}$ 冻疮

痔 dʑɿ^{31} 痔疮

瘌头 la^{13}dɤ$^{31-15}$ 瘌痢

白料 baʔ^{2}liɔ^{13} 白癜风；汗斑

麻风瓜烂 mo$^{31-13}$fuŋ^{33}kua$^{33-35}$lɛ$^{13-55}$ 麻风；全身皮肤溃烂

积食 tɕiəʔ$^{5-3}$ʑiəʔ^{2}-ʑin$^{31-51}$ 消化不良

大颌疯 du^{13}giɛ^{31}fuŋ$^{33-15}$ 腮腺炎

发野猪栏 fəʔ$^{5-3}$ʔia^{42}tsɿ$^{33-35}$lɛ$^{31-51}$ 癫痫

霍乱 hɤʔ$^{5-3}$lø^{13}

麻风 mɔ$^{31-13}$fuŋ$^{33-15}$ 伤寒

打半日 tã^{42}pø$^{55-33}$ȵiəʔ^{2}-ȵin^{51} 疟疾

小肠气 ɕiɔ^{42}dʑiã$^{31-35}$tɕʰi^{55} 疝气

大卵袋 du^{13}ʔlø^{42}de$^{13-51}$ 疝气（男性患者）

黄胖 ɦuɔ̃$^{31-13}$pʰɔ̃^{55} 黄疸

痨病 lɔ$^{31-13}$bin$^{13-55}$ 肺结核

哮肋 hɔ^{33}te$^{42-51}$ 哮喘

积喉 tɕiəʔ^{5}ɦiɤ$^{31-51}$ 白喉

退夏 t^{h}e$^{5-35}$ɦo$^{13-55}$ 苦夏

大头颈 du^{13}dɤ^{31}tɕin$^{42-51}$ 甲状腺肿大

麻 mo^{31} 麻疹

出痘 tɕ^{h}yøʔ$^{5-3}$dɤ^{13} 天花

风爻 fuŋ^{33}ɦɔ^{31} 中风；瘫痪

盲肠炎 mã$^{31-13}$dʑiã$^{31-35}$ɦie$^{31-51}$ 阑尾炎

杨梅疮 ɦiã$^{31-13}$me$^{31-35}$ts^{h}ɔ̃$^{33-31}$ 梅毒；泛指性病

脱肚肠头 t^{h}øʔ$^{5-3}$du^{31}dʑiã$^{31-35}$dɤ$^{31-51}$ 脱肛

儿袋脱落来 n$^{31-13}$de$^{13-55}$t^{h}øʔ^{5}loʔ$^{2-3}$le^{31} 子宫脱垂

拔肚 bəʔ^{2}du^{31} 腹泻

尿多显 ɕy^{33}tu^{33}ɕie$^{42-31}$ 尿频

热起ȵiəʔ^{2}tɕ^{h}i$^{42-51}$ 上火

日头气失爻ȵiəʔ^{2}dɤ$^{31-35}$tɕ^{h}i^{55}ɕiəʔ^{5}ɦɔ$^{31-51}$ 中暑

嗽 sɤ^{55} 咳嗽

气拔牢 tɕ^{h}i^{55}bəʔ$^{2-3}$lɔ$^{31-51}$ 气喘；呼吸困难

要吐ʔiəʔ$^{5-3}$tu^{55} 恶心

咯红痰 haʔ$^{5-3}$ɦŋ$^{31-35}$dɛ$^{31-51}$ 咯血

心窝窟痛 ɕin^{33}ʔu^{33}k^{h}uoʔ^{5}t^{h}uŋ$^{55-33}$ 胸口疼

（条）肚痛（diɔ$^{31-13}$）du^{31}t^{h}uŋ$^{55-33}$ 肚疼

头痛 dɤ^{31}t^{h}uŋ$^{55-33}$

头旋 dɤ^{31}ʑyø^{13} 头晕

疰船 tɕy$^{55-33}$ʑyø$^{31-15}$ 晕船

疰车 tɕy$^{55-33}$ts^{h}o^{33} 晕车

骑身热 dʑi^{31}ɕin^{33}ȵiəʔ^{2} 发烧

怕皮靥 p^{h}o$^{55-33}$bi$^{31-33}$ʔie$^{42-51}$ 发冷

趋dʑiu^{31} 抽风

抖抖动 tɤ^{42}tɤ^{42}duŋ^{31} 惊风

遏气 ŋaʔ^{2}tɕ^{h}i^{55} 岔气

□ɦŋ^{13} 红肿；伤口发炎

溃脓 guən^{13}nuŋ^{31} 溃脓

积血 tɕiəʔ$^{5-3}$hyøʔ^{5} 淤血

木 moʔ^{2} 麻木
碰去爻 bã^{13}k^{h}əʔɦɔ 碰伤
磉筋 sɔ̃^{42}tɕin$^{33-15}$ 扭伤
踒去爻ʔuoʔ^{5}k^{h}əʔɦɔ 闪腰
烫去爻 t^{h}ɔ̃^{55}k^{h}əʔɦɔ 烫伤
打去爻 tã^{42}k^{h}əʔɦɔ 跌伤
闪去爻 ɕie^{42}k^{h}əʔɦɔ 闪腰
划去爻 ɦuaʔ^{2}k^{h}əʔɦɔ 割伤
擦去爻 ts^{h}əʔ^{5}k^{h}əʔɦɔ 擦伤
豁着 hoʔ^{5}dʑiəʔ^{2} 受惊吓
癫话 tie$^{33-35}$ɦua$^{13-55}$ 呓语
癫 tie^{33} 发疯
桃花癫 dɔ$^{31-13}$hua$^{33-55}$tie$^{33-31}$ 花痴
疲fɛ^{55} 反胃
止肚 tsɿ^{42}du$^{31-51}$ 止泻；暂时充饥

玖　生活、起居

1. 服饰

衣裳裤ʔi^{33}zɔ̃$^{31-35}$k^{h}u^{55} 衣服
衣裳ʔi$^{33-35}$zɔ̃$^{31-51}$ 衣服；上衣
关衫 kuɛ^{33}sɛ$^{33-15}$ 外衣
体里 t^{h}i^{42}ʔli$^{42-51}$ 内衣
絮袄 sɿ$^{55-33}$ʔɔ$^{42-51}$ 棉衣
皮统 bi$^{31-13}$t^{h}uŋ$^{42-31}$ 皮袄
披肩 p^{h}i$^{33-55}$tɕie$^{33-31}$ 披风
衬衫 ts^{h}øn$^{55-33}$sɛ$^{33-15}$
夹袄 kiəʔ$^{5-3}$ʔɔ$^{42-51}$ 夹衣
单重棉衫 tɛ^{33}dʑyuŋ$^{31-33}$mie$^{13-33}$sɛ$^{33-15}$ 单衣
呢制服 ni$^{31-13}$tɕi$^{55-33}$voʔ^{2} 制服
毛线衫 mɔ$^{31-13}$ɕie$^{55-33}$sɛ$^{33-15}$ 毛衣
卫生衫 ɦy^{13}sã$^{33-55}$sɛ$^{33-31}$ 棉绒衣
排球衫 ba$^{31-13}$dʑiu$^{31-35}$sɛ$^{33-31}$
汗衣 ɦie^{13}ʔi$^{33-15}$ 无袖的背心
边褡 pie^{33}təʔ^{5}-tɛ^{51} 坎肩
肚褡 du^{31}təʔ^{5}-tɛ^{51} 肚兜

长衫袖 dʑiã$^{31-13}$sɛ$^{33-35}$ʑiu$^{13-55}$ 长袖
短衫袖 tø^{42}sɛ^{33}ʑiu$^{13-51}$ 短袖
领头 lin^{42}dɤ$^{31-13}$ 领子
衫袖头 sɛ^{33}ʑiu$^{13-33}$dɤ$^{31-15}$ 衣袖
门襟 mən$^{31-35}$tɕin$^{33-31}$ 衣襟
兜 tɤ$^{33-15}$ 衣袋
表兜 piɔ^{42}tɤ$^{33-15}$ 表袋
下脚皮ʔo^{42}tɕiaʔ^{5}bi$^{31-51}$ 衣边
找沿 tsɔ^{42}ɦie$^{31-15}$ 倒边
贴皮 tʰiəʔ$^{5-3}$bi$^{31-15}$ 贴边。缝在衣里边的窄条
纽珠ʔȵiu^{42}tɕy$^{33-15}$ 纽扣
线脚 ɕie$^{55-33}$tɕiaʔ^{5} 针脚
条子 diɔ$^{31-13}$tsɿ$^{42-51}$ 条纹；纸条
纽珠襻ʔȵiu^{42}tɕy$^{33-35}$pʰɛ^{55} 扣襻
纽珠洞ʔȵiu^{42}tɕy$^{33-35}$duŋ$^{13-55}$ 扣眼
补洞 pu^{42}duŋ^{13} 补丁
裤头（卵）kʰu$^{55-33}$dɤ$^{31-15}$（ʔlø$^{42-51}$）贴身裤衩
　西装裤头 ɕi^{33}tsɔ̃^{33}kʰu$^{55-33}$dɤ$^{31-15}$ 外穿短裤
脈脚裤 pʰaʔ$^{5-3}$tɕiaʔ$^{5-3}$kʰu^{55} 开裆裤
裤裆 kʰu$^{55-33}$tɔ̃^{33}
裤脚筒 kʰu$^{55-33}$tɕiaʔ$^{5-3}$duŋ$^{31-15}$ 裤腿
裤脚边 kʰu$^{55-33}$tɕiaʔ$^{5-3}$pie$^{33-15}$
暖鞋ʔnøn$^{42-55}$ɦa$^{31-51}$ 棉鞋
高帮鞋 kɔ̃^{33}pɔ̃$^{33-35}$ɦa$^{31-51}$
套鞋 tʰɔ$^{55-33}$ɦa$^{31-15}$ 雨鞋
鞋拖 ɦa$^{31-13}$tʰu$^{33-15}$ 拖鞋
木笃 moʔ^{2}toʔ^{5}-tɔ̃^{51} 木屐
草鞋 tsʰɔ$^{42-55}$ɦa$^{31-51}$
鞋里子 ɦa$^{31-13}$ʔli^{42}tsɿ$^{42-51}$ 鞋帮里子
鞋底垫 ɦa$^{31-13}$ti^{42}die^{13} 鞋垫
鞋楦头 ɦa$^{31-13}$hyø$^{55-33}$dɤ$^{31-15}$ 鞋楦子
鸭嘴帽ʔəʔ$^{5-3}$tɕy^{42}mɔ^{13} 鸭舌帽
西瓜帽碗 ɕi^{33}kua^{33}mɔ$^{31-33}$ʔuø$^{42-51}$ 瓜皮帽
吨 tøn$^{33-15}$ 斗笠
洋袜 ɦiã$^{31-13}$məʔ^{2} 袜子

长筒洋袜 dʑiã$^{31-13}$duŋ$^{31-33}$ɦiã$^{31-33}$məʔ^{2} 长袜

短筒袜 tø^{42}duŋ$^{31-33}$məʔ^{2}-mɛ^{51} 短袜

金丝袜 tɕin^{33}sɿ^{33}məʔ^{2} 丝袜

卡布龙袜 k^{h}a^{42}pu$^{55-33}$luŋ$^{31-33}$məʔ^{2} 尼龙袜

纱袜 so^{33}məʔ^{2} 线袜

袜秋 məʔ^{2}tɕ^{h}iu$^{33-15}$ 袜带

绕脚布ȵiɔ^{13}tɕiaʔ$^{5-3}$pu^{55} 旧时妇女用的缠脚布

拦漏 lɛ$^{31-24}$zɛ$^{31-51}$ 小孩用的围嘴

　漏兜 zɛ$^{31-35}$tɤ$^{33-31}$

油衣 ɦiu$^{31-35}$ʔi$^{33-31}$ 雨衣

腰围ʔiɔ$^{33-35}$ɦy$^{31-51}$ 围腰布；腰的周长

头布 dɤ$^{31-13}$pu^{55} 头巾

裤带 k^{h}u$^{55-35}$ta^{55} 裤带；皮带

衫袖头套 sɛ^{33}ʑiu$^{13-33}$dɤ$^{31-35}$t^{h}ɔ^{55} 袖套

手巾 ɕiu^{42}tɕin$^{33-15}$ 手绢

小被 ɕiɔ^{42}bi$^{31-51}$ 婴儿用被

尿衲 ɕy^{33}nøʔ^{2}-nøn$^{31-51}$ 尿布

耳朵套ʔŋ^{42}tu^{42}t^{h}ɔ^{55} 护耳

三角背带 sɛ^{33}koʔ$^{5-3}$pe$^{55-35}$ta^{55} 背带

肩垫 tɕie$^{33-35}$die$^{13-55}$ 护肩；肩垫

嫁资衣裳 ko$^{55-33}$tsɿ$^{33-42}$ʔi$^{33-35}$zɔ̃$^{31-51}$ 嫁衣

公头布 kuŋ^{33}dɤ$^{31-35}$pu^{55} 盖头布

寿生衣 ʑiu^{13}sã$^{33-55}$ʔi$^{33-31}$ 寿衣

金银器 tɕin^{33}ȵin$^{31-35}$tɕ^{h}i^{55} 首饰

戒指 ka$^{55-33}$tsɿ$^{42-31}$

银秋ȵin$^{31-35}$tɕ^{h}iu$^{33-31}$ 项圈

丁香 tin$^{33-55}$ɕiã$^{33-31}$ 耳环

压发钳ʔəʔ$^{5-3}$fəʔ$^{5-3}$dʑie$^{31-15}$ 发卡

头花 dɤ$^{31-35}$hua$^{33-31}$ 头饰

长命锁 dʑiã$^{31-13}$min$^{13-33}$su$^{42-31}$ 百家锁

生发油 sã^{33}fəʔ^{5}ɦiu$^{31-51}$ 梳头油

香袋 ɕiã$^{33-35}$de$^{13-55}$ 香囊

被铺 bi^{31}p^{h}u^{55} 铺盖

睏草 k^{h}uən$^{55-33}$ts^{h}ɔ$^{42-51}$ 席子

枕头褥 tɕin^{42}dɤ$^{31-33}$ȵyoʔ^{2}-ȵyuŋ^{51} 枕芯

枕头套 tɕin^{42}dɤ$^{31-35}$tʰɔ^{55} 枕套
被 bi^{31} 被子
被絮 bi^{31}sɿ^{55} 被褥；棉絮
棉褥 mie$^{31-13}$ȵyoʔ^{2} 垫在下面的褥子
被单 bi^{31}tɛ$^{33-15}$ 床单
被窠 bi^{31}kʰɯ$^{33-15}$ 被窝
垫 die^{13} 垫子
布帐 pu$^{55-35}$tɕiã^{55} 蚊帐
套帐 tʰɔ$^{55-35}$tɕiã^{55} 帐子
蒲墩 bu$^{31-13}$tøn$^{33-15}$ 蒲团

2. 饮食

麦粉 maʔ^{2}fən$^{42-31}$ 面粉
粟米 ɕyoʔ$^{5-3}$ʔmi$^{42-31}$ 小米
米ʔmi^{42} 大米
糯米 nuŋ^{13}ʔmi$^{42-31}$ 糯米
早米 tsɔ^{42}ʔmi$^{42-51}$ 籼米
晚米ʔmɛ^{42}ʔmi$^{42-51}$ 粳米
龙元米 luŋ$^{31-13}$ȵyø$^{31-33}$ʔmi$^{42-31}$ 糙米
碎米 se$^{55-33}$ʔmi$^{42-51}$ 米粒
谷主 kuoʔ$^{5-3}$tɕy$^{42-51}$ 谷物碎粒
珍珠米粉 tɕin^{33}tɕy^{33}ʔmi^{42}fən^{42--51} 玉米粉
珍珠米片 tɕin^{33}tɕy^{33}ʔmi^{42}pʰie^{55} 玉米片
珍珠米糊 tɕin^{33}tɕy^{33}ʔmi^{42}ɦu$^{31-15}$ 玉米糊
麦麸 maʔ^{2}fu^{33} 麸糠
饭 vɛ^{13} 米饭；饭菜的总称
饮汤ʔin^{42}tɔ̃$^{33-15}$ 米汤
饭粒 vɛ^{13}ʔnøʔ^{5}-ʔnøn^{51}
粥 tɕyoʔ^{5}-tɕyuŋ^{51}
糊 ɦu$^{31-15}$ 米糊；面糊
镬焦 ɦuoʔ^{2}tɕiɔ$^{33-15}$ 锅巴
米面ʔmi^{42}mie^{13} 米粉做的面条儿
饼 pin^{42--51}
搨饼 tʰəʔ$^{5-3}$pin$^{42-51}$ 烙饼
火烧饼 hu^{42}ɕiɔ^{33}pin$^{42-51}$ 烧饼

　油煎饼 ɦiu$^{31-13}$tɕie^{33}pin$^{42-31}$ 油饼
　糯米饼 nuŋ^{13}ʔmi^{42}pin$^{42-51}$
麻糍 mo$^{31-13}$zɿ$^{31-51}$ 糍粑
泡蒲 pʰɔ^{33}bu$^{31-15}$ 爆米花
冷饭ʔlã^{42}vɛ^{13} 剩饭
馒头 mɛ^{13}dɤ$^{31-51}$
菜包 tsʰe$^{55-33}$pɔ$^{33-15}$ 蔬菜馅儿的包子
肉包馒头ȵyoʔ^{2}pɔ^{33}mɛ$^{31-35}$dɤ$^{31-51}$ 肉包子
饺 tɕiɔ$^{42-51}$ 饺子
馅头 giɛ^{13}dɤ$^{31-15}$ 馅儿
香春卷 ɕiã^{33}tɕʰyn^{33}kyø$^{42-51}$ 春卷
麦油煎 maʔ^{2}ɦiu$^{31-35}$tɕie$^{33-31}$ 温岭的一种特色小吃。用面粉做的，烙成薄薄的一层皮后，把已经做好的各种馅儿裹在里边，卷成筒状，吃时还可往里浇上酱油、醋等
拭饼 ɕiəʔ$^{5-3}$pin$^{42-31}$ 温岭的特色小吃之一。与麦油煎齐名，做法与麦油煎相似，但外面包的面粉皮儿比麦油煎厚
割麦虾 kiəʔ$^{5-3}$maʔ$^{2-3}$ho$^{33-15}$ 温岭的一种特色小吃。类似于“猫耳朵”，但是用刀把面粉一片一片割到煮沸的汤中去煮
铁砂糖 tʰiəʔ$^{5-3}$so$^{33-35}$dõ$^{31-51}$ 砂糖
糖霜 dõ$^{31-35}$sõ$^{33-31}$ 白糖
糖引 dõ$^{31-13}$ʔin$^{42-31}$ 麦芽糖熬成的糖浆
糖 dõ$^{31-15}$ 糖果；dõ^{31} 红糖、白糖等的总称
老酒ʔlɔ^{42}tɕiu$^{42-31}$ 黄酒
烟九ʔie^{33}tɕiu$^{42-31}$ 旱烟
茶韧 dzo$^{31-13}$nin$^{13-55}$ 茶垢
油 ɦiu^{31} 油的总称
猪油 tsɿ$^{33-35}$ɦiu$^{31-51}$ 猪油；泛指荤油
　板油 pɛ$^{42-55}$ɦiu$^{31-51}$ 猪油
菜油 tsʰe$^{55-33}$ɦiu^{31} 素油
细盐 ɕi$^{55-33}$ɦie$^{31-15}$ 精盐
粗盐 tsʰu$^{33-35}$ɦie$^{31-51}$
辣茄酱 ləʔ^{2}dʑia$^{31-35}$tɕiã^{55} 辣酱
大元酱 da^{13}ȵyø$^{31-35}$tɕiã^{55} 豆瓣酱
配料 pʰe$^{33-35}$liɔ$^{13-55}$ 作料；配料
辣茄粉 ləʔ^{2}dʑia$^{31-33}$fən$^{42-51}$ 辣椒粉

大茴 da^{13}ɦuø^{31} 茴香

卤ʔlu$^{42-51}$ 卤汁

山粉 sɛ^{33}fən$^{42-31}$ 芡粉；淀粉

大蒜酱 da^{13}sø$^{55-35}$tɕiã^{55} 蒜泥

油泡 ɦiu$^{31-13}$pʰɔ^{55} 油面筋；豆腐泡

赤猪肉 tɕʰiəʔ$^{5-3}$tsɿ^{33}ȵyoʔ^{2}-ȵyuŋ^{51} 瘦肉

肥猪肉 bi$^{31-13}$tsɿ^{33}ȵyoʔ^{2} 肥肉

腰肾肉ʔiɔ^{33}ʑin$^{31-33}$ȵyoʔ^{2} 里脊

猪脚 tsɿ^{33}tɕiaʔ^{5} 猪肘

猪口舌 tsɿ^{33}tɕʰɤ^{42}ʑiəʔ^{2} 猪舌

膀蹄 pʰɔ̃$^{55-33}$di^{31} 带腿肉的猪蹄

猪脚蹄 tsɿ^{33}tɕiaʔ^{5}di$^{31-51}$ 猪蹄

猪脚蹄镐 tsɿ^{33}tɕiaʔ$^{5-3}$di$^{31-33}$kɔ$^{42-51}$

猪肚里货 tsɿ^{33}du^{31}ʔli^{42}hu^{55} 猪下水

猪大脏 tsɿ^{33}du$^{13-35}$zɔ̃$^{13-55}$ 猪大肠

猪小肠 tsɿ^{33}ɕiɔ^{42}ʥiã$^{-15}$

小肠卷 ɕiɔ^{42}ʥiã$^{31-33}$kyø$^{42-51}$ 猪小肠（熟食）

猪肺头 tsɿ^{33}fi$^{55-33}$dɤ$^{31-15}$ 猪肺

鸡肚里货 tɕi^{33}du^{31}ʔli^{42}hu^{55} 鸡杂

肉散ȵyoʔ^{2}sɛ$^{42-51}$ 肉末

肉糊ȵyoʔ^{2}ɦu$^{31-15}$ 肉泥

鱼糊 ɦŋ$^{31-13}$ɦu$^{31-15}$

肉圆ȵyoʔ^{2}ɦyø$^{31-51}$ 肉丸

鱼圆 ɦŋ$^{31-24}$ɦyø$^{31-51}$ 鱼丸

小鲜 ɕiɔ^{42}ɕie$^{33-15}$ 河海鲜

蟹膏 ha^{4ʔ}kɔ$^{33-15}$ 蟹黄

鱼薧 ɦŋ$^{31-13}$kʰɔ^{55} 鱼干

炊皮 tɕʰy$^{33-35}$bi$^{31-51}$ 蒸熟后的小虾米干

虾子 ho^{33}tsɿ$^{42-31}$ 虾卵

虾几 ho^{33}tɕi$^{42-51}$ 一种浮游生物腌制成的酱

鱼生 ɦŋ$^{31-35}$sã$^{33-31}$ 生鱼腌制的小鱼酱

菜蔬 tsʰe$^{55-33}$su$^{33-31}$ 菜的总称

蔬菜 su$^{33-35}$tsʰe^{55}

腌菜 ɦie^{13}tsʰe^{55} 咸菜

冷菜ʔlã^{42}tsʰe^{55} 剩菜；凉菜

料头 liɔ^{13}dɤ^{31} 面浇头

豆腐生 dɤ^{13}ɦu$^{31-33}$sã$^{33-15}$ 豆腐脑

高秋面 kɔ^{33}tɕʰiu$^{33-35}$mie$^{13-55}$ 粉丝

绿豆面 loʔ^{2}dɤ$^{31-35}$mie$^{13-55}$ 用番薯粉做的面，是温岭一带的特色面食之一

鸡子 tɕi^{33}tsɿ$^{42-31}$ 鸡蛋

鸭子 ʔəʔ$^{5-3}$tsɿ$^{42-31}$ 鸭蛋

鸡子白 tɕi^{33}tsɿ^{42}baʔ^{2}-bã^{51} 蛋白

鸡子黄 tɕi^{33}tsɿ^{42}ɦuɔ̃$^{31-15}$ 蛋黄

鸡子壳 tɕi^{33}tsɿ^{42}kʰoʔ-kʰɔ̃^{51} 蛋壳

腌鸭子 ɦie^{13}ʔəʔ$^{5-3}$tsɿ$^{42-31}$ 咸鸭蛋

皮蛋 bi$^{31-13}$dɛ$^{13-55}$ 松花蛋

白煠蛋 baʔ^{2}zəʔ$^{2-3}$dɛ^{13} 水煮蛋

蛋糊 dɛ^{13}ɦu$^{13-55}$ 蛋羹

糕 kɔ$^{33-15}$ 专指年糕；kɔ^{33} 糕饼

洋糕 ɦia$^{31-13}$kɔ^{33} 白色的发糕

接力 tɕiəʔ$^{5-3}$liəʔ^{2} 点心

散嘴 sɛ^{42}tɕy$^{42-51}$ 零食

香瓜籽 ɕiã^{33}kua^{33}tsɿ$^{42-31}$ 葵花子

南货 nɛ$^{31-13}$hu^{55} 干果

燥货 sɔ$^{55-35}$hu^{55} 干货

圈圆肉 kʰyø^{33}ɦyø$^{31-33}$ȵyoʔ^{2}-ȵyuŋ^{51} 龙眼肉

花生肉 huã^{33}sã^{33}ȵyoʔ^{2}-ȵyuŋ^{51} 花生米

花生壳 huã^{33}sã^{33}kʰoʔ^{5}-kʰɔ̃^{51}

花生衣 huã^{33}sã^{33}ʔi$^{33-15}$ 花生皮

棒冰 bɔ̃^{31}pin^{33} 冰棍儿

　糖冰 dɔ̃$^{31-13}$pin$^{33-31}$

蜜 miəʔ^{2} 蜂蜜

豆腐浆 dɤ^{13}ɦu$^{31-33}$tɕiã$^{33-15}$ 豆浆

茶 dʑo^{31} 开水

腌菜卤 ɦie^{13}tsʰe$^{55-33}$ʔlu$^{42-51}$ 泡菜水

酵头 kɔ$^{55-33}$dɤ^{31} 酵母

　酵酿 kɔ$^{55-35}$ȵiã$^{13-55}$

除夜 dʑy$^{31-13}$ɦia$^{13-55}$ 大年三十；年夜饭：做～做年夜饭

灶羹 tsɔ^{55}kã^{33} 元宵节晚上吃的一种小吃。把番薯粉（山粉）做成羹后，撒上芝麻粉、花生粉、各种水果丁儿、糖桂花儿等配料

日子酒ȵiəʔ^{2}tsɿ^{42}tɕiu$^{42-31}$ 婚嫁酒席
落山酒 loʔ^{2}sɛ^{33}tɕiu$^{42-51}$ 丧葬酒席
碗头ʔuø$^{42-55}$dɤ$^{31-51}$ 祭祀用的菜，全熟或半数
八碗 pəʔ$^{5-3}$ʔuø^{42} 旧时过节酒席上一般烧八碗菜，后统指好菜或大餐：喫～
狗皮膏药 tɕiɤ^{42}bi$^{31-33}$kɔ^{33}ɦiaʔ^{2} 膏药
药圆 ɦiaʔ^{2}ɦyø$^{31-51}$ 药丸
白粉 baʔ^{2}fən$^{42-51}$ 毒品

3. 物品

物事 məʔ^{2}zɿ^{13} 东西
油皂 ɦiu$^{31-13}$zɔ^{31} 肥皂（旧称）
　洋皂 ɦiã$^{31-13}$zɔ^{31} 肥皂
香皂 ɕiã^{33}zɔ^{31}
（洋）皂粉（ɦiã$^{31-13}$）zɔ^{31}fən$^{42-51}$ 洗衣粉
蚊虫香 mən$^{31-13}$dʑyuŋ$^{31-35}$ɕiã$^{33-31}$ 蚊香
樟脑丸 tsɔ̃^{33}ʔnɔ̃$^{42-35}$ɦuø$^{31-51}$ 卫生球
自来火 zɿ^{13}le$^{31-33}$hu$^{42-51}$ 火柴
抱裙 bɔ^{31}gyn$^{31-15}$ 围裙（用于抱孩子等）
粗纸 tsʰu^{33} tsɿ$^{42-31}$ 手纸
脚布头 tɕiaʔ$^{5-3}$pu$^{55-33}$dɤ$^{31-15}$ 擦脚布
桌布毯 tɕyoʔ$^{5-3}$pu$^{55-33}$tʰɛ$^{42-51}$ 桌布
洋油灯 ɦiã$^{31-13}$ɦiu$^{31-35}$tɤŋ$^{33-31}$ 煤油灯
　美孚灯ʔme^{42}fu$^{33-55}$tɤŋ$^{33-31}$
手电筒 ɕiu^{42}die^{13}duŋ$^{31-15}$
千里镜 tɕʰie^{33}ʔli^{42}tɕin^{55} 望远镜
鸡毛掸帚 tɕi^{33}mɔ$^{31-33}$tɛ^{42}tɕiu$^{42\ 51}$ 掸子
夹 kiəʔ^{5}-kiɛ^{51} 夹子
夹钳 kiəʔ$^{5-3}$dʑie$^{31-15}$ 镊子
钳 dʑie$^{31-15}$ 钳子
剪刀 tɕie^{42}tɔ$^{33-15}$
指甲钳 tsɿ^{42}kiəʔ$^{5-3}$dʑie$^{31-15}$ 指甲剪
小钻 ɕiɔ^{42}tsø$^{55-51}$ 锥子
针朏臀眼 tɕin^{33}kʰuəʔ$^{5-3}$døn$^{31-33}$ʔȵiɛ$^{42-15}$ 针鼻；针眼
抵指 ti^{42}tsɿ$^{42-51}$ 顶针
针线簩 tɕin^{33}ɕie$^{55-33}$da$^{31-51}$ 针线笸箩

烟九筒ʔie^{33}tɕiu$^{42-55}$duŋ$^{31-51}$ 烟斗，西式和中式
烟九筒嘴ʔie^{33}tɕiu^{42}duŋ$^{31-33}$tɕy$^{42-51}$ 烟嘴
水烟筒 ɕy^{42}ʔie$^{33-35}$duŋ$^{31-51}$ 水烟具，铜或竹的
香烟盒 ɕiã^{33}ʔie^{33}ɦəʔ^{2}-ɦɛ^{51} 烟盒
烟灰缸ʔie^{33}huø^{33}kɔ̃$^{33-15}$
面巾 mie^{13}tɕin$^{33-15}$ 毛巾
耳朵挖ʔŋ^{42}tu^{42}ʔuəʔ^{5}-ʔuɛ^{51} 耳挖勺
搔痒筢 tsɔ^{33}ʔiã^{42}bo$^{31-15}$ 痒痒挠
洒水壶 sa^{42}ɕy^{42}ɦu$^{31-15}$
揩布 kʰa$^{33-35}$pu^{55} 抹布
面桶 mie^{13}duŋ$^{31-51}$ 脸盆
面桶架 mie^{13}duŋ^{31}ko$^{33-15}$ 脸盆架
浴桶 ɦyoʔ^{2}duŋ^{31} 澡盆
洗脚桶 ɕi^{42}tɕiaʔ$^{5-3}$duŋ$^{31-51}$ 洗脚盆
肥桶 bi$^{31-13}$duŋ^{31} 马桶
肥桶匾 bi$^{31-13}$duŋ^{31}tɕie$^{42-51}$ 马桶盖
结头 tɕiəʔ^{5}dɤ$^{31-51}$ 绳结；线结
拐棒 kua^{42}bɔ̃$^{31-51}$ 拐杖，中式
卫生棒 ɦy^{13}sã$^{-33}$bɔ̃$^{31-51}$ 文明棍
喷头 pʰən$^{55-33}$dɤ$^{31-15}$ 洗澡用的莲蓬头
挈袋 tɕʰiəʔ$^{5-3}$de$^{13-51}$ 手提包
皮包 bi$^{31-13}$pɔ$^{33-15}$ 钱包
蒲扇 bu$^{31-13}$ɕie^{55} 草编或蔑编的扇子
油纸伞 ɦiu$^{31-13}$tsɿ^{42}sɛ$^{42-51}$
椋 liã$^{-51}$ 梳子
解椋 ka$^{55-33}$liã$^{-51}$ 发箍
衣裳板ʔi^{33}zɔ̃$^{31-33}$pɛ$^{42-51}$ 洗衣板
链锤搭 lie$^{31-13}$dʑy^{31}təʔ^{5}-tɛ^{51} 洗衣棒
衣裳架ʔi^{33}zɔ̃$^{31-33}$ko$^{33-15}$ 晾衣架
掌晾 tsʰã$^{33-35}$lɔ̃$^{31-51}$ 竹编的三脚支架，用于架竹竿晒衣服用的
竹竿 tɕyoʔ$^{5-3}$tɕie^{33} 晾衣竿
地拖 di^{13}tʰu$^{33-15}$ 拖把
敲梆 kʰɔ$^{33-55}$pɔ̃$^{33-31}$ 打更用的梆子
扎钩 tsaʔ$^{5-3}$tɕiɤ$^{33-15}$ 钩子
布帐钩 pu$^{55-33}$tɕiã$^{55-33}$tɕiɤ$^{33-15}$ 帐钩

红毛瓶 ɦŋ$^{31-13}$mɔ$^{31-35}$bin$^{31-51}$ 棕色的玻璃瓶
瓶盖 bin$^{31-13}$tɕie$^{42-51}$
瓶榨 bin$^{31-13}$tɕin$^{33-15}$ 塞子
啷铃ʔlɔ̃^{33}lin$^{31-15}$ 铃
恰恰盖 tɕ^{h}ia^{42}tɕ^{h}ia^{42}tɕie$^{42-51}$ 钹
锁匙头 su^{42}zɿ$^{31-35}$dɤ$^{31-51}$ 钥匙
龙头 luŋ$^{31-24}$dɤ$^{31-51}$ 把手
奶奶头ʔna^{33}ʔna^{33}dɤ$^{31-15}$ 奶嘴；奶头
瓶开 bin$^{31-13}$k^{h}ie$^{33-15}$ 开瓶器
热水瓶ȵiəʔ^{2}ɕy$^{42-55}$bin$^{31-51}$ 保温瓶
墨笔 moʔ^{2}piəʔ^{5} 毛笔
笔套 piəʔ$^{5-3}$t^{h}ɔ^{55} 笔帽
面墨槽 mie^{13}moʔ$^{2-3}$zɔ$^{31-15}$ 砚
铅笔卷 k^{h}iɛ^{42}piəʔ$^{5-3}$kyø$^{42-51}$ 旋笔刀
橡皮揩 ʑiã^{31}bi$^{31-33}$k^{h}a$^{33-15}$ 橡皮擦
黑板擦 hɤʔ$^{5-3}$pɛ^{42}k^{h}a$^{33-15}$
讲台桌 kɔ̃^{42}de$^{31-33}$tɕyoʔ^{5}-tɕyɔ̃^{51} 讲台
教棒 kɔ$^{55-33}$bɔ̃$^{31-51}$ 教鞭
戒方 ka^{55}fɔ̃$^{33-31}$ 戒尺
针 tɕin$^{33-15}$ 读变音时专指“毛衣针”。其他针读本音
花棚 hua$^{33-35}$bã$^{31-51}$ 刺绣绷子
棉纱线 mie$^{31-13}$so$^{33-35}$ɕie^{55} 纱线
洋油 ɦiã$^{31-24}$ɦiu$^{31-51}$ 煤油
砖头 tɕyø$^{33-35}$dɤ$^{31-51}$ 砖
　砖头块 tɕyø^{33}dɤ$^{31-35}$kuø^{55} 砖块
　砖头橛 tɕyø^{33}dɤ$^{31-33}$gyøʔ^{2}-gyø^{51}
　砖坯 tɕyø^{33}p^{h}e$^{33-15}$
烂泥坯 nɛ^{13}ni$^{31-33}$p^{h}e$^{33-15}$ 土坯
屋瓦ʔuoʔ$^{5-3}$ʔŋo$^{42-51}$ 瓦片
屋瓦爿ʔuoʔ$^{5-3}$ʔŋo^{42}bɛ$^{31-15}$ 碎瓦片
蛎灰 li^{13}huø$^{33-15}$ 石灰
洋灰 ɦiã$^{31-13}$huø$^{33-15}$ 水泥
灰浆 huø^{33}tɕiã$^{33-15}$
钢骨水泥 kɔ̃^{33}kuoʔ$^{5-3}$ɕy$^{42-55}$ni$^{31-51}$ 混凝土
麻糊 mo$^{31-13}$ɦu$^{13-55}$ 剁碎的麻筋与石灰等搅和在一起的建筑用料

田壅 die$^{31-13}$ɦyuŋ$^{13-55}$ 粪肥

草灰 tsʰɔ^{42}huø$^{33-15}$ 灰肥

草肥 tsʰɔ$^{42-55}$vi$^{31-51}$ 杂草发酵而成的肥料

篾爿 miəʔ^{2}bɛ$^{31-15}$ 篾片

猪料 tsɿ$^{33-35}$liɔ$^{13-55}$ 饲料

汗①ɦie^{13} 鱼饵

筑漏 tɕyoʔ$^{5-3}$lɤ^{13} 修理、堵塞漏水的房屋

秋 tɕʰiu$^{33-15}$ 箍儿：浴桶～

燥烂泥 sɔ^{33}nɛ$^{31-33}$ni$^{31-15}$ 干土

烂泥 nɛ^{13}ni$^{31-15}$ 湿土

烂泥□nɛ^{13}ni$^{31-33}$ʔuɔ̃$^{42-51}$ 很湿的泥

烂污泥 lɛ^{13}ʔu$^{33-35}$ni$^{31-51}$ 淤泥

烂泥沙 nɛ^{13}ni$^{31-33}$so$^{33-15}$ 沙土

石头（卵）ʑiəʔ^{2}dɤ$^{31-51}$（ʔlø$^{42-31}$）石块儿；小石头

光光石头 kuɔ̃^{33}kuɔ̃^{33}ʑiəʔ$^{2-3}$dɤ$^{31-51}$ 鹅卵石

埲墉 buŋ$^{31-35}$ʔyuŋ$^{33-31}$ 灰尘

石铁石 ʑiəʔ^{2}tʰiəʔ$^{5-3}$ziəʔ^{2} 磁石

浑浊水ʔuən^{42}tɕyoʔ$^{5-3}$ɕy$^{42-51}$ 浑水

温伦汤ʔuən^{33}luən$^{31-33}$tʰɔ̃$^{33-15}$ 温水

汤 tʰɔ̃^{33} 热水

滚汤 kuən^{42}tʰɔ̃^{33} 沸水

冷水ʔlã^{42}ɕy$^{42-31}$ 凉水

冷茶ʔlã$^{42-55}$dzo$^{31-51}$ 凉开水

山水 sɛ^{33}ɕy$^{42-31}$ 泉水

拾　生活、事体

事干 zɿ^{13}tɕie$^{33-55}$ 事情

好事 hɔ^{42}zɿ^{13} 善事；亲事

白事 baʔ^{2}zɿ^{13} 丧事

排场 ba$^{31-24}$dʑiã$^{31-51}$ 场面

里子格ʔli^{42}tsɿ^{42}kaʔ^{5}-kã^{51} 内情

结蒂 tɕiəʔ$^{5-3}$ti^{55} 结局

头头埭埭 dɤ$^{31-13}$dɤ$^{31-33}$da$^{13-35}$da$^{13-55}$ 始末

---

① 泽国叫“酿 [ȵiã^{13}]”。

因头ʔin$^{33-35}$dɤ$^{31-51}$缘由；幌子、借口
巴麻 po^{33}mo$^{31-15}$分寸
范子 vɛ^{31}tsɿ$^{42-51}$样子
彩头 tsʰe$^{42-55}$dɤ$^{31-51}$兆头
运道 ɦyn^{13}dɔ^{31}运气
缘 ɦyø^{31}缘分
怨仇ʔyø$^{33-35}$dʑiu$^{31-51}$
过记 ku$^{55-35}$tɕi^{55}嫌隙
□场 dʑiɔ^{13}dʑiã^{31}交际圈
兴致头 ɕin^{33}tsɿ$^{55-33}$dɤ$^{31-15}$兴致
望头 mɔ̃^{13}dɤ^{31}奔头；盼头
零蛋 lin$^{31-35}$dɛ$^{13-55}$零分
头名 dɤ$^{31-24}$min$^{31-51}$第一名
末脚名 məʔ^{2}tɕiaʔ$^{5-3}$min$^{31-15}$最后一名
过 ku^{55}去世
做人 tsu$^{55-33}$ȵin^{31}过日子
混日子 ɦuən^{13}ȵiəʔ$^{2-3}$tsɿ$^{42-31}$
硬混 ŋa^{13}ɦuən$^{13-55}$熬日子
宿 ɕyoʔ^{5}住宿
税屋 ɕy$^{55-33}$ʔuoʔ^{5}租房
买屋ʔma^{42}ʔuo^{5}买房
住进去 dʑy^{13}tɕin^{55}kʰəʔ入住
移过屋 ɦi$^{31-13}$ku$^{55-33}$ʔuoʔ^{5}搬家
睏日昼觉 kʰuən$^{55-33}$ni^{13}tɕiu$^{55-35}$kɔ^{55}睡午觉
　午睡ʔŋ^{42}ʑy^{13}
睏懒觉 kʰuən$^{55-33}$ʔlɛ^{42}kɔ^{55}睡懒觉
搁夜 goʔ^{2}ɦia^{13}熬夜
嬉 ɕi^{33}休息；玩儿
爬起 bo^{31}tɕʰi$^{42-31}$起床
□门床 go^{13}mən$^{31-35}$zɔ̃$^{31-51}$架床
摊门床 tʰɛ^{33}mən$^{31-35}$zɔ̃$^{31-51}$铺床
折被 tɕiəʔ$^{5-3}$bi^{31}叠被子
乘（风）凉 ʑin$^{31-13}$（fuŋ$^{33-35}$）liã$^{31-51}$乘凉
梳头 sɿ$^{33-35}$dɤ$^{31-51}$梳头
　掠头 ləʔ^{2}dɤ$^{31-51}$

篦头 bi^{13}dɤ$^{31-33}$ 篦发
梳头髻 sɿ^{33}dɤ$^{31-35}$tɕi^{55} 梳髻
打辫 tã^{42}bie$^{31-51}$ 编辫子
剃头 tʰi^{33}dɤ^{31} 理发
烫头发 tʰɔ̃$^{55-33}$dɤ$^{31-33}$fəʔ^{5} 烫发
剃面毛 tʰi^{33}mie$^{13-33}$mɔ^{31} 刮脸
剪手末头甲 tɕie^{42}ɕiu^{42}məʔ$^{2-3}$dɤ$^{31-33}$kiəʔ^{5} 剪指甲
镂耳朵ʔlɤ^{33}ʔŋ^{42}tu$^{42-31}$ 掏耳朵
绞面毛 kɔ^{42}mie$^{13-33}$mɔ^{31} 绞脸
照镜 tɕiɔ$^{33-35}$tɕin^{55} 照镜子
挈水 tɕʰiəʔ$^{5-3}$ɕy$^{42-31}$ 提水
刷牙齿 ɕyøʔ$^{5-3}$ŋo$^{31-33}$tsʰɿ$^{42-31}$ 刷牙
碌嘴ʔloʔ$^{5-3}$tɕy$^{42-31}$ 漱口
洗面 ɕi^{42}mie^{13} 洗脸
缴骑身 tɕiɔ^{42}dʑi^{31}ɕin^{33} 洗澡
擦背 tsʰaʔ$^{5-3}$pe^{55} 搓澡
敲背 kʰɔ$^{33-35}$pe^{55} 捶背
掸塳墉 tɛ^{42}buŋ$^{31-35}$ʔyuŋ$^{33-31}$ 掸尘
倒垃圾 tɔ$^{55-33}$ləʔ$^{2-3}$səʔ^{5}
谋死 miɤ^{31}sɿ$^{42-31}$ 用计把人毒死
摘日头 tsaʔ$^{5-3}$ȵiəʔ$^{2-3}$dɤ$^{31-15}$ 晒太阳
带大 ta$^{55-35}$du$^{13-55}$ 抚养成人
带小人 ta$^{55-33}$ɕiɔ^{42}ȵin$^{31-15}$ 带孩子
哄小人 huŋ^{42} ɕiɔ^{42}ȵin$^{31-15}$ 哄孩子；哄骗孩子
尿拉门床埼ɕy^{33}la^{13}mən$^{31-35}$zɔ̃$^{31-51}$ləʔ尿床
挈屙 tɕʰiəʔ$^{5-3}$ʔɯ^{55} 把尿
挈尿 tɕʰiəʔ$^{5-3}$ɕy^{33} 把尿
烹火 pʰã^{33}hu$^{42-51}$ 烤火
硌脚 kʰiəʔ$^{5-3}$tɕiaʔ^{5} 鞋子不合适或鞋子里有异物等引起脚疼
拍照 pʰaʔ$^{5-3}$tɕiɔ^{55} 拍照片
照相 tɕiɔ$^{55-35}$ɕiã^{55} 照片
洗照相 ɕi^{42}tɕiɔ$^{55-35}$ɕiã^{55} 冲印照片
做衣裳 tsu$^{55-33}$ʔi$^{33-35}$zɔ̃$^{31-51}$ 做衣服
量衣裳 liã^{31}ʔi$^{33-35}$zɔ̃$^{31-51}$ 量衣服
裁衣裳 ze^{31}ʔi$^{33-35}$zɔ̃$^{31-51}$ 裁剪衣服

做被 tsu$^{55-33}$bi^{31} 缝制床上用品

赫被 haʔ^{5}bi^{31} 用线把被里子、被面和被胆缝合起来

络钮珠空 loʔ^{2}ʔȵiu^{42}tɕy$^{33-35}$kʰuŋ^{55} 锁扣眼

盘纽珠襻 bø^{31}ȵiu^{42}tɕy$^{33-35}$pʰɛ^{55} 盘纽扣

的纽珠 tiəʔ$^{5-3}$ȵiu^{42}tɕy$^{33-15}$ 钉纽扣

拷边 kʰɔ$^{33-55}$pie$^{42-31}$ 绲边

缲边 tɕʰiɔ$^{33-55}$pie$^{42-31}$

补洞 pu^{42}duŋ^{13} 打补丁

缉鞋底 tɕʰiəʔ$^{5-3}$ɦa$^{31-33}$ti$^{42-31}$ 纳鞋底

□鞋 dʑyn$^{31-55}$ɦa$^{31-51}$ 鞔鞋帮

绱鞋 zɔ̃$^{31-24}$ɦa$^{31-51}$ 把鞋帮和纳好的鞋底固定在一起

做花 tsu$^{55-33}$hua^{33} 绣花

线脚缝裂爻 ɕie^{33}tɕiaʔ$^{5-3}$vuŋ^{13}liəʔ$^{2-3}$ɦɔ$^{31-51}$ 开线

晒衣裳 so$^{55-33}$ʔi$^{33-35}$zɔ̃$^{31-51}$ 晒衣服

晾衣裳 lɔ̃^{31}ʔi$^{33-35}$zɔ̃$^{31-51}$ 晾衣服

烫衣裳 tʰɔ̃$^{55-33}$ʔi$^{33-35}$zɔ̃$^{31-51}$ 熨衣服

打扮 tã^{42}pɛ^{55}

着衣裳 tɕiaʔ$^{5-3}$ʔi$^{33-35}$zɔ̃$^{31-51}$ 穿衣服

脱衣裳 tɕʰøʔ$^{5-3}$ʔi$^{33-35}$zɔ̃$^{31-51}$ 脱衣服

架衣裳 ko$^{55-33}$ʔi$^{33-35}$zɔ̃$^{31-51}$ 披衣服

靸 tʰa^{33} 穿鞋时鞋后跟没拉上去

出脚 tɕʰyøʔ$^{5-3}$tɕiaʔ^{5} 赤脚

出条条 tɕʰyøʔ$^{5-3}$diɔ$^{31-33}$diɔ$^{31-15}$ 赤身

烧菜蔬 ɕiɔ^{33}tsʰe$^{55-33}$su$^{33-31}$ 烹调

烧饭 ɕiɔ$^{33-35}$vɛ$^{13-55}$ 做饭

煮粥 tsɿ^{42}tɕyoʔ^{5}-tɕyuŋ^{51} 做粥

烧汤 ɕiɔ^{33}tʰɔ̃$^{33-15}$ 做汤

做饼 tsu$^{55-33}$pin$^{42-51}$

煮面 tsɿ^{42}mie^{13} 煮面条

蒸馒头 tɕin^{33}mɛ$^{31-35}$dɤ$^{31-51}$

洗米 ɕi^{42}ʔmi$^{42-31}$ 淘米

发面 fəʔ$^{5-3}$mie^{13}

差粉 tsʰa^{33}fən$^{42-31}$ 和面

挒面ȵyoʔ^{2}mie^{13} 揉面

勵粉 le^{13}fən$^{41-31}$ 外层滚涂上面粉、糯米粉等；擀面条

掼面 guɛ^{13}mie$^{13-55}$ 抻面条
籴米 diəʔ^{2}ʔmi$^{42-31}$ 买米
买菜蔬ʔma^{42}tsʰe$^{55-33}$su$^{42-31}$ 买菜
买猪肉ʔma^{42}tsɿ^{33}ȵyoʔ^{2} 买肉
舀老酒ʔiɔ^{42}ʔlɔ^{42}tɕiu$^{42-31}$ 买酒
择菜 tsaʔ$^{5-3}$tsʰe^{55}
洗菜蔬 ɕi^{42}tsʰe$^{55-33}$su$^{42-31}$ 洗菜
切菜 tɕʰiəʔ$^{5-3}$tsʰe^{55}
打鸡子 tã^{42}tɕi^{33}tsɿ$^{42-31}$ 搅打鸡蛋
腌起 ɦie^{13}tɕʰi$^{42-51}$ 腌制
冰起 pin^{33}tɕʰi$^{42-31}$ 冰镇
慢慢火 mɛ^{13}mɛ$^{13-33}$hu$^{42-51}$ 文火
煨ʔuø^{33} 长时间焖煮
烤起 kʰɔ^{33}tɕʰi$^{42-31}$ 红烧
卤起ʔlu^{42}tɕʰi$^{42-31}$ 卤制
漉滚汤 loʔ^{2}kuən^{42}tʰɔ̃$^{-15}$ 沸腾的清水中微煮
氽 tsʰø^{33} 焯
撩 liɔ^{31} 在沸水中过一下
泡 pʰɔ^{55} 油炸
炊 tɕʰy^{33} 长时间蒸
调味 diɔ^{13}mi$^{13-55}$
煠 zəʔ^{2} 在沸水中煮或热油中炸
炖 tuŋ^{55} 蒸
夹热烫 kiəʔ$^{5-3}$ȵiəʔ$^{2-3}$tʰɔ̃^{55} 趁热
喫饭 tɕʰyoʔ$^{5-3}$vɛ^{13} 吃饭
喫酒 tɕʰyoʔ$^{5-3}$tɕiu$^{42-31}$ 喝酒；参加酒席
喫茶 tɕʰyoʔ^{5}dʑo$^{31-51}$ 喝茶
喫香烟 tɕʰyoʔ$^{5-3}$ɕiã$^{33-55}$ʔie$^{33-31}$ 抽烟
喫枯晨饭 tɕʰyoʔ$^{5-3}$kʰu$^{55-33}$ʑin$^{31-35}$vɛ$^{13-55}$ 吃早饭
喫日昼饭 tɕʰyoʔ$^{5-3}$ni$^{13-33}$tɕiu$^{55-35}$vɛ$^{13-55}$ 吃午饭
喫夜饭 tɕʰyoʔ$^{5-3}$ɦia$^{13-35}$vɛ$^{13-55}$ 吃晚饭
喫馆店 tɕʰyoʔ$^{5-3}$kuø^{42}tie^{55} 下馆子
喫小厨房 tɕʰyoʔ$^{5-3}$ɕiɔ^{42}dʑy$^{31-33}$vɔ̃$^{31-15}$ 吃小灶
喫野味 tɕʰyoʔ$^{5-3}$ʔia^{42}mi^{13} 吃野食
喫暖锅 tɕʰyoʔ$^{5-3}$ʔnøn^{42}ku$^{33-15}$ 吃火锅

喫散嘴 tɕʰyoʔ$^{5-3}$sɛ^{42}tɕy$^{42-51}$ 吃零食

喫素 tɕʰyoʔ$^{5-3}$su^{55} 吃素

喫白衣食 tɕʰyoʔ$^{5-3}$baʔ$^{2-3}$ʔi^{33}ʑiəʔ^{2} 吃白食

　白□baʔ^{2}gã$^{31-51}$

自喫自 zɿ^{13}tɕʰyoʔ$^{5-3}$zɿ^{13} 各吃各的

搭勒喫 təʔ^{5}ləʔ$^{2-3}$tɕʰyoʔ$^{5-3}$ 拼伙；搭伙

办酒 bɛ^{13}tɕiu$^{42-31}$ 置酒席

坐落桌 zo^{31}loʔ$^{2-3}$tɕyoʔ^{5} 入席

　坐起 zo^{31}tɕʰi$^{42-31}$

兜饭 tɤ$^{33-35}$vɛ$^{13-55}$ 盛饭

舀汤ʔiɔ^{42}tʰɔ̃$^{33-15}$

菜蔬掇上来 tsʰe$^{55-33}$su$^{33-42}$tøʔ^{5}zɔ̃^{31}le^{31} 上菜

搛菜蔬 tɕiəʔ$^{5-3}$tsʰe$^{55-33}$ su$^{33-31}$（用筷子）夹菜

过饭 ku$^{55-35}$vɛ$^{13-55}$ 以菜佐饭

汤浇饭 tʰɔ̃$^{33-15}$tɕiɔ$^{33-35}$vɛ$^{13-55}$ 以汤泡饭

揠酒ʔo$^{55-33}$tɕiu$^{42-31}$ 劝酒

碰杯 bã^{13}pe$^{33-15}$ 干杯

划拳 huaʔ^{5}gyø$^{31-51}$ 猜拳，行酒令的一种

掷骰 dʑiəʔ^{2}søʔ^{5}-søn^{51} 抛骰子，行酒令的一种

泡茶 pʰɔ$^{55-33}$dʑo^{31} 沏茶；冲开水；打开水

送茶 suŋ$^{55-33}$dʑo^{31} 新婚或过年时晚辈泡好人参茶等给长辈送去以表敬意，长辈一般要包一个红包回礼

垫肚 die^{13}du$^{31-51}$ 暂时充饥

递香烟 di^{13}ɕiã$^{33-55}$ʔie$^{33-31}$ 敬烟

烧火 ɕiɔ^{33}hu$^{42-31}$

凑火 tsʰɤ$^{55-33}$hu$^{42-31}$ 引火

起火 tɕʰi^{42}hu$^{42-31}$ 生火

火利爻 hu^{42}li^{13}ɦɔ$^{31-51}$ 将余火熄灭，并将火塘里的灰烬掏净

火关爻 hu^{42}kuɛ^{33}ɦɔ 将火熄灭

淬火 tsɛ$^{55-33}$hu$^{42-31}$ 将烧红的铁器放到冷水中冷却

烤 kʰɔ^{33} 红烧；卤制；烧烤

烧茶 ɕiɔ$^{33-35}$dʑo$^{31-51}$ 烧水

起身 tɕʰi^{42}ɕin^{33} 动身

转屋里 tɕyø^{42}ʔuoʔ^{5}li$^{42-51}$ 回家

到城里去 tɔ$^{55-33}$ʑin$^{31-33}$ʔli^{42}kʰie$^{55-33}$ 进城

趤 dɔ̃^{13} 逛：～马路
跟牢 kɤŋ^{33}lɔ^{31} 跟踪
兜风 tɤ^{33}fuŋ$^{33-15}$
弗识路 fəʔ$^{5-3}$ɕiəʔ$^{5-3}$lu^{13} 迷路
驶车 sa^{42}ts^{h}o^{33} 开车
踏脚踏车 dəʔ^{2}tɕiaʔ$^{5-3}$dəʔ$^{2-3}$ts^{h}o$^{33-15}$ 骑车
搭便车 təʔ$^{5-3}$bie$^{13-33}$ts^{h}o$^{33-15}$
拦出租车 lɛ^{31}tɕ^{h}yøʔ$^{5-3}$tsu^{33}ts^{h}o$^{33-15}$ 招出租车
车集牢 ts^{h}o^{33}ʑiəʔ$^{2-3}$lɔ$^{31-51}$ 堵车
驶船 sa$^{42-55}$ʑyø$^{31-51}$ 驾船
乘船 tɕ^{h}in^{33}ʑyø$^{31-15}$
乘过渡船 tɕ^{h}in^{33}ku$^{55-33}$du$^{13-33}$ʑyø$^{31-15}$ 过摆渡
到岸 tɔ$^{55-35}$ɦie$^{13-55}$ 靠岸
宿夜 ɕyoʔ$^{5-3}$ɦia^{13} 住店
到外国去 tɔ$^{55-33}$ŋa^{13}kuoʔ^{5}k^{h}ie$^{55-33}$ 出国
望 mɔ̃^{13} 看；看望
旋旋 ʑyø^{13}ʑyø$^{13-51}$ 巡逻；转悠
麻纸圆 mo$^{31-13}$tsɿ$^{42-55}$ɦyø$^{31-51}$ 抓阄儿
馅 giɛ^{13} 插队
作扁馅 tsoʔ$^{5-3}$pie^{42}giɛ^{13} 拼命挤插进
写契 ɕia^{42}tɕ^{h}i^{55} 立字据
捺手末头印 nəʔ^{2}ɕiu^{42}məʔ^{2}dɤ$^{31-35}$ʔin^{55} 按手印
画圈 ɦua^{13}k^{h}yø$^{33-15}$ 画押
□图章 guaʔ^{2}du$^{31-35}$tsɔ̃$^{33-31}$ 盖章
打手心 tã^{42}ɕiu^{42}ɕin$^{33-15}$
大肚 du^{13}du^{31} 怀孕
生娃娃 sã^{33}ʔua^{33}ʔua$^{33-15}$ 生孩子
出名字 tɕ^{h}yøʔ$^{5-3}$min$^{31-35}$zɿ$^{13-55}$ 起名字
做月里 tsu$^{55-33}$ȵyøʔ$^{2-3}$ʔli$^{42-31}$ 坐月子
满月 ʔmø^{42}ȵyøʔ^{2}-ȵyø^{51}
一百日 ʔiəʔ$^{5-3}$paʔ^{5}ȵiəʔ^{2} 百日
落身 loʔ^{2}ɕin^{33} 小产
引产 ʔin^{42}sɛ$^{42-31}$ 打胎
带来 ta^{55}le^{31} 收养；领养
讲做媒 kɔ̃^{42}tsu$^{55-33}$me^{31} 做媒

踏亲 dəʔ^{2}tɕʰin^{33} 相亲

评八字 bin^{31}pəʔ$^{5-3}$zɿ^{13} 配八字

合八字 ɦiəʔ^{2}pəʔ$^{5-3}$zɿ^{13}

定头 din^{13}dɤ$^{31-15}$ 订婚

　小定 ɕiɔ^{42}din^{13}

大定 du^{13}din$^{13-55}$ 定下结婚日期而举行的仪式

　送日子 suŋ$^{55-33}$ȵiəʔ$^{2-3}$tsɿ$^{42-51}$

谢媒 ʑia^{13}me^{31} 感谢媒人

拣日子 kiɛ^{42}ȵiəʔ$^{2-3}$tsɿ$^{42-31}$ 定婚期

发嫁资 fəʔ$^{5-3}$ko$^{55-33}$tsɿ$^{42-31}$ 运嫁妆

拜堂 pa$^{55-33}$dɔ̃^{31} 大婚

嫁 ko^{55} 出嫁

讨老姿 tʰɔ^{42}ʔlɔ^{42}ʔie^{33} 娶亲

嫁囡 ko$^{55-33}$ʔnɛ$^{42-51}$ 嫁闺女

招进舍 tɕiɔ^{33}tɕin$^{55-35}$so^{55} 入赘

做两老亲家 tsu$^{55-33}$ʔȵiã^{42}ʔlɔ^{42}tɕʰin$^{33-55}$ko$^{42-31}$ 结亲家

接新妇 tɕiəʔ$^{5-3}$ɕin^{33}ɦu^{31} 迎亲

送新妇 suŋ$^{55-33}$ɕin^{33}ɦu^{31} 送亲

闹洞房 nɔ^{13}duŋ$^{13-35}$vɔ̃$^{31-51}$

望三日 mɔ̃^{13}sɛ^{33}ȵiəʔ^{2}-ȵin^{51} 新媳妇结婚三天后回娘家探访

讨小老姿 tʰɔ^{42}ʔɕiɔ^{42}ʔlɔ^{42}ʔie$^{33-15}$ 续弦；纳妾

做小老姿 tsu$^{55-33}$ɕiɔ^{42}ʔlɔ^{42}ʔie$^{33-15}$ 填房；做妾

转嫁 tɕyø^{42}ko^{55} 改嫁；再嫁

拖油瓶 tʰu^{33}ɦiu$^{31-33}$bin$^{31-15}$ 带孩子出嫁

离爻 li^{31}ɦɔ 离婚

长命 dʑiã$^{31-13}$min$^{13-55}$ 长寿

短命 tø^{42}min^{13} 短命；折寿

报死 pɔ$^{55-33}$sɿ$^{42-31}$ 报丧

送上山 suŋ$^{55-33}$zɔ̃^{31}sɛ^{33} 送葬

落材 loʔ^{2}ze$^{31-51}$ 入殓

停材 din$^{31-24}$ze$^{31-51}$ 停灵

守灵 ɕiu$^{42-55}$lin$^{31-51}$

出丧 tɕʰyøʔ$^{5-3}$sɔ̃^{55} 出殡

落炕 loʔ^{2}kʰɔ̃^{55} 下葬

戴孝 ta$^{55-35}$hɔ^{55}
做七 tsu$^{55-33}$tɕ^{h}iəʔ^{5}
上坟 zɔ̃$^{31-55}$vən$^{31-51}$
守孝 ɕiu^{42}hɔ^{55}
孝满爻 hɔ^{55}ʔmø^{42}ɦɔ 除孝
迁坟 tɕ^{h}ie$^{33-35}$vən$^{31-51}$ 改葬
过节 ku$^{55-33}$tɕiəʔ^{5} 过节日
过年 ku$^{55-33}$ȵie^{31}
过老人节 ku^{33}ʔlɔ^{42}ȵin$^{31-33}$tɕiəʔ^{5} 过重阳节
喫教 tɕ^{h}yoʔ$^{5-3}$kɔ^{55} 信教
拜拜 pa^{55}pa 祭拜
　供供 kyn$^{33-55}$kyn
诵经 ʑyuŋ^{13}tɕin$^{33\ 15}$ 念经
许愿心 hy^{42}ȵyø$^{13-33}$ɕin^{33} 许愿
还愿 ɦuɛ$^{31-13}$ȵyø$^{13-55}$
讲灵姑 kɔ̃^{42}lin$^{31-35}$ku$^{33-31}$
抲逃神 k^{h}o^{33}dɔ$^{31-35}$ʑin$^{31-51}$
望花 mɔ̃^{13}hua$^{33-15}$
拜灶司菩萨 pa$^{55-33}$tsɔ$^{55-33}$sɿ^{33}bu$^{31-33}$səʔ^{5} 祭灶
测字 ts^{h}aʔ$^{5-3}$zɿ^{13}
求签诗 dʑiu^{31}tɕ^{h}ie$^{33-55}$sɿ$^{42-31}$ 求签
打卦 tã^{42}kua^{55} 打八卦，一种占卜方式
望风水 mɔ̃^{13}fuŋ^{33}ɕy$^{42-31}$ 看风水
看相 tɕ ^{h}ie$^{55-35}$ɕiã^{55}
排八字 ba^{31}pəʔ$^{5-3}$zɿ^{13} 算八字
寻工作 ʑin^{31}kuŋ^{33}tsoʔ^{5} 找工作
到职 tɔ$^{55-33}$tɕiəʔ^{5} 上任；到岗
离职 li$^{31-13}$tɕiəʔ^{5} 卸任；离岗
上班 zɔ̃^{31}pɛ^{33}
落班 loʔ^{2}pɛ^{33} 下班
撑钞票 ts^{h}ã$^{55-33}$ts^{h}ɔ^{42}p^{h}iɔ^{55} 挣钱
讨人 t^{h}ɔ^{42}ȵin^{31} 雇人
落主人家 loʔ^{2}tɕy^{42}ȵin$^{31-35}$ko$^{33-31}$ 受雇
□矣 ɕiɛ^{55}ɦi^{31} 解雇；不要

起屋 tɕʰi^{42}ʔuoʔ^{5} 盖房；建房
打砖 tã^{42}tɕyø$^{33-15}$ 砌砖
拔栋桁 bəʔ^{2}tuŋ$^{55-33}$ɦã^{31} 上梁
粉墙 fən$^{42-55}$ʑiã$^{31-51}$ 抹灰
做木匠 tsu$^{55-33}$moʔ$^{2-3}$ʑiã^{13} 做木工
油漆 ɦiu^{13}tɕʰiəʔ^{5} 上漆
纺棉筒 fɔ̃^{42}mie$^{13-33}$duŋ$^{31-51}$ 纺纱
抽丝 tɕʰiu$^{33-55}$sɿ$^{33-31}$ 缫丝
做布 tsu$^{55-35}$pu^{55} 织土布
撑船 tsʰã$^{33-35}$ʑyø$^{31-51}$
拔船 bəʔ^{2}ʑyø$^{31-51}$ 拉纤
把舵 po$^{42-55}$du$^{31-51}$ 掌舵
搁燥滩 goʔ^{2}sɔ$^{55-33}$tʰɛ$^{33-15}$ 搁浅
斫树 tɕyoʔ$^{5-3}$ʑy^{13} 砍树
抲鱼 kʰo^{33}ɦŋ$^{31-15}$ 捕鱼
牵牛 tɕʰie$^{33-35}$ȵiɤ$^{31-51}$ 放牛
打子 tã^{42}tsɿ$^{42-51}$ 配种

拾壹　商业、交通

1. 商业

钞票 tsʰɔ^{42}pʰiɔ^{55}
角子 koʔ$^{5-3}$tsɿ$^{42-51}$ 硬币
洋钿 ɦiã$^{31-24}$die$^{31-51}$ 银元；钱
铜钿 duŋ$^{31-24}$die$^{31-51}$ 铜钱；钱
整（张）tɕin^{42} (tɕiã$^{55-15}$) 整钱（指纸币）
散钞票 sɛ^{42}tsʰɔ^{42}pʰiɔ$^{55-51}$ 零钱
本钿 pən$^{42-55}$die$^{31-51}$ 本钱
工钿 kuŋ$^{33-35}$die$^{31-51}$ 工钱
盘缠钿 bø$^{31-13}$zø$^{31-35}$die$^{31-51}$ 路费
纸包钿 tsɿ^{42}pɔ$^{33-35}$die$^{31-51}$ 红包
人情ȵin$^{31-24}$ʑin$^{31-51}$（1）人情关系；（2）礼金
压岁钿ʔəʔ$^{5-3}$ɕy$^{55-33}$die$^{31-15}$ 压岁钱
赏金 sɔ̃^{42}tɕin^{33} 赏钱
开销铜钿 kʰie^{33}ɕiɔ^{33}duŋ$^{31-35}$die$^{31-51}$ 花费
屋税ʔuoʔ$^{5-3}$ɕy^{55} 房租

地税 di^{13}ɕy^{55} 地租

挂账 kua$^{55\text{-}35}$tɕiã^{55} 悬账

店号 tie$^{55\text{-}35}$ɦɔ$^{13\text{-}55}$

摆摊 pa^{42}tʰɛ$^{33\text{-}15}$ 设摊

跑单帮 pʰɔ^{42}tɛ$^{33\text{-}55}$pɔ̃$^{33\text{-}31}$ 独自跑长途生意

落市 loʔ^{2}zɿ^{31} 赶集

噢噢ʔɔ^{33}ʔɔ$^{33\text{-}51}$ 叫卖

踦店棚头 dʑi^{31}tie$^{55\text{-}33}$bã$^{31\text{-}35}$dɤ$^{31\text{-}51}$ 站柜台

统倒 tʰuŋ^{42}tɔ^{55} 全买下

盘 bø^{31} 接手或出让店铺、货物等

赊账 so$^{33\text{-}35}$tɕiã^{55}

讨价 tʰɔ^{42}ko^{55} 开价

断价钿 tø$^{55\text{-}33}$ko$^{55\text{-}33}$die^{31} 还价

杀猪 səʔ$^{5\text{-}3}$tsɿ$^{33\text{-}15}$ 价钱上宰客

做成 tsu^{55}ʑin$^{31\text{-}51}$ 成交

解钞票 ka^{42}tsʰɔ^{42}pʰiɔ^{55} 付款

听 tʰin^{55} 补贴。倒～：倒贴钱

收钞票 ɕiu^{33}tsʰɔ^{42}pʰiɔ^{55} 收款

上账 zɔ̃^{31}tɕiã^{55} 记账

结账 tɕiəʔ$^{5\text{-}3}$tɕiã^{55}

对账 te$^{55\text{-}35}$tɕiã^{55} 核账

轧账 gaʔ^{2}tɕiã^{55} 清账

讨账 tʰɔ^{42}tɕiã^{55} 要账

盘货 bø$^{31\text{-}13}$hu^{55} 盘点货物

霞霞相 ɦo^{31}ɦo^{31}ɕiã算成本

空爻 kʰuŋ^{55}ɦɔ$^{31\text{-}51}$ 亏本

拔直 bəʔ^{2}dʑiəʔ^{2}-dʑin^{51} 保本

分赚头钿 fən^{33}dzɛ^{31}dɤ$^{31\text{-}35}$die$^{31\text{-}51}$ 分红

当物 tɔ̃$^{55\text{-}33}$vəʔ^{2} 典当物

押ʔəʔ^{5} 抵押

卖柴柱膏药 ma^{13}za$^{31\text{-}33}$dʑy$^{31\text{-}33}$kɔ^{33}ɦiaʔ^{2} 旧时街头吆喝做广告

解小脚钿 ka^{42}ɕiɔ^{42}tɕiaʔ$^{5\text{-}3}$die$^{31\text{-}15}$ 付小费

　解脚头钿 ka^{42}tɕiaʔ$^{5\text{-}3}$dɤ$^{31\text{-}35}$die$^{31\text{-}51}$

关店门 kuɛ^{33}tie$^{55\text{-}33}$mən^{31} 打烊；关店门

新开店 çin^{33}kʰie$^{33-35}$tie^{55} 开业
关门 kuɛ$^{33-35}$mən$^{31-51}$ 停业
倒爻 tɔ^{42}ɦɔ 倒闭
行 ɦɔ̃^{31} 动词，转手（生意）：～拨我转手给我
长 ʥiã^{31}（1）与“短”相对；（2）多出；剩余。～起多起来|全部还完爻，
还～一万块。

2. 交通

脚踏车 tɕiaʔ$^{5-3}$dəʔ$^{2-3}$tsʰo$^{33-15}$ 自行车
马达克ʔmo^{42}dəʔ$^{2-3}$kʰəʔ^{5} 摩托车
小三轮 çiɔ^{42}sɛ^{33}nøn$^{31-15}$ 三轮车
小轿车 çiɔ^{42}ʥiɔ$^{13-33}$tsʰo$^{33-15}$ 小车
手拉车 çiu^{42}ʔla^{33}tsʰo$^{33-15}$ 板车；手推车
黄包车 ɦuɔ̃$^{31-13}$ʔpɔ$^{33-55}$tsʰo$^{33-31}$
马车ʔmo^{42}tsʰo^{33} 畜力车
救命车 tɕiu$^{55-33}$min$^{13-33}$tsʰo^{33} 急救车
钢盘 kɔ̃$^{33-35}$bø$^{31-51}$ 车辐
大火轮 du^{13}hu$^{42-55}$nøn$^{31-51}$ 大轮船
小火轮 çiɔ^{42}hu^{42}nøn$^{31-15}$ 小轮船
河里船 ɦɯ$^{31-13}$ʔli^{42}ʑyø$^{31-15}$ 篷船
舢板船 sɛ^{33}pɛ^{42}ʑyø$^{31-15}$
打鱼船 tã^{42}ɦŋ$^{31-35}$ʑyø$^{31-51}$ 渔船
过渡船 ku$^{55-33}$du$^{13-33}$ʑyø$^{31-15}$ 渡船
机动【帆】船 tɕi^{33}duŋ$^{31-35}$【fɛ$^{33-35}$】ʑyø$^{31-51}$
小汽船 çiɔ^{42}tɕʰi$^{55-33}$ʑyø$^{31-15}$
桅竿杆 ɦuø^{13}tɕie^{33}kiɛ$^{42-31}$ 桅杆
撑杆 tsʰã$^{33-55}$tɕie$^{33-31}$ 篙
船篷 ʑyø$^{31-24}$buŋ$^{31-51}$

拾贰　教育、文化

读书 doʔ^{2}çy^{33} 学习；上学
放榜 fɔ̃^{55}pɔ̃$^{42-31}$ 发榜
上课 zɔ̃^{31}kʰu^{55}
落课 loʔ^{2}kʰu^{55} 下课

退课 t^{h}e$^{55-35}$k^{h}u^{55} 下课；放学
放假 fɔ̃$^{55-35}$ko^{55}
赖学 la^{13} ɦoʔ^{2}-hɔ̃^{51} 逃学
望书 mɔ̃^{13}ɕy^{33} 看书
识字 ɕiəʔ^{2}zʅ^{13} 认字
做笔记 tsu$^{55-33}$piəʔ$^{5-3}$tɕi^{55} 记笔记
转抄 tɕyø^{42}ts^{h}ɔ$^{33-15}$ 誊清
画图画 ɦua^{13}du$^{31-35}$ɦua$^{13-55}$ 画画
揢颜色 t^{h}əʔ$^{5-3}$ȵiɛ$^{31-33}$səʔ^{5} 涂色
揩黑板 k^{h}a^{33}hɤʔ$^{5-3}$pɛ$^{42-51}$ 擦黑板
代写 de^{13}ɕia$^{42-31}$ 代书
磨墨 mu^{31}moʔ^{2} 研墨
笔掭两记 piəʔ^{5}t^{h}ie^{33}ʔȵiã^{42}tɕi 掭笔
　笔掭掭过 piəʔ^{5}t^{h}ie^{33}t^{h}ie^{42}ku
灌洋蓝水 kuø$^{55-33}$ɦiã$^{31-33}$lɛ$^{31-33}$ɕy$^{42-31}$ 给钢笔上墨水
字#落爻#zʅ^{13}lɔ^{15} 掉字
书面 ɕy$^{33-35}$mie$^{13-55}$ 封面
书 ɕy^{33} 课本；书
大字帖 da^{13}zʅ$^{13-33}$t^{h}iəʔ^{5} 字帖
日历牌ȵiəʔ^{2}liəʔ$^{2-3}$ba$^{31-15}$ 历书
考试卷 k^{h}ɔ^{42}sʅ$^{55-35}$kyø^{55} 考卷
纸头 tsʅ^{42}dɤ$^{31-15}$ 纸
信壳 ɕin^{33}k^{h}oʔ^{5}-k^{h}ɔ̃^{51} 信封
老字ʔlɔ^{42}zʅ^{13} 繁体字
简体字 kiɛ^{42}t^{h}i^{42}zʅ^{13}
错别字 ts^{h}o$^{55-33}$piəʔ$^{5-3}$zʅ^{13} 错字
墨笔字 moʔ^{2}piəʔ$^{5-3}$zʅ^{13} 毛笔字
正楷 tɕin$^{55-33}$k^{h}a$^{42-51}$ 楷体
草写 ts^{h}ɔ^{42}ɕia$^{42-51}$ 草字
英文字ʔin^{33}vən$^{31-35}$zʅ$^{13-55}$ 外国字
笔划 piəʔ$^{5-3}$ɦuaʔ^{2} 笔画
挑手边 t^{h}iɔ^{42}ɕiu$^{42-51}$pie^{33} 扌
覆欧头 p^{h}oʔ$^{5-3}$ʔiɤ^{33}dɤ$^{31-15}$ 宀
宝盖头 pɔ^{42}kie$^{55-33}$dɤ$^{31-15}$ 冖
连签 lie$^{31-13}$tɕ^{h}ie$^{33-15}$ 辶

竖心 ʑy^{31}ɕin$^{33-15}$ 忄

绞绞丝 gɔ^{31}gɔ^{31}sɿ$^{33-15}$ 纟

软耳朵ʔȵyø^{42}ʔŋ^{42}tu$^{42-51}$ 阝

硬耳朵 ŋã^{13}ʔŋ^{42}tu$^{42-51}$ 卩

草字头 tsʰɔ^{42}zɿ$^{13-33}$dɤ$^{31-15}$ 艹

铡刀 tsəʔ$^{5-3}$tɔ$^{33-15}$ 刂

病壳 bin^{13}kʰoʔ^{5}-kʰɔ̃^{51} 疒

单人 tɛ^{33}ȵin$^{31-15}$ 亻

双人 ɕyɔ̃^{33}ȵin$^{31-15}$ 彳

两点水ʔȵiã^{42}tie^{42}ɕy$^{42-51}$ 冫

三点水 sɛ^{33}tie^{42}ɕy$^{42-51}$ 氵

言排边ȵie$^{31-13}$ba$^{31-35}$pie$^{33-31}$ 讠

反犬 fɛ^{42}kʰyø$^{42-51}$ 犭

反文 fɛ^{42}vən$^{31-15}$ 攵

挑土旁 tʰiɔ^{42}tʰu$^{42-51}$bɔ̃^{31} 土

禾木旁 ɦu$^{31-13}$moʔ^{2}-mɔ̃^{51}bɔ̃^{31} 禾字旁

斜王旁 ʑia$^{31-13}$ɦuɔ̃$^{31-15}$bɔ̃^{31} 斜玉旁

耳朵东陈ʔŋ^{42}tu^{42}tuŋ$^{33-35}$dʑin$^{31-51}$ 耳东陈

三划王 sɛ^{33}ɦuaʔ$^{2-3}$ɦuɔ̃$^{31-51}$ 三横王

草头黄 tsʰɔ^{42}dɤ$^{31-35}$ɦuɔ̃$^{31-51}$

弓边张 tɕyuŋ^{33}pie$^{33-55}$tɕiã^{33} 弓长张

起屋 tɕʰi^{42}ʔuoʔ^{5}（1）造房子；（2）跳房子，一种儿童游戏

颜令ȵiɛ$^{31-13}$lin$^{13-55}$ 威信

底格 ti^{42}kaʔ^{5}-kã^{51} 素质

讲口 kɔ̃^{42}tɕʰiɤ$^{42-31}$ 口才

山势 sɛ$^{33-35}$ɕi^{55} 架势；势力

火候 hu^{42}ɦiɤ^{13}

到三把 tɔ$^{55-33}$sɛ^{33}po$^{42-51}$ 适时

排辈 ba$^{31-13}$pe^{55} 排行；排辈份

辈份 pe$^{55-35}$vən$^{13-55}$

三时八节 sɛ^{33}zɿ$^{31-33}$pəʔ$^{5-3}$tɕiəʔ^{5}-tɕin^{51} 岁时习俗

条文 diɔ$^{31-24}$vən$^{31-51}$ 条款

行例 ɦɔ̃$^{31-13}$li$^{13-55}$ 行规

样式 ɦiã^{13}ɕiəʔ^{5} 式样

花样【头】hua$^{33-35}$ɦiã$^{13-55}$【dɤ$^{31-51}$】式样；花色

圆圈 ɦyø$^{31-13}$k^{h}yø$^{33-15}$

叉叉 ts^{h}o^{33}ts^{h}o$^{33-15}$ 叉号

勾勾 tɕiɤ^{33}tɕiɤ$^{33-15}$ 勾号

灭脚码 miəʔ^{2}tɕiaʔ$^{5-3}$ʔmo$^{42-51}$ 尾数

阎罗王ȵie$^{31-13}$lu$^{31-35}$ɦuɔ̃$^{31-51}$

灶司菩萨 tsɔ$^{55-33}$sɿ^{33}bu$^{31-33}$səʔ^{5} 灶神

　灶司爷 tsɔ$^{55-33}$sɿ^{33}ɦia$^{31-15}$

老天爷ʔlɔ^{42}t^{h}ie$^{33-35}$ɦia$^{31-51}$ 老天

门神 mən$^{31-24}$ʑin$^{31-51}$

财神爷 ze$^{31-13}$ʑin$^{31-35}$ɦia$^{31-51}$

土地爷 t^{h}u^{42}di$^{13-33}$ɦia$^{31-15}$

观世音 kuø^{33}ɕi$^{55-33}$ʔin^{33} 观音菩萨

　观音佛 kuø^{33}ʔin^{33}vəʔ^{2}

门 mən$^{31-15}$ 计谋；圈套：～做起设圈套

奸刁诡计 kiɛ^{33}tiɔ^{33}ky^{42}tɕi^{55} 阴谋诡计；奸诈

鬼花头【样】ky^{42}hua$^{33-35}$dɤ$^{31-51}$【ɦiã$^{13-55}$】花招

望法 mɔ̃^{13}fəʔ^{5} 看法

牛脾气ȵiɤ$^{31-13}$bi$^{31-35}$tɕ^{h}i^{55} 犟脾气

　硬头皮 ŋã^{13}dɤ$^{31-35}$bi$^{31-51}$

火暴躁 hu^{42}bɔ$^{13-33}$ts^{h}ɔ$^{55-51}$ 火爆脾气

杀性 səʔ$^{5-3}$ɕin^{55} 血性

阴功ʔin$^{33-55}$kuŋ$^{33-31}$ 阴德

奶名ʔna^{42}min$^{31-15}$ 乳名

绰号 tɕ^{h}iaʔ$^{5-3}$ɦɔ^{13}

　鼓号 ku^{42}ɦɔ^{13} 绰号；取绰号

譀话 hɛ$^{33-35}$ɦua$^{13-55}$ 谎话

骚皮话 sɔ^{33}bi$^{31-35}$ɦo$^{13-55}$ 讽刺的话

豁人话 hoʔ$^{5-3}$ȵin$^{31-35}$ɦua$^{13-55}$ 威胁用语

客气话 k^{h}aʔ$^{5-3}$tɕ^{h}i$^{55-35}$ɦua$^{13-55}$ 客套话

应嘴话ʔin$^{55-33}$tɕy$^{42-51}$ɦua^{13} 反驳用语

本地话 pən^{42}di$^{13-35}$ɦua$^{13-55}$

外路话 ŋa^{13}lu$^{13-35}$ɦua$^{13-55}$ 外地话

　外国话 ŋa^{13}kuoʔ$^{5-3}$ɦua^{13}

本地土话 pən^{42}di$^{13-33}$t^{h}u^{42}ɦua$^{13-51}$ 方言词语

行话 ɦɔ̃$^{31-13}$ɦua$^{13-55}$ 行业用语

暗语ʔie$^{55-33}$ʔȵy$^{42-31}$ 黑话
外行话 ŋa^{13}ɦɔ̃$^{31-35}$ɦua$^{13-55}$
小人话 ɕiɔ^{42}ȵin$^{31-33}$ɦua$^{13-51}$ 童子言
谩笑 mɛ$^{31-13}$ɕiɔ^{55} 玩笑
打尺 tã^{42}tɕʰiəʔ^{5} 温岭的一种地方曲艺形式，也叫“洒尺、洒尺调”
道情 dɔ$^{31-55}$ʑin$^{31-51}$ 流行于浙江绍兴、宁波、台州一带的曲艺形式：唱～
挈木头 tɕʰiəʔ$^{5-3}$moʔ$^{2-3}$dɤ$^{31-15}$ 木偶戏
谜 ni^{13} 谜语
做谜猜 tsu$^{55-33}$ni$^{13-55}$tsʰe^{42} 猜谜
前早 ʑie$^{31-13}$tsɔ$^{42-31}$ 折子戏；开场戏
讲书 kɔ̃^{42}ɕy^{33} 说书
联对 le$^{31-13}$te^{55} 对联

拾叁 动作、心理

1. 动作

摆 pa^{42} 摆动
弹 dɛ^{13}～跳
扭ʔȵiu^{33} 扭动；拧；掐
转 tɕyø^{42}（1）转动：～身；（2）变动：～学；（3）回：～来
⿰畾力 le^{13} 滚动。～翻江：翻跟斗、摔跤；转动
脱 tʰøʔ^{5} 掉落；脱掉
溜落去 liu^{13}loʔ^{2}kʰəʔ滑下
飞起 fi^{33}tɕʰi$^{42-31}$ 扬起
墉起ʔyuŋ^{33}tɕʰi$^{42-31}$[车驶过去，许灰～都是车子开过去，满是灰尘。]
隑 gie^{13} 靠
揢着 kʰiəʔ^{5}dʑiəʔ碰着；接触到：～痛显|个人呒起～这人不能碰着
觉着 ko^{5}dʑiəʔ触动；觉察到
碰 bã^{13} 磕碰；遇
渧 ti^{55} 滴
濽 tsɛ^{55} 溅
掌 tsɔ̃^{42}（液体）晃荡
没 məʔ^{2} 溢；淹没
退落 tʰe$^{55-33}$loʔ^{2} 后退
爬起 bo^{31}tɕʰi 起来；起床
反转来 fɛ^{42}tɕyø^{42}le^{31} 翻转

迫来 paʔ^{5}le$^{31-51}$ 靠拢

走去 tsɤ^{42}kʰie^{55} 离开；去

转弯 tɕyø^{42}ʔuɛ$^{33-15}$ 拐弯

旋头圈 ʑyø^{13}dɤ$^{31-33}$kʰyø$^{33-15}$ 绕圈

趒 diɔ^{31} 走。～路：走路

撇脚走 pʰiəʔ$^{5-3}$tɕiaʔ$^{5-3}$tsɤ$^{42-51}$ 跛行

插 tsʰa^{5} 走捷径

趨 biəʔ^{2} 跑

挖ʔuəʔ^{5} 攀爬

蹿 tsʰø^{55} 跳

跱 dʑi^{31} 站

跍 gɯ^{31} 蹲

倒 tɔ^{42} 倒下；躺

仰�倒 ʔn̩iã^{42}təʔtɔ^{42} 仰卧

覆 pʰoʔ^{5} 趴

□ʔuŋ^{55} 俯身；低头

瘙瘙痒 tsɔ^{33}tsɔ^{33}ʔiã$^{42-51}$ 挠痒

打颠斗 tã^{42}tie^{33}tɤ$^{42-51}$ 摔跟头

爬转起 bo^{31}tɕyø^{42}tɕʰi 爬起来

抽懒惰腰 tɕʰiu^{33}ʔlɛ^{42}du^{31}ʔiɔ$^{33-15}$ 伸懒腰

叉腰 tsʰo^{33}ʔiɔ$^{33-15}$

侧转 tɕiəʔ^{5}tɕyø^{42}

条肚膨出 diɔ$^{31-13}$du^{31}bã^{31}tɕʰyøʔ挺腹

屁股翘起 pʰi$^{55-33}$ku^{42}tɕʰiɔ^{55}tɕʰi 撅臀

颠倒颠 tie^{33}tɔ$^{55-33}$tie$^{33-15}$ 倒立

擐 guɛ^{31} 扛；背；挎

头拎转 dɤ^{31}ʔlin^{33}tɕyø^{42} 回头

耪耪头 lɔ^{13}lɔ^{13}dɤ$^{31-15}$ 点头

头□起 dɤ^{31}nã^{31}tɕʰi 抬头

□dʑie^{31} 不齐；不正。～头：歪头、歪脖子

□huɛ^{55} 瞥

偷半望 tʰɤ^{33}pø$^{55-35}$mɔ̃$^{13-55}$ 窥视；偷看

撑 tsʰã^{33} 睁。眼～去：睁开眼睛

眯ʔmi^{55} 闭眼

眨 kiəʔ^{5} 眨；挤眼

扎转 tsaʔ^{5}tɕyø$^{42-31}$ 瞪

花 ho^{33} 眯缝

眼乌珠勵去ʔȵiɛ^{42}ʔu^{55}tɕy^{33}le^{13}kʰəʔ转眼珠

斜 ʑia^{31} 斜眼；白眼：眼～来

眼眉毛绞来ʔȵiɛ^{42}mi$^{31-35}$mɔ$^{31-51}$kɔ^{42}le^{31} 皱眉

嘴绷去 tɕy^{42}pã^{33}kʰəʔ张嘴

嘴眯来 tɕy^{42}ʔmi^{55}le^{31} 闭嘴

嘴舔舔 tɕy^{42}tʰie^{42}tʰie 抿嘴

嘴努努 tɕy^{42}ʔnu^{42}ʔnu 努嘴

嘴歪歪 tɕy^{42}ʔua^{42}ʔua 歪嘴

嘴□□tɕy^{42}piɤ^{33}piɤ 撇嘴

嘴嗒嗒 tɕy^{42}təʔ^{5}tə 咂摸嘴

□gã^{31} 吃的俗称

求 dʑiu^{31} 吸。～鼻头涕；～鼻头：耸鼻

□dʑyn^{31} 吮

每ʔme^{42} 没牙的人用牙龈慢慢咀嚼

□ʔmu^{42} 闭着嘴慢慢咀嚼

渳ʔmi^{55} 用嘴唇略沾；小口少量喝酒

嘬 tsøʔ^{5} 小口吃

听 tʰin^{55} 嗅；听

□hŋ^{55}【hyn^{55}】嗅

敨气 tʰɤ^{42}tɕʰi^{55} 喘气

呵气 ho^{33}tɕʰi^{55} 哈气

燥咳 sɔ$^{55-35}$sɤ^{55} 干咳

转色 tɕyø^{42}səʔ^{5} 变色

挈 tɕʰiəʔ^{5} 提

戥 te^{42} 用力拉

掇 tøʔ^{5} 端

捉 tɕyoʔ^{5} 抓人；捡拾

反 fɛ^{42} 推；翻抄

镂ʔlɤ^{33} 抠

驮 du^{31} 取

掸 tɛ^{42} 摸；抚摸

掼 guɛ^{13} 扔；摔打；捶打

捺 nəʔ^{2} 按；捂

销 ɕiɔ^{33} 揭；掀

捙liəʔ^{2}（1）用手指挤压。～牙膏；（2）用双手拧干。～面巾|衣裳～～燥

脈 p^{h}aʔ^{5} 撕；掰；分开。[脚～眼去顶脚分得开一点儿。]

扯 ts^{h}e^{42} 撕

蹾 zøn^{13} 用力往下放

卸 ho^{42} 播（种、秧苗等）；卸货

摘 tsaʔ^{5} 掷撒

搿 giəʔ^{2} 搂；腋下抱

敛ʔlie^{42} 往怀里搂

□nã^{31} 伸出（手、脚、头、身体）

手点点 ɕiu^{42}tie^{33}tie 招手

手摇摇 ɕiu^{42}ɦiɔ^{31}ɦiɔ 摆手

手举起 ɕiu^{42}ky^{42}tɕ^{h}i 举手

手提起 ɕiu^{42}di^{31}tɕ^{h}i1 抬手

手掮起 ɕiu^{42}be^{31}tɕ^{h}i 掮手

手搿起 ɕiu^{42}giəʔ$^{2-3}$tɕ^{h}i$^{42-51}$ 双手交叉于胸前

相唤 ɕiã^{33}huø^{55} 拱手

手放爻 ɕiu^{42}fɔ̃^{55}ɦɔ 撒手

手弹指 ɕiu^{42}dɛ^{13}tsɿ$^{42-51}$ 打响指

弹头 dɛ^{13}dɤ$^{31-15}$ 弹脑瓜蹦儿

拳头捏来 gyø$^{31-24}$dɤ$^{31-51}$ȵiəʔ$^{2-3}$le$^{31-51}$ 握拳

手坦开 ɕiu^{42}t^{h}ɛ^{42}k^{h}əʔ张开手掌

拍拍手 p^{h}aʔ$^{5-3}$p^{h}aʔ$^{5-3}$ɕiu$^{42-51}$ 拍手

斫 tɕyoʔ^{5} 砍：～柴|～猪肉

趔 bɛ^{31} 跨越。～弗过：跨不过

脈腿 p^{h}aʔ$^{5-3}$t^{h}e$^{42-51}$ 劈叉

脚□起 tɕiaʔ^{5}gɔ$^{13-35}$tɕ^{h}i$^{42-51}$ 跷二郎腿

扛 kɔ̃^{33} 两人一起用扁担等放在肩膀上担

别 piəʔ^{5} 专用于开关司必林锁

□gɤŋ^{31}（门）虚掩

的 tiəʔ^{5} 动词，用针缝扣子等

纽ʔȵiu^{42} 动词，扣扣子

敲 k^{h}ɔ^{33} 制作小家具。凳头～张起：做一张小凳子

兜 tɤ^{33} 拦。～牢：拦住

敨 t^{h}ɤ^{42} 展开；打开：包～去打开包

迫 paʔ⁵（用胶水等）粘
割 tɕiəʔ⁵ 阉割
受 ʑiu³¹ 饭菜煮开后焖会儿
渗 ɕin⁴² 饭煮开后焖会儿
鲜 ɕie⁴² 冷饭放在刚煮开的饭上或少量开水里再加热
酿 ȵiã¹³ 废水等长时间浸泡而不处理干净。[饭镬水洗碗水弗倒爻，～起死臭个。]
设 ɕiəʔ⁵ 放置。～地埼：放在地上
幢 dʑyɔ̃¹³ 叠放
趤 dɔ̃¹³ 闲逛
撑起 tsʰã⁵⁵tɕʰi⁴²⁻³¹ 富起来
防 vɔ̃³¹（1）防备；（2）扶。～牢：扶住
挽 ʔuɛ⁴² 抓扶某物以支撑身体。～牢牢：抓紧，扶牢
照 tɕiɔ⁵⁵ 细看。[尔望弗着驮太阳下仔细～～相你看不清的话拿到阳光下仔细看看。]
欱 ha³³ 呵气
噢 ʔɔ³³ 称呼；打招呼。[尔～我解么你叫我什么？]|[渠碰着人都弗～个他碰见人都不打招呼的。]
呀 ʔia³³ 批评
□tøʔ⁵ 骂
劤 tɕin⁵⁵ 奋起；用力一振。～头：力气
麻 mo³¹ 手抓取。[饭还呒开噢，菜蔬粱横～完爻还没开饭，菜已经用手抓光了。]
捻 tɕʰin⁵⁵ 掐紧；箍住。[件衣裳细猛爻，头颈～牢死难过格这件衣服太小了，脖子箍得很难受的。]
拗 ʔɔ⁵⁵[坐起好矣！凳头～去慢来倒解坐好！凳子歪了要摔倒的！]|[头仰去，我拨个药～得尔嘴埼头仰着，我把这药倒进你的嘴里。]
掐 maʔ² 揍。[弗听讲便拨渠～死不听话就揍死他!]
豛 toʔ⁵ 用指关节敲
掴 kuaʔ⁵ 掴。～绕颈：打耳光
撩 liɔ¹³ 用手或工具往高处或远处伸。～手痒：温岭惯用语，表示喜欢动手动脚，骚扰别人，但程度较浅|[个株弗够长，～弗着够不着。]
抲 kʰo⁵⁵ 握持。～箸：拿筷子；捉拿。～鱼：捕鱼
撮 tsʰøʔ⁵ 用手指捏取或轻碰。
捽 tsøʔ⁵ 束发：～头发|～角扎马尾辫
搲 ʔua³³ 用双手或工具拢物。[渠只～只～，一基伐拨一箩箕浅～满爻他一个劲地扒拉，一会儿就把一簸箕装满了。]|[石头块笑～来别把石块拢进来。]
接 tɕiəʔ⁵ 用筷子去夹食物。～菜蔬：夹菜

补 pu42 打牌时用手抓取牌，也可叫“捉牌”
搣ʔmiəʔ5（1）用手指捻搓或旋转。[线～眼细眼好穿进去线捻细点儿容易穿进针眼去。]
（2）开关油灯或旋钮。[尔走去拨灯～乌爻是爻你去把灯关掉好了。]
拢 luŋ31 探伸。[双手～出去多少冷啊手伸出去多冷啊！]
掐 kʰiəʔ5 在衣物上涂擦肥皂。～洋皂|～衣裳
店 tie55 招手、点头等。头～～|[手～来快！渠来望尔啊快招手啊！他在看你呢！]
挼 nu31 把衣服等放在其他物体上面用力来回揉。[真丝个衣裳呒起～解真丝的衣服不能搓的！]
揗 ɕyoʔ5 用手掌揉搓。[我条肚痛显啊，快顶拨我～两记啊我肚子疼死了，快来给我揉几下吧！]
爬 bɔ31 刮。[墙壁埼还无数漆呒～墙上还有很多漆没刮掉。]
揔huəʔ5 甩。[衣裳园洗衣机埼～～燥。]|[我拨渠～出去齁远个我把它甩出去很远的。]
踔 nɔ13 在有弹性的物体上跳跃。[沙发～无用爻。]
踱tsʰo42 用力踩踏
□ga13 用刀切。猪肉～两斤：切两斤肉|～起块加块：切成一块一块
剐 kua42 削。～甘蔗|～番薯
剫 pʰi33 削（一般指长的东西，如甘蔗、竹篾等）
□dʑø13 从中间或下面穿过去。～山洞
□dʑã13 钻。[韩信从胝脚下～过去韩信从胯下钻过去。]
耮 lɔ13（1）用锄头刨。～番薯|地～～过；（2）踢。～脚头：用脚踢
剜 ɦy13 用刀旋转着挖取。[苹果烂爻个地方拨渠都～爻苹果烂了的地方都把它挖掉。]
碾ʔȵie42（1）碾压。～碎；（2）勉为其难地、长时间地吃。[齁～齁～总算拨碗饭吃完爻吃啊吃，总算把这晚饭吃完了。]
砑 ŋo13（1）碾压使平整。[扣缉起个草帽要～～平再驮去卖刚编好的草帽要碾平了再拿去卖。]；（2）硌；抵。[个坐垫眼都弗平，～来死痛个这个坐垫一点儿都不平，抵得痛死了！]
揞tʰəʔ5 涂抹。[～～乌，望外婆童谣，意思是涂涂黑，看外婆。]|[粉～起一尺厚粉涂得一尺厚。]
挪ʔliu42 搅；搅拌。～糊|正月半夜～灶羹
敲 kʰɔ33 敲打。[个人乱妆个，物事都～糊样完这个人乱弄的，东西都全被他摔得一塌糊涂。]
公 kuŋ33（1）（用布等）遮盖，动词；（2）留意。[小人～眼牢顶，腔基拐子多显解多留意孩子，现在小偷很多的！]
□ʔu55 埋。～来山头：埋在山上
抖 tɤ42 搜罗尽。[拨屋里个物事都～完爻把家里的东西全搜罗去了。]
扎 tsaʔ5 绊住；有麻烦。[呒起乱讲解，乱讲慢要讲扎牢解不能乱说话的，乱说要出问题

的。]
架 go¹³ 简单搭建。～门床：搭床；组织。～起搓麻将组织人来打麻将
汏 da¹³ 漂洗。将物体置于水中来回拖动着洗：～衣裳
盪 dɔ̃³¹ 用少量水晃荡着洗。[茶杯用之前先～～过。]|[洗衣裳水驮来～痰盂。]
排 ba³¹ 刷洗。[双鞋驮去～～过把这双鞋子拿去刷一下。]
□tɕʰia⁴² 斟（茶、酒）
滗 piəʔ⁵ 挡住泡着的东西或渣滓把液体倒出来
甾 tsɿ⁵⁵ 盛；装。～物事：装东西
搛 kiɛ⁴² 从碗里拨出（饭、菜）。[我娘拨菜蔬都～拨人客吃爻。]
体 tʰi⁴² 垫挡。[报纸驮来～张牢，省得滥爻拿张报纸来垫一下，免得湿了]
依ʔi³³ 把脱落的物体部分装回去；安装：[脐刀柄落爻，哈咋儿～～菜刀柄掉了，那怎么装回去？]|[件衣裳兜兜～只起便好着爻这件衣服加上个口袋就可穿了。]
磉sã⁵⁵ 把坏了的部分重新装上或修好。[个阖门齿忒朗猛爻，～梗起凑呒泽这个百叶窗太疏了，再装根进去好了。]
校 kɔ⁵⁵ 安装。[新屋的闭路电视还呒～起新房子里的闭路电视还没安装上。]|[只袋拉链转～～起便好用爻这只袋子重新装上个拉链就可以了。]
号 ɦɔ¹³ 做标记。[～眼牢做个标记，相得忘记爻免得忘记了。]
蜕 tʰøn⁵⁵ 脱落；卸下衣物。[天价燥猛爻，鼻头都～皮～爻天气太干了，鼻子都脱皮了。]|[衣裳细猛爻，双手都～弗出衣服太小了，手都退不出来。]
当 tɔ̃⁵⁵ 扶。拨我～眼牢：帮我扶着点
攀 pʰɛ³³ 往上拉。[个人多少懒，鞋也弗～上去，便当拖鞋着这个人多么懒啊，鞋后跟都不拉上去，就当拖鞋穿。]
撸ʔlu⁴² 掀起；捋起：衣裳～起|[衫袖头长猛爻，～眼上去袖子太长了，捋点儿上去。]
送 suŋ⁵⁵ 助力推。[过桥个时头，尔拨我～记过桥的时候，你帮我推一把！]|[我等搭捞人聚队一定要拨渠～得经理个位置埼我们这么多人一起一定要把他推到经理的位置上。]
拄 tɕy⁵⁵ 用力顶或支撑。[凳头驮张去拨门～牢搬张凳子去把门顶住。]
摝ʔloʔ⁵ 使摇动。[～～相勒，里面可能有何么物事摇摇看吧，里面可能有什么东西。]|[个螺丝咋儿一眼～～动起爻这螺丝怎么有点儿松动起来了？]
□ɦyɔ̃¹³ 摇动。[～两记凑，慢多顶摆眼的再摇几下，会多放一点的。]
□ɦin¹³ 晃动；震动。[晓得物事咋儿都～～动啊，原来是地震爻啊难怪东西怎么都在晃动的样子，原来是地震了啊！]
簸 pe⁵⁵ 两手端着盛物器具上下抖动，以抖去杂质。拨沙～～爻
砻ʔluŋ⁴² 两手端着盛物器具前后左右晃动，使里面的东西调匀或集中杂质。～糠|～米
挪 ɲyoʔ² 用手用力揉搓。～粉|～糕

找 $tsɔ^{42}$ 卷（衣袖、裤腿等）。裤脚～起
折 $tɕiəʔ^{5}$ 折叠。～被：叠被
捐 $ʔȵyoʔ^{5}$ 折；揉皱。[衣裳～糊样爻衣服皱得一团糟。]
络 $loʔ^{2}$（1）用绳子捆绑整个物体。[酒雕～起牢好扛大酒坛子绑牢才能担。]（2）用针线做纽扣眼：～纽珠洞
攎 $ʔlu^{42}$ 用手把物体表面上的东西都归拢。[渠走来把屋里个物事只～只～，都驮去爻她来把家里的东西全拢走了。]
鐾 bi^{13} 把东西紧贴着另一物体表面用力刮擦。～刀布
局 $dʑyoʔ^{2}$ 用力捣。[柴拨尔～过爻哈心过爻揍你一顿你才甘心了。]|[件衣裳～两记便是爻这件衣服捶几下就可以了。]
搭 $təʔ^{5}$ 拍打
扰 $tɕin^{33}$ 用木头等用力塞入缝隙或洞孔中。[洞～眼牢定，省得免得老鼠钻进来。]
擎 $tuən^{55}$ 把东西竖放在地上等用力上下撞击。[睏草无数时长呒睏着爻，驮出来～～过。]|[锄头柄搋搋宽爻松动了，尔要拨渠～转进去。]
剺 li^{13} 划破；刺出。[个鱼眼都弗新鲜爻，刺都～出来爻这鱼一点儿都露出来了不新鲜了，刺儿都露出来了。]
戮 lu^{13} 用刀划开。～黄鳝|[小偷拨我只包两埭～爻小偷把我的包割了两条。]
解 ka^{42}（1）锯锯子。～锯；（2）拉琴。～胡琴；（3）付钱。～钞票
鳞 lin^{31} 削去枝节、根须等。～筻榔竹毛竹|～糖梗甘蔗
賬 $ʔie^{55}$ 比较（长短）。[哪个长？哪个短？～～相便有数爻。]
□ $nɤŋ^{13}$（1）上下轻抛。[个小人拨渠～两记，渠便高兴显]；（2）用手掂量物体的轻重。[个块猪肉我手埼～记便晓得多少斤重爻。]
愉 $lɤŋ^{13}$ 心里掂量。[个事干个轻重，尔自己要～～相这事情的轻重，你自己要掂量掂量。]
掖 $ʔiəʔ^{5}$ 轻碰；轻擦[水濽得书埼爻，快顶拨渠～～燥水溅到书上了，快点儿把它轻轻地擦干。]
搵 $ʔuŋ^{55}$ 蘸（酱油醋等），蘸的量一般比较多。[酱油齁～～了去，咸死啊！]
褪 $t^{h}e^{33}$ 把已宰杀的牲畜、家禽等用沸水除毛。～鸡|～鸭
豆 $dɤ^{13}$（1）勾兑。[鲜榨果汁埼无数水～来得鲜榨果汁里有很多水兑着]|[冷茶～眼得快冷顶兑点冷水进去冷得快点儿]；（2）将液体在两个容器间倒来到去使其冷却。[碗驮只凑，拨水～～冷再拿一个碗来，把水倒倒冷。]
推 $t^{h}e^{33}$ 水流使物体浮动。[没大水爻，物事～来无计数。]
漤 $ʔlɛ^{42}$ 短时腌制。带鱼～～过
沥 li^{13} 去水
澄 tin^{55} 使液体中杂物沉淀下去

抽 tɕʰiu^{33} 吸干水分。[衣裳滥爻快顶走去换爻，慢～进去冻爻衣服湿了赶紧去换掉，否则吸进去要感冒的。]

绗 ɦɔ̃^{31} 针脚稀疏地缝。～两针埼：缝上几针

反 fɛ^{42} 用针线把被面和被里固定在被胆上做成一条被子。～被

缲 tɕʰiɔ^{33} 用针线把翻上去的衣边固定住。～（衣裳）边

褶toʔ^{5} 利用小布料等做口袋、领子或装饰性的小部件。～边|～兜兜

辨 bie^{31} 崴脚或车不合辙而失去平衡。[踏脚车踏踏蛮好个，摹临头～着去勚着倒，打去爻齁痛个自行车骑得好好的，突然别了一下儿摔倒了，摔得很疼。]

旋 ʑyø^{13}（1）转悠；闲逛；（2）头晕。头～去爻头晕了；（3）骗人。～人大王：大骗子；

套 tʰɔ^{55} 走迂回和较远的路线。～远路

弯ʔuɛ^{33} 中途顺便拐到某处。[尔到屋里去个时头，到我屋里～记你到家里去时，到我家拐一下儿。]

蹱 tɕʰyuŋ^{55} 跌跌撞撞。[胡梯头～落来打去爻楼梯上摔下来摔伤了。]|[酒喫爻一眼有点儿～～动。]

痀 dʑiɤ^{31} 佝偻。[人～着来像何么样子人佝偻着像什么样子？]

躯 ʔiəʔ^{5}（1）隐身。[渠～来门扇后，我眼也弗晓得他躲在门后面，我一点儿都不知道。]（2）轻手轻脚、小心翼翼地、鬼鬼祟祟地走。[走路～记～记，搭个做贼样个像做贼一样。]

幽ʔiu^{55} 躲藏。～猫～ ʔiu^{33}ʔmɔ^{33}ʔiu$^{33-15}$【张猫呜 tɕiã^{33}ʔmɔ^{33}ʔu$^{33-15}$】：捉迷藏

攮ʔnɔ̃^{42} 用手肘或工具等力捅或戳

馅 giɛ^{13}（1）拥挤。齁～个：很挤的；（2）用力挤塞。[笑～进来别挤进来！]

角 koʔ^{5} 烘烤；晒。～太阳|[火埼～～过火上烘一下。]

轧 gaʔ^{2}（1）阻塞不畅。[物事～牢定驮弗出爻东西搁住了拿不出来了。]（2）理账。[账乱记记起梁横～弗平爻账乱记记得就理不清了。]

2. 行为、心理

噢太医ʔɔ^{33}tʰa$^{55-33}$ʔi^{33} 请医生

望毛病 mɔ̃^{13}mɔ$^{31-35}$bin$^{13-55}$ 看病

把脉 po^{42}maʔ^{2} 号脉

扎脉 tsaʔ$^{5-3}$maʔ^{2}

捉药 tɕyoʔ$^{5-3}$ɦiaʔ^{2} 抓中药

煎汤药 tɕie^{33}tʰɔ̃^{33}ɦiaʔ^{2} 煎中药

喫药 tɕʰyoʔ$^{5-3}$ɦiaʔ^{2} 服药

拍片 pʰaʔ$^{5-3}$pʰie^{55} 照透视

开刀 k^{h}ie$^{33-55}$tɔ$^{33-31}$ 手术
针灸 tɕin$^{33-35}$dʑiu^{55}
打针 tã^{42}tɕin^{33}
刮痧 kuəʔ$^{5-3}$so$^{33-15}$
揞药膏 t^{h}əʔ$^{5-3}$ɦiaʔ$^{2-3}$kɔ$^{33-15}$ 搽药膏
追药 paʔ$^{5-3}$ɦiaʔ^{2} 上药
拔牙齿 bəʔ^{2}ŋo$^{31-33}$ts^{h}ɿ$^{42-31}$ 拔牙
散汗 sɛ$^{55-35}$ɦie$^{13-55}$ 发汗
消食 ɕiɔ^{33}ʑiəʔ^{2}
医毛病ʔi^{33}mɔ$^{31-35}$bin$^{13-55}$ 治病
泻火 ɕia$^{55-33}$hu$^{42-31}$ 去火
祛风气 k^{h}y$^{55-33}$fuŋ$^{33-35}$tɕ^{h}i^{55} 祛风
解毒 ka^{42}doʔ^{2}
种痘 tɕyuŋ$^{55-35}$dɤ$^{13-55}$
打官司 tã^{42}kuø$^{33-55}$sɿ$^{33-31}$
递呈 di^{13}dʑin^{31} 告状
招 tɕiɔ^{33} 招供
判 p^{h}ø^{55} 宣判
坐班房 zo^{31}pɛ$^{33-35}$vɔ̃$^{31-51}$ 坐牢
探监 t^{h}ɛ$^{55-33}$kiɛ^{33}
拔去爻 bəʔ^{2}k^{h}əʔɦɔ$^{31-51}$ 逮捕
解 ka^{55} 押解
打朏臀 tã^{42}k^{h}uəʔ^{5}døn$^{31-51}$ 打屁股
告炮 kɔ$^{33-35}$p^{h}ɔ^{55} 枪毙
敲梆 k^{h}ɔ$^{33-55}$pɔ̃$^{33-31}$ 打更
落手 loʔ^{2}ɕiu$^{42-31}$ 入手；下手
看眼相法 tɕ^{h}ie^{33}ʔȵiɛ^{42}ɕiã^{33}fəʔ^{5} 见机行事
起头 tɕ^{h}i^{42}dɤ$^{31-15}$ 开头
估计 ku^{42}tɕi^{55} 预计；估计
做爻 tsu^{55}ɦɔ$^{31-51}$ 完成
关空 kuɛ^{33}k^{h}uŋ$^{33-15}$ 收尾
歇爻 ɕiəʔ^{5}ɦɔ 停止
　停爻 din^{31}ɦɔ
了 ʔliɔ^{42} 了结
算爻 sø^{55}ɦɔ 勾销

有头呒脑ʔiu^{42}dɤ$^{31-33}$ɦm$^{31-33}$ʔnɔ$^{42-51}$ 有始无终

都揽来 tu^{55}ʔlɛ^{42}le^{31} 包揽

关照 kuɛ$^{33-35}$tɕiɔ^{55}

管牢 kuø^{42}lɔ^{31} 守护

料 liɔ^{13} 照料

带头 ta$^{55-33}$dɤ$^{31-15}$

　领头ʔlin^{42}dɤ$^{31-15}$

管全盘 kuø^{42}ʑyø$^{31-35}$bø$^{31-51}$ 掌管

担肩记 tɛ^{33}tɕie$^{33-35}$tɕi^{55} 承担责任

接替 tɕiəʔ$^{5-3}$t^{h}i^{55} 接替；顶替

妆好 tsɔ̃^{33}hɔ^{33} 办妥；干完

到手 tɔ$^{55-33}$ɕiu$^{42-31}$ 得手

赢转来 ɦin^{31}tɕyø^{42}le^{31} 挽回败局

碰运道 bã^{13}ɦyn$^{13-33}$dɔ$^{31-51}$ 碰运气

借光 tɕia$^{55-33}$kuɔ̃$^{33-15}$ 沾光

趁船埠头 tɕ^{h}in^{33}ʑyø$^{31-33}$bu$^{13-33}$dɤ$^{31-15}$ 趁机渔利

刮皮 kuəʔ^{5}bi$^{31-51}$ 克扣

惹祸 ʑia^{31}ʔu$^{42-31}$ 犯错；出事

妆无用爻 tsɔ̃^{33}vu$^{31-35}$ɦyuŋ$^{13-55}$ɦɔ 弄糟；弄坏

讲弗落 kɔ̃^{42}fəʔ$^{5-3}$loʔ^{2} 弄僵

失手 ɕiəʔ$^{5-3}$ɕiu$^{42-31}$

机会塔去爻 tɕi$^{33-35}$ɦuø$^{13-55}$t^{h}əʔ^{5}k^{h}əʔɦɔ$^{31-51}$ 失去机会

踏落空 dəʔ^{2}loʔ$^{2-3}$k^{h}uŋ$^{33-15}$ 落空；踏空

屋倒连夜雨 ʔuoʔ^{5}tɔ^{42}lie^{13}ɦia$^{13-33}$ʔy$^{42-31}$ 雪上加霜

白落辛苦 baʔ^{2}loʔ$^{2-3}$ɕin^{33}k^{h}u$^{42-31}$ 白费劲；白辛苦

自寻自寻起 zɿ^{13}ʑin^{31}zɿ^{13}ʑin^{31}tɕ^{h}i 自找麻烦

退 te^{55} 退缩

豁 hoʔ^{5} 害怕。～显：很害怕|～我：怕我

望风头 mɔ̃^{13}fuŋ$^{33-35}$dɤ$^{31-51}$ 看风头

逃爻 dɔ^{31}ɦɔ 脱身

管牢 kuø^{42}lɔ^{31} 控制；管住

限牢ʔɛ^{42}lɔ^{31} 限制

假转意 ko^{42}tɕyø^{42}ʔi$^{55-51}$ 假装

　装起 tsɔ̃^{33}tɕ^{h}i

　扮起 pɛ^{55}tɕ^{h}i

妆扮 tsɔ̃$^{33-35}$pɛ^{55} 作弄

做呆大 tsu$^{55-33}$n̥ie$^{31-35}$du$^{13-55}$ 装傻；当傻瓜

假天武赖 ko^{42}tʰie^{33}vu^{31}la^{13} 耍赖

捱 ŋa^{13} 拖延；消磨：～时间

讲阔气 kɔ̃^{42}kʰuəʔ$^{5-3}$tɕʰi^{55} 讲排场

赶新时 tɕie^{42}ɕin$^{33-35}$zɿ$^{31-51}$ 讲时髦

横讲ʔua$^{31-13}$kɔ̃$^{42-31}$ 强词夺理

毛毛过去 mɔ^{31}mɔ^{31}ku$^{55-33}$kʰie 将就

赶 tɕie^{42} 驱赶

望弗过 mɔ̃^{13}fəʔ$^{5-3}$ku^{55} 看不过去

豆腐里头挑骨头 dɤ^{13} ɦu$^{31-33}$ ʔli^{42} dɤ$^{31-15}$ tʰiɔ^{42} kuoʔ^{5} dɤ$^{31-51}$ 吹毛求疵

喫便宜 tɕʰyoʔ$^{5-3}$bie$^{31-35}$ni$^{31-51}$ 占便宜

穿绷 tɕʰyø$^{33-55}$pã$^{33-31}$ 露马脚

园别人底落手 kʰɔ̃$^{55-33}$biəʔ^{2}n̥in$^{31-51}$ti^{42}loʔ^{2}ɕiu$^{42-31}$ 拿某人开刀

喫苦头 tɕʰyoʔ$^{5-3}$kʰu$^{42-55}$dɤ$^{31-51}$ 喫苦

通风报信 tʰuŋ^{33}fuŋ^{33}pɔ$^{55-35}$ɕin^{55} 告密

摆牛 pa^{42}n̥iɤ$^{31-15}$ 逞能

比比 pi^{42}pi$^{42-51}$ 攀比

走差 tsɤ^{42}tsʰa$^{33-15}$ 跑腿

挨着ʔa^{33}dʑiəʔ^{2} 轮到

拨 pəʔ^{5} 给：钞票～我给我钱

推 tʰe^{33} 推让；推却

硬驮 ŋa^{13}du^{31} 强取

存钞票 zøn^{31}tsʰɔ^{42}pʰiɔ^{55} 存钱

兜钞票 tɤ$^{55-33}$tsʰɔ^{42}pʰiɔ^{55} 募捐；收份子钱；凑份子钱

舍赐 so^{42}sɿ^{55} 施舍

白拨 baʔ^{2}pəʔ^{5}-pən^{51} 白给

拣 kiɛ^{42} 挑选

胀 tɕiã^{55} 浸泡；肿胀

停渍 din^{31}tɕiəʔ^{5} 沉淀

冻 tuŋ^{55} 凝结；着凉、受寒

洇 ɕin^{42} 墨水在纸上向周围渗开。[种宣纸会～显这种宣纸很会渗的。]

溇ʔlɛ^{42}（1）同“洇”；（2）短时腌制

寻 ʑin^{31} 找

抄 tsʰɔ^{55} 翻找

积落 tɕiəʔ$^{5-3}$loʔ^{2} 积攒
捉拾 tɕyoʔ$^{5-3}$ʑiəʔ^{2} 收拾
园 kʰɔ̃^{55} 放置
安ʔɛ^{33} 安装
蚌 bã^{31} 遗弃
落 loʔ^{2} 掉。[皮包～哪底爻钱包掉哪里了？]
#落爻#lɔ^{15}"落爻"的合音。遗失；遗漏。[笑妆～解别弄丢了！]
驮爻 du^{31}ɦɔ 去除；拿掉
谨致 tɕin^{42}tsɿ^{55} 爱惜；珍惜。不能后带名词性宾语。[哈～死爻这么宝贝啊！我又勿是呒望着过我又不是没看到过。]
浪利 lɔ̃^{13}li$^{13-55}$ 浪费
用头大 ɦyuŋ^{13}dɤ^{31}du^{13} 花钱多
篗牢 gã^{13}lɔ$^{31-51}$ 碍事
霸 po^{55} 霸占
围来 ɦy^{31}le^{31} 围拢
围起 ɦy^{31}tɕʰi 围住；围起来
聚队 ʑy^{31}【ʑyøʔ^{2}】de^{13} 一起
拼来【起】pʰin^{55}le^{31}【tɕʰi】拼起来；拼成
嵌 kʰiɛ^{55}～眼：眼眶凹陷的眼睛|～线：把线～进去
混起ʔuən^{42}tɕʰi 混合起来
串起 tɕʰyø^{55}tɕʰi
配起 pʰe^{55}tɕʰi 调配成
对 te^{55} 复核：～账
对准 te$^{55-33}$tɕyn$^{42-31}$ 调对。手表～爻
偷半逃去 tʰɤ^{33}pø^{55}dɔ^{31}kʰəʔ溜走
死去 sɿ^{42}kʰie^{55} 滚蛋
跟胐臀头 kɤŋ^{33}kʰuəʔ$^{5-3}$døn$^{31-35}$dɤ$^{31-51}$ 跟随
随身带 ʑy$^{31-13}$ɕin$^{33-35}$ta^{55} 携带
放毒 fɔ̃$^{55-33}$doʔ^{2} 投毒
牵羊管① tɕʰie^{33}ɦiã$^{31-35}$kuø$^{42-51}$ 绑票
爬沙 bo$^{31-35}$so$^{33-31}$ 敲竹杠
送物事 suŋ$^{55-33}$məʔ$^{2-3}$zɿ^{13} 行贿

① 泽国话中叫"牵羊股 [tɕʰie^{33}ɦiã$^{31-33}$ku$^{42-51}$]"。

赌博 tu^{42}poʔ^{5}-pɔ̃^{51}

做婊子 tsu$^{55-33}$piɔ^{42}tsɿ$^{42-31}$ 卖淫

睏婊子 kʰuən$^{55-33}$piɔ^{42}tsɿ$^{42-31}$ 嫖娼

撮撮动 tsʰøʔ$^{5-3}$tsʰøʔ$^{5-3}$duŋ$^{31-51}$ 调戏；骚扰

轧姘头 gaʔ^{2}【giəʔ$^{2-3}$】pʰin^{33}dɤ$^{31-15}$ 通奸

打起 tã^{42}tɕʰi 打架

整班人打 tɕin^{42}pɛ$^{33-35}$ȵin$^{31-51}$tã$^{42-31}$ 打群架

赖 la^{13} 食言

贪懒惰 tʰɛ^{33}ʔlɛ^{42}du$^{31-51}$ 偷懒

妆 tsɔ̃^{33}（1）干；做。～何么干什么；（2）欺负；骚扰。[个人专门～～别人这人老是欺负别人。]

照样 tɕiɔ$^{55-35}$ɦiã$^{13-55}$ 作弊；模仿。学人～：学别人和模仿别人

装孤死 tsɔ̃^{33}ku^{33}sɿ$^{42-31}$ 自杀

吊死 tiɔ^{55}sɿ$^{41-31}$ 上吊

蹿落水 tsʰø$^{55-33}$loʔ$^{2-3}$ɕy$^{42-31}$ 投水

送人情 suŋ$^{55-33}$ȵin$^{31-35}$ʑin$^{31-51}$ 送礼

回礼 ɦuø$^{31-13}$ʔli$^{42-31}$ 还礼

混混 ɦuən^{13}ɦuən$^{13-51}$ 相处

上落 zɔ̃^{31}loʔ^{2} 来往

走人家头 tsɤ^{42}ȵin$^{31-33}$ko$^{33-35}$dɤ$^{31-51}$ 串门

走亲眷 tsɤ^{42}tɕʰin$^{33-35}$kyø^{55} 走亲戚

偷半打听 tʰɤ^{33}pø^{55}tã^{42}tʰin^{55} 私访

打白脸 tã^{42}baʔ$^{2-3}$ʔlie$^{42-31}$ 吃闭门羹

做人客 tsu$^{55-33}$ȵin$^{31-33}$kʰaʔ^{5} 做客

陪人客 be^{31}ȵin$^{31-33}$kʰaʔ^{5} 陪客人

送人客 suŋ$^{55-33}$ȵin$^{31-33}$kʰaʔ^{5} 送客

会餐 ɦuø^{13}tsʰɛ$^{42-51}$ 聚餐

兜江喫 tɤ$^{55-33}$kɔ̃^{33}tɕʰyoʔ^{5}-tɕʰyuŋ^{51} 凑份子聚餐

喫大户人家 tɕʰyoʔ$^{5-3}$du$^{13-33}$ʔu^{42}ȵin$^{31-35}$ko$^{33-31}$ 吃大户

呜嘴ʔu^{33}tɕy$^{42-51}$ 接吻

傲 ŋɔ^{13} 夸奖

呀ʔia^{33} 指责；批评

捣死鬼 tɔ^{42}sɿ^{42}ky$^{42-51}$ 背后做手脚

挑拢反嘴 tʰiɔ^{33}luŋ$^{31-33}$fɛ^{42}tɕy$^{42-31}$ 搬弄是非

讲人情 kɔ̃^{42}ȵin$^{31-35}$ʑin$^{31-51}$ 说情

讲谩笑 kɔ̃^{42}mɛ$^{13-35}$ɕiɔ^{55} 开玩笑
拗硬ʔɔ$^{33-35}$ŋã$^{13-55}$ 叫板
扰 ʑiɔ^{31} 招惹
讲相通 kɔ̃^{42}ɕiã$^{33-55}$tʰuŋ$^{33-31}$ 调解；沟通
解圆 ka$^{42-55}$ɦyø$^{31-51}$ 打圆场
帮衬 pɔ̃$^{33-35}$ʦʰøn^{55} 帮忙；支持
讨救兵 tʰɔ^{42}ʨiu$^{55-33}$pin^{33} 搬救兵
拼伙计 pʰin$^{55-33}$hu^{42}ʨi^{55} 合伙；合作
散伙 sɛ$^{55-33}$hu$^{42-31}$
拼份子 pʰin$^{55-33}$vən$^{13-33}$ʦɿ$^{42-31}$ 凑份子
聚队忖起 ʑyøʔ^{2}de^{13}ʦʰøn^{42}ʨʰi 合谋
讲条件 kɔ̃^{42}diɔ$^{31-13}$ʥie^{31} 谈条件
怂 suŋ^{55} 鼓动
乱讲 lø^{13}kɔ̃$^{42-31}$ 提无理要求；胡说
缠 ʥie^{13} 纠缠
轿 ʥiɔ^{13} 缠绕。～来一棚生：绕成一团|绕娘古～：绕来绕去，理不清
难 nɛ^{13} 逼迫。～我做
差 ʦʰa^{33} 支使。[老板～我走去领钞票。]
朏臀怂 kʰuəʔ$^{5-3}$døn$^{31-35}$suŋ^{55} 怂恿。[笑拨渠～齁送送起别太怂恿他！]
弄怂 luŋ^{13}suŋ^{55} 捉弄
倒霉 tɔ$^{42-55}$me$^{31-51}$ 丢脸。[己日多少～啊今天多么丢脸啊！]
倒运 tɔ^{42}ɦyn^{13} 运气不好，倒霉。倒死运：倒大霉、倒大运
面子挖转来 mie^{13}ʦɿ^{42}ʔuəʔ^{5}ʨyø^{42}le^{31} 挽回颜面
倒牌子 tɔ^{42}ba$^{31-33}$ʦɿ$^{42-31}$ 出洋相；丢脸
追进去 paʔ^{5}ʨin$^{55-33}$kʰəʔ套近乎
缠人 ʥie^{13}ȵin^{31} 黏人
拼得来 pʰin^{55}təʔle^{31} 合得来
妆两记 ʦɔ̃^{33}ʔȵiã^{42}ʨi 敷衍
做做样子 ʦu^{55}ʦu$^{55-33}$ɦiã$^{13-35}$ʦɿ$^{42-51}$ 装模作样
凭着 bin$^{31-13}$ʥiəʔ^{2} 后带人称代词，意思是“随……的便”。[尔～渠耶！渠横直弗听个你随便他吧！他反正不听的。]
凭但 bin$^{31-13}$dɛ$^{13-55}$
说 ɕyøʔ^{5} 搭理；搭理。[我坐得一界爻，咋儿一个人也呒人～着我我坐了好长时间了，怎么没有一个人理我？]|[笑～着渠别理他！]
碰头 pʰuŋ$^{55-33}$dɤ$^{31-15}$ 会面

碰着 bã^{13}dʑiəʔ^{2} 遇见

见人疯 tɕie$^{55-33}$ȵin$^{31-35}$fuŋ^{33} 人来疯，指人越多的时候越兴奋，越好表现

埋 ma^{31} 躲藏。[快走去～爻，渠保证要拨尔打死快去藏好，他肯定要打死你。]

齁 ɦiɤ^{13}（1）动词，迁就、娇惯。[娘爸都拨小人～着无用爻父母都把孩子惯坏了。][笑拨渠～起别惯着他！]（2）副词，相当于“很”，可后带形容词和动词：～好|～追

劝 k^{h}yø^{55} 抚慰；劝说

关雾 kuɛ$^{33-35}$vu$^{13-55}$ 偏袒

两面光ʔliã^{42}mie^{13}kuɔ̃$^{33-15}$ 两面讨好

送元宝 suŋ$^{55-33}$ɦyø$^{31-33}$pɔ$^{42-31}$ 恭维。[渠最喜欢拨别人～他最喜欢恭维别人。]

吹朏臀 tɕ^{h}y^{33}k^{h}uəʔ^{5}døn$^{31-51}$ 拍马屁

通关节 t^{h}uŋ^{33}kuɛ^{33}tɕiəʔ^{5} 走门路

用钞票讲案 ɦyuŋ^{13}ts^{h}ɔ^{42}p^{h}iɔ^{55}kɔ̃^{42}ʔie^{55} 用钱打发

摆架落 pa^{42}ko$^{55-33}$loʔ^{2}-luŋ^{51} 摆架子

讲排场 kɔ̃^{42}ba$^{31-35}$dʑiã$^{31-51}$ 摆阔

怕打生 p^{h}o$^{55-33}$tã^{42}sã^{33} 认生；怕生

喫柴 tɕ^{h}yoʔ^{5}za$^{31-51}$ 挨打

荡批评 dɔ̃^{13}p^{h}i$^{33-35}$bin$^{31-51}$ 挨说

赚呀 dzɛ^{31}ʔia^{33} 挨骂；挨批评

口 tɕ^{h}iɤ^{42} 觊觎。～得：觊觎着

派 p^{h}a^{55}（1）一一罗列。[王道士～账温岭话惯用语，形容条目多而繁琐][我～尔听，一样也呒得少爻我一一说给你听，一样都没少。]；（2）算计：～～相合计合计

拾肆　性质、状态

细 ɕi^{55}（年龄、面积、体积等）小

小细 ɕiɔ^{42}ɕi^{55} 瘦小；小巧

　小小细细 ɕiɔ^{42}ɕiɔ^{42}ɕi$^{55-33}$ɕi$^{55-51}$

华令 ɦua^{13}lin$^{13-55}$ 苗条

细细巧巧 ɕi$^{55-33}$ɕi$^{55-33}$tɕ^{h}iɔ^{42}tɕ^{h}iɔ$^{42-51}$ 小巧

长 dʑiã^{31} 长；（个子）高

狭 ɦəʔ^{2} 狭窄

眼眼大ʔȵiɛ^{33}ʔȵiɛ^{33}du$^{13-15}$ 很小

长大 dʑiã$^{31-13}$du$^{13-55}$ 高大

主弱 tɕy^{42}ʑiəʔ^{2} 残疾

矮ʔa^{42} 低矮（不限个子、物体等）

蛋 dɛ^{13} 低矮（指物体、地势、程度等）。～荡：低地|[火搣眼～顶把火关小一点儿。]
尖头 tɕie^{33}dɤ$^{31-15}$ 尖
峻尖 ɕyn$^{55-33}$tɕie$^{33-15}$ 很尖
　尖头皮利 tɕie^{33}dɤ$^{31-33}$bi$^{13-35}$li$^{13-55}$
垂头 dʑy$^{31-13}$dɤ$^{31-15}$ 圆头
垂头拔脑 dʑy$^{31-13}$dɤ$^{31-33}$bəʔ$^{2-3}$ʔnɔ$^{42-31}$ 顶端很圆
光烫 kuɔ̃$^{33-35}$tʰɔ̃^{55} 平整
躺平 tʰɔ̃^{42}bin$^{31-15}$ 很平整
七角八翘 tʰiəʔ$^{5-3}$koʔ$^{5-3}$pəʔ$^{5-3}$tɕʰiɔ^{55} 很不平整
阴光ʔin$^{33-35}$kuɔ̃$^{33-15}$ 很光滑
翘利麻沙 tɕʰiɔ$^{55-33}$li$^{13-33}$ma$^{31-35}$sa$^{33-31}$ 很不光滑
　毛糙 mɔ$^{31-13}$tsʰɔ^{55}
样样平 ɦiã^{13}ɦiã$^{13-33}$bin$^{31-15}$ 齐平；一样平
样样齐 ɦiã^{13}ɦiã$^{13-33}$ʑi$^{31-15}$ 一样齐
弯龙弯ʔuɛ^{33}luŋ$^{31-33}$ʔuɛ$^{33-15}$ 不直；弯曲
息 ɕiəʔ^{5} 凹
凸 tʰøʔ^{5}
拔直 bəʔ^{2}dʑiəʔ^{2}-dʑin^{51}（1）直；（2）保本，不亏不赚
侧 tɕiəʔ^{5} 不正
笪 tɕʰia^{55} 斜
峻 ɕyn^{55} 陡
缠藤棚 dʑie^{13}dɤŋ$^{31-33}$bã$^{31-15}$ 扭曲
翘起 tɕʰiɔ^{55}tɕʰi 拱起；翘起
刺眼 tsʰɿ$^{55-33}$ʔȵiɛ$^{42-31}$ 耀眼
烁亮 ɕiəʔ$^{5-3}$liã^{13} 很亮
□亮ʔuã$^{33-35}$liã$^{13-55}$ 光线很亮
呒亮光 ɦm$^{31-13}$liã$^{13-33}$kuɔ̃^{33} 无光泽
蒙蒙亮ʔmən^{33}ʔmən^{33}liã$^{13-51}$
清爽 tɕʰin^{33}sɔ̃$^{42-31}$ 清晰；干净
糊道道 ɦu$^{31-13}$dɔ$^{31-55}$dɔ$^{31-51}$ 模糊
紫绛色 tsɿ^{42}tɕiã$^{55-33}$səʔ^{5} 褐色
红颜绿色 ɦŋ$^{31-13}$ɦiɛ$^{31-33}$loʔ$^{2-3}$səʔ^{5} 色彩丰富
花俏 hua$^{33-35}$tɕʰiɔ^{55} 鲜艳
戳眼 tɕʰyoʔ$^{5-3}$ʔȵiɛ$^{42-31}$ 夺目
独种颜色 doʔ^{2}tɕyuŋ$^{42-51}$ȵiɛ$^{31-33}$səʔ^{5} 色彩单一

灰哝哝 huø^{33}ʔnuŋ$^{33-55}$ʔnuŋ$^{33-31}$ 色彩灰暗

霸口 po$^{55-33}$tɕ^{h}iɤ$^{42-31}$ 涩口

　图口 du^{31}tɕ^{h}iɤ$^{42-31}$

羊臊臭 ɦiã$^{31-13}$sɔ$^{55-35}$tɕ^{h}iu^{55} 羶味

熬 ŋɔ^{31} 酒烈

雪【餖】淡 ɕyøʔ$^{5-3}$ [tɕ^{h}iəʔ$^{5-3}$] dɛ$^{31-51}$ 味儿很淡

呒味 ɦm$^{31-13}$mi$^{13-55}$ 无味

尿臊臭 ɕy^{33}sɔ$^{55-35}$tɕ^{h}iu^{55} 尿臊味儿

汗酸臭 ɦie^{13}sø$^{33-35}$tɕ^{h}iu^{55} 汗酸味

着镬焦臭 dʑiəʔ^{2}ɦuoʔ$^{2-3}$tɕiɔ$^{33-35}$tɕ^{h}iu^{55} 焦味儿

有气道ʔiu^{42}tɕ^{h}i$^{55-33}$dɔ^{31} 异味儿

腥臭 ɕin$^{33-35}$tɕ^{h}iu^{55} 腥味儿

火烟臭 hu^{42}ʔie$^{33-35}$tɕ^{h}iu^{55} 烟火味

血腥臭 hyøʔ$^{5-3}$ɕin$^{33-35}$tɕ^{h}iu^{55} 血腥味儿

屙臭ʔɯ$^{55-35}$tɕ^{h}iu^{55} 大便味儿

腤脓倒臭ʔuŋ^{33}nuŋ$^{31-33}$tɔ^{42}tɕ^{h}iu^{55} 腐烂味儿

毕静 piəʔ$^{5-3}$ʑin$^{31-51}$ 很静

眼眼响ʔȵiɛ^{33}ʔȵiɛ^{33}ɕiã$^{-51}$ 声音很轻

燥 sɔ^{55} 干燥

松燥 suŋ$^{33-35}$sɔ^{55} 很干燥

噎牢ʔiəʔ^{5}lɔ$^{31-51}$ 噎住

滥 lɛ^{13} 湿

迫黏黏 paʔ$^{5-3}$ʔȵie$^{13-35}$ʔȵie$^{13-55}$ 黏糊糊

滑潺潺 ɦuəʔ^{2}zɛ^{31}zɛ^{31} 滑溜溜

和软 ɦu$^{31-13}$ʔȵyø$^{42-31}$ 柔软；柔和

胖发发 p^{h}ɔ̃$^{55-33}$fəʔ$^{5-3}$fɛ^{51} 松软

糊 ɦu^{13} 软而烂

久韧 tɕiu^{42}ȵin^{13} 韧性强

松 suŋ^{33} 松脆

喷松 p^{h}ən$^{55-33}$suŋ^{33} 很脆

暖ʔnøn^{42} 热

闷牢暖ʔmən^{55}lɔ^{31}ʔnøn$^{42-31}$ 闷热

无（记）数 vu$^{31-13}$（tɕi$^{55-35}$）su^{55} 无数

□异 kuɛ^{42}ɦi^{13} 许多

弱数 ʑiəʔ^{2}su^{55} 少数

眼眼ʔȵiɛ^{33}ʔȵiɛ$^{42\text{-}15}$ 极少
生重 sã^{33}dʑyuŋ^{31} 比重大
生轻 sã$^{33\text{-}55}$tɕʰin$^{33\text{-}31}$ 比重小
朗ʔlɔ̃^{42} 稀疏。～爽：不拥挤
坚 tɕie^{33} 稠
薄 boʔ^{2} 稀；薄。～被|[粥烧～猛爻粥烧得太薄了。]
荒垟荒市 huɔ̃^{33}ɦiã$^{31\text{-}33}$huɔ̃^{33}zɿ^{31}（1）形容词，空旷；（2）名词，荒郊野外
集牢 ʑiəʔ^{2}lɔ$^{31\text{-}51}$ 堵塞
密封 miəʔ^{2}fuŋ^{33}
间 kiɛ^{55} 间隔
长阔 dʑiã$^{31\text{-}13}$kʰuəʔ^{5} 宽敞
站 dzɛ^{13} 错
腾 tʰɤŋ^{33} 不好；差
各窍 koʔ$^{5\text{-}3}$tɕʰiɔ^{55} 特殊；异样
妆妆慢 tsɔ̃^{33}tsɔ̃^{33}mɛ$^{13\text{-}15}$ 儿戏
好喫 hɔ^{42}tɕʰyoʔ^{5} 好吃
#弗好#喫 fɔ^{51}tɕʰyoʔ$^{5\text{-}3}$ 难吃
好听 hɔ^{42}tʰin^{55} 好听
#弗好#听 fɔ^{51}tʰin$^{55\text{-}33}$ 难听
有（告）用场ʔiu^{42}（kɔ$^{55\text{-}33}$）ɦyuŋ$^{13\text{-}33}$dʑiã^{31} 有用
呒告用（场）ɦm^{31}kɔ^{55}ɦyuŋ^{13}（dʑiã^{31}）无效；没用
全无用 ʑyø^{13}vu$^{31\text{-}35}$ɦyuŋ$^{13\text{-}55}$ 完全没用、不行
好用 ɦɔ^{42}ɦyuŋ^{13} 可以用；好使；有出息；可以（表应答）
样 ɦiã^{13} 相同
弗样 fəʔ^{5}ɦiã^{13} 不同
差远显 tsʰo$^{55\text{-}33}$ʔyø^{42}ɕie$^{42\text{-}31}$ 差得远
大起 du^{13}tɕʰi$^{42\text{-}51}$ 增大
细爻 ɕi^{55}ɦɔ$^{31\text{-}51}$ 缩小
多起 tu^{33}tɕʰi$^{42\text{-}31}$ 增多
翻上去 fɛ^{42}zɔ̃^{31}kʰəʔ加倍
少爻 ɕiɔ^{42}ɦɔ^{31} 减少
有爻ʔiu^{33}ɦɔ^{31} 有了；够了
有够ʔiu^{42}tɕiɤ^{55} 足够。～大爻：够大了
足显 tɕyoʔ^{5}ɕie^{42} 十足。花头眼：～鬼点子多
搭捞 təʔ$^{5\text{-}3}$ʔlɔ^{55} 这么多。～物事：这么多东西

晏ʔɛ^{55} 迟；晚

长久 dʑiã$^{31-13}$tɕiu$^{42-31}$ 口语中不用“久”，只用“长久”

一刻ʔiəʔ$^{5-3}$kʰəʔ^{5}-kʰɤŋ$^{42-51}$ 一会儿

整个 tɕin^{42}kie$^{55-51}$

派赖 pʰa$^{55-35}$la$^{13-55}$ 肮脏

　邋遢 ləʔ^{2}təʔ^{5} 肮脏

乱头肮脏 lø^{13}dɤ$^{31-33}$ʔɔ̃$^{33-55}$tsɔ̃$^{33-31}$ 又脏又乱

活堕 ɦuəʔ$^{2-3}$du^{31} 下作；无耻

混ʔuən^{42} 混浊

烧着爻 ɕiɔ^{33}dʑiəʔ$^{2-3}$ɦɔ$^{31-51}$ 烧焦

欠熟 tɕʰie$^{55-33}$ʑyoʔ^{2} 不够熟

旧爿 dʑiu^{13}bɛ$^{31-15}$（1）形容词，破旧；（2）名词，破旧的东西

好看 hɔ^{42}tɕʰie^{55}

#弗好#看 fɔ^{51}tɕʰie^{33} 难看

粗里粗肤 tsʰu^{33}ʔli$^{42-33}$tɕʰu$^{33-55}$fu$^{33-31}$ 粗糙

勚 ɦi^{13} 磨损

碎 se^{55} 破；碎

散碎 sɛ^{42}se^{55}（1）形容词。零碎；零散；（2）名词。琐碎的东西

少可 ɕiɔ^{42}kʰo$^{42-51}$ 零星；少许

成双对 ʑin$^{31-13}$ɕyɔ̃ʔ$^{33-35}$te^{55} 成双

各对只 koʔ$^{5-3}$te$^{55-33}$tɕiəʔ^{5} 不配对

独样头 doʔ^{2}ɦiã$^{13-33}$dɤ$^{31-15}$ 一种；一个

□□ʔma^{33}hã$^{33-15}$ 不结实；不稳固

扣好 tɕʰiɤ$^{55-33}$hɔ$^{42--51}$ 正好

摇摇动 ɦiɔ$^{31-13}$ɦiɔ$^{31-33}$duŋ^{31} 不稳

炮 pʰɔ^{55} 颠簸

□牢 pã^{55}lɔ$^{31-51}$ 妨碍

反倒 fɛ^{42}tɔ^{55} 颠倒

仰墥 ʔn̩iã^{42}təʔ 仰着

刮裂 kuəʔ$^{5-3}$liəʔ^{2}-lie^{51} 裂开

悬料零 ɦyø$^{31-13}$liɔ$^{13-35}$lin$^{31-51}$ 悬空

活灵 ɦuəʔ^{2}lin$^{31-51}$ 灵活；聪明

木笨 moʔ^{2}bən^{13} 笨重

土笨 tʰu^{33}bən^{13} 粗笨

下色ʔo^{42}səʔ^{5} 褪色

出白醭 tɕ^{h}yøʔ$^{5-3}$baʔ$^{5-3}$fu$^{42-51}$ 物体表面长毛
猛ʔmuŋ^{42} 物体腐朽
餲ʔie^{33} 馊
过 ku^{55} 传染。～人|～拨我传染给我
好妆 hɔ^{42}tsɔ̃^{33} 好办
#弗好#妆 fɔ^{51}tsɔ̃^{33} 难办
油显 ɦiu^{31}ɕie$^{42-31}$ 油腻
快便 k^{h}ua$^{55-35}$bie$^{13-55}$ 顺利
　顺当 ʑyn^{13}tɔ̃^{55}
啰嗦ʔlu$^{33-55}$su$^{33-31}$ 啰嗦；不顺利
疙瘩 kiəʔ$^{5-3}$təʔ^{5} 麻烦；肮脏
省力 sã^{42}liəʔ^{2} 方便；简单
呒告 ɦm^{31}kɔ^{55} 可以；行；没问题
要弗得ʔiɔ$^{55-33}$fəʔ$^{5-3}$təʔ^{5} 不行；办不成
要了得ʔiɔ^{55}ləʔ$^{2-3}$təʔ^{5} 行；办得成
滥腾 lɛ^{13}t^{h}ɤŋ^{33} 很差
弗落袋 fəʔ$^{5-3}$loʔ$^{2-3}$de$^{13-51}$ 后果不可收拾
　没切落袋 məʔ^{2}tɕiəʔ$^{5-3}$loʔ$^{2-3}$de$^{13-51}$
矬落来 zo^{31}loʔ^{2}le^{31} 和缓下来
　讲软调 kɔ̃^{42}ʔȵyø^{42}diɔ$^{13-51}$
要争紧ʔiəʔ$^{5-3}$tsã^{33}tɕin$^{42-31}$ 紧张对峙
豁（人）范 hoʔ$^{5-3}$（ȵin$^{31-33}$）vɛ^{31} 可怕的；危险的
过头 ku$^{55-33}$dɤ^{31} 过点
寻着 ʑin^{31}dʑiəʔ^{2} 找到
夹着 kiəʔ^{5}dʑiəʔ^{2} 牵连
闹热 nɔ^{13}niəʔ^{2} 热闹
抄反 ts^{h}ɔ^{33}fɛ$^{42-31}$ 沸沸扬扬
轰轰声 huŋ^{33}huŋ$^{33-55}$ɕin$^{33-31}$ 兴师动众；气势很盛
冷清清ʔlã^{42}tɕ^{h}in$^{33-55}$tɕ^{h}in$^{42-31}$ 冷清
角落头 koʔ$^{5-3}$loʔ$^{2-3}$dɤ$^{31-15}$（1）形容词，偏僻；（2）名词，角落
巧 tɕ^{h}iɔ^{42} 便宜
旺 ɦuɔ̃^{13} 生意好；人多
闲 ɦɛ^{31} 生意清淡；清闲
畅行 tɕ^{h}iã$^{55-35}$ɦɔ̃$^{31-51}$ 畅销
慢行 mɛ^{13}ɦɔ̃^{31} 滞销

断货 dø^{31}hu^{55} 缺货

健 dʑie^{13}（身体）健康、硬朗。身体～显

健 dʑie^{13} 秤尾高。[秤头称眼～顶给我称客气点。]

脱落 tʰøʔʔ$^{-3}$loʔ^{2} 秤尾低。[秤头替日～，尔弗撑死解秤尾掉得这么低，你不是赚死了吗？]

霞得来 ɦo^{31}təʔ$^{5-3}$le^{31} 合算

霞弗来 ɦo^{31}fəʔ^{5}le$^{31-51}$ 不划算；不合算

妆□ tsɔ̃$^{33-35}$dʑɛ$^{13-55}$ 出错

有趣ʔiu^{42}tɕʰy^{55} 可爱；滑稽；有意思

呒告路数 ɦm^{31}kɔ$^{55-33}$lu$^{13-35}$su^{55} 觉得无聊

呒趣向【味】ɦm$^{31-13}$tɕʰy$^{55-35}$ɕiã^{55}【mi$^{13-55}$】

饶舌 ʑiɔ^{13}ʑiəʔ^{2} 惹是生非；没事找事

痒作作ʔiã^{42}tsoʔ$^{5-3}$tsoʔ^{5} 肉麻

痒依依ʔiã^{42}ʔi$^{33-55}$ʔi$^{33-31}$ 肉麻

望着难过 mɔ̃^{13}dʑiəʔ$^{2-3}$nɛ$^{13-35}$ku^{55} 令人生厌

望着搭眼 mɔ̃^{13}dʑiəʔ^{2}kʰiəʔ$^{5-3}$ʔȵiɛ$^{42-31}$ 可恨

煞甲 səʔ$^{5-3}$kiəʔ^{5} 很；非常；厉害

怪相 kua$^{55-35}$ɕiã^{55} 怪异

奇里古怪 dʑi$^{31-13}$ʔli$^{42-33}$ku^{42}kua^{55} 奇怪；稀奇古怪

有兴致头ʔiu^{42}ɕin$^{55-33}$tsɿ$^{55-33}$dɤ$^{31-15}$ 有兴趣

稳稳妥妥ʔuən^{42}ʔuən^{42}tʰu^{33}tʰu$^{33-15}$ 稳妥

行弗牢 ɦɔ̃^{31}fəʔ^{5}lɔ$^{31-51}$ 不像话。[个人眼也～个这人做得太不像话了。]

规版 kuø^{33}pɛ$^{42-51}$ 严格

正明道路 tɕin$^{55-33}$min$^{31-33}$dɔ^{31}lu^{13} 正当

都晓得完 tu^{55}ɕiɔ^{42}təʔ$^{5-3}$ɦuø^{31} 公开

拔直头 bəʔ^{2}dʑiəʔ$^{2-3}$dɤ$^{31-51}$ 坦率

出利利 tɕʰyəʔ$^{5-3}$li$^{13-35}$li$^{13-51}$ 露骨

偷（偷半）半 tʰɤ^{33} (tʰɤ^{33}pø$^{55-35}$) pø^{55} 私下里

鬼蹑蹑 ky^{42}ʔȵiəʔ$^{5-3}$ʔȵiəʔ^{5} 偷偷摸摸

煞甲 səʔ$^{5-3}$kiəʔ^{5} 厉害

糊夹西□ɦu$^{31-13}$kiəʔ$^{5-3}$ɕi$^{33-35}$dʑiɔ$^{13-55}$ 无条理；搅成一团

呒槿头 ɦm$^{31-13}$dʑyɔ̃$^{31-35}$dɤ$^{31-51}$ 不靠谱儿

恶ʔoʔ^{5} 凶狠、凶恶。～相：凶恶的样子。可单用。[个人多少～啊这人多凶狠啊！]

刁刁笃笃 tiɔ^{33}tiɔ^{33}toʔ$^{5-3}$toʔ^{5}-tuŋ^{51} 穿着讲究

拖脚孵鸡 tʰa^{33}tɕiaʔ$^{5-3}$bu$^{13-33}$tɕi$^{33-15}$ 邋遢

神气好 ʑin$^{31-13}$tɕʰi^{55}hɔ$^{42-31}$ 有精神

面色#弗好#望 mie^{13}səʔ^{5}fɔ^{51}mɔ̃^{13} 脸色不好

文文雅雅 vən$^{31-13}$vən$^{31-33}$ʔŋo^{42}ʔŋo$^{42-51}$ 斯文

新时 ɕin$^{33-24}$zɿ$^{31-51}$ 时髦

乡下头范 ɕiã^{33}ʔo^{42}dɤ$^{31-13}$vɛ^{31} 俗气；乡气

土水 tʰu^{42}ɕy$^{42-31}$ 土气

哑篓脾气ʔo$^{55-33}$lɤ$^{31-33}$bi$^{31-35}$tɕʰi^{55} 寒酸

孤恓ku$^{33-55}$ɕi$^{33-31}$ 可怜；委屈

　孤恓相 ku^{33}ɕi$^{33-35}$ɕiã^{55} 可怜相

板则 pɛ^{42}tsaʔ^{5} 健壮；魁梧

门尔 mən$^{31-13}$zɿ^{31} 健壮；结实、牢固

小气薄力 ɕiɔ^{42}tɕʰi$^{55-33}$boʔ$^{2-3}$liəʔ^{2} 瘦弱

壮 tɕyɔ̃^{55} 胖

滚壮 kuən^{42}tɕyɔ̃^{55} 肥胖

瘵za^{13} 瘦

长脚梗 dʑiã$^{31-13}$tɕiaʔ$^{5-3}$kuã$^{42-31}$ 瘦高

活龙 ɦuəʔ^{2}luŋ$^{31-51}$ 健康活泼

性索好 ɕin$^{55-33}$soʔ^{5}hɔ$^{42-31}$ 脾气好

和黏黏 ɦu^{13}ʔȵie^{33}ʔȵie$^{33-15}$ 随和

火躁泵 hu^{42}tsʰɔ$^{55-33}$pɔ̃$^{42-51}$ 暴躁

　暴躁 bɔ^{13}tsʰɔ^{55}

噢牢定 tɕʰyoʔ^{5}lɔ$^{31-51}$din^{31} 固执

拗硬ʔɔ$^{55-35}$ŋã$^{13-55}$ 倔强

嫌七嫌八 ɦie^{31}tɕʰiəʔ$^{5-3}$ɦie^{31}pəʔ^{5} 爱挑剔

儇 huɛ^{33} 乖

会 ɦuø^{13} 能干

活皮 ɦuəʔ^{2}bi$^{31-51}$ 顽皮

懦弱ʔnu^{42}ʑiəʔ^{2} 软弱

嫩 nøn^{13}（1）与“硬”相对：（2）性格软弱

火爆躁 hu^{42}bɔ$^{13-33}$tsʰɔ$^{55-51}$ 急性子

忖得开 tsʰøn^{42}təʔkʰie^{33} 开朗

豪燥 ɦɔ$^{31-13}$sɔ^{55} 爽快；爽直

爽直 sɔ̃^{42}dʑiəʔ^{2} 直爽；坦率

辣泼ʔla^{42}pʰəʔ^{5} 泼辣

唠嘈 lɔ^{13}zɔ$^{31-51}$ 爱唠叨

阴死死ʔin^{33}tsɿ^{42}sɿ$^{42-51}$ 内向

恶人相ʔo$^{5-3}$ȵin$^{31-35}$ɕiã^{55} 腼腆

知节 tsɿ^{33}tɕiəʔ^{5} 文静

嘴牢显 tɕy^{42}lɔ^{31}ɕie$^{42-31}$ 嘴严
顾虑心重 ku$^{55-33}$ly$^{13-33}$ɕin^{33}dʑyuŋ^{31} 疑心重
拣食 kiɛ^{42}ʑiəʔ^{2} 挑食
烂肚肠 lɛ^{13}du$^{31-35}$dʑiã$^{31-51}$ 缺德
赖皮做 la^{13}bi$^{31-35}$tsu^{55} 无赖
会扮ʔuo$^{5-3}$pɛ^{55} 会假装；虚伪
生劲 sã$^{33-35}$tɕin^{55} 尖刻；厉害
奸 kiɛ^{33} 聪明；狡猾
好交情 hɔ^{42}kɔ$^{33-35}$ʑin$^{31-51}$ 够朋友；可做朋友
舍得 so^{42}təʔ大方
爽气 sɔ̃^{42}tɕ^{h}i^{55} 直爽；豪爽
横 ɦuã^{31} 蛮横
花柳柳 hua^{33}ʔliu^{42}ʔliu$^{42-31}$
乱妆 lø^{13}tsɔ̃^{33} 乱弄
抖乱 tɤ^{42}lø^{13} 冒失；莽撞
贪喫 t^{h}ɛ^{33}tɕ^{h}yoʔ^{5} 馋嘴
本事上 pən^{42}zɿ^{13}zɔ̃^{13} 能干；有能耐
能 nɤŋ^{31} 能干
巴结 po^{33}tɕiəʔ^{5} 利索；勤快
涕涕拖拖 t^{h}i$^{55-33}$ t^{h}i$^{55-33}$t^{h}a$^{33-55}$t^{h}a$^{33-31}$ 不利索
统顺 t^{h}uŋ^{42}ʑyn^{13} 熟练
老策ʔlɔ^{42}ts^{h}aʔ^{5} 老练
小人腔 ɕiɔ^{42}ȵin$^{31-33}$tɕ^{h}iã$^{33-15}$ 幼稚
讲口好显 kɔ̃^{42}tɕ^{h}iɤ^{42}hɔ$^{42-33}$ɕie$^{42-31}$ 口齿伶俐
呆大范ȵie$^{31-13}$du$^{13-33}$vɛ^{31} 迟钝
记性头腾 tɕi$^{55-33}$ɕin$^{55-33}$dɤ$^{31-35}$t^{h}ɤŋ^{33} 记忆力差
胆大显 tɛ^{42}du^{13}ɕie$^{42-51}$ 胆大
胆细显 tɛ^{42}ɕi^{55}ɕie$^{42-31}$ 胆小
好撑 hɔ^{42}ts^{h}ã^{55} 富
铅 k^{h}iɛ^{42} 穷
倒台 tɔ$^{42-55}$de$^{31-51}$ 垮台
倒灶 tɔ^{42}tsɔ^{55} 遭殃；倒霉
有啰嗦ʔiu^{42}ʔlu$^{33-55}$su$^{33-31}$ 有麻烦
尴尬 kiɛ$^{33-35}$ka$^{55-35}$
⿰巾监⿰巾亚范 lɛ^{13}ʔu^{33}vɛ^{31} 衣着肮脏、不整的样子

调泰 diɔ^{31}tʰa^{55} 舒服

福气好 foʔ$^{5-3}$tɕʰi^{55}hɔ$^{42-31}$ 幸福

快活 kʰua$^{55-33}$ɦuəʔ^{2} 快乐

合心头 ɦiaʔ^{2}ɕin$^{33-35}$dɤ$^{31-51}$ 称心

#弗好#过 fɔ^{51}ku$^{55-33}$ 难受

发里发剧 fəʔ$^{5-3}$ʔli$^{42-33}$fəʔ$^{5-3}$dʑiəʔ^{2} 匆忙

吃力 tɕʰiəʔ$^{2-3}$liəʔ^{2} 累；吃力

憋死死 piəʔ$^{5-3}$sɿ^{42}sɿ$^{42-31}$ 无生气

合缘 ɦiaʔ^{2}ɦyø$^{31-51}$ 投缘

好显 hɔ$^{42-33}$ɕie$^{42-31}$ 亲密

打生 tã^{42}sã^{33} 陌生

讲弗来 kɔ̃^{42}fəʔ^{5}le$^{31-51}$ 合不来

组队 tsu^{42}de^{13} 一起

独个头 doʔ^{2}kie$^{55-33}$dɤ$^{31-15}$ 单独一人

拾伍　指代

我ʔŋo^{42}

我许ʔŋo$^{42-15}$he^{55} 我们

我等ʔŋo^{42}tɤŋ$^{42-15}$ 咱们

我（许）两个ʔŋo$^{42-35}$he^{55} ʔȵiã^{42}kie$^{55-33}$ 我们俩

尔ʔn^{42} 你

尔许ʔn$^{42-15}$he^{55} 你们

尔（许）两个ʔn$^{42-35}$he^{55}ʔȵiã^{42}kie$^{55-33}$ 你们俩

渠 gie^{31} 第三人称单数

渠许 gie$^{31-13}$he^{55} 第三人称复数

渠（许）两个 gie$^{31-13}$（he^{55}）ʔȵiã^{42}kie$^{55-33}$ 他们俩

别人 biəʔ^{2}ȵin$^{31-51}$

人家ȵin$^{31-35}$ko$^{33-31}$（1）别人；（2）家庭；住户。一份～：一户人家

大江人 da^{13}kɔ̃$^{33-35}$ȵin$^{31-51}$ 大家

我个[①]（1）ʔŋo^{42}kie$^{55-33}$ 我的。后不带宾语|[～死烂腾个我的很差的。]；（2）ʔŋo^{42}kəʔ

---

① 助词“个[kie$^{55-33}$]”用在代词后面，如“我个我的、尔个你的、渠个他的”、“减儿个谁的”等，组成类似于普通话中的“的”字结构；量词“个”[kie$^{55-33}$] 用在代词后面，如“个个这个、解个那个”、“哪个”等。这两类在语法功能上是一类的，可作主语和宾语，不能作定语。当这些结构作定语后带宾语时，读音为[kəʔ^{5}]。这两种读音及其所代表的语法意义基本上构成互补。解释中用（1）和（2）分开。后文类似的词条解释从略。

我的。作定语。[个是～笔这是我的笔。]

尔个（1）你的ʔn^{42}kie$^{55-33}$；（2）ʔn^{42}kəʔ 你的

渠个（1）gie^{31}kie$^{55-33}$ 他（她）的；（2）gie^{31}kəʔ他（她）的

个 kəʔ^{5} 这

个（个）时候 kəʔ$^{5-3}$（kəʔ^{5}）zɿ$^{31-13}$ɦiɤ$^{13-55}$ 这时

解个时候 ka^{42}kəʔ^{5}zɿ$^{31-13}$ɦiɤ$^{13-55}$ 那时

个基 kəʔ^{5}tɕi$^{33-31}$ 这会儿

个日 kəʔ^{5}n̠iəʔ^{2} 这天；那天

解日 ka$^{42-51}$n̠iəʔ^{2} 更远的那天

个两日 kəʔ^{5}ʔn̠iã$^{42-55}$n̠iəʔ^{2} 这两天；这些天

解（个）两日 ka^{42}（kəʔ^{5}）ʔn̠iã$^{42-55}$n̠iəʔ^{2} 那两天；那些天

各个 koʔ$^{5-3}$kie^{55} 别人

各许 koʔ$^{5-3}$he^{55} 另外的

别样 biəʔ^{2}ɦiã^{13} 另外的

替【姓】日 tʰi^{55}【ɕin^{55}】n̠iəʔ^{2} 这么；这样

解替【姓】日 ka^{42}tʰi^{55}【ɕin^{55}】n̠iəʔ^{2} 那么；那样

哪个（1）ʔlo^{42}kie$^{55-33}$；（2）ʔlo^{42}kəʔ

何儿 ɦɛ^{31}ɦn^{13} 谁

减儿 kiɛ^{42}ɦn^{31}

哪个人ʔlo^{42}kəʔ$^{5-3}$n̠in^{31}

哪许人ʔlo^{42}he$^{55-33}$n̠in^{31} 哪些人

何儿许人 ɦɛ^{13}ɦn^{13}he$^{55-33}$n̠in^{31}

哪埭ʔlo^{42}da^{13} 哪里

何邑【横】ɦɛ^{13}ɦi^{13}【ɦuã$^{31-51}$】哪里

几时 tɕi^{42}zɿ^{31} 什么时候

何么 ɦa^{31}ɦm^{13}【kã^{42} ɦm^{31}】什么

多少 tu^{42}ɕiɔ$^{42-31}$ 代词，多少；tu^{42}ɕiɔ^{55} 副词，多么

几个（1）tɕi^{42}kie$^{55-33}$ 可作主语、宾语。[尔买～？]；（2）tɕi^{42}kəʔ。只能作定语。[～人来爻？]

咋儿 tsɛ^{42}ɦn^{31}【tsɛ^{42}ɦn^{13}】【tsa$^{42-35}$ɦn$^{31-55}$】怎么

咋儿个 tsɛ^{42}ɦn^{31}kie$^{55-33}$ 怎么样。[我屋里装修得弗着～爻我家里不知道装修得怎么样了？

咋儿妆妆 tsɛ^{42}ɦn^{31}tsɔ̃^{33}tsɔ̃$^{33-31}$ 怎么办。[哈～好耶那怎么办才好呢？]

为何么 ɦy^{13}ɦã^{31}ɦm^{13} 为何

拾陆 副词

起头 tɕʰi^{42}dɤ$^{31-15}$（1）副词。原先。[我～不同意渠两个去个我原先不同意他们俩去的。]；（2）动词。开个头、开始。[噢渠～起个起叫他起一个头。]

老早便【哦】ʔlɔ^{42}tsɔ$^{42-51}$be^{13}【vəʔ^{2}】早就

快要 kʰua^{55}ʔiəʔ^{5}

扣腔 tɕʰiɤ^{55}tɕʰiã$^{33-31}$ 刚才

扣（1）刚刚。～走到；（2）才。[十点钟爻还～走去十点钟了才刚走。]‖[尔～来啊你才到啊？]

随即 ʑy$^{31-13}$tɕiəʔ^{5} 立刻；紧接着

快定 kʰua^{55}din$^{31-51}$ 快点儿

起 tɕʰi^{42} 先。[尔去～你先走。]；自从。天酿～：从明天开始|盘古开天地～

先头 ɕie$^{33-35}$dɤ$^{31-51}$ 预先；事先。[我先头走去望过爻我事先去看过了。]

转日 tɕyø^{42}ȵiəʔ-ȵin^{51} 将来

 转凡 tɕyø^{42}vɛ$^{31-15}$

后坤【晚】ʔiɤ^{42}kʰuən$^{33-15}$【ʔmɛ$^{42-51}$】后来

横直 ɦuã$^{31-13}$dʑiəʔ^{2} 终归；反正

慢慢 mɛ^{13}mɛ$^{13-15}$ 逐渐

还只 ɦua$^{31-13}$tsʅ$^{42-51}$ 才。后带时间名词、数量短语或其他普通名词。[腔基现在～在～两点。]‖[我齁做齁做～做了三份题目我拼命做才做了三道题。]

堆 te^{33} 才。后带动词：～来|～睏

蓦临头 məʔ^{2}lin$^{31-35}$dɤ$^{31-51}$ 突然；忽然。作形容词和副词皆可

凑 tsʰɤ^{55} 再。喫眼～再吃点儿

再 tse^{55}

又 ɦi$^{13-15}$

道道 dɔ^{31}dɔ$^{31-55}$ 经常；不时

接【连】牢定 tɕiəʔ^{5}【lie^{31}】lɔ$^{31-51}$din^{31} 不断；一连

栏板 lɛ^{13}pɛ$^{42-51}$ 偶尔

老世 ʔlɔ^{42}ɕi^{55} 总是；老是

一贯来 ʔiəʔ$^{5-3}$kuɛ^{55}le^{31} 从来

伐加伐 vəʔ^{2}ko^{33}vəʔ^{2}-vɛ^{51} 每次

伐加伐碰着 vəʔ^{2}ko^{33}vəʔ^{2}-vɛ^{51}bã^{13}dʑiəʔ^{2} 每逢

动弗动 duŋ^{31}fəʔ$^{5-3}$duŋ$^{31-51}$ 动辄

弗管几时 fəʔ$^{5-3}$kuø$^{42-15}$tɕi^{42}zʅ^{31} 随时

专门 tɕyø$^{33-35}$mən$^{31-51}$ 专门；只

也ʔaʔ^{5}

荒垟没市 huɔ̃^{33}ɦiã$^{31-33}$məʔ$^{2-3}$zɿ^{31} 到处

干【单】清 tɕie^{33}【tɛ^{33}】tɕ^{h}in$^{33-15}$ 光是；单单

拢共ʔluŋ^{42}dʑyuŋ^{13} 总共

大约莫 da^{13}ʔiəʔ$^{5-3}$moʔ^{2}-mɔ̃^{51} 大约

只晓得 tsɿ$^{42-55}$ɕiɔ^{42}təʔ 一味

顶少 tin^{42}ɕiɔ$^{42-51}$ 至少

只 tsɿ^{55}（1）只有；才。[个底～两件这儿只有两件。][～我还望得起尔只有我还看得起你。][～五点钟啊，还早显啊，睏腔凑耶才五点钟呢，还很早呢，再睡会儿吧！]（2）才；并。[我～勿是替日讲个我才不是这样说的。]

齁 ɦiɤ^{13} 很；非常。～大|～哭

忒 t^{h}øʔ^{5} 太。～大|～无用爻：太没用了

还要 ɦua^{13}ʔiəʔ^{5} 更。[我妹唱歌唱得比我～好。]

还 ɦua^{13}（1）还。～嗅一碗凑（2）还是。[～尔好看还是你好看。]

蛮ʔmɛ^{33} 比较：～好

有够ʔiu^{42}tɕiɤ^{55} 够。～大|嗅

老（实）ʔlɔ^{42}（ʑiəʔ^{2}）（1）真。～好看（2）果然；果真

全个 ʑyø$^{31-13}$kie^{55} 完全。～望弗着：完全看不见

便 be^{13}（1）几乎。[个事干～好用爻解，末脚别人拨我撬墙脚撬去爻这件事几乎成了，最后被别人挖墙脚挖走了。]（2）（马上）就：～来；（3）就（是）；硬是。[我多少话讲落去爻，渠～弗听我说了多少话了，他就是不听。]（4）一件事完成后直接做另一件事。[尔落课～走屋里来你下了课就到家里来。]（5）本来就。[我～弗想去个，渠许齁嗅嗅牢哈走去个我本来就不想去的，他们一个劲儿地叫（我）才去的。]

扣慢（扣）tɕ^{h}iɤʔ$^{55-33}$mɛ$^{33-15}$（tɕ^{h}iɤ$^{55-33}$）差点儿。～踈倒：差点儿摔跤

有眼ʔiu^{42}ʔȵiɛ$^{42-31}$ 有点儿

少可 ɕiɔ^{42}k^{h}o$^{42-51}$ 稍微；有点儿

弗齁 fəʔ^{5}ɦiɤ^{13} 不大；不太

弗咋儿 fəʔ^{5}tsɛ^{42}ɦn^{13} 不怎么

工心 kuŋ$^{33-55}$ɕin$^{33-31}$ 用心

用力 ɦyuŋ^{13}liəʔ^{2} 用力；使劲

扣（扣）好 tɕ^{h}iɤ$^{55-33}$tɕ^{h}iɤ$^{55-33}$hɔ$^{42-51}$（1）刚好；正合适。[件衣裳拨我着～这件衣服给我穿正合适]。（2）正巧。～拨渠望着：正巧被她看到

第第 di^{31}di$^{31-15}$ 特意；故意。[～拨渠望故意给她看。]

特特意 dəʔ^{2}dəʔ^{2}ʔi^{55} 特地

要旧ʔiɔ$^{55-35}$dʑiu$^{13-55}$ 依然；仍旧

挨去ʔa^{33}k^{h}ə 轮流

背后 pe$^{55\text{-}33}$ʔiɤ$^{42\text{-}51}$ 背地

带便 ta$^{55\text{-}24}$bie$^{13\text{-}55}$ 顺便

扣只 tɕ^{h}iɤ^{55}tsɿ^{42} 唯独

前后脚步 ʑie$^{31\text{-}13}$ʔiɤ^{42}tɕiaʔ$^{5\text{-}3}$bu$^{13\text{-}51}$ 陆续；前后脚

做条老命 tsu$^{55\text{-}33}$diɔ^{31}ʔlɔ^{42}min^{13} 拼命

眼望望ʔȵiɛ^{42}mɔ̃$^{13\text{-}35}$mɔ̃$^{13\text{-}55}$ 眼看

凭 bin^{31} 靠；凭借

凭（着）bin^{13}（dʑiəʔ）任由

但凭 dɛ^{13}bin$^{13\text{-}55}$ 任凭。～渠：随便他

偏难过 p^{h}ie^{33}nɛ$^{31\text{-}35}$ku^{55} 偏。[我～气气渠我偏气气她。]

赶今 tɕie^{42}tɕin^{33} 赶紧

按班 ʔɛ$^{33\text{-}55}$pɛ$^{33\text{-}31}$ 肯定。[～是渠肯定是他。]

保证 pɔ^{42}tɕin^{55}（1）副词。一定；肯定。[我个记望记便有数爻，尔～要输我一看就有数了，你肯定要输！]（2）动词。保证

便要……无用 be^{13}ʔiəʔ^{5}…vu$^{31\text{-}13}$ɦyuŋ$^{13\text{-}55}$ 非……不可

弗 fəʔ^{5} 不。～去

𡝗 ɕiɔ^{55}“休要”的合音。不要；别：～乱来

勿用 vəʔ^{2}ɦyuŋ^{13} 不必；不用

弗一定 fəʔ^{5}ʔiəʔ$^{5\text{-}3}$din^{13} 不一定

𠲎 vuŋ^{31}“勿曾”的合音字，不曾。～去：未去|[尔去爻～你去了没？]

呒 ɦm$^{31\text{-}15}$ 没有。单用

ɦm^{31} ～钞票

嘈个 zɔ$^{31\text{-}13}$kəʔ难道。[～走迟爻啊难道来晚了吗？]

怪弗得 kua^{55}fəʔ$^{5\text{-}3}$təʔ难怪；怪不得

拐大讲 kua^{42}da$^{13\text{-}35}$kɔ̃$^{42\text{-}51}$

拐大爻个 kua^{42}da^{13}ɦɔ$^{31\text{-}51}$kəʔ

拐是讲 kua^{42}zɿ^{31}kɔ̃$^{42\text{-}31}$ 所以说

梁横 liã$^{31\text{-}13}$ɦuã$^{13\text{-}55}$ 索性；直接

到底 tɔ^{55}ti^{42} 到底；究竟

靠个 k^{h}ɔ^{55}kəʔ幸亏

如果 ʑy$^{31\text{-}13}$ku$^{42\text{-}31}$（1）假如；（2）实在；太

恁可 nøn^{31}k^{h}o^{55} 宁可。[噢渠做，～我自己做让他做，宁可我自己做。]

出之 tɕ^{h}yøʔ^{5}tsɿ^{33} 宁可

谢过 ʑia^{13}ku^{55} 大不了。[～渠望着我难过矣大不了被他讨厌！]

难讲 nɛ$^{31-13}$kɔ̃^{42} 难说

……是爻 zʅ$^{31-13}$ɦɔ^{31} 尽管；好了；算了：放心～尽管放心|摆得～放着好了

测 tsʰaʔ^{5} 表强调。（1）可。用于祈使句中。[尔～呒起乱讲解你可不能乱说呀！]；（2）难道。[我～要要显我难道这么想要吗？]

弗管咋儿 fəʔ$^{5-3}$kuø$^{42-15}$tsɛ^{42}ɦn^{31} 无论如何

好 hɔ^{42} 该：～去爻该走了

也勿是ʔaʔ^{5}vəʔ$^{2-3}$zʅ$^{31-15}$ 不也。[个～蛮好解这不也挺好的吗？]

要ʔiəʔ^{5} 应该

切得 tɕʰiəʔ^{5}təʔ^{5}（1）动词。得；需要：～无数需要很多；（2）副词。好像。[～望着过爻好像看到过了。]

特知 dəʔ^{2}tsʅ^{55} 语气副词。谁知道。[～渠在哪底谁知道他在哪里？]；表程度。[～多少人啊！]

另外 lin^{13}ŋa$^{13-55}$ （1）代词。别的；（2）形容词。特别的；（3）副词。特别。[我娘烧起个物事～好喫顶个我妈烧的东西特别好吃。]|[个人～弗好妆眼个这个人特别难弄的。]

拾柒 数量词①

廿ȵie^{13} 二十

把 po^{42} 约数。基本上表示"超出一点儿"：块～一块多点儿|百～一百多点儿|个把一两个|年把一年多点儿|斤把一斤多点儿|岁把一两岁

考 kʰɔ^{42} 约数。左右：～廿块|～百斤|～十两

考……料 kʰɔ^{42}……liɔ$^{13-51}$ 考百料|考斤料

头二个 dɤ$^{31-13}$ɦn$^{13-33}$kie$^{55-51}$ 一两个

头二两 dɤ$^{31-13}$ɦn$^{13-33}$ʔliã$^{42-51}$ 一二两

头二名名次 dɤ$^{31-13}$ɦn$^{13-33}$min$^{31-15}$ 一二名

一两名指人ʔiəʔ$^{5-3}$ʔȵiã^{42}min$^{31-15}$ 一两名

来 le^{31} 约数。左右：十头～块十块左右|十头～斤十斤左右。很少用于其他数词后面

中打半 tɕyuŋ^{33}tã^{42}pø^{55} 一半

头一个 dɤ^{13}ʔiəʔ$^{5-3}$kie^{55} 第一个

落脚雄 loʔ^{2}tɕiaʔ$^{5-3}$ɦyuŋ$^{31-15}$ 老幺；一般指最小的男孩儿

末只个 miəʔ$^{2-3}$tɕiəʔ$^{5-3}$kie$^{55-51}$ 最后一个；老幺

搿[giəʔ^{2}] 动量词，"抱"，双手伸直后合拢叫一搿。如果指量树木或柱子等，也可叫"箍"[kʰu^{33}]。[个株廊柱这根柱子有五六～大。]

抲[kʰo^{55}] 动量词，"把"，指一手所握的容量：一～米

① 量词见前文"温岭方言中的特色量词"，此处从略。

□[gɤŋ13] 拃：大拇指尖和中指尖张开的距离叫一～
畈[gɔ̃31]庄稼地里的行列。一～番薯|洋芋头土豆
夹[kiəʔ5]瓣。一～橘子|文旦。有人也读作“裥”
管[kuɛ42]把。一～尺|秤|钥匙；个：一～油索小麻花
爿[ʔlie42]片，张。一～生姜|饼干
畦[ʑi31]小段，小块。一～带鱼|菜地
退[1][tʰe55]相当于“进”：一～屋|三～九名堂形容房屋很多，纵横相连，很有气势
提[di31]相当于“泡”或一次的量。一～尿|屙
缟[kɔ42]一～毛线
伐[vəʔ2]动量词，次。去过三～
刻[kʰəʔ5] 时量词，表示“一会儿”时读变音[kʰɤŋ51]。等一～|一～凑再过一会儿
趟[tʰɔ̃55] 一段时间。[个人走去一～爻，咋儿还呒走转来这人去了好长时间了，怎么还没回来？]
家[ko33] 指一个整体中的小块。一～西瓜|[拨个只西瓜分成五～生把这只西瓜分成五块]
份[2][vən13] 可以分别相当于“道”、“户”和“个”等。一～题目|人家|亲眷
套[tʰɔ55] 可作动量词，相当于“顿”。一～呀：一顿训斥
腰[ʔiɔ42] 条：一～裙|裤
根[3][kuã33] 条：一～鱼|糖梗甘蔗|围巾
头[dɤ31] 一～谷|米|糠|小猪|沙
股[ku42] 做名词和量词皆可。一～焯菜～|一～糖梗甘蔗
粒[ʔnøʔ5] 一～花生|石头
领[lin31] 一～睏草草席|篾席|蓑衣

拾捌　连词、介词、助词

在【来】ze31【le31】介词。～屋里在家里
走……过 tsɤ42……ku55 表路线。走上海过：从上海经过
……来 le31 从某地来。[尔哪底来你从哪儿来？我北京来我从北京来。]
对 te55 表所对。～口风：迎面来的风

---

① 《鄞县通志》中作“斢”，明代小说中一般写作“透”，均为阴去字。

② 有人认为其本字为“问”（见程和平《说说台州方言的量词》，《台州晚报》2011 年 9 月 25 日）。其实“问”在温岭话及整个台州方言中的白读音声母都是[m]，一个口语中常用的量词不大可能都读成文读音，所以本字为“份”比“问”合适。

③ 本字见第十章第一节“量词”中“根”条目的解释。

沿 ɦie^{31} 表依沿。～正坎头走：沿着河边走

快 kʰua^{55} 表临近时间。上班～爻：快上班了

要ʔiəʔ^{5}～上班爻

快要 kʰua$^{55-33}$ʔiəʔ^{5}～上班爻

望 mɔ̃^{13} 趁；看。[～渠呒来得，便只个逃逃去爻趁他不在，就一溜烟逃走了。]

来 le^{31} 以来。十年～

之前 tsɿ^{42}ʑie$^{31-15}$ 以前。十年～

之后 tsɿ^{42}ʔiɤ$^{42-51}$ 以后。十年～

搭 təʔ^{5}（1）介词，表偕同对象，“和”：～我组队去和我一起去；（2）介词，表关系对象，“跟”：～渠讲弗着跟他无关；（3）介词，表比较对象，“像”：～霜冰样冷像冰一样冷；（4）连词，“和”。[我～尔，渠～我妹，都是同学。]；（5）表空间距离，“离”。[我屋里～火车站差远显我家离火车站很远。]

过 ku^{55} 表差比对象，用在动词或形容词后。[我要�过你好用我要跑过你才行。]

如 ʑy^{31} 用在形容词后。[过两年梁横长～娘爻过几年就比妈高了。]

拨 pəʔ^{5}（1）表处置对象。“把”：～门关来把门关上；（2）表给予对象，“给”：驮～我拿给我；（3）表所为对象，“替”、“给”：～别人做事干；（4）表被动对象，“被”。[鱼～猫拖去爻鱼被猫叼走了。]

带 ta^{55} 连。～皮吃落去

照 tɕiɔ^{55} 按照

算得 sø^{55}təʔ包括……在内。[我同学～，都来得十个人算上我同学，一共十个人。]

问 mən^{13} 表所求对象，向：～我借钞票

再讲 tse^{55}kɔ̃^{42} 并且；再说

边……边……pie^{33}……pie^{33}……[～喫饭～望报纸]

……得健……得健……təʔ^{5}dʑie^{13}……təʔ^{5}dʑie^{13} 边……边……。讲～笑～：一边讲一边笑

又……又……ɦi^{15}……ɦi^{15}……

要伐ʔiɔ^{55}vəʔ^{2} 或者；要么

弗个话 fəʔ^{5}kəʔ^{5}ɦua^{13} 要不然；否则

个基……便……kəʔ^{5}tɕi^{33}……be^{13} 一……就

便讲 be^{13}kɔ̃$^{42-51}$ 即使；就算

省得 sã^{42}təʔ以免；免得

横直 ɦuã$^{31-13}$dʑiəʔ^{2} 既然；反正

灌 kuø^{55} 表顺接。那（么）；就

哈 haʔ^{5} 表顺接，或作发话词：那（么）；就

虽然讲 çy$^{33-35}$ʑie$^{31-51}$kɔ̃^{42} 虽然（说）

不过 pəʔ^{5}ʔku$^{55-33}$

覅讲 çiɔ^{55}kɔ̃^{42} 别说；何况。[尔也做弗到啊，～我起你都做不到，何况我了！]

反转来还 fɛ^{42}tɕyø^{42}le^{31}ɦua^{13} 反而

得 təʔ^{5} 表状态；能够；程度。倒～睏觉躺着睡觉|生～齁好看长得很漂亮|望～清爽看得清楚

个 kəʔ陈述语气词，“的”。[我昨日去～我昨天去的～。]

行 ɦã^{15} 表回应叹词

啊捺（捺）ʔa^{55}nəʔ（nəʔ）表抒发叹词，用于句首

霞 ɦo^{15} 表惊异叹词，用于句首

□ɦe^{15}

着过 dʑiəʔ^{2}ku$^{55-33}$ 表经历。[我望～渠我看到过他。]

第十章　有特色的词类

第一节　量词

由于量词是一个半封闭的类，所以一种语言或方言中的量词的数量是很难给出一个确切的数字的。除了与普通话相同的一部分量词外，温岭方言中还存在一部分特色量词，这些量词为吴语所特有，或者甚至连其他吴语方言点都很少见。有些量词的词形与普通话相同，但在意义和用法上有很大的差异。

量词的这些差异是不同地方的人在观察事物时的不同视角导致的。同一事物对不同的人来说，凸显的特征也会有差异。如普通话中“排”和“列”的存在，是基于认知和语义等方面的区分。温岭话中无此区分，只有一个“排”的概念，“列”则要用“直排”来表示。又如，牛、马、狗三种动物的匹配量词，在普通话中是各有侧重的，虽然这些匹配的量词不是唯一的，在实际运用中也有可能是多项选择的，但主流的匹配形式是“一头牛”、“一匹马”、“一条狗”。温岭方言中却只用一个“条”来指量这三种不同的动物。“条”繁体作“條”，本义为小树枝。魏晋时“条”已广泛用于量绳、路等条状物，唐五代时还可量腰带、杖、弦等物，以及蛇、龙、蚯蚓等条形动物。对温岭人来说，他们观照牛、马和狗时看到的凸显特征是相同的，即与“条”的本义相联系，在指量这一抽象的视角上，它们互相之间并无本质的区别。

1.1　特殊量词

除了第九章“词汇表”中所列的特色量词外，温岭方言中还有一些可以值得关注和讨论的量词，比如：

【笼】 [loʔ²]。此字仅见于古代辞书，汉代以前未见文献用例，汉简中始见[①]。在温岭方言中，“笼”即指纸板盒子，作名词时一般读为变音[luŋ⁵¹]，

---

① 李建平、张显成：《先秦两汉魏晋简帛量词析论》，《中华文化论坛》2009 年第 4 期。

如：纸板～。也可用于以“箬”为容量单位的量词，如：一～橘|衣裳|书。

【腰】 [ʔiɔ³³]。原指“身腰”。后指“凡系于‘腰’之物，都可论‘腰’，因为作用在此。这是后起的量词，南北朝前期还不见”①。温岭方言中的这个量词现主要用于指量“裤”和“裙”。多见于老派温岭语中，且以靠近黄岩的温岭地方话中居多。

【根】[kuã³³]。古汉语中的“根”在计量事物的范围上不及现代汉语，但基本上是脱不出计量形似植物之根的细长物的窠臼的。温岭方言中不但用“根”作量词的地方很多，和“鱼”搭配的量词也是“根”，而且读音也比较特殊，老派读[kuã³³]，新派则[kuã³³]和[kɤŋ³³]两读。《当代吴语研究》中谈及和“鱼”搭配的量词的读音时提到，“鱼”的指称量词在吴语内部是有差异的。江苏、上海地区都说“一条鱼”，但在嘉兴、杭州、宁波、余姚、绍兴、金华都能说“一光[kuã]鱼”，“光”可能是“骨”的儿化读音，因为余姚话“手骨”的“骨”儿化后就读同“光”字。② 我们认为这个量词的本字还是“根”字，因为它在温岭方言中的读音就是[kuã³³]，而“骨”字的读音倒与此相差甚远。再说，从这个量词所匹配的名词来看，我们很难看出这些事物的“骨感”来，也就是说看不出这些事物和“骨”有什么内在的联系，如“领带”、“头发”、“鼻头涕鼻涕”、“毛线”等。有些吴语研究文献写作“梗”或“鲠”，倒有较强理据，因为“梗”字在《集韵》中是古杏切，其读音和意义比“骨”字更贴切。

【头】 [dɤ³¹]。作为量词，其来源与“口”同（都是动物体的一部分），表示“有头之物”。唐代“头”出现了量事件的用法，相当于“件”、“宗”。元代也沿用了此用法。但是，刘世儒在《魏晋南北朝量词研究》一文中还提到，“至如‘呼食为头’的问题（如晋元帝‘谢赐功德净馔一头’，刘孝威‘谢赐果食一头’等，见《北户录》），这恐怕是另一个系统，同‘脑袋’义没有直接关系了”。③ 这段话指出了量词“头”中与“脑袋”义没有直接联系的另一个意义系统的存在，但是并没有详细述之。这段话中前后部分的例子其实也还是属于不同的系统、不同的义项的。确切地说，前面“功德净馔一头”和“果食一头”中的“头”是量词，这段话后面的“头熟”和“头水”中的“头”则并非量词，而是个形容词性的区别词。如果我们联系温岭方言中的“头”字，这个问题就迎刃而解了。温岭方言中，“头”除了一般的用法外，还可作为表示容量的量词。这种量器一般是指那种用

① 刘世儒：《魏晋南北朝量词研究》，中华书局1965年版，第129页。

② 钱乃荣：《当代吴语研究》，上海教育出版社1992年版，第715页。

③ 刘世儒：《魏晋南北朝量词研究》，中华书局1965年版，第94页。

竹篾编成的箩筐，口比箩底稍大，略呈方形，温岭话叫做“接箩”，一个就叫“一头”，两个人用扁担合抬“一头”；两个就叫“一担”，一个人就可担“一担”。那么，用一个接箩盛的物品，就用“一头+名词”，如：一～谷|米|糠|小猪|沙，等等。因此，上文提到的“功德净馔一头”、“果食一头”中的“头”很有可能与那时候的某种材质和形状的容器有关。

【股】 [ku⁴²]。温岭方言中做名词和量词皆可，如：一～蕻菜～|一～糖梗甘蔗。“股” 的本义是大腿，如“两股战战”。在此本义基础上形成了转喻，依据“大腿”的形状特征，扩展到与“大腿”有图像相似性的事物，温岭话中的的“蕻菜～一种通常腌制后吃的植物，像细竹一样的”、“矮脚～形容个子矮壮的人”等即属此类。后来从名词引申为量词，指合股纱、线或绳的一组成部分。如：独股头只有一股的东西、三股辫一条辫子由三股编成。

【粒】 [ʔnøʔ⁵]。温岭方言中很少用到量词“颗”（一般用在“一～星”中），指颗粒状的事物时一般用量词“粒”。“粒”字的音韵地位是深开三缉韵入声来母。但在温岭方言中，“粒” 字读为[ʔnøʔ⁵]，与同音韵地位的“立笠”并不同音，后者读为[liəʔ²]。“粒”本义为米粒。《说文·米部》：“粒糂，糂米也。”段玉裁注：“粒乃糂别义，正谓米粒。”温岭方言中没有“米粒”一词，倒有“谷粒”一说，其他的还有“花生粒”、“石头粒”等，这些词中的“粒”为本义的名词用法，全部读作变音[ʔnøn⁵¹]。

【领】 [lin³¹]。“领”本义为颈、脖子，它作量词是从计量衣服开始的。元代开始进一步发展为量席、符等物。温岭方言中“领”可以修饰“睏草草席、篾席、蓑衣”等，但读音为[lin³¹]。“领”字的音韵地位是梗开三静韵上声来母，温岭方言中有两种读音：[ʔlin⁴²]和[lin³¹]。前者用于动词或人名中，与普通话相同，后者用作量词。一般来说，温岭方言中的次浊上是和阴上同调类的，如相同音韵地位的“岭”字就读阴上，但这里同一个“领”字的两种读音——阴上和阳上以及声母的清浊差异，体现了它的两种词性和用法。

1.2 量词独用

汉语方言中存在一种量词独用的现象，即量词无需和数词或指示代词连用就能直接充当句子成分。最早论述此现象的是石汝杰、刘丹青（1985）两位先生的《苏州方言量词的定指用法及其变调》。温岭方言中的这种量词独用的现象也有着鲜明的特性。

温岭方言中任何量词都可以独用。它可以单独出现在句首的主语位置，如：记尔呒打到这下儿你没打着；趟白得（或“了”）趟这趟白跑了；也可以单独做宾语，如：尔试试双相了你试试这双吧；还可以出现在名词前作定语，这种

“量+名词”的格式一般出现在句首作主语，如：瓶酒还呒开过这瓶酒还没开封过、间屋太阳照弗着这栋房子照不到太阳、句话讲来有道理这句话说得有道理、只橘烂爻这只橘子烂了，等等。又如：

扣刚买了件衣裳，只着一日只穿了一天，件衣裳便碎爻这件衣服就破了。

前一个“件衣裳”其实是“一件衣裳”的省略形式，它出现在宾语的位置，和前面的谓语动词“买”之间没有其他体词性成分相隔，且这个表示极小量的数词“一”不用强调时就可以省略，表达不定指的意义。这种现象在普通话中也存在；而后一个“件衣裳”就是指“这件衣裳”，它是量词“件”单独修饰“衣裳”而具有指别的意义，在这个句子的语境中，是有定的，属于前指类。从读音上来说，一般作定指的量词是读降变音的，但是在实际口语中，上例的第二个“件”不但没有读成降变音来表强调，反倒读成了轻音。

根据《汉语方言地图集》中对“量词定指”在 930 个方言点的分布情况来看，这种现象主要出现在吴语的大部分地区、湖南的十多个方言点、福建的仙游、广东的南部、海南的北部和中部以及整个广西。[①]至于量词的这种定指用法的成因，目前学界大致有三种看法：省略说、底层说和结构说。[②]温岭方言中有定指功能的量词是否也与其他南方方言一样是台语底层的遗存？我们尚未研究证实过，故不敢妄下断语。我们同意量词本身是没有定指功能的观点，但也并不认为其定指功能是句法结构赋予的，因为温岭方言中表定指的独用量词可以出现在句子的多个位置上，可以充当多个句子成分。我们认为，温岭方言中的这种量词独用的现象，可以看作是量词前的指示代词——确切地说是近指代词省略以及在具体语境下使用的结果。温岭方言中，量词“个（箇）”和近指代词是同一个字，后者是从前者发展而来的，但读音不同，在“数+个”格式中读[kie^{33}]，作近指代词和在“数+个+名”格式中读[kəʔ^{5}]。表示定指时，既可以用“指示代词+名词”的格式，也可以用量词独用的形式，也就是说：指示代词+量词+名词=量词+名词，与此同时，这两种格式中的量词都得读成变音，而非本音。量词“只”是个例外，读本音[tɕiəʔ^{5}]和变音[tɕin^{51}]均可。

1.3 量词的重叠式

在第八章“词汇概说”中我们已经提到“重叠式”的概念，它包括单纯重叠和复杂重叠（加缀式）两种。普通话中的重叠量词一般表示“每一”

---

① 曹志耘：《汉语方言地图集》，商务印书馆 2008 年版。

② 王健、顾劲松：《涟水（南禄）话量词的特殊用法》，《中国语文》2006 年第 3 期。

或“周遍”的意义。能够重叠的量词必须是单音节的，还要同时满足非定量性和离散性的语义条件。一般来说，定量量词所包含的数量特征通常是连续的，而非定量量词的数量特征则是离散的。这种量词直接重叠的方式只存在于个别温岭老话中，如：“样样能，件件腾[t^hɤŋ³³⁻¹⁵]差”，意思是说每样都会，多才多艺，可是每样都不好；“个人做事干项项点点个”，意思是这个人做事情是有条不紊、清清楚楚的。除了这些温岭老话外，温岭方言中的量词是不能直接重叠的，而是需加词缀后再重叠，属部分重叠，格式为“量+加+量”，表示“每一”、“逐一”、“周遍”和“量多”义。在这种重叠格式中，定量与非定量、离散与连续量词都不构成量词重叠的语义限制。如：角加角|件加件。前者为定量、连续量词，后者为不定量、离散量词。另外，这种格式中的量词都是单音节的，如：周加周|日加日|班加班，如果这些量词仍作名词的话，即使名词是双音节的，而量词总也得换成单音节的，如：个加个班级|个加个星期|份加份人家。

与“量+加+量”相似的是“量+打+量”格式。“量+打+量”中量词的选择受限较大，一般只能是个体量词，除了表示“逐一”和“遍指”的意思外，还有“一个接一个”，或“按一定的个数进行处置”的意义，如：

许鸡子要个打个叠起这些鸡蛋爻一个一个地叠起来，覅主道主园着进去别一下子全都放进去，慢都碎着完否则都要碎完的。

这两种格式能作主语、定语和状语。作主语和定语时，一般后跟表示范围的副词“都”，如：场加场都输爻每一场都输了；作定语的如：场加场比赛都赢来爻每一场比赛都赢了；作状语的频率较高，如：我拨搭捞题目份加份望过去我把这么多题目一道一道（地）看过去。|渠日加日走来搭我争相骂他每天来跟我吵架。

这些格式中除了量词（不包括个别单音节量词如“些”等）重叠外，还有一些与量词兼类的非谓形容词也可以，如“双”就可以组成“双加双|双打双”的格式，意思是“每一双”或“一双一双地（的）”。

与普通话中的量词重叠式的语义认知模式[①]不同的是，温岭方言中的“量+加+量”式兼有普通话统合型“一+量+量”式与离散型“量+量”式或“一+量+一+量”式的语义认知特征。至于“量+加+量”式表达的是统合型语义特征还是离散型语义特征，需视具体的语言环境而定。

温岭方言中的有些量词还能加上一定的语缀后表示“全、整、满”的意思，这些量词大都是集合量词或是由跟容量、身体部位等有关的名量词。主要的语缀有“头”、“整”等，构成“一+量+头”、“整+量”的格式。“整”的用法与普通话相同。“一+量+头”中的量词包括名量词和动

---

① 张恒悦：《量词重叠式的语义认知模式》，《语言教学与研究》2012年第4期。

量词，如：名量词：一堆头|一镬头|一溏头|一桶头|一车头|一桌头|一箸头|一包头|一碗头；动量词：一脚头|一蒙掴头|一拳头|一绕颈耳光。

能进入“一+量+头”格式的名量词，也能进入“整+量+名”的格式中，所表达的意思也几乎相同。普通话中也有这种“整+量+名”的格式，有些可以改换成“满+名”的格式，如：整张嘴=满嘴，但在温岭方言中，用“整”的格式远多于用“满”的格式，而且量词一般是必不可少的。

第二节 趋向动词

温岭方言的趋向动词也可分单纯趋向动词和复合趋向动词两类。《现代汉语八百词》（下文简称《八百词》）介绍了动趋式中的11个单纯趋向动词①，它们在温岭话中的相应形式为：上、落、进、出、转②、过、起、开、到、来、去。复合趋向动词就是这些单纯趋向动词分别与“来”和“去”组合而成的。温岭方言趋向动词的形式具体如下（*号表示空缺）：

单纯式	上	落	进	出	转	过	起	开	到	来	去
复合式	上来	落来	进来	出来	转来	过来	起来	*	*	*	*
	上去	落去	进去	出去	转去	过去	*	*	*	*	*

单纯趋向动词中，除了“来、去”不能自身重叠组合外，“起”和“开”也只能作单纯趋向动词，没有相应的复合式。“起”在温岭方言趋向动词体系中表现出的不平衡性，与其另一功能——作状语后置有很大关系，我们将在下文详述。与《现代汉语八百词》中解释的一样，温岭话中“到”也只有带处所宾语时才能加“来、去”。其余六个均能在单纯式和复合式上形成整齐的对应格式。总的来说，温岭方言趋向动词不像北京话那样一般读轻声，“来”在简单式中不读轻声，按两字组连读变调规则来读；“去”作简单动词时一般读白读音[k^hie^{55}]，作趋向动词时则读轻声[$k^hə?$]。

与北京话趋向动词相比，温岭方言中有四个单纯趋向动词的用法比较有特色，那就是“来、去、起、开”。其中“来”和“去”同中有异。

2.1 来

趋向动词“来”在温岭话中的特殊用法主要有：

① 吕叔湘主编：《现代汉语八百词》，商务印书馆1994年版，第10-11页。

② 温岭话中的“转”字有两种意思：一是趋向动词“回”，二是普通动词“转圈、打转”。此处自然作趋向动词解。

（1）“来”作结果补语

温岭话中的“来”在动趋式中作实义的趋向助动词外，还可表动作的结果，与普通话动补式中的“上、起来”等功能相似。比如：关来关上|盖来盖上|锁来锁上|闩来闩上；包来包起来|拼来合起来|连来连起来|折来折起来。

这种格式中的动词是单音节的。“V+来”结构后不带其他句子成分。

（2）“来”作结构助词

“来”相对于普通话中的结构助词“得”，其后的补语可以是各种各样的，包括程度补语、结果补语、可能补语等。比如：打来齁痛个打得很痛的|□[tøʔ5]来生劲显骂得很厉害|读来死弗好听读得很难听|手势做来绵软个动作做得很柔软|拨我碗饭兜来畔满给我这碗饭盛得这么满|太阳光夹来齁猛个阳光照得很强烈。有些情况下看上去是状态补语，如“眼眯来一埭[da31]条缝爻”，“一埭缝”是用来形容眼睛的情貌，但实际上是形容眼睛小的一种程度，又作动词“眯”的一种结果，相当于普通话的“眼睛眯成一条缝了”。还有些“来”跟在形容词的后面，如“谎圆来周圆个谎话说得很圆”，实际上这儿的“圆”是作动词用的，像“圆谎、圆梦”等。

与普通话、北部吴语中的苏州话[①]等其他方言中带“得”的补语结构一样，温岭话的这种结构中也存在可能补语和状态补语的交集，其中“傀儡能性补语”[②]出现的频率非常高，搭配的动词范围非常广泛。如：打得/弗来|望得/弗来|划[ɦua31]得/弗来游得来，指“会游”|走得/弗来|讲得/弗来|妆做得/弗来。至于这种“傀儡能性补语”肯定式的形式，温岭话中既可以用这种一般性格式，也可以说成“V 来”，中间的“得”有时可以弱化为“了”，有时就索性省略了。上面的这些例词都可以说成：打来打弗来|望来望弗来|划来划弗来|走来走弗来|讲来讲弗来|妆做来妆弗来，表示“是否有能力做某事”，相当于普通话中的“会不会+VP”。这种省略常常发生在疑问句中，如下例 1 和 2；或陈述句中表疑问的句子成分，如下例 3：

例 1：尔到底望来望弗来你到底会看不会看？

例 2：尔到底趒[③]来趒弗来你到底会不会下（棋）？

例 3：渠问我打来打弗来她问我会不会打。

“去”在这一点上与“来”相同，都可后带程度补语。上面的有些例子也可将“来”替换成“去”，程度补语的性质不变，“来”和“去”的指向对立弱化，如“打来/去齁痛打得很痛”，意思都是“打得很痛”。

---

① 汪平：《苏州方言研究》，中华书局 2011 年版。

② 吴福祥：《汉语方言里与趋向动词相关的几种语法化模式》，《方言》2010 年第 2 期。

③ 趒[diɔ31]，应属古效开四定母平声字，在温岭话中主要是“走”的意思，也可用于下棋的时候，强调棋子的走法。

相当于普通话中的“V+成”，如：绕来一棚相缠成一团的样子

（3）“来”作时态助词（也叫“体助词”或“体貌助词”）

“来”表动作的持续或状态的延续时，后带其他句子成分，相当于普通话中的“着”，如“臭豆腐闻来喷香，喫来死臭”，意思是“臭豆腐闻着很香，吃着很臭”。不过，温岭话中能对译成普通话助词“着”的带“来”的情况不是很多。

“来”表动作的开始并持续时，相当于普通话中的“V+起来”格式。比如：做来做起来|喫来喫起来|唱来唱起来|跳来跳起来。这种格式既可以用于祈使句，建议或要求某一动作的开始并持续，是未然态；也可以用于陈述句，表示某一动作已经开始并正在进行，是已然态，常跟其他副词或助词共现，比如：

我到屋里个时头我到家里的时候，渠已经来伏读来爻她已经在读了。

我讲也呒讲着我说也没说，尔许咋儿便自己来伏烧来爻你们怎么就自己在那儿烧了？

事干呒做完梁横来伏搭白搭来爻事情没做完就在那儿闲聊了。

（4）X+来+X+（着）+程度补语

X 可以是动词，也可以是形容词。“X+来”的形式使动词或形容词体词化，相当于“X 的时候”。后面的程度补语一般由“死、显、猛”等温岭话中常用的后置副词（详见后文第三节“后置副词”）充当。程度补语前的助词“着[ʥiə]”可用可不用，用的话是强调状态的持续。一般来说，由两个这种格式的句子对举着用，前后分句中的动词或形容词一般是反义词。比如：

闲来闲（着）死，忙来忙（着）死闲的时候闲死，忙的时候忙死。

嬉休息来嬉（着）死，做来做（着）死空的时候空死，做的时候做死。

空亏来空（着）死，撑赚来撑着死亏的时候亏死，赚的时候赚死。

鲠“吃”的俗称来鲠（着）死，□[ȵie13]来□（着）死有的吃的时候撑死，没的吃的时候饿死。

好来好显，腾差来腾显好的时候很好，坏的时候很坏。

快来快猛，慢来慢猛快的时候很快，慢的时候很慢。

还有一些要结合具体的语境去理解其含义。如“望来是爻”，意思是“看着办吧”；“咬来绷硬个”，意思是“咬起来感觉很硬”。

（5）进一步虚化

温岭话中还有很多“V+来”的格式，很难确切地指明“来”的语法意义，更多的是表示作为趋向动词的进一步虚化，而带有动词凝固化的功能。比如，普通话中有一种“V+给+人称代词+看/听”的格式，在温岭话中的 V 后一般带“来”：算来拨尔望算给你看|讲来拨渠听说给他听|做来拨我望做

给我看。还有的“V+来+补语”格式中，如果补语是单个词，一般就相当于普通话中的简单动补式，即动补之间不能有任何其他成分，如：望来快看快|喫来健吃快|盖来紧盖紧|对来准对准。这种格式中的“来”显得像个羡余成分。

（6）插入语

温岭话中用趋向动词组成的插入语形式主要有“动词重叠①、动词+起、动词+起来、动词+上去”等。“这个人看起来年纪不小了”，在温岭话中一般既不用“望+来”，也不大用“望+起来”，而是用“望望”或“望（上）去”，表示对静止状态的一种估计。如果用“望+起/来/起来”格式的话，一般表示对事态发展的推断，接下来可采取相应的行动，比如：“望起/来/起来，尔个小人弗打无用看起来你这孩子不打不行”，后面的潜台词是“应该打一顿了”；“个音乐听听多少难过啊，梁横要哭紧爻这音乐听起来多难过啊，简直要哭了”，后面的“哭”或者“终止听的动作”都是前面半句的后续反应。

2.2 去

温岭话中不太用光杆的动词“去”，一般得加上相应的具体动词，从而使“去”沦为趋向动词，如“去过两封信”在温岭话中就无直接对应的说法，表达的焦点转移到“信”的被“写”上，而非“信”的趋向上。相反，有时候句子中的“去”是作趋向补语的，但实际上它前面的动词并不承担字面上的意义，如下面例句中的“走去”并不是真的“走着去”，核心意义在“去”上，不过有意思的是，它虽然很重要，却仍读轻声[kʰəʔ]。

枯星头爬起早眼早上起得早点儿，走去练太极拳去练太极拳。

“走去”一词有两种读法：一种是“去”读轻声，作趋向助动词。如：我起早枯星便走去爻我一大早就去了。|我走去望我外婆我去看我外婆。|我囡噢我快顶走去我女儿叫我快点去。另一种是“去”读原调，意思是“离开”，作结果外语。如：等我夠赶赶到个时头等我拼命赶到时，渠已经走去爻他已经离开了。

温岭话中趋向动词“去”的基本用法与普通话相似，主要的区别有两点：

（1）如果趋向动词“去”后带受事宾语时，温岭话中一般用“拨把”字将受事宾语提前至谓语动词前，“去”常常换成表示完成或动作发展的结果的“爻”，一般与“失去”义有关，比如：

偷去了所有的钱——拨所有个钞票都偷去爻

拍去身上的灰尘——拨身上个灰掸爻

---

① 本章只谈关于趋向动词的相关用法，不详谈动词重叠式。

剪去多余的枝叶——拨多余个叶剪爻

我将屋里带小人我在家里带孩子，望电视个时间都占去完爻看电视的时间都被占光了。

（2）《八百词》（第 401 页）中介绍趋向动词“去”的第三种用法时认为，“去”与“让、随”等词配合使用，有“任凭”的意思。如：随他说去|让他玩去。其实，“任凭”不是“去”本身具有的意义，而是“让、随”的意义。“去”在这里的语法意义应该是通过空间的位移来表示动作时间的持续。温岭话里还常说：“让渠撑去饱让他去赚饱”，意思是“让他一直赚钱，直到赚饱为止”；“减儿噢尔死去乱讲谁叫你去乱说，哈官场个活该”，意思是“你一直在外面乱说，现在活该了”。

温岭话中“去”的用法有时与另一趋向动词“到”有纠结之处。“去”后带处所宾语时，宾语提前至“去”前的同时用“到”引导处所宾语。“去长春一趟”要说成“到长春去埭[da^{13}]”。这一条与《八百词》（第 11 页）中对“到”的解释有部分一致的地方，即“到”带处所宾语的时候能加“来、去”，但温岭话中并非只有带处所宾语时，实际上就“去”来说无论是在动词前，还是在动词后，都可以与“到”（或“走”）共现，组成“到（走）+去+V+去”的嵌套格式，这个格式中的第一个“去”作主要动词“到”的趋向助动词，读轻声[k^həʔ]，第二个“去”读 [k^hie$^{55-33}$]，音强上也轻于前面的动词。这是温岭话里的连动句式，相当于“去干什么”。

温岭话里的“到去”实际上是个单纯趋向动词，不能作其他动词后面的复合趋向动词。有意思的是，“来/去”这对反向词中，“来”是无标记项，“去”是有标记项，而且“来”比“去”的意义宽泛[①]。但温岭话这一格式中在和“到”的搭配上却有“去”无“来”。

“走”的意义在温岭话中比较宽泛，有时相当于“到”，可直接后带处所宾语，如：“尔笑走我屋里来”是指“你别到我家里来”或“你别来我家”；“尔走我办公室墳去”是指“你到我办公室去”或“你去我办公室”，是一种方向性的“指示（deixis）”[②]，其中的“去”读轻声。

总的来说，“到、走”和“来、去”组合反映连动的不对称性，可归纳为（“+”表示成立，“–”表示不成立）：

	来	去
到+处所名词	+	+
走+处所名词	+	+

① 沈家煊：《不对称和标记论》，江西教育出版社 2005 年版，第 165-166 页。

② 同上书，第 165 页。

续表

	来	去
到来+V	–	–
到去+V	–	+
走来+V	+	–
走去+V	–	+

2.3 起

2.3.1 与“起来”的比较

（1）与“起来”一样，表示动作发生后成为一种状态，谓语动词前常常有非常形象化的摹状成分来修饰，比如：

只个趵趵起（形容大发雷霆、暴跳如雷的样子）

只个□[da^{31}]哭□[da^{31}] 起（形容一个劲儿地哭的样子）

嘴切切动切起（形容嘴角抽动的样子）

双脚抖抖动抖起（形容双脚不停抖动的样子）

贼贼唏嚎叫唏起（形容嗷嗷大叫的样子）

许物事都齁园园起这些东西还拼命藏起来，老早好蚌爻早就可以扔了。

（2）与“起来”一样，表示从某一方面来看。比如：

个人凑讲起好听显这人就说起来很好听，做做哦眼也要弗得行动上一点儿也不行。

望起咋儿啊我搭渠拼爻看起来无论如何我都跟他拼了。

讲起我还是渠个老师头说起来我还是他的师傅，儿时拨我望上眼过什么时候看得起过我？

个件事干僈讲还好顶这件事情别说还好点儿，讲起我便弗好过一说起来我就难过。

望起我己日便要走去看起来我今天就要去。

（3）温岭话中一般不太用“起来”，而大都用“起”。比如：拨电视机开起|拨电灯开起|哭起|争起|打起|哭哭哭哭又笑起爻哭着哭着又笑起来了。又如：

我许都拨裤脚爪起我们都把裤腿卷起来，步路水步过去趟过水去。

个鼓号便是替日噢起个这绰号就是这样叫起来的。

班长拨同学组织起搞活动班长把同学组织起来搞活动。

拜佛个人多少多啊拜佛的人多多啊，只来跪了去，蹄起，跪了去，蹄起一直在跪下去，站起来，跪下去，站起来。

我望望面嘴齁熟个我看着挺面熟的，便齁忖忖弗起就是拼命想也想不起来，末脚总算忖起爻最后总算想起来了。

快定走去望啊快去看哪，马路头无数人打起爻啊马路上很多人打起来了！

小人撩弗到个话便踦起是爻小孩儿（如果）够不着的话就站起来好了。

工资覅加加起也生牢完工资再怎么加也是有限的。

我从小拨渠带起个我从小把他带起来的，咋儿会呒感情个怎么会没感情的？

割麦虾便要园油墳炸起好喫割麦虾一定要放在油里炸起来才好吃。

我多少话讲落去爻，哈渠总算一眼高兴起。

学堂是办起爻，可惜学生招弗到。

“起来”是在“起”的基础上发展起来的。在温岭话实际使用中，“起”是占主导地位的，只有当强调或语速很慢的情况下，或受普通话词汇的影响下，才使用“起来”。现在也有很多人在使用这种“V+起”的格式时，除了将“起”字读原调外，也读为[tɕʰiəʔ]，是轻声的结果，读成[tɕʰie^{42}]或[tɕʰie^{-51}]时，则是“起来”二字合音的结果。

还有很多情况下，普通话中能用“起来”的动趋式在温岭话中都得改用其他的说法，如“平均起来”就从来不说，而是说成“平均摊摊去”；连普通话中能独立使用的“起来”一词，温岭话中仍得将具体的动作动词置于其前，同时也将“起来”禁锢在从属的地位，或者还是直接说成“V+起”。这些都反映了“起来”无论是作为词汇的层面，还是语法的层面，它在温岭话中仍停留在书面语的范畴。

2.3.2　与“来、得”的比较

“V+起+补语”这种格式相当于“V+得+补语”，“起”可用“得”代替，但反之不一定成立。如：饭烧起绷硬个|衣裳洗起真过滥很湿个|门关起壁到峻个门关得很森严|面颊股搨起做戏人样个脸涂得像演员一样。与“来、去”一样，温岭话这种格式中的补语大都是程度补语或状态补语，形容词前后往往有表程度或状态的副词共现，复杂补语部分也是常常用一个短语来形容和强调程度之高。比如：

尔拨荡地妆起替邋遢你把地方搞得这么脏。

个画家也呒告路数这画家也不怎么样，画画起死滥腾个画儿画得差透了。

双手举起椏杈样个双手举得像枝椏一样。

尔火开起猛猛爻你把火开得太大了，摵眼蛋顶关小一点。

我待渠衅好我对他这么好，日加日拨渠饭烧起每天给他烧饭，衣裳洗爻衣服洗好，间里掇拾起清清爽爽房间里收拾得干干净净，还讲我腾还说我不好。

个小人多少滑外皮这孩子多顽皮，拨我个书都扯起麦粉碎把我的书都撕得粉碎。

渠讲话讲起呒人听他说的话没人听。

尔个事干做起要拨人家笑个喏你做的事情要被别人笑话的呀！

两个小人打起呒卡法爻两个孩子打得不可开交了。

我爸个饭烧起死弗好吃个我爸（烧）的饭很难吃的。

虽然，“起、来、得”都可以用在VP和短语之间构成相同的语法形式，但是由于“起、来、得”本身词义上的差异，也导致这些语法形式在语法意义上不尽相同，而且在对其前面所修饰的动词的选择上也存在一定的差异。我们以动词“打”和“关”为例，考察它们在温岭话中分别与“起、来、得”组合后对主语和补语成分的主要限制。

	打	关
“起”	（1）拳头打起齁痛个。	（1）门关起闭缝个。
“得”	（2）拳头打得齁痛个。	（2）门关得闭缝个。
“来”	（3）拳头打来齁痛个。	（3）门关来闭缝个。

以上这些句子在温岭方言中都成立，但语义上是有差异的。动词“打”的三个例句之间有两个层次的差异，第一是动词“打”的补语“齁痛”所指向的主语并不完全一致，“打”（1）和（2）中的补语指向是主动者打人的“拳头”本身，打（3）中的补语则指向“打”的宾语，即“被打的人”；第二是打（1）和打（2）中动词“打”及其所带补语构成的体貌有略微差异，“打起齁痛”表示“齁痛”是动作“打”开始并得到的结果，强调的是变化；“打得齁痛”中的“齁痛”虽然也是动作“打”的结果，但强调的是拳头“打”后的状态。动词“关”的三个例句间的差异主要在于动词体貌上。“关”（1）和（3）强调动作“关”完成的结果和程度，“关”（3）则强调“关”这个状态的持续。可以说，在温岭方言中，“V+得+补语”比“V+起/来+补语”更倾向于表达状态的持续，是“无界”[①]的，而后者相对来说更倾向于表达动作的结果，是“有界”的。

2.3.3 其他格式

（1）呒起＋V

这种格式中的“呒起”有两种读音：一种是[ɦm^{31}tɕ^{h}i$^{42\text{-}55}$]，后字读重音，表示主观上的不允许、禁止、阻止，如：热水瓶呒起碰着解，烫去爻弗勒袋解热水瓶不能碰的，烫伤了不得了的！另一种是[ɦm^{31}tɕ^{h}iəʔ]，后字读轻音，表示客观情况下的没有条件做，如“呒起+吃/望/睏/宿”等。在具体的语言交际中，需要根据语境和发音来判断到底是属于哪一种情况。比如：

例1：个碗粥呒起吃，昨夜个个，蔫馊爻。

① 沈家煊：《“有界”与“无界”》，《中国语文》1995年第5期。

例 2：个碗粥呒起喫，烫猛爻。

“个碗粥呒起喫”的意思都是“不能吃这碗粥”，但是例 1 可表祈使，原因是“这碗粥是昨晚的，馊了”；例 2 是一般的陈述句，解释不能吃的原因是“太烫了”。所以这两个句子在“呒起”的读音上和全句的语调上都是有差异的。

（2）A+起

形容词后能跟“起”是温岭方言趋向动词的一个特色。它一般表示事物的性状随着时间的改变而产生相应的变化。普通话中此类格式要用“形容词+起来”，不能用“形容词+起”。这些形容词都是积极形容词，与“起”的基本义一致。如果是消极形容词的话，后面的趋向动词一般是“下去”，温岭话里用“落去”或“落来”。比如：温岭话里表示个子高叫“长[ʥiã^{31}]”，“长高了”就说“长形容词起爻[ʥiã^{31}tɕ^{h}iɦɔ]”，“矮下去了”就说“矮落去爻”。“一年呒望着无数长起爻”的意思是“（我）一年没看到（他），（他）长高了很多”，“尔咋儿倒矮转矮落去爻？”的意思是“你怎么倒矮下去了？”这里的形容词实际上充当的是动词的功能。又如：

我小人是来温岭大起个我小时候是在温岭长大的。

小人生爻之后都要壮起个生了孩子后都要长胖的。

渠屋里便个两年里撑起弗落袋他家就这两年里发财发得不得了。

2.4 开

2.4.1 V+开

表示人或事物随动作分开。《八百词》中说，如果“开”后没有受事宾语时，“开”有时可以换成“开来”，意义不变①，但温岭话中用“开来”更少，基本上用“开”，而且即使有受事宾语，受事宾语也都得提至谓语部分前。如：门开开爻|眼开弗开|书反翻开爻，或者用相当于“把”的“拨”字句来表示处置。

2.4.2 “V+开”与“V+去”的关系

由于“开”与“去”从实义动词的意义引申到作趋向动词时，两者的意义非常接近，都包含“离开”、“离去”的义素。而且，两者在读音上也非常相近，唯一的区别在于声调上的差异，“开”属阴平，“去”属阴去。因此，当具体的动词与“开”或“去”搭配组成动趋式结构时，两者往往有交叉的一面，有的时候连读音都一样。如：“分开”，读成[fən^{33}k^{h}ie^{33}]或[fən^{33}k^{h}əʔ]都可以；“分去”就读成[fən^{33}k^{h}əʔ]。

① 吕叔湘主编：《现代汉语八百词》，商务印书馆 1994 年版，第 293 页。

普通话中的“开+开”在温岭话中有两种可能：一种是“开+开”，一种“开+去[$k^hə?$]”，而后者更常用。如：

普通话	温岭话
把门开开	拨门开去
门开开了	门开开爻
	门开去爻
门开不开	门开弗开

温岭话中用“开+去”来表达普通话中“V+开”的动词“打开、拉开、睁开”等；用“V+去”来表达普通话中“V+开”（包括“V+开去”和“V+开来”）的动词有“分去分开、摊去摊开、扯去撕开、敨去展开”等。从认知的角度来看，温岭方言中体现出来的是“物体不再关闭”的过程就是物体从里往外、由近及远地“去”，一般不会出现“V+来”或“开+来”表示普通话中的“V+开”或“开+开”的意思。在强调朝说话人方向的“（打）开”时，不说“朝我以边这边（打）开来”，而是“开我以边来”或“朝我以边开”。

普通话中用于表达抽象意义的一些动趋式在温岭话中倒是一样的，不能用“V+去”替换，如“区别开、传开、活动开”和比喻清楚、开阔的“讲开说开|看眼开点看开一点儿|忖开眼想开点儿”，其中，“开”后如带补语成分，“开”变读为阴去[k^hie^{55}]，与“去”的单字音相同，但相同格式中的“去”则如上文所述变读为轻声。还有一些格式中的动词虽然是表具体的动作动词，但是“开”表示动作的开始并有持续意义时，如“哭开了|哆嗦开了|嘀咕开了|议论开了”等，温岭话中不用“开”作趋向动词，而是用“起”来表示，详见上文。有些常用现象还有固定表达法，如普通话可说“掉开雨点啦”，温岭话中既不用“开”，也不用“起”，而只说“雨落（勒）来爻”。如果用“起”的话，表示“聚集”意，当后跟补语时表示“聚集”的程度，即动词“落”的结果，试比较：

雨落来爻下雨了|雨落来无数时长爻雨下了很长时间了

雨落起爻雨下得积起来了|雨落起整缸爻雨下得积了整水缸了

2.5 趋向动词的其他用法

除了在动趋式中充当趋向动词、趋向补语或结果补语外，趋向动词在温岭话中还能用于比较句中的比较标记和介宾短语中的处所介词。

温岭话差比句的一种格式是用趋向动词“过”作比较标记的，如：我儿已经长[ʨiã31]过我爻我儿子已经比我高了。这种格式详见第十二章“句子特点”。

作处所介词用的趋向动词“来”，现在大多数温岭人已用“在”，功能相当于普通话的处所介词“在”。比如：我来屋里睏觉我在家里睡觉|我妹来外国读博士|渠已日整长日来单位埼上班他今天整天在单位里上班。普通话里的“在”还可以作副词后带能持续的动词，表示动作正在进行，这种用法在温岭话中一般要在“来”的后面带上一个表示处所的成分“伏”，相当于“那儿”，也可仅用“来”表示，所以，“我正在睡觉”温岭话就说成“我凑来（伏）睏觉”。而作处所介词时，则只有一种形式“来+处所名词”。

吴福祥先生曾列举了很多方言点的语料，并根据这些已知语料做了一些分布范围的介绍。如他在介绍“过”做差比句标记时说，“根据截止目前的报道，用‘过’做比较标记限于粤语及广东、广西、海南和香港境内的平话、闽、客、西南官话等方言”；他在介绍“去”用作状态补语标记时说这种用法“主要见于客语”；在介绍“起”用作状态补语标记时说这种用法“主要见于湖南境内诸方言”和东莞粤语及温州吴语，等等[①]。温岭方言也是如此，而且温岭方言中的趋向动词及其相关用法还是有其自身的特点的。

第三节　后置副词

修饰性成分后置是汉语东南方言的共性特点。修饰性成分的主要功能位于名词性、动词性和形容词性短语之后起修饰或补充说明的作用，它们可以是一个词，也可以是一个短语甚至更复杂的结构。温岭方言中的后置成分比较丰富，后置副词主要包括三类：表程度的后置成分（“显[ɕie42]、猛[ʔmã42]、煞甲[səʔ5-3kiəʔ5]”等）、表动作先后的后置成分（“起”）、表重复的后置成分（“凑”）。这类后置成分虽然数量不算多，但组合能力极强，使用频率极高。

3.1　表程度——“显”、“猛”、“煞甲”等

温岭话中表程度的后置成分主要有“显”、“猛”和“煞甲”及其互相叠加的形式，它们置于其他形容词、动词、方位词后表示程度或强调的

---

① 吴福祥：《汉语方言里与趋向动词相关的几种语法化模式》，《方言》2010年第2期。

功能。有些后置成分不知其本源，但在温岭话中最具典型意义，如“显[①]”，甚至具有区分北部吴语和南部吴语的显著语法特征项之一。

3.1.1 显

后置成分“显”主要见于浙江吴语中的温州、青田[②]、遂昌话[③]中。温岭话中的“显”与它们同中有异，与“显”组合最多的词类是形容词，其次是动词，再次是名词。

（1）形容词+显

一般能后跟“显”的是性质形容词，包括一般性质形容词和绝对性质的形容词，而非状态形容词。因为性质形容词的特点是有“量幅”，无“量点”，它具有足够的空间能容纳表示程度的补语“显”的加入，以增加量的比重，而状态形容词本身已经具有“量点”了，在量上没有伸缩性，所以不能再带表示程度的补语“显”[④]。比如（下列带*号的表示不能与“显”组合）：

一般性质形容词：贵显|省显|大显|细显|长显|厚显|薄显

绝对性质形容词：真显|假显|阴显|对显|圆显|空显

状态形容词：*些薄显|*雪白显|*红冬冬显|*清清爽爽显|*笔直显

但并非所有的性质形容词都能后带“显”的，不能带“显”的往往是那些书面语色彩浓厚的词语，如“广大|共同|真正|永久”等，或者兼有区别词和副词特点的词语[⑤]，如“大型|历来|初级|高速|当面|临时|生成天生|长日整天|高价钿|巧便宜价钿”等。

所有的单音节形容词都能后带表示程度的“显”，双音节形容词则由形容词的类型来决定，列举如上。三音节以上的形容词或惯用语能受“显”修饰的不多，只有“恶人相怕羞的样子显|孤恓相可怜的样子显|硬邦邦显|荒野荒市偏僻显|韧皮鸟臭显不听别人制止而我行我素”等少数几个。这点与温州话不同，温州话里多音节的描写性形容词和形容词性惯用语后都能带“显”[⑥]。

普通话中“很+中心语”的格式有些不能在温岭话中转换成相应的“中

---

① 这个字的本字一般写作“显”。但据王文胜考证，其本字应为“险”，主要依据是景宁话中不但“显”和“险”不同音，而且“险”与一表程度的后置成分同音，另外北京话和许多方言中的程度补语形式也表明该字是从有实在意义的“险”虚化而来的（详见《吴语遂昌话的后置成分“险”》2003）。他的观点很有说服力。但是从温岭方言的实际情况来看，用“显”可能更合适些，因为它表示的程度并未达到极量的地位，且与“险”同音，故仍从众写为“显”。

② 赵日新：《形容词带程度补语结构的分析》，《语言教学与研究》2001年第6期。

③ 王文胜：《吴语遂昌话的后置成分“险”》，《丽水师范专科学校学报》2003年第1期。

④ 张洁：《温州方言词“显”的语法·语义研究》，《北京教育学院学报》2009年第6期。

⑤ 张谊生、杨一飞：《副、区兼类词的句法分布及功能发展》，《周口师范学院学报》2006年第6期。

⑥ 傅佐之、黄敬旺：《温州方言的表程度语素“显”》，《温州师范学院学报》1982年第2期。

心语+显”格式。如“在很远很远的地方”就不能说成“来在远显远显个地方”，“很仔细地看了一遍”也不能说成“仔细显个望了一遍”，这些格式中的修饰词一般用前置型的副词作状语，所以上述两句一般说成“来齁远齁远个地方”和“齁仔细个望了一遍”。可见，当普通话中的“很+中”格式能在句子中充当定语或状语时，温岭话中都不能用“中心语+显”来表达，而需改用其他方式，如“很多人”，温岭话不能直接表达成“多显人”，而要说成“人多显”或者“无数人”，有不同的说法是因为不同的语法形式和语用目的的要求。

可以说，温岭话中“形容词+显”所表达的意义与普通话中的“形容词+得很”相当，“好显”就是“好得很”，“好看显”就是“好看得很”。

（2）动词+显

“显”能黏附的动词和动词短语类型主要有：

心理活动动词：值钿疼爱显｜想显｜心事担心显｜豁害怕显｜相信显｜心痛心疼显｜用功显｜晓得了解显｜中意显。

判断动词：是显｜弗是显。老年人用这种格式比较多，否定式中否定副词后得加上其他成分以缓和否定的语气，如“弗咋儿是显不怎么很对”。新派现在一般用“对显、弗对显”。

能愿动词：肯显｜要显｜可能显｜应该显。常用于对话和一些固定的句式中，如：我老肯显我怎么会愿意呢？我只弗肯个我才不愿意呢。｜我老要显我怎么会要呢？我只□[çiɛ55]以个我才不要呢。这种固定的格式其实是反问句和设问句的叠加，前一部分“老+能愿动词+显”既是反问，又是设问句中的“问”，意思是“怎么会+能愿动词？”或“难道会+能愿动词？”，后面的“只+否定+格”是对前面反问和设问的“答”。“能愿动词+显”的格式后不能带任何其他成分，如：尔讲我打渠应该显伐你说我打他是不是很应该？——我觉得应该显。能愿动词一般表达的是人的意愿、态度、情态等，所以后带“显”时具有更加强烈的语气色彩。

其他动词一般都不能直接受“显”修饰，除非将单一动词变成复杂动词短语后才能与“显”组合。如前加能愿动词：会做显很能干｜会睏显很要睡｜会笑显很喜欢笑；前加否定副词：弗做显不太做｜觎“弗爱”的合音做显不太爱做；前加否定副词和代词表示程度的降低：呒咋儿怎么做显｜呒咋儿讲显｜呒咋儿望显｜呒咋儿听显｜呒咋儿上显｜呒咋儿撑赚钱显｜呒咋儿打显；后加宾语：有礼貌显｜懂道理显｜花时间显｜伤脑筋显｜有兴趣显；前必加否定副词、后加其他补语：呒做着显｜呒讲着显｜呒望着显｜呒听着显｜呒上上课着显｜呒撑着显｜呒打着显｜呒望着过显｜呒趒走；去着过显｜呒喫吃着过显。这些格式中的“显”表面上是直接跟在普通动词的后面，实际上是跟在动词与其他成分构成形容词性的短语的后面。因此，就动词的性质来说，“显”直接能跟的动词是非动作性动词，属无界性质的。

与“形容词+显”不能充当定语和状语不同的是，“动词+显”能充当定语，但一般不能充当状语。

（3）名词+显

能受“显”修饰的名词只有两类：一类是时间名词，一类是方位名词。当然这两类之间本身是有联系的，有的时间名词是从空间名词（包括方位名词）引申发展而来的。如温岭话中的“后坤”，既指空间上的“后头”，又指时间上的“后来”。能带“显”的名词如：

时间名词：枯星早晨显|日昼中午显|夜堷晚上显|年底显

方位名词：横边边上显|角落头显|上面显|下面显|下底显|外头显|里头显|里向显|中央中间显。

上面这些时间名词和方位名词带上“显”后，就强调了在时间或空间上非常接近“显”前的时间或空间。如“年底显哦，整长年个事干都好做完爻全年的事情都可做完了”中的“年底显爻”，意思是“就到年底了”，即强调“一年马上就要结束了”的时间。为了强调时间和方位的靠近程度，这些时间名词和方位名词在后带“显”的同时，还常常与其他成分共现。比如：“日昼”是“中午”的意思，表示非常接近中午的时间用“日昼跟①”这个名词。如果还要强调这个“非常接近正午”的程度，就可说“日昼跟显”，是在时间名词“日昼”上的两次强调——名词的“跟”和副词的“显”，如：“日昼跟显爻都快到中午了，尔咋儿还呒烧饭你怎么还没做饭，我条肚也餲[həʔ5]死爻我肚子也饿死了！”除了“日昼”外，带“跟”的时间名词还有“晏跟夜幕降临前的时间”及一些表示时节或节日的词语，如：七月半跟|过年跟|稻熟跟”等。这些词都可构成“时间名词+跟+显”的表达法。“中央”一词也是如此，可说成“当中央显”，如：个幅画挂得当中央显爻这幅画挂得很中间了，呒起挂过去凑爻不能再挂过去了。当然，我们关注的焦点不在“跟”或其他类似的词语上，只是说明与“名词+显”格式中共现的成分是为了更加强调时间和空间上所达到的程度。

3.1.2 猛

“猛”在温岭话中有两种意思：一是作形容词，表“猛烈”的实义；二是作副词，置于动词或形容词后表程度。作后置副词用的“猛”已见于徽

① 温岭方言中读为[kɤŋ-15]的字只有两个候选项：一个是“跟”，一个是“根”，本音都是[kɤŋ33]，变音后读为升变音。从词义上来看，这两个字本来就是有联系的，表示非常接近某一时间（主要是时点）时用“跟”比“根”更合适，“时间名词＋跟”就是指“某个时点在后面紧跟着”的意思，即“某个时点即将来临”。

语的寿昌话、吴语的武义话[1]和宁波话[2]中。温岭话中的“猛”可以用作形容词，也可以用作后置成分来说明其所修饰的前面成分的程度。一般都认为后置成分“猛”相当于普通话的“得很”。实际上，温岭话中的“猛”比普通话中的“得很”使用的范围宽泛得多，而且比前面所述的后置成分“显”还要活跃。

首先，“猛”不但可以作形容词的后置成分，而且像“显”一样，可以后置于动词性和名词性成分后。而其他方言（如宁波话）中的“猛”一般只能用在形容词后面表示程度深。普通话里也是如此，虽然“得很”也能用在动词后，但一般只是心理动词如“喜欢”等，而且“能用在‘得很’前的形容词、动词不多”[3]，因此，这些“猛”的句法分布比较单一。

其次，温岭话中凡是能用“显”的结构中，都可相应地替换为“猛”。但是反之则不成。“猛”既可以像“显”一样直接后置于其他被修饰成分，也可以用补语的标记词“得”来引进，这就是为何“猛”能相当于“得很”，而“显”不行的症结所在。我们既能说“好显”，也能说“好猛”，还能说“好得猛”，但就是不能说“好得显”。

最后，虽然“显”和“猛”都表示程度，但语用上能区分出一定的差异。那就是“猛”除了与“显”一样能客观地表达程度之高外——这是其作为性质形容词的特性赋予它们的，还能表达一种主观的评价和态度，并有希望降低程度的需求。我们可比较下面的句子：

——外面路灯亮显，我等间里弗用点灯也好用爻我们房间里不用电灯也可以了。

外面路灯亮猛，我睏也睏弗去我睡也睡不着，拨窗门布拉服眼把窗帘拉得严实些。

——火猛显啊，猪脚一记哦烧熟爻猪蹄一会儿就烧熟了。

火猛猛爻，摵眼蛋顶关小一点儿。

——渠好看显解她很漂亮的，无数人来追渠很多人在追她。

渠好看猛爻，许男个粱横呒胆追渠爻那些男的就不敢追她了。

从“猛”字句所共现的常用助词“爻”也可看出，“猛……爻”实际上相当于普通话中的“太+形+了”的句式，比“有点儿+形”的程度高得多，这里的“形”还包括心理动词。这种格式除了用于感叹句外，在陈述句中往往传达出说话人对所谈论的对象心怀不满或认为超出预期之意，因此后续的句子或潜台词就是希望改变目前的这种状态，主要是降低程度，如上面例句中的“路灯太亮了”、“火太旺了”、“她太漂亮了”，都因

① 赵日新：《形容词带程度补语结构的分析》，《语言教学与研究》2001年第6期。

② 朱彰年、薛恭穆、汪维辉、周志锋：《阿拉宁波话》，华东师范大学出版社1991年版。

③ 吕叔湘主编：《现代汉语八百词》，商务印书馆1994年版，第235页。

导致的结果不是很好，所以属于消极的评价。而“显”如果后带助词“爻”的话，则表示“够+形+了”的意思，潜台词是满足于现状而不必改变。比如：有显爻够了|好看显爻够漂亮了|好撑显爻够有钱了|活灵显爻够聪明了|大显爻够大了。

3.1.3 煞甲

“煞甲”是台州方言的一个特征词，有的也写作“煞夹”，这两个词是同音的。“煞甲”与“猛”相同的一面是既可作形容词，表示“厉害、了不起”的意思，也可作形容词和动词的后置成分充当补语表示厉害的程度，相当于与古汉语一脉相承的“煞”。它与“显”、“猛”不同之处在于其使用范围较小，不能用于时间和方位名词后，较少用于形容词后，主要用于动词后，在动词和“煞甲”前后可有其他成分。比如：撑煞甲赚饱|冻煞甲冻死|拨渠打煞甲把他狠狠地揍一顿|拨咸带鱼漤眼煞甲顶把咸带鱼腌渍得透点儿。在“显”、“猛”和“煞甲”三者的程度差异上，“煞甲”是最高的。与普通话不同的是，普通话中形容词之后加上‘极、多、透’组成述补结构后都带后缀“了”[1]，温岭话中的此类格式则并不一定带同类助词“爻”。

3.1.4 叠加式

由于“猛”、“煞甲”本来是属于形容词类的（“显”也看作是一个具有形容词形的语素），同时又能作后置修饰成分以表示程度，所以它们自身或互相之间可以重叠或一起出现，形成叠加的现象，表达对程度的强调。

（1）自身重叠

重叠的格式是“中心语+显/猛+中心语”，即中心语部分的重叠。比如：好显好|横显横蛮横|好笑猛好笑|宽猛宽|里向显里向。也可以用“中心语+显/猛+个+中心语”的重叠格式。当然，能参与自身重叠的句法成分比单用时要少得多，特别是时间名词不能重叠，音节越多越不便重叠。重叠的功能无非是进一步强调程度，当因音节太长不便重叠时，就改用前加副词作状语的格式，如“很不听话”，不说“弗听讲显弗听讲”，一般说成“齁弗听讲”或“多少弗听讲”。

“煞甲”不能自身重叠，可能与“煞甲”表极量和其双音节特点有关，但可参与互相叠加。

（2）互相叠加

“显”、“猛”和“煞甲”实际上能互相叠加的形式有：“猛显”、“煞甲显”、“煞甲猛”。“显”与另两个叠加时只能再次后置，没有打头阵的。因此，我们能看到一个形容词或动词后带不同后置成分的情形，比如：

---

① 朱德熙：《语法讲义》，商务印书馆2007年版，第137页。

好：好显——好猛——好猛显——好煞甲——好煞甲显——好煞甲猛

高兴：高兴显——高兴猛——高兴猛显——高兴煞甲——高兴煞甲显——高兴煞甲猛

3.2　表次序——“起”

“起”最早是个实义动词，后来引申为趋向助动词作趋向补语、动向补语和结果补语。同时，因为它有表示“开始”的引申义，所以也常常成为起始体的一个标记。除了上述这些功能外，“起”在温岭话中还可作为后置成分，表示动作的先后次序。普通话中是用时间副词“先”作状语来修饰动词的。曹志耘先生曾归纳过汉语方言中表示动作次序的后置词的 10 种功能[①]。比照该文中的统计结果，温岭话中“起”出现的句法环境好像比该文中显示的温州话和广东话要宽泛，与金华的汤溪话相近。我们将这些功能重新梳理了一下，发现温岭话中的后置成分“起”有其自身的特点。

3.2.1　后置成分“起”的句法结构

作为后置成分的“起”，表示时间或次序的先后，它的语义指向是位居其前的语法成分所代表的动作或事件等先于其他发生。在有后置成分“起”的句子中，“起”后是不能带宾语成分的。总的来看，“起”所能出现的句法环境包括以下两类：

（1）VP+起

包括两小类：简单句和补充性复句。

简单句小类只有一个谓语成分，但总是隐含着另一个动作或事件在时间或次序上的相关性在它后面会发生。如：我去起我先走|尔问渠起你先问他|我买来起我先买来。“我去起”的字面意思是“我先走”，语用上来说，它可以表示涉及的对象不止一个人，主语“我”是面对“他者”而言的，也可以表示“去”这个动作先于其他动作发生；“尔问渠起”的字面意思是“你先问他”，语用意义可以是“（你先问他），再问其他人”，也可以是“（你先问他），再告诉他”；“我买来起”的字面意思是“我先买来”，语用意义是“（我先买来），你再去买吧”，或者是“（我先买来），你以后再给我钱吧”。又如，如果有人问：“有鸡起啊有鸡子鸡蛋起？”如果答案是“有鸡起”，那么意味着“先有鸡，后有鸡蛋”；如果答案是“有鸡子起”，那么意味着“先有鸡蛋，后有鸡”。你说出的只是一个“先”，但是隐藏着另一个“后”。

---

① 曹志耘：《汉语方言里表示动作次序的后置词》，《语言教学与研究》1998 年第 4 期。

补充性复句小类是指前一分句是“VP+起”，后一分句补充说明其原因和目的。比如：

钞票存银行埼起，省得乱用用完爻免得乱花花掉了。

我门锁爻起我先把门锁了，慢贼骨头走进来解要不然小偷要进来的。

（2）VP_1+起＋VP_2

指在 VP1 完成后再做 VP2，如：喫爻起算账|歇记起再走|睏觉醒起做|钞票撑赚来起结婚|课上爻起到屋里|尔本小说望爻起借拨我。VP_1后常常带表示完成的助词“爻”，VP_2前也常常用“再”引导，实际上就相当于普通话中的“VP_1+了+VP_2”的句型。又如：

尔弗管何么事干都要问声渠起，渠如果弗同意个话，弗管减儿都无用。

实际语言生活中语境的多样性和语用表达手段的丰富性，使温岭话中后续成分“起”的句法形式多种多样，但总的来说是万变不离其宗，即表示时间或次序之“先”的动作或事件是显性的，而其相关动作或事件之“后”是隐性的。

（3）NP_1+起+NP_2

后置成分“起”能置于名词性成分后，或连接两个名词性成分。比如：

尔两个减儿讲起你们俩谁先说？尔起啊渠起你先说还是他先说？——我起我先说。

尔望哪本书起你先看哪一本书？——个本起先看这本。

普通话口语中也能说“你先还是我先？”“我先吧。”“先这本还是先那本？”“先那本。”这两个疑问句的次序不同，主要是因为一个是代词同“起”的组合，一个是名词性短语同“起”的组合。普通话的这种用法非常口语化，在一定的语境中才能使用。实际上，无论是温岭话还是普通话，这种语法现象都是由于省略了副词前（对温岭来说）或副词后（对普通话来说）的谓语动词，结果导致了名词性词语与副词之间的直接结合[①]。

3.2.2 后置成分“起”的否定式

温岭话中后置成分“起”的格式的否定式与普通话或其他方言大都不同。对同样内容的祈使句“你先说”的回应，普通话和温岭话的语序如下：

普通话：你先说。——我不先说。

温岭话：尔讲起。——我弗讲起。/弗我讲起。

温岭话中的否定副词既可置于主语和谓语之间，又可置于句首。前者强调的是事件——先说，后者突出否定的是主语。

3.2.3 与其他时间副词的共现

温岭话中表次序的典型后置成分是“起”，但是由于受普通话的影响，

① 曹志耘：《汉语方言里表示动作次序的后置词》，《语言教学与研究》1998 年第 4 期。

它又发展出跟作状语前置的时间副词“先”共现的“叠床架屋”型的格式，或索性以“先”代“起”了。如“我先走”一句，在温岭话中有三种说法：我去起|我先去起|我先去。

温岭话与其他有后置成分“起”的吴、徽语方言不同的是，像温州、遂安、衢州、常山、台州等地，有两个表次序的后置词“起”和“先”并存或连用[①]。但我们未在温岭话中发现同类现象。

3.2.4 后置成分“起”与起始体标记“起”

这两种语法成分的胶着主要发生在“时间状语+起”的格式上。这里的时间状语可以由 VP、NP 来充当。比如：

渠到屋里家里起我问问渠相。

暖眼浅暖和点儿起我到打划泅游泳去。

博士毕业爻起生小人小孩儿。

天酿明天起再好好个用功。

晚头晚上起打电话拨尔晚上再打电话给你。

下世下辈子起我再撑大铜钿赚大钱。

这些句前也可用“等”、“到”或“等到”。句中的“渠到屋里”和“博士毕业”是小句，“暖眼”是形容词性短语，“天酿”、“晚头”和“下世”都是时间名词，它们置于句首，其实充当的是时间状语，表示“从……开始”。因此，与其说这些句子中的“起”是属于后置成分表示次序，还不如说它们是起始体的标记。前三句 VP 式的尚可理解成二者兼而有之，因为，从前一动作或事件发生（“渠到屋里”、“暖眼”、“博士毕业”）的时间开始，也就是先于后一动作或时间了，但时间名词不好直接在其前面加“开”成为句首状语，如“先天亮”、“先晚头”、“先下世”都不成立。“我们也许可以把这种后置词的基本功能看作是汉语方言特有的一种体”[②]，但实际上这两者之间在胶着之中还是各有侧重的。

3.3 表重复——“凑[$ts^h\text{ɤ}^{55}$]”

温岭话中“凑”有两种用法：一是作实义动词，除了普通话中的“拼凑、碰/赶”义外，还有“再要、多要”的意思，可单用，一般用于询问对方是否需要添加或重复，如当你喝了一碗酒后，别人问你：“凑哦[vɛ]？”意思是“还要吗？”如果是肯定回答，就说“凑”。然后根据具体需要再补充，“一碗凑再来一碗”、“眼眼凑再来一点点”或“少可凑再来一点儿”；二是作后置成

---

① 曹志耘：《汉语方言里表示动作次序的后置词》，《语言教学与研究》1998 年第 4 期。

② 同上。

分，这就是我们下面要重点介绍的内容。

3.3.1 后置副词“凑”的语法意义

温岭话中的后置成分“凑”既与普通话中的“再”同中有异，也与吴语中的“添”略有差别。我们这里所谓的“吴语中的‘添’”是指吴语中存在“添”的语法现象，而非指全部吴语方言都有“添”。《吴语的后置副词“添”与有界化》一文中提到：“北部吴语的后置副词主要就是“添”，南部的温州则相当丰富。”[①]实际上，北部吴语中的江苏、上海、宁波等地方言中就没有“添”，台州片吴语也不用“添”，而用“凑”。目前所知，“添”主要见于南部吴语中。下面我们将普通话中的“再”、吴语中的“添”和温岭话中的“凑”的语法意义作一比较，考察普通话中“再”的5项语法意义在吴语“添”和温岭话“凑”中是否存在和有何差异等。普通话“再”的释义见《现代汉语八百词》[②]，吴语“添”的材料见《吴语的后置副词“添”与有界化》一文[③]。

“再”	“添”	“凑”
1. 表示一个动作（或一种状态）重复或继续，多指未实现的或经常性的动作	同	同
2. 表示一个动作将要在某一情况下出现	无	无
3. 用在形容词前，表示程度增加	有区别	有区别
4. 和否定词合用，表示动作不重复或不继续下去	有区别	同
5. 另外，又	无	无

上表清楚地表明了普通话“再”、吴语“添”和温岭话“凑”之间的异同。吴语“添”和温岭话“凑”的语法意义中都不具备普通话“再”中的第2项和第5项，与第1项基本对应。三者关系比较复杂的是第3项和第4项，这也是温岭话“凑”与吴语“添”最大的差异之处。“添”和“凑”虽可表示程度增加，但作为后置副词，不能用在形容词前。温岭话“凑”与普通话“再”的否定词合用一致，而吴语“添”则有差别，主要有两点：

（1）当“添”与否定词合用时，强调“永远不”，所以“勿来啊”和“勿来添啊”的意义有别，“勿来啊”意为“不马上来或短期内不来”，“勿

① 骆锤炼：《吴语的后置副词“添”与有界化》，《语言科学》2009年第5期。

② 吕叔湘主编：《现代汉语八百词》，商务印书馆1994年版，第569页。

③ 骆锤炼：《吴语的后置副词“添”与有界化》，《语言科学》2009年第5期。

来添啊”意为“永远不来了”，差别非常明显。[①]

温岭话中相应的表达形式是“弗来爻不来了”和“弗来凑爻不再来了”，“凑”在其中所起的作用就是强调动作“来”的重复及其数量上的增加，并没有“暂时”和“永远”上的时间差异。如果要表示时间上的差异，就得在动词前加上时间状语，所以时间差异并不是“凑”本身具有的词汇和语法意义。

（2）普通话中“唱了一个，不再唱了”这样的说法，没有吴语“添”的对应表达法，只能说“不唱了”。温岭话则能用“凑”来表达，“唱了一只，弗唱凑爻”或者“一只唱爻，弗唱凑爻”都可以。

3.3.2 “凑”的句法结构形式

普通话的“再”一般用于动词或形容词前，温岭话的“凑”与吴语的“添”一样，一般也用在动词（短语）、形容词（短语）之后，其具体的句法结构形式主要有：

（1）动/形+凑

温岭方言中的后置副词“凑”跟“起”一样，可以直接跟在动词或形容词的后面，如：我要望凑我还想看。|渠还赖得弗肯去他还赖着不肯走，还想嬉凑还想再玩儿。|同事都讲我小人还会长形容词凑同事都说我孩子还会再长高。这一点与南部吴语中的“添/凑”类后置成分的用法不同。南部吴语的“VP 添/凑”格式中必须在 V 和“添/凑”之间有数量成分，“添”跟 V 不能直接组合（刘丹青 2004：192）。

（2）动/形＋量＋凑

这里的量词可以是名量词，也可以是动量词。比如：

名量词：饭喫碗凑|衣裳买件凑|苹果削只凑|菜蔬烧只凑

动量词：绕颈耳光打记凑|坐记凑|趨跑腔一会儿凑|问声凑

量词前如是数词“一”可省略。如是其他的数词，则与量词构成数量短语后置于“凑”前，如：饭喫两碗凑|饭喫两三碗凑|衣裳买五六件凑|菜蔬烧两只凑。

“形＋量＋凑”中的形容词其实表示的是动词的意义，如“岁数大岁凑|长头长度长五米凑|壮胖十斤凑”等。“大岁凑”意为“再长大一岁”或“再比……大一岁”，“长五米凑”表示“再加长五米”，“壮十斤凑”表示“再长胖十斤”。普通话中也有类似的这种形容词用作动词的情况。

还有一些成分，表达的其实也是跟数量或程度的大小有关，而且这些词还能套叠。如：复习眼凑多复习点儿|饭喫眼凑多吃点儿饭|衣裳着件凑多穿件衣服|钞

① 骆锤炼：《吴语的后置副词“添”与有界化》，《语言科学》2009 年第 5 期。

票撑赚眼多顶凑多赚点儿钱。

（3）动＋助＋凑

这种格式中的助词主要有“勒”和“来”两个。“动+勒+凑”中的“勒”在温岭话中是“得”的弱化。“勒”和“来”用在动词后引导补语，是后置补语的标记。比如：衣裳加勒/来凑|饭兜盛勒/来凑|钞票园放置勒/来凑|故事讲来凑|读书读来凑。“动+勒+凑”和“动+来+凑”格式并不适用于所有动词。有些动词两种格式都可以用，如上面的“加、园”；有些只能用于“动+来+凑”的格式中，如“讲、读”等。这是由于“勒”的本义是表处所的实义名词“埲[təʔ5]”，后来逐渐虚化为助词，“加勒凑”即表示“再（在这儿/那儿）加”的意思，但是“讲、读”等动词不具有这种处置的隐含意义，即不通过“讲、读”等动词使其支配的宾语发生处所上的变化。

（4）动+名+凑

这种格式与“动/形+量+凑”相似，但是用于两样事物或两种情况的对举。比如：

我饭喫爻还想喫面凑我吃了（米）饭还想再吃面。

渠咋儿替日要生显啊她怎么这么要生（孩子）啊！两个儿生来爻还要生个囡凑生了两个儿子了还要再生一个女儿。

上面两个例子中，“饭”和“面”对举，“儿”和“囡”对举。这种“动+名+凑”的格式也出现在吴语遂昌方言的“添”的用法中。吴语遂昌方言中这种名词后的“添”表示的是“剩余”的语法意义，在语境中对举的另一部分可以不出现，比如：书望了了还有报纸添书看完了还有报纸[1]。温岭话中用在名词后的“凑”没有遂昌话中明显的“添 1（表追加）”和“添 2（表剩余）”[2]的区别，总的来说就是表示动作的重复或数量的增减的语法意义，至于是表“追加”还是表“剩余”并不是“凑”本身具有的语法意义，而是靠其他句法成分和语境来共同传递的。遂昌话的例句“书看完了还有报纸”，在温岭话中可以表达成“书望完爻还有报纸凑”，这同一句话可以用于两个不同的语境中：

尔㑚忖起书望完爻便是爻你别以为书看完了就行了，书望完爻还有报纸凑。

我爸日加日每天书望完爻还有报纸凑。

如果细分的话，上面第一句表示“剩余”的意义多一点，因为是未然体；第二句表示“追加”的意义多一点，是经常性的动作。但温岭话中实

① 王文胜：《浙江遂昌方言的“添”》，《方言》2006年第2期。

② 同上。

际上只用了同一个句子结构，“剩余”的语义主要是靠否定词“𠑆别”来体现的，“追加”的语义则是靠“日加日”来体现的。

与遂昌话“添”相同的是，温岭话“名+凑”的形式一般用于对话体中，只出现一个名词，而非两个对举。这种句中名词后的“凑”一般不能与普通话的“再”直接对应，而是用“还有”，比如：

我听讲慢以无数人来凑我听说等会儿还要来很多人。——減邑个无数人凑哪里的还有很多人？

（5）“凑”的重叠

与“再、添”还有一个显著的差异就是温岭话的“凑”能够重叠，组成后置成分“凑凑”。除了没有对举情况的“名+凑”的格式外，上述所有带后置成分“凑”的句法格式中都可以将“凑”重叠为“凑凑”，以强调重复的程度。比如：

我硕士读爻还要读博士凑（凑凑）。

到街埣街上买两件衣裳凑（凑凑）。

3.3.3 台州方言“凑”的内部差异

“凑”是台州方言中的普遍性后置成分，但根据已有的研究资料显示，台州方言中的“凑”似乎存在内部差异。戴昭铭先生认为，天台话中的“V+数量+凑”中的“凑”“相当于北京话的‘再’，表示动作的延续或频次的增添”，“天台方言中的这个后置成分‘凑’，在吴语有的地点方言中是‘添’”①。所以从台州方言在这一点上的内部差异来看，至少温岭话与天台话之间存在细微的差异，因为我们在上文的分析中已经表明，温岭话只是大致相当于北京话的“再”，也不等同于吴语中的“添”，而且戴昭铭先生在介绍天台话中的“凑”时也只提到“V+数量+凑”一种格式。我们不清楚这是天台话的实际情况，还是作者择其要而述之。

台州方言中的这个后置成分“凑”使台州方言独立一片于吴语中的主要分片特征之一。与台州方言关系密切的宁波方言，以前也用“凑”，现在用“再”，与台州方言一样从不用“添”。可以说，后置成分“凑”是浙东吴语的特点之一。

第四节 后置方位词

温岭话中表达处所和方位的语言形式主要有：“来……底[ti^{42}]”、“来……

① 戴昭铭：《天台方言研究》，中华书局2006年版，第102页。

里”、“来……墎[tɛ42]或[təʔ]”、“来……勒”和“来……解[ka42]或[ka51]”等形式。前置介词“来”相当于普通话中的“在”，本来是个动词。“墎”用在代词或称谓词后时读[tɛ42]，如“我～、尔～、渠～、我爸～”，用在普通名词和处所词后时读[təʔ]，用法上与“勒”一样，如“黑板～、面巾毛巾～”。“解”的两种读音是本音和变音的区别。“底”与“里”是一类，“墎”、“解”和它们一样，其本义都是表处所的名词。这些处所词之间实际上有远近之分。一般来说，“底、墎”既可以近指，也可以远指，而“解”只表远指，不表近指。比如下面的对话就表明了这种差异：

钞票来我底/墎钱在我这儿，尔几时走来驮你什么时候来拿？

——来尔底/墎/解啊在你那儿啊，好用好的，我晏界便来驮我下午就来拿。

上面这个对话中，“我这儿”在温岭话中可以说成“我底”或“我墎”，但不从说“我解”；而“你那儿”则有三种说法：尔底、尔墎、尔解。

又如：

渠底/墎喫个物事顶多她那儿吃的东西最多，味道顶好味道最好。

我个字典何横去爻我的字典到哪儿去了？——来我底/墎啊在我这儿啊！

我扣我娘解/底/墎来我刚从我妈那儿来。

尔许要搭杭州湾大桥解过近无数你们要从杭州湾大桥那边过（会）近很多。

作为方位名词的“里”与“来”构成“来……里”后有两种意思：一种是“在……这儿/那儿”，一种是“在……家里”。比如：

例 1：还只面盆到哪底去爻还有一个面盆到哪儿去了？

——来我里。

例 2：单位墎/勒发来个物事单位里发来的东西，我都驮到老林里去爻我都拿到老林家里去了。

例 1 回答句中的“来我里”指的是“在我这边”或“在我这儿”，这儿的“里”表达的不仅是方位，还表示“这只面盆现在是属于我的”，即“为我所有”。例 2 中的“老林里”指的则是“老林的家里”，有时候会在“里”前添加出“屋”字，所以，“来……里”实际上是“来……屋里家里”的省略形式。

温岭话中跟在普通名词或处所名词后的方位词主要有“上、下、头前、后坤、外面/向[1]、里、里面/向”等。但在实际生活中，这些具体的方位概念往往只在需要强调的时候才交代清楚。特别是普通话中的方位词“上”和“里”，在温岭话中更是经常被模糊掉，而以“墎/勒”来代替。比如：

---

① 有的资料上记作“厢”。按其在连调中的实际声调来看，根据温岭话连读变调的规律，该字应为阴去。所以“向”比“厢”合适。

上：路墇路上|门床墇床上|屋顶墇屋顶上|山墇山上|山顶墇山顶上|头墇头上|黑板墇黑板上|骑身墇身上|树墇树上|书墇书上|被墇被子上

里：教室墇教室里|学堂墇学校里|镬灶空墇灶膛里

如果表示方向的话，温岭话中还可直接在处所名词后加“边”，类似于普通话中用的指示代词“这”和“那”一般都省略了。比如：

尔腔来哪边啊你现在哪一边呢？街墇边啊后门边街那边还是后门那边？

温岭方言中的后置方位词在句法强制性上所表现出来的句法性虚词的性质，与吴语其他方言一样，也是非常显著的。比如：普通话中可省可加的“在+处所”后的方位词，温岭话中一般是不能少的。如前文所说，这种方位词一般是“墇/勒”，普通话中可说的“我今天一天在单位加班”，温岭话中就得说成“我己日整长日来单位墇/勒加班”。

第十一章　动词的体貌

由于汉语没有明显的形态变化，而且表达方式并不统一，所以在关于动作的进程和时间的关系上，不能照搬印欧语言的时态等术语和语法系统来进行描写。为了表达的简便性，本文暂且使用“体貌”的术语，实际上，关于“体”、“貌”和“体貌”的界定及具体分类，各家观点也并不一致。我们从温岭方言的实际出发，不再细究这些术语之间的内部差异，而是根据动作随时间的展开过程，将温岭方言动词的体貌划分为五种主要类型：尝试体、起始体、进行体、持续体、完成体。

第一节　尝试体

温岭话中的尝试体表达的是尝试和短时的语法意义，主要运用表尝试的助词“相”和表短时的“相”、“记”、“过”，与单纯动词重叠式或其他成分组合后构成的语法形式来表现。在温岭方言中，单纯动词重叠式不能表尝试，但可表短时。比如普通话中最简单的一个“让我试试”，是用单纯动词重叠的语法形式来表尝试、短时、轻松、随意等语法意义。而这些语法意义在温岭话中可表达为：让我试试相|让我试着相|让我试着过|让我试试过|让我试记，等等。

1.1　表尝试

温岭话中最常用的尝试体标记是“相”，相当于普通话中的“看”或“试试”。《现代汉语八百词》中关于助词“看”是这样解释的：“用在动词（重叠或带动量、时量）后边，表示尝试。你先尝尝～|让我想想～|大家再动动脑筋～|你给我量一下～|先做几天～。”[①]这些例子中的“看”，在温岭话中都可相应地换上“相”。

① 吕叔湘主编：《现代汉语八百词》，商务印书馆1994年版，第297页。

1.1.1　VV+相

这种格式中的动词如果是个单一动词，则无论音节单双都得重叠后再跟“相”组合。比如：望望相看看看|喫喫相吃吃看|尝尝相尝尝看|着着相穿穿看|睏睏相睡睡看|商量商量相|讨论讨论相|计划计划相。

1.1.2　V+其他成分+相

非重叠式的动词短语包括动宾式、动趋式、动补式，以及动词后面带数量词时，“相”都放在这些成分的后面，比如：

动宾+相：问问渠相问问他看|打个电话相打个电话看/打个电话试试|望中医相看中医试试|动手术相动手术试试

动趋+相：倒进来相|走出去相|掼过来相

动补+相：打碎相|拗断相

动（数）量+相：烧伐次相|读三遍相|买一百斤相|打记相

温岭话中比较有特色的尝试体格式是“V+着+相”。动词后的助词“着”在这里不是像普通话中的时态助词，而是个结果补语，表示经过短时的动作尝试就能得到结果，相当于“一……就”，或者是“V一下……就”。比如：

个箱里何么物事我望着相便有数爻这个箱子里（是）什么东西，我一看就有数了。

味道咋儿个尔喫着相便晓得爻味道怎么样你一吃就知道了。

个煤气灶好烧呒起烧，尔试着相便有数爻这个煤气灶好能不能烧，你试一下就有数了。

另外如：做着相|用着相|读着相|烧着相|驶着相。

1.2　表短时

尝试体有时与短时体连在一起，但“尝试”义是其突出的语义。可以说，尝试体一般也是短时体，但反过来不一定成立。

1.2.1　V+记

V 为单双音节均可。这种格式主要用来表示时间的短暂，相当于“一下儿”、“一会儿”。比如：

渠个人齁聪明解，讲记便晓得爻他这个人很聪明的，说一下儿就知道了。

尔本书借我望记好用哦借我看一下儿你这本书行吗？

等记我，我便来等我一下儿，我就来。

1.2.2　V+过

“过”是经历体的典型标记。在温岭话中，它也可以作为短时体的标记。在动词短语后加“过”表示某些动作只是浅尝辄止。主要有两种形式：

（1）VV+过

动词重叠后带“过”，表示短时的完成。相应的语义表达和时间的长短需根据具体的语境而定。比如：

时间来弗及爻，勿用齣仔细望过去不用很仔细看过去，只要望望过便是爻只要看一下就行了。

己日买来个蟹全无用今天买来的蟹很不好，眼肉也旡个一点儿肉也没有的，尔咬咬过甡爻是爻你咬几下扔掉好了。

老师改改过便发转来爻老师改了一下就发回来了。

（2）V+着+过

这种格式的语法意义与“VV+过”的格式一样，可以互换。比如：

许衣裳我都刷好爻这些衣服我都刷好了，尔汰着过便好用爻你漂洗一下就可以了。

个男同学聪明显个聪明这个男同学非常聪明，拨渠少可复习着过稍微给他复习一下，渠肯定又考头一名他肯定又考第一名。

1.3 “相”与“过”的区别

“VV相”与“VV过”、“V着相”与“V着过”都是尝试体的主要格式，但是互相之间有细微差异，主要是由比较词“相”和“过”的语法意义决定的。这里的“相”主表尝试，兼具短时义，而“过”主表短时，兼具完成义。

第二节 起始体

温岭话动词的起始体有两种格式：“VP+起”和“VP+来”，相当于“开始+VP”的意思。VP可以是动词，也可以是形容词。如果VP是动宾式结构的话，宾语常常提到动词前，组成“O+V+起/来”的格式。

2.1 VP+来

尔许快顶唱来你们快点唱起来。

渠屋里昨日开始起屋来爻他家昨天开始造房子了。

我还旡到场，整桌人便坐起吃来爻全桌的人就坐好吃起来了。

2.2 VP+起

我旧年起便壮起爻我去年开始就胖起来了。

我双脚又一眼肿起爻我的脚又有点儿肿了。

十岁爻，哈懂事起爻十岁了，总算懂事起来了。

2.3 “VP+来”和“VP+起”的异同

实际生活中在表示某个动作或状态的开始时，使用“VP+来”的频率比

“VP+起”高，有时候两者可以互换，不能互换的语义条件主要是动词的自主性还是非自主性，以及 VP 是动词还是形容词。一般来说，自主性动词用“VP+来”格式，非自主性动词和形容词用“起”。比如：

渠班无数人都趨得操场埲嬉来爻他们班很多人都跑到操场上玩起来了。

夜饭烧来爻哦开始做晚饭了吗？

三日头弗洗，一眼痒起爻三天不洗头，有点儿痒起来了。

大瓶挂了去便舒服起爻吊瓶一挂下去就舒服起来了。

上述四例中，“嬉”和“做”都是自主动词，所以后带“来”；“痒”和“舒服”都是非自主的感觉动作，所以后带“起”，但都表示“开始”的语义。

第三节　进行体

温岭方言表示动词进行体的方式主要是“来（伏）+VP”及其相关句式。VP 可以是单一动词，如：渠来哭伐尔来笑他在哭而你在笑；VP 也可以是动宾短语，如：渠来妆何么他在干什么？|有许来吃酒，有许来霍拳，有许来望电视有的在喝酒，有的在猜拳，有的在跳舞；还可后带处所名词组成介词短语后作状语表示进行体，如：我弟来美国读书我弟在美国读书。|昨夜我来我同学屋里打派司昨晚我在我同学家打牌。

温岭话进行体的标记词“来（伏）”，相当于普通话中的介宾短语“在那儿”，但是“伏”已经语法化了，语速快时“伏”可以省略，只用一个“来”，这种现象属于“语法化中的强化（reinforcement）”，就是在已有的虚词虚语素上再加上同类或相关的虚化要素，使原有虚化单位的句法语义作用得到加强。近代汉语中为了突出动作发生的“正在”意义，常在“在这里/那里”表示动作进行的基础上，再在前面加上时间副词“正”来加强动作进行的时点，这样就形成了连用的强化格式。这种格式始见于元代[①]，发展于明清。“这里/那里”因为虚指而语义不断弱化，直至在句法成分上形成羡余而脱落。[②]温岭话中与进行标记“来（伏）”共现的副词是“扣”相当于普通话的“正”，虚化的表处所的词语除了“伏”外，还有“底”、“埲”等。

温岭话中“来”本是一个动词，后来虚化为表处所的介词和表进行

---

① 也有的观点认为“始见于宋代”。见雷冬平、胡丽珍《时间副词“正在”的形成再探》，《中国语文》2010 年第 1 期。

② 刘丹青：《语法化中的更新、强化与叠加》，《语言研究》2001 年第 2 期。

的副词。这个“来”字与“来去”的“来”是同音异素，好像很容易引起句子的歧义。如上例中的“我弟来美国读书”，从字面上看是个歧义句，一般人都认为是“我弟弟来美国读书”，因为“我”在美国，“我弟弟”向“我”的位置移动。实际上，这种意思在温岭话中一般是说“我弟到美国来读书”，“来”是作为趋向动词，而非表进行体的副词来用的。

第四节 持续体

温岭方言持续体可分为两种形式：一是动词前后带各种标记词表持续；二是动词重叠表持续。两种语法形式内部又有各自细微的语义差别。

在持续标记问题上，非官话区的一个方言点中“具有两种不同的持续标记并存的情况比较常见，三个不同的持续标记并存的情况也不少”[①]，温岭方言持续体的语法标记类型可分为单纯型和复合型两种，单纯型有“埲/勒”标记和“牢”标记，复合型有“来+埲/勒、“着+得”等标记。

4.1 “埲/勒”标记

4.1.1 VP+埲

这种格式中的动词一般为静态动词，后带“埲”后主要表示状态的持续，相当于普通话中的时态助词“着”。“埲”有时候能语音弱化为“勒”。比如：

我坐埲我坐着，渠跨埲他站着。

替日个人也有个这样的人也有啊？衣裳蛙埲便蛙埲爻衣服扔着就扔着了，洗也懒得洗洗也懒得洗。

门开埲我好望得着尔来妆何么门开着好让我看得见你在干什么。

电灯亮埲睏也睏弗去电灯亮着睡也睡不着。

噢我等埲，我是等弗牢个叫我等着，我是等不住的。

祈使句中这种格式用得很多，一般说话者希望听话者，或者通过听话人转述给别人，使某种动作能够持续下去或保持某种状态。比如：

尔抲埲咳你拿着哦！

尔拨我跨埲你给我站着！

尔戴埲是爻尔戴着好了！

尔噢女同学许拨许物事摆埲便走去是爻你叫女同学们把那些东西放着就离开好了。

① 罗自群：《现代汉语方言持续标记的比较研究》，中央民族大学出版社2006年版，第135页。

如果有表示数量或程度的成分修饰动词的话，这些成分一般介于动词和“埣”之间，这种语序与普通话不同，比如：

尔拨我记眼埣你帮我记着点儿。

我末脚又园两万块埣我后来又放了两万块。

4.1.2 VP1+埣/勒+VP2

这种格式中的第一个动词往往是第二个动词的方式。比如：

倒埣望书个习惯最腾爻个躺着看书的习惯是最不好的。

我当老师当了廿年，从来弗坐埣上课从来不坐着讲课。

你偠碗�埣乱趨你别拿着碗乱跑。

上述例句也算是一般意义上的连动句。有些含有两个动词短语的句子，可能是个歧义结构，比如“㧓埣睏”，既可以表示“N1 抱着 N2 睡觉”，也可以表示“N1 被 N2 抱着睡觉”。具体语境如：

我小人个时头我小时候，我娘都拨我㧓埣睏觉个我妈都把我抱着睡觉的。

实在吃力猛爻实在太累了，小人㧓埣梁横睏去爻抱着小孩儿就睡着了。

4.1.3 “牢”标记

“牢”在温岭话中用于动词后主要表示两种语法意义：一是作补语标记，如“捉牢|把牢|防牢|算牢”等，相当于普通话中的“V+住/紧/牢”的格式；二是作时态标记，用在两个动词之间，如果第一个动词是表连接的“连”、“接”等，表示第二个动作或状态的发生具有持续性，如：

个两年梁横接牢生病这两年就连着生病。

双休日搭个国庆节连牢嬉双休日和国庆节连着休息。

“牢”也可以用在两个动词之间表示连动的作用，如：

个小人便难过显，腻牢油个这个小孩儿真让人讨厌，黏着人玩儿的。

个底个路齁弗好走解，尔许要牵牢走这儿的路很难走的。你们要牵着走。

“牢”在《现代汉语方言持续标记的比较研究》一书中，被归为“声母是[n]/[l]的持续标记”[①]。书中列举了江苏的苏州话、浙江的杭州话、宁波话、温州话和嘉定话的例子：

江苏苏州话：对牢（对着）

浙江杭州话：我扶牢（扶着）你走//你坐牢不要动//对牢（对着）

宁波话：记牢（记着，记住）//运道来起来连牢仔来，轿也来，马也来，推也推不开

温州话：两姊妹手对手挽牢走//该年不顺境，一家人接牢病//门口头儿人□聚集牢在埣，不肯散

---

① 罗自群：《现代汉语方言持续标记的比较研究》，中央民族大学出版社 2006 年版，第 100 页。

嘉定话：盖牢//搀牢//闭牢眼睛//对牢仔（对着）

虽然虚词的意义往往是从实词的意义发展而来的，“牢”的表持续的标记义应该也是从其形容词的实义到表结果的补语意义演变而来的，所以两者之间的意义有时候很难泾渭分明，但是上述例子中的有些“牢”的语法意义并不能笼统地归纳为持续体标记，而是有着相对具体一些的作为结果补语的意义的。在温岭话中，作为补语标记的“牢”一般与其前面的动词组成“动补式”谓语，后面不再带其他体词性成分作宾语；而作为持续标记的“牢”一般用在“VP1+牢+VP2”格式中，它在 VP1 为“连”或“接”后的虚化程度比在其他动词后要强一些。除此以外，用“来埯/勒/伏/底”标记来表示持续的频率较高。试比较：

动词	补语标记	持续标记
记	记牢	记来埯
集堵塞	集牢	集来埯
（眼）闭	闭牢	闭来埯
坐	坐牢	坐来埯
搀	搀牢	搀来埯

因此，从温岭话中“牢”的语义关系来看，也许不能反映“[n]/[l]或零声母类持续标记是[t]类持续标记的一种声母弱化形式”[①]的倾向。先不管其他方言（特别是吴语中如绍兴话、温州话）中“牢”的性质，温岭话中作为持续体标记的“牢”与[t]类的“埯”等同属实词语法化的结果，但是应该是由不同的实词演变而成的，即来源不同，而非相承关系。

我们可以从苏州话的情况来看一下这个“牢”的性质问题。汪平先生在谈到这类词语义关系的问题时认为，“补语本来是补充说明述语的结果、状况等，当然有自己明确的语义。但在语言的长期使用中，一些常用字的语义产生了磨损和泛化。必须特别提出的是，不同的字，由于使用频率不同，磨损和泛化的程度也不同，它们之间又是一个连续统，在这个连续统的两端，差别是大的，一端意义很实，一端意义很虚，最虚的总被人们称作形态标记，但在其间却没有决然的界限，在任何两个字之间划出鸿沟都是不合理的”。他以苏州话中的“牢”和“着”为例说明了这个问题，认为实义动词“牢”有行为实现后状况相对稳定的意思，凭着自己很清楚

① 罗自群：《现代汉语方言持续标记的比较研究》，中央民族大学出版社 2006 年版，第 166 页。

的语义来担当补语的角色，以说明述语进行的结果。但由于用得比较多，就被人们情不自禁地产生了“标记”的感觉。[①]这种分析可谓精辟，同样适用于温岭话中的“牢”。

4.2 “来”和“埲/勒”叠用

吴语中，大都用动词后面加介词短语的形式表示持续意义。温岭话中的这个介词就是“来”（现在越来越多的人也用“在”），相当于普通话中的“在”。它既可用于时间名词和处所名词前，也可用于动词前作进行体的标记，或于动词后与处所或方位名词连用表示动作或状态的持续意义，如“雨落来爻，衣裳还都晒来外面”。但是如果无需强调特定的处所时，“来”就与“埲/勒”，或者“底/伏”等连用。上例如不强调“外面”，就可说成“雨落来爻，衣裳还都晒来埲/勒/伏/底”。又如：

得份儿爻尔还睏来埲啊这么晚了你还睡着啊？

普通话中“V+着”格式后可带宾语，但是温岭话中一般将宾语置于动词前，形成 OV 句型。这些句子绝大多数是存现句，也有一些普通的施事主语句，比如：

门朝东开来埲门朝东开着。

电灯亮来埲电灯亮着。

间里都是人坐来埲房间里坐满了人。

公园埲一堆人围来埲公园里围着一群人。

桌上一碗水摆来埲桌上放着一碗水。

老王己日一件新衣裳着来埲老王今天穿了一件新衣服。

门口头无数花摆来埲门口摆着很多花。

上面墙壁一张纸迫来埲墙上贴着一张纸。

门床埲一个人倒来埲床上躺着一个人。

岛地埲一株树生来埲院子里长着一棵树。

归根结底，温岭话中“来”与“埲/勒/伏/底”类叠用的形式还是相当于“在这儿/那儿”的意思，它与前文进行体中的主要标记相同。进行体和持续体的同形异位反映了汉语典型的从空间域向时间域映射的语法化过程。在PTS（时间顺序原则）的作用下，“在这里/那里+VP”和“VP+在这里/那里”发生了不同方向的语法化。前者表示在某种状态下发生动作 V 的意义，这种意义很容易引申出“正在发生某种动作 V”，因而容易语法化成进行体标记；而后者的结构表达的是动作发生后保持在某种状态下的意义，这种意

① 汪平：《苏州语法新探》，未刊著作，第 155—156 页。

义容易理解为“动作发生后一直保持这种状态”，因而容易语法化成持续体标记。[①]

相比于吴语其他方言中这种格式的不同用词和读音，温岭话中的“来”与“埄/勒/伏/底”的格式属于早期的语言层次，因为《山歌》和《缀白裘》中就用了“来”，如：“到京应试，个个状元吾是稳稳放来荷包里个，弗知啰里学个剪绺法，竟剪子去哉”[②]。

4.3 “着”和“得/勒”叠用

与普通话不同的是，温岭话中可以将“着”和方所词“埄/勒”连用表示持续的语法意义。“着”和“埄/勒”叠用后带不带处所宾语皆可，后带处所宾语时相当于“在”，否则相当于“着”。比如：

一星期个衣裳蚌着埄一星期的衣服扔着，洗也弗洗洗也不洗。

连牢上三日夜班连着上三天夜班，多少吃力啊多累啊！倒着埄一记哦睏去爻躺着一会儿就睡着了。

个许解放军覆着埄地埄，动动也弗动这些解放军趴在地上，一动也不动。

个小人扣拨渠娘打死柴爻这孩子刚被他妈揍了，坐着埄凳头埄只哭只哭坐在凳子上直哭。

4.4 动词重叠表持续意义

4.4.1 VVVV

动词重叠表持续意义的现象，在汉语方言中从北到南都有，尤其是长江以南地区比较常见。重叠的次数分两次、三次、四次不等，多次重叠表持续的动词大都是单音节动词。一般来说，这种由单音节动词构成四次重叠的形式，所表示的时间过程更长些。就目前材料来看，安徽的休宁话、江苏的苏州话、上海话、福建的连城话等都有“VVVV”表持续的现象。[③]由于这种“VVVV”的形式所具有的持续体的意义是由动作的多次重复进行而实现的，所以，有的观点认为它是属于进行体的一种形式[④]。我们认为其持续的意义多于重复的意义，重复的意义多于进行的意义。因为一般来说，进行体结构可同时加上副词来强调正在进行。温岭话中的这种动词重叠表持续的语法形式只有“VVVV”式，没有二叠或三叠的，相当于普通话中的“V着V着”，比如：

---

① 雷冬平、胡丽珍：《时间副词“正在”的形成再探》，《中国语文》2010年第1期。

② 石汝杰：《吴语文献资料研究》，好文出版［日本］，2009年版，第186页。

③ 罗自群：《现代汉语方言持续标记的比较研究》，中央民族大学出版社2006年版，第23页。

④ 阮桂君：《宁波方言语法研究》，华中师范大学出版社2009年版，第25页。

渠长日讲讲讲讲又哭起爻她整天说着说着又哭起来了。

个人𠊎搭渠嬉别跟这个人玩儿，死难过个很讨厌的，嬉嬉嬉嬉，便争起爻玩儿着玩儿着就吵起来了。

己日多少倒霉啊今天多倒霉啊！好好个走走走走，走踀倒爻好好地走着走着，摔倒了。

4.4.2　V 记 V 记

这种格式在温岭话中表面上看起来是表示动作或状态的多次、反复地进行，但由于动作或状态的多次反复不是相隔很久时间的，基本是连续发生的，所以，可以被看作是持续体的一种形式，相当于普通话中的"V 啊 V 的"。比如：

我拨渠望无数时长爻我看了她很长时间了，渠还来㧟哭记哭记她还在哭啊哭的。

十点钟爻，渠还在被窠肚里拱记拱记睏弗去他还在被窝里拱啊拱的睡不着。

4.4.3　VV+起

温岭话中的动词重叠后再加"起"的格式，表示的是兼具尝试、短时、起始和持续的复杂意义，这是由于动词重叠带来的尝试、短时的句法意义，与作为起始标记的"起"，以及由"起"同时作为后置成分表示动作的先后次序的意义嵌套在一起才形成的。这种格式中的动词一般是单音节的。比如：

尔许喫喫起你们先吃起来吧，𠊎等渠别等他。

个本书尔先望望起这本书你先看着吧，过两天还拨我是爻过两天还给我好了。

尔腔基生毛病爻你现在生病了，剩剩起先养着，𠊎发剧走去上班别急着去上班。

上述每个例子，用普通话来解释的话，都可以前加"先"，表示"吃"、"望"和"剩"这些动作或状态先发生，但又不是很紧急或很严肃的事情，所以用重叠式，而且希望这种动作或状态将持续一定的时间，因此，这种格式在实际语言生活中，能起到缓和语气的作用。

第五节　完成体

本文的"完成体"包括"实现体"和"经历体"。"实现体"和"经历体"的共同之处在于对动作本身来说都已经完成了，差异之处仅在于考察的视点各有侧重，"实现体"侧重于"从说话时看动作、行为已经实现"，而"经历体"则"着眼于现在，表示过去曾经发生的事情，或者发生过某种变化、存在过某种情况，或是已有的某种经验"①。

① 高永奇：《浚县方言中的体貌系统初探》，《殷都学刊》2001 年第 2 期。

5.1 完成体

5.1.1 “了”和“爻”

“了”用于句中，“爻”用于句中或句末皆可。这里的句中指的是简单句的句子中间部分，是相对于句末而言的。温岭话的这两个时态助词相当于普通话中表完成的时态助词“了”，“了”相当于“了$_1$”，“爻”相当于“了$_1$”、“了$_2$”和“了$_1$+了$_2$”。用在句中的“了”比自由的“爻”多一些句法上的限制。主要表现在：

（1）宾语的性质

宾语要与数量短语共现，或者宾语表定指时，才能跟在“V了”之后，比如：

我己日连牢望了三场电影我今天连着看了三场电影。

单位埼发了三箱橄榄油单位里发了三箱橄榄油。

我己日来电影院埼望了《阿凡达》我今大在电影院里看了《阿凡达》。

如果宾语前没有数量短语，或者宾语表不定指时，宾语要提到动词前组成 OV 结构，如“我饭喫爻我吃了饭了”；或者时态助词要挪到宾语之后，最重要的是，随着句子语序的更改，“了”就得换成同样表完成的时态助词“爻”，比如：

我己日来电影院埼望电影爻我今天在电影院看电影了。

（2）两个动词之间

用在两个动词之间表示动作的先后顺序，相当于普通话中的“VP1+了+VP2”的格式，中间只能用“爻”，不能用“了”。比如：

人客饭喫爻便去爻客人吃了饭就走了。

学生格记落课便走爻阴光爻学生一下课就全走光了。

5.1.2 好

温岭话中动词后的“好”与普通话相似，既可作形容词，充当修饰动词的程度补语，如“吃好、喝好、玩好”，也可作时态助词，表示完成的语法意义。但是，温岭话中“好”的虚化程度更高，可搭配的动词也更多。另外，普通话中如果用“好”表示完成，而后面又不带其他句子成分时，往往要加句末语助词“了”，如：我们说好了|做好了|写好了|买好了。温岭话在这种情况下，可以后加“爻”，也可以不用后加“爻”，比如：

尔作业都做好爻哦你的作业都做好了吗？

我饭烧好等尔来我烧好（了）饭等你来。

同学搭我讲好己日夜埼聚队望电影去同学和我说好了今天晚上一起去看电影。

VP 是动宾短语时，宾语要提前，特别是数量短语充当的宾语，比如：

个月头我两套衣裳做好爻这个月我做好了两套衣服。

己日我两副信写好爻今天我写好了两封信。

这一点与宁波话不同，宁波话中宾语是不用提前的。另外，温岭话中完成体的标记相对较少，主要的原因是其他方言或普通话中常用的完成体标记助词“掉、脱”等，在温岭话中都用“爻”来代替了，“爻”肩负着温岭话完成体表达的重任。

从“好”的读音来看，温岭话中“好”的虚化程度之高也是显而易见的。作实义形容词用时读原调[hɔ^{42}]，作表完成的助词用时则读[hɔ^{33}]，而且伴随轻音，其前动词需重读。

5.2 经历体

“过”是普通话和汉语方言中常用的经历体标记。温岭话中“过”的特殊之处在于它除了那些共同特点外，还能与其他成分连用，组成一些颇有特色的句法结构。主要的格式有：

5.2.1 V+着+过

语义与“V+过”相同，但是表意上比“V+过”更强烈一些，突出经历体的本质属性。比如：

我旧年也买（着）过个种手机我去年也买过这种手机。

替日个人这种人！我从来呒望（着）过我从来没看到过。

替日贵个物事这么贵的东西，尔嘈个几时喫（着）过啊你难道什么时候吃到过吗？

我从来呒听着渠诵（着）过渠娘我从来没听到他念叨过他妈妈。

个份题目我搭格做着过样个这道题我好像做过似的，咋儿带槿忘记爻怎么压根儿忘记了？

5.2.2 V+数量+过

普通话中如果动词后带动量短语时，“过”要放在动词与动量短语之间。如：看过三遍|吃过两次|去过五趟。而温岭话中表经历体的“过”即可放在动词与动量短语之间，也可放在它们之后，比如“这部电影我才看过一次”，可以说成：

部电影我便只望过一范。——部电影我便只望一范过。

如果VP后带的成分比较长，一般用“V+过+数量”格式。比如：

课书背过十八遍爻还记弗牢这篇课文背过十八遍了还记不住。

第十二章　句子特点

第一节　语序

“一种语言最重要的语序类型表现在两个方面：一、该语言中主语、宾语、动词的相对位置，可称为小句结构语序；二、该语言的介词（adposition）使用前置词（preposition）还是后置词（postposition），可称为介词类型。一种语言其他句法结构的语序在很大程度上取决于这两种语序。”[①]温岭话的小句结构语序类型与吴语其他方言点一样，“属于不典型的SVO类型和典型的话题优先类型”[②]。“不典型的SVO类型”与“典型的话题优先类型”其实是一个问题的两个方面，互相之间密切关联。

温岭话中的SVO句子如：

我星期日道道经常睏觉、喫饭、望电影、望电视、荡街逛街、买衣裳。

老师噢叫我回答问题。

我爸最喜欢钓鱼。

我屋里家是我管小人小孩儿，我老倌丈夫管撑钞票赚钱。

在作为不典型的SVO类型和典型的话题优先类型的方言中，温岭话中的这两个特点都是非常突出的，它不但表现在话题种类的丰富，也表现在话题句的使用频率之高上。话题可以分为施事性话题和非施事性话题两大类，施事性话题其实就是传统意义上的典型主语，它又分SVO和STV（受事充当次话题，即TV）两小类；非施事性话题即由非施事性成分充当的话题，根据处于句首的话题与谓语的不同关系可分为关系话题、准关系话题、背景话题和拷贝式话题等。这些话题与其后接述语之间关系的亲疏实际上是一种连续统，一个渐变的过程，中间没有绝对的界限[③]。我们从这些不同类型的话题中发现了一些容易导致产生话题句的句法特点，特别是与语用

---

① 刘丹青：《吴语的句法类型特点》，《方言》2001年第4期。

② 同上。

③ 汪平：《苏州方言的话题结构》，《语言研究》2004年第4期。

无关而主要是受句法管控的特点。下面我们按句类的不同来考察受事话题句的句法结构特点。

（1）陈述句

温岭话陈述句中的受事话题的比重非常大，TV 结构已经达到了泛化的地步。有些句法位置上的受事被强制空位，成为受事话题或受事次话题。主要的句法格式有：

宾语有定的句子：我个件衣裳眼都弗中意我一点儿都不喜欢这件衣服。

处置式句子：衣裳拨我收进来给我把衣服收进来。

动结式句子：我一瓶啤酒喫完爻我喝完了一瓶啤酒。

动趋式句子：我四只田蟹买来爻我买来了四只螃蟹。

（2）疑问句

温岭话中谓语动词带宾语的选择疑问句大都采用受事话题结构（TV），比如：

尔老酒喫弗喫你喝不喝酒？

渠屋里来弗来他来不来家里？

己日脚洗弗洗今天洗不洗脚？

件衣裳尔喜欢弗喜欢你喜欢不喜欢这件衣服？

个小人好看弗好看这孩子好看不好看？

是非疑问句和特指疑问句中，宾语或疑问代词可以直接跟在主语后面，而且动词还可省略，相当于普通话中的名词性谓语句，比如：尔北京人哦你是北京人吗？｜己日星期三哦今天是星期三吗？｜个人减儿这个人是谁？

特指问句又如：尔哪底去你去哪儿？晚头何么烧眼喫喫晚上烧点儿什么吃？

（3）祈使句

“祈使句由于用例较少，情形不太分明。在南部吴语如温州话中，祈使句也有采用话题结构的倾向。”[①]我们考察了温岭话中的祈使句，发现受事话题句不仅只是一种倾向，更是一种主流。比如：

凳头寻张来坐堎找张凳子来坐着！

个问题尔来回答是爻你来回答这个问题吧！

（个）底香烟呒起喫解这儿不能吸烟！/底呒起喫香烟解！

（个）底车呒起停这儿不能停车！/车呒起停底！

祈使句的性质也使得表示处置意义的句子非常多。温岭话中一般不用介词“拨把”来引进宾语，而是直接将受事宾语置于句首话题的位置。比如：

走去手洗爻去把手洗了！

---

① 刘丹青：《吴语的句法类型特点》，《方言》2001 年第 4 期。

口舌头拢出来把舌头伸出来！

（4）感叹句

普通话中出现的那些被描述对象的感叹句，在温岭话中须将被描述对象提前至句首成为话题，而且都得补上相应的指示代词。比如：

个花多少好看啊多么漂亮的花啊！

个批评多少煞甲啊多么严厉地批评啊！

第二节 比较句

“比较句，就是表示比较关系，且由相关的比较参项（comparative parameter）构成一定格式的句子。”[①]比较句中出现的两个或两个以上的比较对象包括比较主体（subject，SJ）和比较基准（standard，ST）两部分，比较主体指被比较的对象，比较基准指用来作比较的参照对象或范围；比较主体和比较基准在程度、数量、性状等方面存在不同的等级关系，就是比较结果（Adjective，A）；比较句中还存在已经虚化了的表示比较关系的标记词（Maker，M）。不同语言或方言的比较句的特点就是由这些比较参项的语序类型、比较标记以及比较参项的语义指向等差异决定的。从语义的角度来看，我们将温岭方言的比较句分为平比句和差比句两类，差比句实际上还可包括极比句和递比句两小类。这种不同等级序列的语义内容对比较句的类型也有制约作用。温岭方言中的平比句与其他汉语方言的差异主要表现在比较标记上，而差比句的差异就复杂得多，涉及语序类型、比较标记和比较结果的语义指向上。

根据比较参项在句中的不同语序，特别是比较基准和比较结果的语序，比较句可分为两大类型：Ⅰ型——比较基准在前，比较结果在后；Ⅱ型——比较结果在前，比较基准在后。当然，Ⅰ型和Ⅱ型中又有各自的小类。这两类在温岭方言的比较句中都存在，但是前者为新型，后者为旧型，两者在温岭方言比较句中的分布并不均衡。总的来说，平比句以Ⅰ型为主；差比句中Ⅰ型和Ⅱ型则平分秋色，语义、语法、语用、语体等因素都会影响Ⅰ型和Ⅱ型的使用。

2.1 平比句

Ⅰ型和Ⅱ型在历史文献中早有所载，其中Ⅰ型有两种句式：a. 比较主体+比较词+基准+结果项；b. 比较主体+比较词+基准+助词+结果项。但是张赪认为“现代汉语方言只有Ⅰ型平比句，没有Ⅱ型平比句，且基本是Ⅰb型”[②]。

---

① 李蓝：《现代汉语方言差比句的语序类型》，《方言》2003年第3期。

② 张赪：《从汉语比较句看历时演变与共时地理分布的关系》，《语文研究》2005年第1期。

温岭方言却为我们提供了汉语平比句Ⅱ型的语料。

这种平比句型在先秦就已出现，比较词在先秦时是“若”或“如”，中古时“如”最常见，唐宋时期“似”又逐渐超过了“如”。“大致上说，先秦到唐，汉语的平比句基本是基准在结果项后的Ⅱ型句，语序与之相反的Ia 型句开始出现，唐宋时期两种语序类型的平比句并存，明代Ⅱ型句基本衰落，到现代汉语普通话中，只有Ⅰb 型句了。”①平比句这两种句式的消长在温岭方言中可找到清晰的发展脉络，只是Ⅱ型还没有完全退出历史的舞台，仍保留在温岭的俗语、谚语中，而且是属于比拟式的平比句。

除了Ⅱ型句的残留外，温岭方言平比句的主流句型是Ⅰb 式，主要包括：“搭”字句、“有”字句及其变式。

2.1.1 “搭”字句及其变式

“搭”字句的基本式是“SJ+搭+ST+样+A”。“样”就是“一样”的意思，但“一”字不出现，比较结果 A 在这个句式中充当谓语，可以是形容词性谓语，也可以是动词性谓语，有时候也可省略，在特定的语境中蕴含比较项及其结果。在实际口语中，“搭”字句末一般带语气助词“个”，表陈述和肯定的语气。如果用于前一分句时，后续分句可加上表示类同的“也”字，读为[aʔ⁵]；也可以带“都”等副词。例如：

我搭尔样个，无数时长屋里旡去着爻我跟你一样，很长时间没去家里了。

渠班搭我等班样个，也男同学少，女同学多他们班和我们班一样，也是男同学少，女同学多。

根据相等程度的细微差异，这种句式也有一些相应的变式。当强调两个事物完全一样时，可用“SJ 搭 ST 样样个”。例如：

渠个性格搭渠爸样样个个她的性格和她爸一模一样的。

我已凡考试考得搭渠样样个个，都是 95.5 分我这次考试考得跟他一模一样，都是 95.5 分。

当表达接近或相似的程度时，则用“SJ 搭 ST 差不多（显）”，“显”字在温岭方言中一般用于形容词或表心理活动的动词后，表示程度，属程度副词后置，在这里有舒缓语气的作用。例如：

我娘个岁数搭尔娘差弗多（显）我妈的年龄和你妈差不多。

渠儿月加月撑个钞票搭我囡差弗多（显）他儿子每个月挣的钱和我女儿差不多。

“SJ 搭 ST 样”句式的否定式是“SJ 弗搭 ST 样”，或者是“SJ 搭 ST 弗样”。

例如：

张画弗搭画起个样个，搭照拍起个样个这张画不像画的，像拍照拍的一样。

① 张赪：《从汉语比较句看历时演变与共时地理分布的关系》，《语文研究》2005 年第 1 期。

我只弗搭渠样个，长日吃吃嬉嬉，替日懒个我才不跟他一样呢，每天吃吃玩玩儿，这么懒的！

上海搭北京弗样个上海和北京不一样。

这种平比句的否定句式的中间可插入表示各种程度的词语。例如：

尔讲个话搭渠一眼弗样个你说的话跟他有点儿不一样。

我炒饭个方法眼都弗搭尔样个我炒饭的方法一点儿都不跟你一样。

个两个双生妹，仔细望望，姐个嘴角小可弗搭妹样个这两个双胞胎，仔细看看，姐姐的嘴角和妹妹的有点儿不一样。

电影搭原来个小说有无数弗样解电影和原来的小说有很大的不同的。

此外，还可以直接用“各窍”来表示“不一样”。例如：

尔搭我许各窍解，尔爸官当起替大你和我们不一样的，你爸当了这么大的官儿！

己日搭昨日便一眼各窍，勿是齁新鲜爻今天和昨天就有点儿不一样了，不是很新鲜了。

“SJ 搭 ST 样”格式在句中可充当话题主语或定语成分。例如：

我昨日买了一件搭小红样个衣裳我昨天买了一件和小红一样的衣服。

我搭尔样我只做弗到个我跟你一样，我是做不到的。

湖北黄冈方言中也有类似的平比句式：X+合/跟/像/合个+Y+样/样的。“合/跟/像/合个”相当于温岭话中的比较词“搭”。在黄冈方言中，“样”与“样个”是有不同的：“样”具有评议的语气，用比较主体来评议比较基准；而“样个”则是用比较主体来描写比较基准①。我们认为，黄冈方言中的“样/样个”其实与温岭方言并无二致，在温岭方言中“样”与“样个”的区别就在于语气助词“个”的功能上，而这个“个”与普通话中的语气助词“的”的功能一样，在这里主要强调陈述和肯定的语气。

形容词性比较结果说明 SJ 和 ST 双方在性质、形状、状态等方面的一致。这种形容词性谓语一般是单音节的。例如：

我搭尔样长个我跟你一样高的。

只猪搭解只样壮解这只猪跟那只是一样胖的。

我妹搭尔妹样大解我妹和你妹（年纪）一样大的。

其他的性状形容词如“高、短、烫、暖、薄、厚、冷、冰、硬、嫩”等，以及一些颜色词如“红、黄、蓝、白、黑”等，都是单音节性的。

动词性比较结果用来说明 SJ 和 ST 双方在某一行为或生理、心理状态上是否相同。例如：

腔基农村埭人搭城市埭人样，都有医疗保险爻现在，农村里的人和城市里的人一样都

① 何洪峰：《黄冈方言的比较句》，《语言研究》2001 年第 4 期。

有医疗保险了。

我屋里个小人搭尔里样贪嬉显我家的孩子和你家的一样都很贪玩儿。

我个眼搭尔个样糊爻我的眼睛和你的一样模糊不清了。

渠要旧搭小人个时头样胆细显她仍旧和小时候一样胆子很小。

我同学个爸也开刀开爻还搭早凡样个，望着老酒便性命爻样个我同学的爸爸动了个手术后还跟以前一样，看到酒就像性命似的。

渠同桌搭我样都忖转凡撑大铜钿他同桌跟我一样都想以后赚大钱。

2.1.2 “有”字句及其变式

温岭方言中的“有”字句与普通话“有”字句的句法结构相同，“A+有+B+谓语”中的谓语，大都是形容词性谓语或者是表示心理活动的动词性谓语，谓语前可以出现类似普通话“这么/那么”的词语“替/替日/替捺”。例如：

渠有尔好看哦[ve31]她有你好看吗？

张画肯定有只花瓶值铜钿这张画肯定有这只花瓶值钱。

渠新妇有尔新妇屋里有钞票哦她媳妇有你媳妇家里有钱吗？

旡人有我替捺关心尔爻没人有我这么关心你了。

尔老板有我老板替捺弗好妆哦你的老板有我的老板那么难弄吗？

但是，温岭方言“有”字句中形容词性谓语的语义要求与普通话也有差异。后者以积极形容词为主，前者并不限制积极义或者消极义的形容词。

2.2 差比句

2.2.1 Ⅰ型：SJ+M+ST+A

（1）“还是”句

除了“比”字句外，温岭方言中存在着一种与Ⅰ型差比句语序类型相同但语义指向相反的句式，即：SJ+还是+ST+A，这种句式中的比较对象可以是体词性的，也可以是谓词性的，而比较结果是形容词性的。例如：

爸还是儿好用儿子比父亲有用。

剪刀还是小刀好用小刀比剪刀好使。

坐车还是走路好走路比坐车好。

天酿来还是己日来好今天来比明天来好。

噢尔做还是我自己做省力我自己做比叫你做简单。

我还是尔会拍马屁你比我会拍马屁。

吃药还是打针效果好打针比吃药效果好。

一班个老师还是二班个水平高二班的老师比一班的老师水平高。

大儿还是小儿活灵小儿子比大儿子聪明。

尔做姐个还是渠做妹个听讲她做妹妹的比你做姐姐的听话。

浙江天台、武义话中也有类似的差比句[1]，天台话的句式是“SJ+是+ST+A”，武义话的句式是“SJ+还+ST+A”，而温岭话的这种差比句最丰富。温岭话中这种Ⅰ型句中的“还是”可以省略为“还”或者“是”，所以，一个语义结构可以用三个不同的句式来表示，如普通话“穷人比有钱的老板大方”这个句子，在温岭话中有三种表达方式：有钞票个老板是铅户人家舍得。/有钞票个老板还铅户人家舍得。/有钞票个老板还是铅户人家舍得。这些差比句中比较结果的语义指向都是比较基准（ST），表示比较主体（SJ）在某一方面的程度不及比较基准。而一般的“比”字句中，比较主体是全句的语义指向。

即使用了“还是”，温岭话的这种句式所表达的语义也是有别于普通话的。普通话中的“还是”有一个副词的用法，表示经过比较、考虑，有所选择，用“还是”引出所选择的一项，大都用在动词或主语前，例如：我看还是去颐和园，十三陵太远。/还是你来吧，我在家等你。普通话中还有一种用法跟温岭话非常相似，即用“还是+选择项+（的）好”，例如：还是用前一种方案（的）好。/想来想去，还是亲自去一趟的好！/我看还是你来办理一下（的）好。这些句子中的“选择项”就是比较后选择的结果，可当做差比句中的比较基准，比较主体已缺省，而且形容词谓语只限定于单一的“好”作为选择的依据。但是温岭方言“还是”句的核心是表示比较，而非普通话中的选择，因此其比较的范围也是很广的，形容词性的比较结果也就非常丰富。

（2）极比句和递比句

极比句和递比句实属特殊的差比句。温岭方言中极比句和递比句的语序类型和比较标记的类型都与普通话相同，基本上用Ⅰ型，只在具体的比较标记用词上异于普通话。

Ⅰ型差比句“SJ+比+ST+A”中，如果ST表任指或统指，那么这种差比实际上是一种极比，即ST是最高级的比较结果。例如：

考试作弊比不管何么都严重考试作弊比什么都严重。

渠喫老酒比不管减儿都生劲他喝酒比谁都厉害。

杭州西湖比不管哪底都好望杭州西湖比任何地方都好看。

温岭极比句的另一种主要形式“顶/最”字句，是将ST置于句首，限定比较的范围。有时候句中并未出现比较的范围，但实际上却隐含其中了。

① 李蓝：《现代汉语方言差比句的语序类型》，《方言》2003年第3期。

例如：

搭拶小人里渠顶听讲这么多孩子中她最听话。

三新妇里第二个对家娘顶腾三个媳妇中，第二个对婆婆最不好。

全天下个份人家顶大爻全天下这户人家最厉害了。

五姊妹里渠生得顶好看五姐妹中她长得最好看。

我娘个拭饼摊得顶薄爻个我姑妈摊的拭饼最薄了。

尔个生活顶滥腾爻个你的本事最差了。

普通话里“最”和“顶”的用法基本相同，不过“顶”只用于口语。“最+形”可直接修饰名词，“顶”不能。如“最大限度/最小范围”中都不能用“顶”；在“先、后、前、本质、新式”等形容词前边也用“最”不用“顶”。温岭方言中“顶”的使用频率高于“最”，老派中用“顶”也多于“最”，“最”是后起的，与书面词语搭配得多。

极比句中如果出现比较的范围名词，可以用“算”引出比较结论项，但“顶”可以省略，特别是在双音节形容词前。这一点不同于普通话，因为普通话中类似的句式必须出现与温岭话中“算”对应的“数”和最高级副词“最”。例如：全班同学里算我（顶）长全班同学里数我最高。|搭拶小人里算他听讲这么多孩子里数他最听话。

递比句是表示程度逐次变化的比较句，也有人称为渐进比较句或倚变句[①]。递比句中程度的变化可以是“递增”，也可以是“递减”；比较主体和比较基准可以是同一个数量短语，也可以是互相关联的两个方面。例如：

腔基个人啊，一代比一代望弗进现在的人哪，一代比一代看不入眼。

渠屋里三个囡，一个比一个好看她家的三个女儿，一个比一个好看。

温岭话里这些递比句的表达有两种方式：一是新派的“一量+比+一量+AP”，如上面的例子；二是老派的“一量+AP+一量”，这种格式中的形容词单双音节不限，如：一个好看一个一个比一个好看|一份好撑一份一家比一家有钱|一个煞甲一个一个比一个厉害|一个长形容词一个一个比一个高|一日好一日一天比一天好；如果是单音节的形容词，还可以用“一量+A+如+一量”的格式，如“一个长形容词如一个一个比一个长”，这种格式的递比句就与一般的差比句相同。

另外，温岭话中也用比较普遍的“越……越……”的格式，比如：

我也弗晓得怎儿会越喫越瘵我也不知道怎么会越吃越瘦。

渠还覅走来好，越帮越忙他还是别来的好，越帮越忙。

① 阮桂君：《宁波方言语法研究》，华中师范大学出版社 2009 年版，第 207 页。

（3）“过”字句

如果I型句中的比较基准是人称代词的话，除了用“SJ比弗过ST”外，更多地是说“SJ比ST弗过”。这一点温岭话与普通话不同，普通话里只用前者一种格式。例如：

普通话：我们永远比不过他。

温岭话：我等老世比渠弗过。/我等老世比弗过渠。

普通话：你读书比不过我，什么都比不过我

温岭话：尔读书比我弗过，弗管何么都比我弗过。/尔读书比弗过我，弗管何么都比弗过我。

2.2.2 II型

“SJ+A+如+ST”是温岭方言中II型差比句的主要句式。这里的“如”完全不同于普通话中表示平比或比拟的“如”字句，而是表示差比（不及或超出）的意思，其中的形容词性比较结果仅限于单音节词，遇到双音节的形容词就得换用其他差比句式。例如：

渠里个小囡长形容词如大囡她家的小女儿比大女儿高。

我嘈个腾如尔啊我难道比你差吗？

温岭方言中有一种“过”字句也比较特殊。除了与普通话一样可用在动词后作结构助词或构成可能补语外，“过”字还能用于差比句中，与“如”字差比句相似，但是，“过”字句中的比较结果不但前置于比较基准前，更可前置于句首，相当于一个名词，表示话题的性质。这种“过”字句大都是否定式差比句，现在主要存在于温岭老话中。例如：亲弗过娘囡，鲜弗过水潺没有比母女更亲的，没有比水潺更鲜的。（水潺：学名“龙头鱼”）

第三节 语气词

本文介绍温岭话中12个较有特色的语气词，包括11个句尾语气词和1个句中语气词。文中句末语气词省略波浪下画线，注音中不标声调表轻声。由于表感叹的语气词最常用的也就一个“啊”，不在本文讨论范围，所以我们在介绍各个语气词的分布时主要涉及的是陈述句、祈使句和疑问句。小字的普通话注释在不影响意义表达的情况下尽可能保持温岭话的语序。

3.1 特色语气词

3.1.1 爻[ɦɔ]

温岭话中与普通话的“了”相当的语气词是“爻”，它也是语气助词和时态助词兼于一身的，至于是单纯地表语气的“爻2”，还是时态助词“爻

1”和语气助词“爻2”的混合，则需视具体语境而定，比如：忒晏猛爻太晚了。|腔基喫弗开爻现在行不通了。|要落雪快爻快要下雪了。|我还抱过尔爻我还抱过你了。|我走转来爻我回来了。

“爻”除了表一般的陈述和肯定的语气外，也能表强烈的肯定语气，如：“当然望着爻当然看到了！”相当于“啦”，是两个语气词“了+啊”的组合。

3.1.2 哦[ve]/[vɛ]

（1）用在是非疑问句尾，相当于普通话中的“吗”，可看作是“勿+哎”的组合。表一般的疑问语气时读[ve]，比如：尔有胆打赌哦你敢打赌吗？|替日呒告哦这样可以吗？|小张尔认得得哦你认识小张吗？|尔天酿去哦你明天去吗？|个件衣裳好看伐这件衣服好看吗？

（2）如果表示揣测性疑问或商量性疑问语气的时候，读[vɛ]，相当于普通话中的“吧”。比如：我等腔基歇爻哦我们现在停止吧？|尔个小人还将埭哭你这孩子还在那儿哭啊，忍爻哦止住吧？

3.1.3 解[ka]

相当于两个语气词“个+啊”的合音。

（1）用在陈述句末时，突出说话者所要强调的信息，相当于普通话中的“（是……）的”格式。如：渠个间里老世乱七八糟解他的房间总是乱七八糟的。|本书是我解这本书是我的呀。|我昨日晏界来解我是昨天下午来的。|个两日股票大跌解这两天股票大跌的呀。

（2）用在疑问句末，表达的疑问常常是需要确认的信息，表明说话者的态度或者吃惊的语气。包括肯定式和否定式两种，如：个人尔也晓得解这个人你也认识啊？|尔搭我讲过解你跟我说过了吗？|替日做好用解这样做难道可以吗？|己日尔生日解今天是你的生日啊？|个字替日大尔呒望着解这字这么大，你没看见吗？|着个眼衣裳弗冷解穿这么点衣服不冷吗？

语气强烈时常常与副词“嘈个难道”连用以加强反问的语气，相当于普通话的“难道……吗？”比如：渠嘈个儿时拨尔忘记过爻解她难道什么时候把你忘记过了吗？|我嘈个搭尔呒讲过解我难道没跟你说过吗？|我嘈个弗晓得解我难道不知道吗？|

（3）用于祈使句末，表示告诫、警示的语气。如：尔头前望牢牢解你前面要看牢点啊！|僄乱妆解别乱弄哦！|个话呒起替日讲解这话不能这样说的哦！|仔细顶解仔细点哦！|尔僄买解你别买哦！我老早买好解我早就买好了的呀。（前者表示祈使，后者表示陈述）

3.1.4 咍[hɛ]

用于祈使句中，表提醒或建议。如：

我等聚队用力咍我们一起用力哦。

我等记便转来爻我等会儿就回来了，尔僄豁咍你别怕哦！

我讲讲谩解我开玩笑的，尔𠎝忖牢顶哈你别放在心上哦！

尔慢慢尔喫哈你慢慢吃吧，慢喫呛牢解否则要呛住的。

尔拨我聚代记牢哈你帮我一起记住哦，我个人腔记性头腾显爻我这人现在记性很差了。

尔将屋里等我哈你在家里等我哦！

3.1.5 矣[ɦi]

用在陈述句尾，强调肯定的语气。

（1）表“显而易见”或“不很介意、不成问题”，如：

渠个两年咋儿个他这两年怎么样？——横直呒告得妆矣反正有弄没弄的。

离爻便离爻矣离了就离了，又弗是呒办法个又不是没办法的。

（2）表未然事态时，常跟副词“还”和否定词连用，如：

外头还呒落雨矣外面还没下雨呀。

我娘𣍐转去矣我妈还没回去呀。

己日个报纸还呒驮来矣今天的报纸还没拿来呀。

个件事干还呒妆清爽矣这件事情还没弄清楚呀。

（3）也可表持续状态。如：雨还来落矣雨还在下呀。|我还来吃饭矣我还在吃饭呀。|渠还呒爬起矣他还没起床呀。|教室间里人还无数来得矣教室里还有很多人在呀。

（4）出现在数量词语后面时，除表仍然事态语气外，还可以表示说话人主观上认为数量偏小的情态语气。如：我娘转去只两日矣我妈回去才两天呢。|我只吃三碗饭矣我才吃了三碗呀。|本书我只望一半爻矣这本书我只看了一半呢。|渠还扣来矣她才刚来呢。|我只学半年咦我只学半年呀。

3.1.6 嚣[ɕiɔ]

用于疑问句尾，表示已经基本上知道某个信息，但是还不能确认，所以提出来，要求对方证实，相当于普通话里的“吧”字问句，主要是表猜测。如：尔有四十岁嚣你有四十岁了吧？|渠是温岭人嚣她是温岭人吧？|尔呒搭我讲过嚣你没跟我说过吧？

3.1.7 嘞[ləʔ]

（1）用于疑问句尾，相当于疑问语气词“呢”，表求解性的询问。如：妈妈，姐姐嘞？

（2）用于陈述句尾，如：个样菜蛮好喫个这个菜挺好吃的，尔喫喫相嘞你尝尝吧。

（3）用于句中，作话题性标记。如：我嘞我呢，不管何么都呒告不管什么都可以。

3.1.8 喏[no]

（1）用于陈述句中，加强陈述的语气。如果动作正在进行，或者状态正在持续，常与时间副词“扣正”“扣来伏/来堉正在”连用表强调，相当于普通话中的“正（在）……呢”。另外，还可表示不耐烦的语气。如：

我还呒工作喏我还没工作呢！

尔来妆何么啊你在干什么呢？——我烧饭喏我在烧饭呢！

你老小偷喏你才是小偷呢！

㑚发剧耶别急嘛！我会拨尔驮来个喏我会给你拿来的哪！

（2）用于祈使句尾，如：尔笑齁用功喏你别太用功了呀！|尔快顶走来喏你快点来呐！

3.1.9　耶[ɦiɛ]

（1）用于陈述句尾，表达对事实、缘由的说明和解释，以及说话者鲜明的态度等。如：喫喫过还拨我吃过了还给我，減儿要耶谁要啊！|都昨日雨落来之故耶都是昨天下雨的缘故，害得我等己日春游呒得去爻害得我们今天不能去春游了！

（2）用于祈使句尾。如：时间还早显啊时间还很早呢，嬉腔凑耶再玩会嘛。|尔拨我驮来耶你帮我拿来嘛。|尔㑚去耶你别去嘛。|尔将㙮耶你在这儿嘛。|尔有空拨我望望相耶你有空帮我看看嘛。|个份题目我做弗来这道题我不会做，尔教教我耶你教教我嘛。|㑚慌耶别慌啊！来得及解来得及的呀！

（3）用在疑问句中，但基本上是属“无疑而问”类，有表追问、指责或不满的意思，如：我咋儿会替日个耶我怎么会这样的呢？|尔咋儿弗早顶搭我讲声耶你怎么不早点儿跟我说一声呢？

3.1.10　则[tsaʔ]

用于疑问句末，相当于句末的“不是吗？”或反意问句的“不是……吗？”如：我呒搭尔讲过则我没跟你说过，不是吗？|个物事尔喫过爻则这东西你吃过了，不是吗？|渠老早放假爻则她早就放假了，不是吗？

3.1.11　□[fɔ]

在陈述句中，用于解释或说明缘由等。如：

尔咋么便来个商场㙮弗肯去你干吗就在商场里不肯走？——我便要买个种手机□[fɔ]我就要买这种手机嘛。

尔咋么还齁趨趨出去你干吗还拼命跑出去？——我要上厕所紧爻□[fɔ]我要急着上厕所呀！

3.1.12　乏[vaʔ]

用于句中，表提顿，相当于普通话中的“嘛”。

（1）表强调说话者认为自己已经提醒或建议过，但别人未接受，有埋怨之意。如：我讲来弗及乏我说来不及嘛，你便弗相信你就是不相信。

（2）表引出要谈论的话题。如：

上海乏上海嘛，我去是去过爻我虽然去过了，不过觉得人实在多猛爻不过觉得人实在太多了。

3.2　语气词的特点

（1）温岭话语气词的组合层次主要有两类：一类是单纯型，就是单音节的语气词，如“喏、矣、耶”等；一类是复杂型，又分合音型和并列型。合音型如“解、哦”等，是两个语气词的合音；并列型主要是“爻”与其他语气词的接连出现。根据“爻”前的音节特点，“爻”有时候会与其前面的音节发生连音变化[1]。

（2）从语气词所表达的语气意义来看，我们以上所列语气词的解释也只能是粗放型的，因为语气受语用因素的影响最大，语用表达的丰富性和细微性很难将温岭话中的每一个语气词的意义和功能解释完整。另外，既然作为语气词，当然全都有表达感情的作用，而且有些语气词又兼有表示时态、疑问和祈使的功能，还跟一定的语调等因素混合在一起，在具体的语境中，到底是哪一项起作用，不太容易分清[2]。

（3）按照语气词所表达的语气功能所作的分类，同一类语气词内部之间的关系也是各不相同的。陈述句、祈使句、疑问句和感叹句都与一些相对固定的语气词相匹配，而同一个语气词又能出现在不同的句类中，导致语气词内部之间的关系错综复杂。比如说，普通话里的“吧”字问句在温岭话里有三种表达式：“哦”、“嚣”和“则”。虽然三者皆属“揣测性求证”式的疑问，即说话人带有某种程度的推测，只因其没有百分之百的把握，故而需要进一步求证[3]，但是它们所表达的揣测程度是有高低之分的。“则”的揣测程度最高，其次是“嚣”，“哦”最低。“哦”除了表揣测性疑问外（下文叫“哦$_2$”），主要表一般疑问（下文叫”哦$_1$”），但是读音上有差异。比如我们对“外面是否下雨”的情况的疑问，随疑问程度的递减依次可表达为：

落雨爻哦$_1$？（一点儿也不知道外面是否在下雨）

落雨爻哦$_2$？（天气预报说要下雨的，下了吗？）

落雨爻嚣？（听见下雨的声音了，下雨了吧？）

落雨爻则？（不是下雨了吗？）

“哦、嚣、则”之间的具体关系如下：

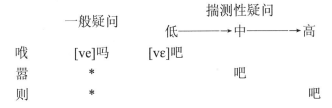

	一般疑问	揣测性疑问：低——→	中——→	高
哦	[ve]吗	[vɛ]吧		
嚣	*		吧	
则	*			吧

---

① 详见第六章“其他语音现象”。

② 汪平：《苏州方言语法》，未刊著作，第112页。

③ 邵敬敏：《汉语方言疑问范畴比较研究》，暨南大学出版社2010年版，第219页。

余论　关于台州方言分区归属的讨论[①]

自 20 世纪 80 年代中期起，台州方言在吴语中的分片问题上一直处于游移状态。1982 年 9 月在复旦大学召开的吴语研究学术讨论会上，颜逸明先生和傅国通先生提出以“张”字的不同读音和“筷子”的不同叫法为主要根据，把吴语分为南北两片，其中台州属于南片。1983 年在杭州召开的吴语分区问题的专题讨论会，从语音、词汇、语法各方面确认了南北分区的标志。而在 1984 年的无锡会议上，游汝杰先生首次提出浙江吴语分片的多分法，最后会议讨论决定吴语内分为太湖片、台州片、温州片、婺州片、丽衢片。《中国语言地图集》（1988）等则把吴语分为六个片：太湖片、婺州片、台州片、瓯江片、丽衢片、宣州片[②]。二分法和多分法除了各片的名称上略有不同外，最主要的是分区层次上的差异。无论在观念上，还是在术语的使用上，南部吴语和北部吴语的对立并没有彻底消失，因为人们总是有意无意将某一种方言做一个“非南即北”的阵营划分，比如将“太湖片”和“北吴语片”等同，将其他四个片和南部吴语等同。

在论及台州方言的文章和著作中，绝大多数将之归为南部吴语或南片吴语（许宝华等 1984；蔡勇飞 1984；傅国通 1986；陶寰 2003；平田直子 2003；大西博子 2003）。也有学者表现出了一种矛盾的心理，“按照南北两分，临海话和温州话同属南区，宁波话和绍兴话同属北区，但事实上临海话和温州话的关系远远不如和宁波话、绍兴话的关系密切”[③]；或者认为台州方言虽属南片吴语，但语音特点上可属北片[④]；也有学者怀疑台州方言单

---

① 本部分兼作全文的结论环节，是基于温岭方言的研究视点而推及整个台州方言，来考察台州方言在吴语内部的分区归属问题。有些内容以《台州方言在吴语中的内外关系》为题，已发表在《宁波大学学报》（人文版）（2010 年第 1 期）上，该文未包括本部分中从社会语言学角度的分析。本次写作已有较大修改。

② 中国社会科学院、澳大利亚人文科学院：《中国语言地图集》，香港朗文出版（远东）有限公司 1988 年版。

③ 颜逸明：《吴语概说》，上海教育出版社 1994 年版，第 82 页。

④ 游汝杰：《上海话在吴语分区上的地位——兼论上海话的混合方言性质》，《方言》2006 年第 1 期。

独成片的必要性，并尝试把台州方言归入太湖片[①]——这里的太湖片就是北部吴语的代名词。另外，南、北两片各家在讨论吴语内部分界和各片异同时，常把台州方言置之其外。讨论北片吴语的人认为台州方言属于南片，而讨论南片吴语的人又认为台州方言具有北片的特点，因此该归北片。南北两片在划分各自的“势力范围”上表现的“谦让”态度，致使台州方言客观上成了南、北两头都不着落的“流浪儿”。本文试图从语言本体、地理位置、历史沿革，以及社会语言学的角度，来探讨台州方言的内部特点和外部关系。

壹　台州方言的语言特征

台州方言之所以能与吴语其他五片方言并驾齐驱，是在于其独特的个性。傅国通等指出“台州片”的五个特点：（1）[k]组声母拼撮口呼韵母；（2）阴去字单说一律读高平调；（3）用变音表示儿尾；（4）“姐夫、妹夫”都叫“姊乂”。“早晨”叫“枯心”；（5）动词重叠后加“想”，表示短暂或尝试。[②]但是也有另外的观点认为“从这几条简要的特征，我们很难判断台州方言是否应该单立一片”[③]。那么，台州方言到底有无独特性？其独特性又表现在哪些方面？我们试图通过寻找一些比较有代表性的语言特征项，将“台州方言”与一般意义上的“北部吴语”和“南部吴语”作共时比较，以探求其真实的语言面貌，了解其复杂的外部关系，从而明确台州方言在吴语中的地位和归属。

由于北部吴语较强的内部一致性，本文在比较时并不说明其内部各片的差异，而只是将其作为统一的一列——“北部吴语”。“南部吴语”则因其复杂性而分片单列，并选取“金华”、“丽水”和“温州”分别作为“金衢片”、“上丽片”和“瓯江片”的代表方言。本文所言的“南部吴语”是借用《南部吴语语音研究》一书中的定义和范围，指“今浙江省南部金华市、衢州市、丽水地区、温州市四个地市，以及江西省东部上饶地区的部分县市、福建省西北部浦城县的部分地区”[④]。本文根据 1994 年前的行政区划，选取了“临海”、“三门”、“天台”、“仙居”、“温岭”五个点作为代表方言。所用语料来源主要是：南部吴语各点（曹志耘 2002）、临海（《台州地区志》1995）、三门（《三门县志》1992）、天台（《天台县志》1995），

① 曹志耘：《南部吴语语音研究》，商务印书馆 2002 年版，第 5-7 页。

② 傅国通、蔡勇飞、鲍士杰等：《吴语的分区（稿）》，《方言》1986 年第 1 期。

③ 曹志耘：《南部吴语语音研究》，商务印书馆 2002 年版，第 6 页。

④ 同上书，第 1 页。

温岭和仙居两地的材料为笔者自己调查所得。

本文在借鉴已有的关于南北部吴语的语言区别特征的基础上（许宝华等 1984；蔡勇飞 1984；傅国通等 1985；颜逸明 1994；曹志耘 2002；汪平 2005；游汝杰 2003、2006），提出 28 个语言项目作为南北吴语的区别特征。其中，语音特征 11 项（见表 1），词汇特征 14 项（见第八章），语法特征 3 项（见表 3）。这 28 个语言比较项在各片、各点内部还存在着不同程度的差异。有些语言特征，虽然在汉语方言分区（片/小片）时，一向为人们所关注，但不一定能充当重要的划分标准，其规律性也不是很强[①]。因此，我们所做的特征判断并不是唯一的答案，而只代表一种主流或倾向。特别是在下“无”的结论时，更加不是绝对的。因为“说有容易，说无难”。为了制表的简洁明晰性，表中所列项目的表述从简从略。具体见下列各表。

一、语音方面

表 1

比较项	北部吴语	南部吴语			台州方言				
		金华	丽水	温州	临海	三门	天台	仙居	温岭
1“交”的声母	多	多	少	少	少	少	少	少	少
2“伤”的声母	舌尖	舌面	舌面	舌面	舌面	舌尖	舌尖	舌尖	舌面
3“手”的声母	舌尖	舌面	舌面	舌面	舌面	舌面	舌面	舌面	舌面
4 见晓组细音腭化	是	是	部分	部分	部分	部分	部分	部分	部分
5 张	鼻化	鼻尾	鼻化	元音	鼻化	元音	元音	元音	鼻化
6 船	洪音	细音	细音	细音	细音	细音	细音	细音	细音
7 包	单	复	复	单	单	复	复	复	单
8 姐=者?	否	是	是	是	是	是	否	否	是
9 小称变音	无	有	有	有	有	有	有	有	有
10 阴平调型	部分高降	中平	中升	中平	中平	中平	中平	中平	中平
11 变调类型	前变	后变	后变	后变	后变	后变	后变	后变	后变

① 汪平：《北部吴语三小片的重新画分》，《方言》2005 年第 2 期。

下面对以上所列的11个语音特征在台州方言中的表现作逐一说明。

1. 见母开口二等字在台州方言中基本上读[k]，文白异读现象不明显，只在少数词语中读成[tɕ]或文白两读[k]/[tɕ]。如："过家家"的"家"读成[tɕ]，"家属"的"家"则可两读；"嘉、巧"做人名时文读。"酵、腔、虹、饺"读音例外。而该项在北部吴语中多呈文白异读之态，且以文读声母[tɕ]类为多。

2. 宕、江、通、臻（合三）摄知庄章组声母在台州方言中内部差异较大。温岭话中这些字都读舌面音；天台、三门、仙居话中宕摄字读[ts]组声母为主，如"装妆昌倡创商伤床"等，临海话中读[ts]组声母的字相对以上三地少一点儿。但江、通、臻（合三）摄字在这四地方言中则皆读[tɕ]组声母，如"壮窗闯撞双、中忠终肿冲虫重竹祝粥叔触、春唇纯准顺出术"等。

3. 效、流摄开口三等知章组字声母，在台州方言内部表现出高度的一致，典型的"手"和"烧"二字在台州方言中都读舌面音，与北部吴语读舌尖音形成鲜明对比。其他如"超朝赵招召烧照少绍、抽周舟宙收手受臭兽售"等字也是如此。

4. 见晓组声母拼细音时，在北部吴语中一律腭化成[tɕ]组声母，在南部吴语中有部分腭化现象。但是，在台州方言中除了个别地方部分腭化外，基本上还保留着舌根音能拼细音的特征。这也是台州方言之所以能够自成一片的主要特点之一。台州方言内部在这一点上的差异与温岭方言的内部差异一致，详见第四章"内部差异"。

5. 宕江摄韵母保留鼻韵尾或鼻化韵是北部吴语的主要特征之一。南部吴语中有磐安、汤溪、文成、温州等地韵尾已脱落，也不带鼻化，而变成了元音韵母。在台州方言中，三门话全读元音韵母，如：张[iæ]、帮[ɔ]、王[uɔ]。而且梗摄开口二等庚韵，也读成元音韵母[æ]，如"撑掌生更梗坑硬棚争耕"等。宕江摄韵母在仙居白塔等部分地方也读元音韵母；天台话中除阳韵字读鼻化韵母[iã]外，宕江摄字均读元音韵母[[ɔ]或[uɔ]。临海和温岭等地则与北部吴语同。

6. 山摄合三仙韵知章组　北部吴语多数地点读洪音，而南部吴语的主流读音是细音，台州绝大多数方言与南部吴语同，读为撮口呼[yø]。如"专穿船传"等字在临海、天台、三门、温岭等地都读成细音。只有黄岩、椒江和温岭的个别地方（如泽国）读为洪音，声母为舌尖音，而非舌面音。

7. 效摄韵母　北部吴语绝大多数读为单元音，而南部吴语中复元音韵母的比例很大。在11个南部吴语代表点中，金华、常山、广丰、遂昌、云和、文成这六个地方是读复韵母的。[①]台州方言中，三门、天台、仙居等也读复韵母[au]或[iau]。临海、温岭等则与北部吴语同。

8.“姐”与“者”是否同韵　这两个字与有些文章中做特征代表字的“借”和“蔗”的音韵地位相同，只是“姐者”为上声，“借蔗”为去声。只是前者比后者更常见。因为“甘蔗”一词在有些方言中根本就不说。如温岭话中就说成“糖梗”。所以本文以“姐者”作代表字。“姐者”在北部吴语中不同韵，但在南部吴语中多数同韵，甚至同音。台州方言中比较复杂。假开三麻韵精组字的韵母在台州方言中绝大多数读为[ia]，如“笡（斜的意思）斜邪谢”。“姐”有两种韵母读音：[ia]和[i]。临海、三门、黄岩、椒江等地读[ia]韵母，天台、仙居、温岭等地读[i]韵母。温岭的白读音为[ia^{42}]和[i]，文读音为[iɛ]。麻韵章组字在台州方言中除了“者”字外一律读[o]韵。“者”字在所有的台州方言中皆读[tɕia]。因此，在临海、三门、黄岩、椒江、温岭等地方言中，“姐”和“者”是同音字。

9. 小称变音　这是南部吴语的普遍现象。台州方言中的小称变音现象与南部吴语无异，也十分丰富和突出。但是北部吴语除了个别残存现象外，几乎不存在小称变音。

10. 阴平调型　阴平的调型在吴语中的南北差异十分鲜明。北部吴语除了苏州、无锡、常州等地外，阴平以高降调为多，南部吴语则绝大多数是中平调。台州方言与南部吴语同，中平调是其主流调型。临海、黄岩、椒江的部分地方有略微的中降现象。

11. 连读变调的类型　南部吴语的变调类型以“前变型”为主，但在北部吴语中存在着不同程度的后字变调现象[②]，而且很多北部吴语属于“首字调决定调形”类。台州方言中的连读变调类型与南部吴语相同，都属于“前变型”。其连读变调的形式和类型非常复杂。

以上 11 条语音特征，兼顾了南北吴语双方的语音特点，可以说是南、北两片吴语语音区别特征项的“最小公约数”。我们排除了一些南北皆有、或分别存在于南北部中却又共性不强的特征项。在以上 11 个比较项中，除了第 6、8、9、10 项有不同程度的差异外，其他 7 项都为台州方言和南部吴语所共有。此外，曹志耘先生归纳了南部吴语语音的 20 个共性[③]，具体如下：（1）“帮滂并”、“端透定”和“见溪群”三分；（2）部分非组字今读双唇音；（3）泥来二母不混；（4）从崇船母白读多为擦音，从母跟邪

---

① 曹志耘：《南部吴语语音研究》，商务印书馆 2002 年版，第 236-240 页。

② 同上书，第 170 页。

③ 同上书，第 161 页。

母相同，船母跟禅母相同；（5）知庄章三组声母一般二分为[ʦ]、[ʨ/ʧ]两组；（6）日母多数字读[ȵ]、[ɲ]等鼻音声母；（7）见晓组开二字读[k]组声母；（8）止合三见系的“贵亏跪围”等字，一般读作舌面音，文读韵则为合口呼；（9）疑母洪音字读[ŋ]声母；（10）部分匣母字读如群母；（11）部分果摄开口一等字和合口字读低元音韵母，或主要元音为低元音；（12）遇摄合口三等鱼、虞二韵有别，如“箸”与“住”不同；（13）蟹摄开口一等的咍、泰二韵有别，如“菜”与“蔡”不同；（14）咸摄开口一等的覃、谈二韵有别；（15）一般只有一个鼻音韵尾[ŋ]或[n]；（16）四声八调，清音浊阳；（17）保持“阴高阳低”的调值格局；（18）阴上（或上声）多为高调，并有紧喉现象；（19）连读调非常复杂；（20）存在比较丰富的小称音。

上述第 8 条，“归亏跪围”如果读成[ʨ]组声母，则不算是南部吴语的特点，而恰恰是北部吴语常见的。关于这组见系止合三字在台州方言中的分布，见上文说明。第 10 条“部分匣母字读如群母”，台州方言相对于其他南部吴语来说显得少一些。通过以上比较，我们发现在南部吴语的 20 条语音共性项中，台州吴语相同的项目至少占了 80%（见下表 2），可以说，在语音上还是比较接近于南部吴语的。

表 2

南部吴语语音共性	台州方言	南部吴语语音共性	台州方言
1	+	11	–
2	+	12	+
3	+	13	+
4	+	14	–
5	+	15	+
6	+	16	+
7	+	17	+
8	–	18	+
9	+	19	+
10	–	20	+

此外，台州方言中还有一个“引人倾耳的语音现象——‘嘎裂声——中折调’”。中折调最早是赵元任先生 1928 年在黄岩发现的。至今在台州西

部和北部较偏僻的地方还普遍存在。但黄岩、椒江一些地方方言中的上声已经消失了这种嘎裂声了。虽然全国还有其他方言中，如江西余干赣语、闽西赖源闽南话、粤北韶关话等也有这种类似的“中喉塞”或“中折调”。[①]但是，作为吴语地区的代表，这种“嘎裂声中折调”也许可以作为台州方言在吴语中独具特色并自成一片的一个重要方面。它与温州等方言中存在的上声的紧喉现象的性质相似，只是表现形式有异。

二、词汇方面

我们在第八章“词汇概说”中已经作了论述，共有14个特征词项。此处从略。

三、语法方面

本文选取了以下3个特征（表3，26-28）作为语法方面的比较项。

表3

比　较　项	北部吴语	南部吴语	台州方言
26 单音形容词重叠后缀	叫	尔/个/仔	尔/个/仔
27 摹状形容词重叠式 AAB	多	少	少
28 修饰词后置	少	多	多

表中第28条语法特征是个常见项。修饰词后置在北部吴语不多见，但在南部吴语中却极为普遍。台州方言中亦是。状语后置的最典型的格式如：“你走起、你走过头先你先走。”“我吃碗凑我再吃一碗。”“到屋里快了快到家了。”定语后置的名词有“菜干、鱼生、鸡娘、米碎、镬焦锅巴、篾青、豆腐生豆腐脑、鞋拖、肉散肉糜、虾扁”等。另外，北部吴语的摹状形容词重叠式中AAB的格式很常见，如“血血红、雪雪白、碧碧绿、辣辣黄”等，但在南部吴语中几乎不用。台州方言中也几乎没有这种AAB式。其形容词重叠式的主要类型有：ABB、ABAB、A里AB等。至于第27条语法项，大西博子曾做过详细的解释。她的文章认为北部吴语即指属于太湖片的方言区，其余方言区属于南部吴语。吴语单音形容词重叠后缀主要有“叫、里、能、个、仔、尔、儿”。它们的分布情况在吴语南北之间有着不同的面貌。在北部吴语中最流行的后缀“叫”，在南部吴语中却很少见。而南部吴语的主要后缀

① 朱晓农：《浙江台州方言中的嘎裂声中折调》，《方言》2004年第3期。

有“尔”和分布于南北之间的“仔、个、能、里、儿”等[①]。台州方言中则以“尔、个、仔”为主，与南部吴语相近。

贰 台州方言的地理和历史学分析

从地理位置上看，台州位于浙江省东南沿海。大陆海岸线长 630.87 千米，占浙江省的 28%，其中有 6 个县市区濒临东海。如果考虑台州在浙江省地理上的南北归属——非南即北的话，我们认为台州属于浙江南部比较合适。理由主要有三：（1）如果以普遍公认的钱塘江为界，台州位于钱塘江以南，属浙江南部；（2）与属于南部吴语中的金华、衢州、丽水、温州四区市相比，把台州归入浙南比浙北更合适。金、衢两地与台州北部的纬度相当。如天台县和仙居县，就地处北纬约 28° 5′—29° 2′之间。而金华在北纬 28° 3′—29° 4′，衢州在北纬 28° 1′° —29° 3′。丽水地区则与台州南部的纬度相当。而且在南部吴语分布的范围中，只有庆元和龙泉两个县比台州市最南端的玉环县的纬度稍低一点儿。即使最无争议的温州——浙江最南部，其地理坐标为 27° 03′—28° 36′，而台州南部的温岭、玉环两地的纬度也在 28° 左右。所以，也并不是说温州下辖的所有县市都在台州以南；（3）台州与周边其他地区地理上接壤的县市很多。三门县北部与宁波的宁海县相连；天台县东连宁波的宁海，西接金华的磐安，北界绍兴的新昌；处于台州西部的仙居，南邻温州的永嘉县，西接丽水的缙云县，北靠金华的东阳市和磐安县；黄岩与温州的乐清和永嘉有相邻部分；温岭、玉环也西南接于温州的乐清。可见，除了处于台州腹地的临海和椒江外，台州有 6 个县市都与其他地区有不同程度的接壤。

台州的这种地理位置，决定了台州方言带有周边各片方言的特点。比如说，与缙云交界的仙居。由于古代的仙居人出门只有一条苍岭古道。所以仙居方言和缙云的东乡话关系非常密切。帮端母读鼻音、边音、先喉浊塞音、先鼻清塞音等特殊读音，是南部吴语的一个比较明显的特征。仙居话中也有这种语音现象。仙居县的下阁等地帮端母读[ʔb ʔd]声母，县城“打”字读[n]声母[②]。据笔者调查，仙居白塔镇附近的人也把“打”字读成[n]声母。但是，由于台州内部自古多山地、丘陵，交通阻隔。特别是台州北部的仙居、天台两县，更有“八山一水一分田”的地理特征。从现在介于宁波和

---

① 大西博子：《吴语的单音形容词重叠后缀初探》，《吴语研究》（第二届国际吴方言学术研讨会论文集），上海教育出版社 2003 年版。

② 曹志耘：《南部吴语语音研究》，商务印书馆 2002 年版，第 35 页。

台州之间的隧道数多达二十来个，足以想象以前的台州该被多少座崇山峻岭所分隔和阻挡啊！在台州和温州之间，则横亘着一条长达 4.1 公里、曾被誉为中国最长的公路隧道。这种地理上的闭塞性，就形成了台州方言自身的相对独特性。

从历史沿革上看，台州与浙南的关系也比浙北近。为了便于语言学上的比较，也为了与台州的历史沿革保持一致——因为吴语的方言分布和旧府州行政区划的关系非常密切。因此，本文采用 1994 年前的行政区划，即台州包括八县市：临海、天台、三门、仙居、黄岩、椒江、温岭、玉环。

台州历史悠久，新石器时代就诞生了人类文明。先秦时与温州一带同为瓯越地，秦代属闽中郡。西汉始元二年（前 85 年）设立回浦县，属会稽郡。辖境大致相当于后世台、温、处三府。这是台州设县之始，后世的台州、温州、丽水各县均从此县分出。三国吴太平二年（257 年）置临海郡，辖章安、临海、始平（今天台县）、永宁、罗阳、松阳、罗江 7 县，隶扬州。这是台州建郡、州、府之始。当时的临海郡的辖境基本上沿袭了回浦县旧境，大致相当于今台、丽、温三市和宁、绍、金三市的小部分区域及福建闽江以北地区，陆域面积约 5 万平方公里，是目前台州市的 5 倍。东晋明帝太宁元年（323 年），析临海郡置永嘉郡，临海郡辖章安、临海、始丰、宁海 4 县，至此后世台州府的辖境大致形成。穆帝永和三年（347 年），分始丰县南部置乐安县（今仙居县），临海郡辖 5 县。隋文帝开皇九年（589 年），原临海郡、永嘉郡合并为处州（592 年改称括州，607 年又改称永嘉郡），治括苍县（今丽水），将原临海郡的 5 个县合并为临海县。唐武德五年（622 年）始称台州，以境内有天台山而得名。

纵观台州的历史沿革，虽然台州一度属于会稽郡，甚至隶属过扬州和楚国，但那都是名义上的，连朝廷都感到鞭长莫及。而台州与温州、处州（今丽水地区）的关系却是错综复杂，几千年的分分合合使台、温、处一直处于“剪不断、理还乱”的历史纠葛中。另外，台州内部各县市的归属也说明了这一点。元代后至今，天台除了有几年划归宁波外，绝大部分时间属于台州；温岭东晋时分属临海郡、永嘉郡；历史上玉环的行政建制和隶属变更最为频繁，始终在台州和温州之间游移。1959 年，玉环县撤销后并入温岭县，仍属温州专区。直至 1962 年，恢复玉环县建制，才隶属台州专区。这种行政区划上的更革，也极大地影响了台州方言的形成和发展。因此，今天的台州人总能在周边各片吴语里找到自己方言的痕迹，也使周边各片吴语在台州方言中找到它们熟悉的影子。南部吴语的复杂，在台州方言中也有一定的体现。难怪章太炎先生在《检论·方言》中甚至将温处台方言划归闽语[①]。

叁　台州方言的社会语言学观照

“方言分区既要考虑语音特征，也要考虑词汇、语法特征；既要考虑语言因素，也要考虑文化因素；既要考虑研究者的意见，也要考虑当地人的语感（土人感）。”[②]我们在考察差别巨大的南北吴语时也要考虑上述这些因素。内部差异程度在南北吴语中的表现并不一致。北部吴语内部比较一致，通话程度高。而南部吴语的内部各片差异明显，通话程度较低。台州方言在这两个方面，可以说都处于北部吴语和南部吴语之间。由于语言的相似性和可懂度本身都是相对的概念，没有明确的科学界定。因此，从语言内部一致性和可懂度，来认定台州方言在吴语的南北归属上还是有很大难度的。各派专家有不同的观点。本文为此用社会语言学的方法来分析这个问题。本次社会语言学的调查采用问卷的形式。问卷内容除了请被调查人填写个人背景信息外，主要包括五个问题。跟本文直接相关的三个问题如下：

问题三：您觉得台州属于：A 浙江北部　B 浙江南部　C 其他

问题四：您觉得台州话与（　）相似？A 宁波话　B 温州话

问题五：您觉得（　）好懂一点儿？

（温州卷）A 台州话　B 宁波话（或上海）

（台州卷）A 宁波话　B 温州话

（宁波卷）A 台州话　B 温州话

本次调查对象的选定方式如下：以宁波大学国际交流学院中加班学生为主体，选取了其中籍贯为台州、宁波（北部吴语）和温州（南部吴语）的同学，由他们再分别去调查各自的社交圈对象（“社交网络圈”）。由于来自上述三地的学生人数不均，加上本次调查时间仓促，条件有限，所以，在回收的有效问卷数目上也不太平衡。对本次的调查结果，本文采取最粗略的分析方法，而不对问卷中采集的“性别、年龄、县市、教育程度，以及对台州（话）、温州（话）、宁波（话）的熟悉程度”等社会语言学变量，做具体和深入的分析和研究。具体见表 4。

---

① 章太炎：《章太炎学术论著》，浙江人民出版社 1998 年版。

② 曹志耘：《南部吴语语音研究》，商务印书馆 2002 年版，第 174 页。

表 4

	问题三			问题四		问题五		
	浙江北部	浙江南部	其他	宁波话	温州话	宁波话	温州话	台州话
台州人	4 人/20%	11 人/55%	5 人/25%	19 人/95%	1 人/5%	19 人/95%	1 人/5%	
温州人	3 人/15%	16 人/80%	1 人/5%	17 人/89%	2 人/11%	9 人/47%		10 人/53%
宁波人	12 人/13%	57 人/66%	18 人/21%	32 人/36%	56 人/64%		21 人/24%	67 人/76%

关于问题三，三个地方的人认为台州属于浙江南部的观点都占了优势，特别是温州人高达 80%。只有不到五分之一的人持“浙江北部”观。另有少数人认为台州既不属于浙北，也不属于浙南，而是浙江中部或浙江东部或浙江东南部。从表 4 中也可以看出：在上述三地人中，台州人对自己的地理位置认识更精确一点儿。此外，问题三的趋势也符合一般人的常识或表述。因为即使在媒体和著述中，在涉及“浙江南部”的概念或范围时，台州往往名列其中。如《中国海湾志（第六分册）》（浙江省南部海湾）的内容简介如下：“本分册共收入浙南沿海共 8 个湾，分别是台州隘顽湾和漩门湾、乐清湾、温州湾、苍南县以东诸湾。”①

问题四和问题五实际上有一定的关联性。关于问题五，温州人认为宁波话和台州话好懂的比率比较接近。按照常理，“语言差异的累积结果是，随着地理上的相隔越远，理解上的难度也越大”②。问卷调查中的宁波人的比例就符合这种趋势。但是，将近一半的温州人反倒认为距离较远的宁波话比相邻的台州话好懂。这可能是跟接受调查的人大多为在宁波求学的大学生有关，也与在宁波或上海的温州人比在台州的温州人多有关。这些受访的温州人在宁波或上海生活的时间比较长，自然容易听懂宁波话。此外，“互懂度对两个相关的方言来说也不是双向平等的”③。三地方言在台州人、温州人和宁波人之间的互懂度并不均衡。即使同为台州方言，仙居人容易听懂温黄平原上的温岭话、黄岩话、椒江话等，而温岭人、黄岩人、椒江人却很难听懂仙居话。

台州人认为台州话近宁波话而远温州话的观点，则呈现“一边倒”之势。当然，也有接受调查的台州人认为：宁波话和温州话都难懂。“温州话

① http://www.zjtz.gov.cn/ksp/4/_tzgl.jsp?node=1005.

② Chambers，J.K.；Trudgill，Peter [加]: Dialectology（影印本），北京大学出版社 2002 年版，第 5 页。

③ 同上。

难懂，宁波话也不好懂”，这是笔者和一些曾在宁波上过大学的台州籍人共同的感受。在宁波上了四年大学后仍然听不懂宁波话的台州人比比皆是。可见，台州方言和北部吴语的通话程度也没达到有些人所说的那么高。此外，台州方言内部的通话情况也是如此。临海以北的天台、仙居和三门，与临海以南的黄岩、椒江、温岭、玉环之间的差异还是比较明显的。尤其是玉环县内的方言种类最多、最复杂。玉环的坎门、陈屿等与温州隔湾相望、居民来源复杂的地方，太平话、温州话、闽南话都有。这些方言间的通话难度是显而易见的。好在坎门、陈屿等地的人都是“双方言”或“多方言”者，他们可以自由使用这些不同的方言。

关于问题四，台州人的观点和问题五保持一致。有意思的是，宁波人和温州人都认为台州话与对方更接近，这与本文开头所述的台州方言在学界的现状是惊人的相似！这也从另一角度再次证明台州话与宁波话、温州话都有不同之处，从而表明了台州方言的独特性。从百分比上可以看出，温州人认为台州话接近宁波话的比例，超过宁波人认为台州话接近温州话的比例。但是，总体来看，认为台州话接近宁波话的比例，超过认为台州话接近温州话的比例。这与有些研究者的观点也是一致的（颜逸明 1994；曹志耘 2002；游汝杰 2006）。

肆　小结

我们从上文对台州方言的语言特征、地理位置和历史沿革，以及社会大众的感性认识，可以看出台州方言和南、北部吴语之间有着一种“你中有我、我中有你”的关系。这种关系其实反映了著名语言学家 J.K.Chambers 和 Peter Trudgill 所谓的“地理方言上的连续统”。“如果我们按照一定的方向，从一个村子旅行到另一个村子，我们就会注意到不同村子的语言上的区别。有时候这些区别很大，有时候则很小，但它们是累积起来的。我们离出发点越远，这些区别就变得越大”，“处在地理外层边缘上的方言也许不能互通，但它们是被一连串的互懂（mutual intelligibility）连接起来的”[①] 台州方言就是北部吴语和南部吴语这一“连续统”上的一个重要地带，它处于北部吴语甬江（宁波）小片和南部吴语瓯江片之间。无论在语音上还是在词汇、语法上，都与其毗邻的方言片有着极为密切的关系，即一方面具有北部吴语的某些特点，另一方面又具有南部吴语的特征，充分体现了

---

① Chambers，J.K.；Trudgill，Peter [加]: Dialectology（影印本），北京大学出版社 2002 年版，第 5 页。

方言连续统上语言渐变的规律和特点。郑张尚芳先生也认为台州方言可以算作太湖片与瓯海片的过渡区）[①]。

那么，如果仅明确台州方言的这种过渡性质，那不是一件困难的事情。而现在的困惑皆来自于要将它纳入到“非北即南”的框架中。如果非要做这种两难选择的话，那本文的观点还是权且选择“南部吴语”。除了上文分析的理由外，尚有以下几点可供讨论：

一、语言（方言）区分度和互懂度的关系　从语言特征上看，台州方言与南部吴语的共性比北部吴语突出。即使在语音上也是如此。有些看起来好像接近北部吴语的语音特征，如果考虑到台州方言的内部差异，则可能会重新下结论了。另外，由于“在互懂度（mutual intelligibility）的标准确立上也有其他的困难，主要的问题是承认互懂度为多少的程度的标准”[②]，我们也很难仅仅根据互懂度来判断一个方言的归属。因此，到底哪些语言特征真正起区别作用？有多大程度的语言共性才能划分或归并不同的方言？哪些区别特征对可懂度有制约作用？语言区分度和可懂度相比，哪个对方言分区更有决定性作用？汪平先生在讨论上海话的分区问题时也曾说过，“我们还发现这样一个有趣而又平添困惑的问题：按语言学特征分区和按语感或可懂度分区其结果不一定一致”。[③]这种困惑和矛盾也同样存在于对台州方言的认识上。何况，南部吴语的内部各片也是不一致的，它们与北部吴语的关系也有亲疏远近之别。比如说金华方言，它的很多语言特点其实就是北方官话（或者说是北部吴语）“冲刷”所致[④]。如果说，官话色彩比较浓厚的金华方言都能跻身于“南部吴语”之中，那么，保留了相当多的古汉语成分的台州方言也可等而待之。

二、游汝杰先生曾认为，“南片只包括台州、金华、丽水、温州四地区。北片内部可分为两小片，宁绍地区为一小片，杭州、嘉兴、湖州三地区和苏南为另一小片。鉴于宁绍地区兼有南北两片的某些特点，也可以独立自成一片，即吴语可以分成三大片”[⑤]。我们认为，如果宁绍地区是个过渡片的话，那么，处于宁绍之南的台州方言自然可以归入“南部吴语”；如果宁绍小片能从太湖片中分离出来而自成一片，从而使吴语成“三足鼎立”之

① 曹志耘：《南部吴语语音研究》，商务印书馆2002年版，第7页。

② Chambers，J.K.；Trudgill，Peter [加]: Dialectology（影印本），北京大学出版社2002年版，第4页。

③ 汪平：《再说上海话的分区》，《方言》2006年第3期。

④ 曹志耘：《南部吴语语音研究》，商务印书馆2002年版，第191-199页。

⑤ 游汝杰：《上海话在吴语分区上的地位——兼论上海话的混合方言性质》，《方言》2006年1期。

势的话，那么，台州方言倒可归入该片中。毕竟，它们同具南北过渡性质，存在一定的为南、北两片均视为异己的语言特征。这种“北部吴语——中部吴语——南部吴语”三分吴语天下的格局，也可让台州方言从吴语的“南北之争”中解脱出来。

三、最后，关于台州方言到底合并还是独立、归“南”还是入“北”并无标准答案。正如曹志耘先生所说的，“当然，由于目前的台州方言资料十分有限，把台州方言归入太湖片只不过是一种尝试。如果要下定论，必须进行专门的调查研究”[①]。因此，我们期待着更多的学者来关注台州方言，研究台州方言。

① 曹志耘：《南部吴语语音研究》，商务印书馆2002年版，第7页。

附录　温岭方言调查主要合作人[1]介绍

姓名	性别	年龄	住址	文化程度	职业	调查时间
阮小春	男	72岁	太平	初中	退休干部	2011-2012年
陈　诒	男	76岁	太平	大学	退休教师	2010-2012年
冯武林	男	80岁	太平	高中	退休干部	2011年7-8月
郭宝群	男	65岁	太平	初中	退休职工	2011年7-8月
项文明	男	71岁	泽国	初中	退休干部	2010年1月
阮法根	男	72岁	泽国	大学	退休干部	2008-2012年
曹仙彩	女	71岁	泽国	初中	退休职工	2008-2012年
王襄敏	男	77岁	大溪	大学	退休干部	2011年2-5月
江志德	男	62岁	太平	高中	退休干部	2011年2-5月
阮健君	女	43岁	太平	硕士	干部	2009-2012年
林　丽	女	42岁	太平	大学	会计	2009-2011年
颜红梅	女	65岁	松门	初中	退休职工	2009-2012年
陈其恩	男	72岁	松门	大学	退休干部	2009年8月
陈海永	男	38岁	岙环	初中	出租司机	2010年7月
李小咸	男	70岁	新河	高中	退休教师	2010年7月
王春林	男	45岁	松门	高中	职员	2010年7月
陈其才	男	68岁	石塘	小学	浙江省非物质文化遗产项目“石塘小人节”传承人	2010年8月

① 实际调查人数远远超过所列名单。在此谨向所有接受过本人调查的发音人表示衷心的感谢！

陈祥田	男	56岁	石塘	初中	渔民（村长）	2009年8月
邵云昌	男	74岁	温西	大专	退休教师	2011年2月
曾孔方	男	63岁	太平	研究生	退休教师	2011年2月
程夏林	男	66岁	坞根	初中中专	民办教师；会计	2010年7月
朱祥林	男	74岁	石塘	初中	渔民	2009年8月
庄万定	男	73岁	石塘	高中	退休技术人员	2010年8月
叶兴南	男	75岁	大溪	初中	退休干部	2011年2-5月
罗德胜	男	78岁	全清	初中	退休干部	2011年2-5月

参考文献

一、著作类

1. 曹剑芬：《现代语音研究与探索》，商务印书馆 2007 年版。
2. 曹志耘：《南部吴语语音研究》，商务印书馆 2002 年版。
3. 曹志耘：《汉语方言地图集》，商务印书馆 2008 年版。
4. 陈　刚：《北京方言词典》。商务印书馆 1985 年版。
5. 陈立中：《湘语与吴语音韵比较研究》，中国社会科学出版社 2004 年版。
6. 储泽祥：《汉语空间短语研究》，北京大学出版社 2010 年版。
7. 戴昭铭：《天台方言研究》，中华书局 2006 年版。
8. 胡明扬主编：《汉语方言体貌论文集》，江苏教育出版社 1996 年版。
9. 李小凡：《苏州方言语法》，北京大学出版社 1998 年版。
10. 李如龙：《汉语方言的比较研究》，商务印书馆 2003 年版。
11. 李　荣：《音韵存稿》，商务印书馆 1982 年版。
12. 李　荣：《语文论衡》，商务印书馆 1985 年版。
13. 刘丹青：《语序类型学与介词理论》，北京大学出版社 2004 年版。
14. 刘世儒：《魏晋南北朝量词研究》，中华书局 1965 年版。
15. 刘勰著，周振甫注：《文心雕龙》，人民文学出版社 1981 年版。
16. 罗自群：《现代汉语方言持续标记的比较研究》，中央民族大学出版社 2006 年版。
17. 吕叔湘：《汉语语法分析问题》，商务印书馆 1979 年版。
18. 吕叔湘：《吕叔湘自选集》，上海教育出版社 1989 年版。
19. 吕叔湘主编：《现代汉语八百词》，商务印书馆 1994 年版。
20. 马庆株：《汉语动词和动词性结构》，北京大学出版社 2004 年版。
21. 钱乃荣：《当代吴语研究》，上海教育出版社 1992 年版。
22. 钱乃荣：《现代汉语研究论稿》，学林出版社 2006 年版。
23. 阮法根主编：《泽国镇志》，中华书局 1999 年版。
24. 阮桂君：《宁波方言语法研究》，华中师范大学出版社 2009 年版。
25.《三门县志》编委：《三门县志》，浙江人民出版社 1992 年版。

26. 上海市语文学会，香港中国语文学会合编：《吴语研究》（第二、三、四、五届国际吴方言学术研讨会论文集），上海教育出版社 2003 年、2005 年、2008 年、2010 年版。
27. 邵敬敏：《汉语方言疑问范畴比较研究》，暨南大学出版社 2010 年版。
28. 沈家煊：《不对称和标记论》，江西教育出版社 2005 年版。
29. 沈家煊：《认知与汉语语法研究》，商务印书馆 2009 年版。
30. 施春宏：《汉语动结式的句法语义研究》，北京大学出版社 2008 年版。
31. 石　锋、廖荣蓉：《语音丛稿》，北京语言学院出版社 1994 年版。
32. 石汝杰：《吴语文献资料研究》，好文出版（日本）2009 年版。
33. 石毓智：《语法化理论——基于汉语发展的历史》，上海教育出版社 2011 年版。
34.《台州地区志》编委：《台州地区志》，浙江人民出版社 1995 年版。
35.《天台县志》编委：《天台县志》， 汉语大词典出版社 1995 年版。
36. 王福堂：《汉语方音字汇》，语文出版社 1989 年版。
37. 王福堂：《汉语方言语音的演变和层次》，语文出版社 1999 年版。
38. 汪化云：《汉语方言代词论略》，巴蜀书社 2008 年版。
39. 王洪君：《汉语非线性音系学——汉语的音系格局与单字音》，北京大学出版社 2008 年版。
40. 汪　平：《苏州方言语音研究》，华中理工大学 1996 年版。
41. 汪　平：《方言平议》，华中科技大学出版社 2003 年版。
42. 汪　平：《苏州方言研究》，中华书局 2011 年版。
43. 汪　平：《苏州语法新探》，未刊稿。
44. 王文斌：《隐喻的认知构建与解读》，上海外语教育出版社 2007 年版。
45. 王文胜：《处州方言的地理语言学研究》，中国社会科学出版社 2008 年版。
46. 温端政、吴建生主编：《汉语语汇学》，商务印书馆 2009 年版。
47. 温岭县志编纂委员会编：《温岭县志》，浙江人民出版社 1992 年版。
48. 温岭县文化局编印：《温岭革命文化史料汇编（1919—1949）》，内部资料 1993 年。
49. 吴宗济、林茂灿主编：《实验语音学概要》，高等教育出版社 1989 年版。
50. 肖　萍：《江西石城方言语音研究》，齐鲁书社 2008 年版。
51. 肖　萍：《余姚方言志》，浙江大学出版社 2011 年版。
52. 许宝华、宫田一郎：《汉语方言大词典》，中华书局 1999 年版。
53. 徐大明：《语言变异与变化》，上海教育出版社 2006 年版。

54. 徐　杰、钟奇主编：《汉语词汇·句法·语音的相互关联》，北京语言大学出版社 2007 年版。
55. 徐　越：《杭嘉湖方言语音研究》，中国社会科学出版社 2007 年版。
56. 游汝杰：《汉语方言学导论》，上海教育出版社 1992 年版。
57. 游汝杰，邹嘉彦：《社会语言学教程》，复旦大学出版社 2004 年版。
58.《玉环县志》编委：《玉环县志》，汉语大词典出版社 1994 年版。
59. 章太炎：《章太炎学术论著》，浙江人民出版社 1998 年版。
60. 张亚军：《副词与限定描状功能》，安徽教育出版社 2002 年版。
61. 赵元任：《现代吴语的研究》，科学出版社 1956 年版。
62. 赵元任：《语言问题》，商务印书馆 2003 年版。
63. 浙江温岭方志办编：《太平县古志三种（嘉靖·嘉庆·光绪太平县志·浙江温岭）》，中华书局 1997 年版。
64. 浙江省温岭县地名委员会办公室编：《温岭县地名志》，内部资料 1988 年版。
65. 郑张尚芳：《温州方言志》，中华书局 2008 年版。
66. 中国社会科学院、澳大利亚人文学院：《中国语言地图集》，香港朗文出版（远东）有限公司 1988 年版。
67. 周有光：《新语文的建设》，语文出版社 1992 年版。
68. 朱德熙：《语法讲义》，商务印书馆 2007 年版。
69. 朱晓农：《方法：语言学的灵魂》，北京大学出版社 2008 年版。
70. 朱彰年、薛恭穆、汪维辉、周志锋：《阿拉宁波话》，华东师范学出版社 1991 年版。
71. 桥本万太郎著［日］，余志鸿译：《语言地理类型学》，北京大学出版社 1985 年版。
72. Chambers，J.K.；Trudgill，Peter [加]，Dialectology（影印本），北京大学出版社 2002 年版。
73. Matthew Y. Chen：《汉语方言的连读变调模式》，外语教学与研究出版社 2001 年版。
74. Moira：Yip《声调》，北京大学出版社 2005 年版。
75. Florian Coulmas：《社会语言学通览》，外语教学与研究出版社 2001 年版。

二、论文

1. 蔡勇飞：《吴语的边界和南北分区》，《方言》1984 年第 1 期。
2. 曹广衢：《温岭话入声变调同语法的关系》，《中国语文》1958 第 4 期。

3. 曹广衢:《浙江温岭话“头”的用法研究》,《中国语文》1959 年第 1 期。
4. 曹志耘:《汉语方言里表示动作次序的后置词》,《语言教学与研究》1998 年第 4 期。
5. 曹志耘:《南部吴语的小称》,《语言研究》2001 年第 3 期。
6. 曹志耘:《吴语汤溪方言合变式小称调的功能》,《中国语文》2011 年第 4 期。
7. 陈忠敏:《吴语清音浊流的声学特征及鉴定标志——以上海话为例》,《语言研究》,2010 年第 3 期。
8. 陈忠敏:《重论文白异读与语音层次》,《语言研究》2003 年第 3 期。
9. 大西博子:《吴语的单音形容词重叠后缀初探》,《吴语研究》(第二届国际吴方言学术研讨会论文集),上海教育版社 2003 年。
10. 傅国通、蔡勇飞、鲍士杰等:《吴语的分区(稿)》,《方言》1986 年第 1 期。
11. 傅佐之、黄敬旺:《温州方言的表程度语素“显”》,《温州师范学院学报》1982 年第 2 期。
12. 高永奇:《浚县方言中的体貌系统初探》,《殷都学刊》2001 年第 2 期。
13. 杭州大学中文系方言调查组:《温岭方言》,《杭州大学学报》1959 年第 3 期。
14. 何洪峰:《黄冈方言的比较句》,《语言研究》2001 年第 4 期。
15. 胡　方:《宁波方言功能词变调及与句法的关系》,《吴语研究》(第二届国际吴方言学术研讨会论文集),上海教育出版社 2003 年。
16. 金立鑫:《语言类型——当代语言学中的一门显学》,《外国语》2006 年第 5 期。
17. 雷冬平、胡丽珍:《时间副词“正在”的形成再探》,《中国语文》2010 年第 1 期。
18. 李　蓝:《现代汉语方言差比句的语序类型》,《方言》2003 年第 3 期。
19. 李建平、张显成:《先秦两汉魏晋简帛量词析论》,《中华文化论坛》2009 年第 4 期。
20. 李军华、李长华:《“呢”字句的情态类型与语气词“呢”的情态意义考察》,《语言研究》2010 年第 3 期。
21. 李小凡:《苏州方言的体貌系统》,《方言》1998 年第 3 期。
22. 李　荣:《温岭方言语音分析》,《中国语文》1966 年第 1 期。
23. 李　荣:《温岭话“鹹淡”倒过来念还是“鹹淡”》,《方言》1986 年第 2 期。
24. 李　荣:《温岭方言的变音》,《中国语文》1978 年第 2 期。

25. 李　荣：《温岭方言的连读变调》，《方言》1979 年第 1 期。
26. 李　荣：《颱風的本字（上）》，《方言》1990 年第 4 期。
27. 李　荣：《颱風的本字（中）》，《方言》1991 年第 1 期。
28. 李　荣：《颱風的本字（下）》，《方言》1991 年第 2 期.
29. 李　荣：《温岭方言的轻声》，《方言》1992 年第 1 期。
30. 李如龙：《论汉语方言的语流音变》，《厦门大学学报》（哲学社会科学版）2002 第 6 期。
31. 梁晓玲：《黑龙江方言的量词》，《方言》2010 年第 3 期。
32. 林　华：《音系和语法的竞争——浅谈上声变调的灵活性》，《汉语词汇·句法·语音的相互关联》，北京语言大学 2007 年。
33. 林晓晓：《吴语路桥方言的连读变调》，第六届国际吴方言学术研讨会交流论文，温州，2010 年 10 月。
34. 刘丹青：《苏州方言重叠式研究》，《语言研究》1986 年第 1 期。
35. 刘丹青：《语法化中的更新、强化与叠加》，《语言研究》2001 年第 2 期。
36. 刘丹青：《吴语的句法类型特点》，《方言》2001 年第 4 期。
37. 刘振平：《表比较的“有”字句研究述评》，《信阳师范学院学报》2010 年第 4 期。
38. 刘俐李：《20 世纪汉语连读变调研究回望》，《南京师范大学文学院学报》2002 年第 2 期。
39. 骆锤炼：《吴语的后置副词“添”与有界化》，《语言科学》2009 年第 5 期。
40. 潘悟云：《“囡”所反映的吴语历史层次》，《语言研究》1995 年第 1 期。
41. 彭小川：《广州方言表“持续“义的几种形式及其意义的对比分析》，《语文研究》2003 年第 4 期。
42. 平田直子：《北部吴语假摄开口三等章组字的语音演变》，《吴语研究》（第二届国际吴方言学术研讨会论文集），上海教育出版社 2003 年版。
43. 阮咏梅：《从语言研究的制约因素看汉语方言学》，《宁波师范学院学报》1996 年第 2 期。
44. 阮咏梅：《台州方言在吴语中的内外关系》，《宁波大学学报》（人文版）2010 年第 1 期。
45. 阮咏梅：《温岭方言侯韵字读音的内部差异及其变化》，《汉语学报》2012 年第 1 期。
46. 沈家煊：《“有界”与“无界”》，《中国语文》1995 年第 5 期。
47. 沈家煊：《语言类型学的眼光》，《语言文字应用》2009 年第 3 期。
48. 石汝杰、刘丹青：《苏州方言量词的定指用法及其变调》，《语言研究》

1985年第1期。
49. 石汝杰：《苏州方言动词的体和貌》，《吴语文献资料研究》，好文出版［日本］，2009年。
50. 石毓智：《试论汉语的句法重叠》，《语言研究》1996年第2期。
51. 沈家煊：《“有界”与“无界”》，《中国语文》1995年第5期。
52. 陶　寰：《吴语一等韵带介音研究——以侯韵为例》，《吴语研究》（第二届国际吴方言学术研讨会论文集），上海教育出版社2003年。
53. 田　琳：《现代汉语物量词重叠式研究》，硕士学位论文，湘潭大学，2005年。
54. 滕一圣：《先秦量词研究》，硕士学位论文，暨南大学，2006年。
55. 王　健、顾劲松：《涟水（南禄）话量词的特殊用法》，《中国语文》2006年第3期。
56. 汪　平：《苏州方言的“得”》，《语言研究》2001年第2期。
57. 汪　平：《苏州方言的话题结构》，《语言研究》2004年第4期。
58. 汪　平：《北部吴语三小片的重新画分》，《方言》2005年第2期。
59. 汪　平：《汉语方言的焦点特征》，《语文研究》2005第3期。
60. 汪　平：《再说上海话的分区》，《方言》2006第3期。
61 王文胜：《吴语遂昌话的后置成分“险”》，《丽水师范专科学校学报》2003年第1期。
62. 王文胜：《浙江遂昌方言的“添”》，《方言》2006年第2期。
63. 吴福祥：《汉语方言里与趋向动词相关的几种语法化模式》，《方言》2010年第2期。
64. 邢向东：《关于深化汉语方言词汇研究的思考》，《陕西师范大学学报》（哲社版）2007年第2期。
65. 许宝华、汤珍珠、游汝杰：《北片吴语内部的异同》，《方言》1984年第4期。
66. 徐　越：《吴语语音研究综述》，《杭州师范学院学报》（社科版）2003年第6期。
67. 游汝杰：《吴语内部各片的音韵对应》，《吴语研究》（第二届国际吴方言学术研讨会论文集），上海教育出版社2003年。
68. 游汝杰：《上海话在吴语分区上的地位——兼论上海话的混合方言性质》，《方言》2006年1期。
69. 游汝杰：《〈上海通俗语及洋泾浜〉所见外来词研究》，《中国语文》2009年第3期。
70. 余志鸿：《线性序列和立体语法》，《汉语学习》1988年第4期。

71. 张光宇：《汉语方言合口介音消失的阶段性》，《中国语文》2006 年第 4 期。
72. 张恒悦：《量词重叠式的语义认知模式》，《语言教学与研究》2012 年第 4 期。
73. 张　洁：《温州方言词“显”的语法·语义研究》，《北京教育学院学报》2009 年第 6 期。
74. 张谊生、杨一飞：《副、区兼类词的句法分布及功能发展》，《周口师范学院学报》2006 年第 6 期。
75. 张　赪：《从汉语比较句看历时演变与共时地理分布的关系》，《语文研究》2005 年第 1 期。
76. 赵日新：《形容词带程度补语结构的分析》，《语言教学与研究》2001 年第 6 期。
77. 周志锋：《宁波方言的词汇特点》，《宁波大学学报》（人文版）2010 年第 1 期。
78. 朱德熙：《北京话、广州话、文水话和福州话里的“的”字》，《方言》1980 年第 3 期。
79. 朱景松：《动词重叠式的语法意义》，《中国语文》1998 年第 5 期。
80. 朱景松：《形容词重叠式的语法意义》，《语文研究》2003 年第 3 期。
81. 朱晓农：《浙江台州方言中的嘎裂声中折调》，《方言》2004 年第 3 期。
82. Joseph H.Greenberg 著，陆丙甫、陆致极译：《某些主要跟语序有关的语法普遍现象》（Some universals of grammar with particular reference to the order of meaningful elements），《当代语言学》1984 年第 2 期。

三、其他

1. 程和平：《说说台州方言的量词》，《台州晚报》2011 年 9 月 25 日。
2. 黄晓慧：《当年，曾有一种温岭话新文字》，《温岭日报》2007 年 3 月 30 日。

网页：http://www.wl.gov.cn.
http://www.dawenling.com/map_3.htm.
http://www.wllib.net.cn/dimingzhi/mulu.htm.

后　记

这本小书直接来自于我的博士毕业论文，之所以几乎保留了博士论文的原貌而未作伤筋动骨的修改，是为了纪念我的读博生活，也为了感谢导师汪平教授的辛勤付出。

我曾将古罗马的奠基者 Gaius Julius Caesar 的惊世名言“Veni, Vidi, Vici！”作为博士毕业论文后记的开头，足见我的读博经历是多么艰辛。

博士学位，对我来说犹如恺撒当年对古埃及的梦想一样。很长一段时期内我连去试试考博的勇气都没有。最终下定一试的决心是在 2007 年的春节。作为首派冰岛的国家公派汉语教师，再过四个月我将结束任期回到原来的生活中。就在由冰方安排的那个有着丹麦童话般意境的度假式小木屋里，我终于迈出了考博计划的第一步。回到宁波大学后的半年多时间里，我在完成每周十八课时的繁重教学工作之余才能抓紧时间准备复习。当我坐在苏州大学的考博教室和第一次见到导师汪平教授等进行面试时，真有一种“我来了”的悲壮感。

几十年的人生之路已经拐了好几个弯儿，而我的第一本书是关乎汉语方言，并且是自己的母语——温岭话，这却是我不曾想过而又真真切切拐上的又一个弯儿。

1992 年 4 月，我参加了第 16 期中央普通话培训班。开学第一天，每个学员都填了一张信息表。有一次上“音韵学”课的时候，厉兵老师突然叫我站起来告诉大家一个字在温岭话里怎么说，吓了我一大跳。我一边紧张地站起来，一边纳闷着他怎么知道我是温岭人，他为什么举温岭话的例子。这是我第一次在大庭广众前被“温岭化”，我说的方言被“温岭方言化”。

1995 年 9 月我去复旦大学中文系进修现代汉语研究生课程，有幸师从游汝杰教授。游老师一开始就让我写一篇关于温岭泽国话和中古音比较的文章。第二学期开学后，他交给我一本从国外搜集到的传教士写的台州土白圣经复印件，让我去读一读。后来我也交了一篇当作业。这两篇“手稿”历经我几次搬家后居然能够幸存，使我后来无意中看到它们时深感震惊并如获至宝。一年的复旦进修后再次见到游老师时已时隔十二年。那十二年中，我已经转向对外汉语教学，早已将方言研究束之高阁。所以再次见到他时，我很汗颜。

真正让我对温岭方言的意识走向“自觉时代”的是导师汪平教授。我和汪老师之间的缘分首先得归因于李荣先生。我在网上搜索考博信息时看到汪老师的资料，其中那句“师从李荣先生”的话引起了我的关注，并因此联系了他。但是直到参加苏大复试时我们才见面，之前仅发过一两封邮件，甚至连电话也没通过，就这样我却终于成了他的博士生。第一次与汪老师比较近距离的接触是在2009年暑假的扬州宝应方言调查期间，我目睹了年已 65 岁的汪老师那旺盛的科研精力和对艰苦生活安之若素的态度。苏大一年的脱产学习结束后回到宁波，主要靠邮件、短信、小论文等和汪老师联系沟通，他每次都回得很快。邮件或短或长，都始终充满着善意和理解。特别在论文写作的最后两个月，我简直过着水深火热的生活。我每赶出新的一章就给汪老师发过去。为了配合我的进度，汪老师常常修改到深夜。因此，我也为自己把汪老师拖累得这么辛苦而常感不安。特别是由于我资质驽钝，已沦为“资深妇女”却仍处事简单，有时也会抱着蒙混过关的侥幸心理，所以常让老师失望。跟着汪老师读博的过程中，我学到的不仅是做学问的知识，还有做人、做事的态度和方法，这对人到中年的我来说尤为重要。

在苏大读博的四年中，也有幸认识了张玉来老师、朱景松老师、王建军老师、高永奇老师、陆庆和老师等，他们在授课过程中和在我的毕业论文开题会、预答辩以及最后的答辩会上都给了我很多宝贵的建议和启发。石汝杰老师还从日本赶来主持我和同门的论文答辩，有限时间的指点却使我收获颇丰。在读博的过程中我参加了两次学术会议，一次是 2008 年 10 月常州的“第五届国际吴方言学术研讨会”，一次是 2011 年 11 月福州的全国汉语方言学会年会。分组会上我分别宣读了《再论温岭方言的变音》和《再论温岭方言的连读变调》，得到了曹志耘先生、戴昭铭先生、王福堂先生、王洪君先生、苏晓青先生等专家同行的指点。在论文的写作过程中，上海大学的凌锋博士，宁波大学文学院的周志锋老师、肖萍老师也提供了各种帮助。还有一些看着我从青葱岁月一路走来的老师和朋友们，如殷作炎老师、蔡国黄老师、陈小兰老师，以及江振华、阮健君、丁薇等，这么多年来他们始终或远或近地关心和鼓励着我。而本书得以最后面世，必须得感谢中国社会科学出版社任明先生的热心帮助和责任编辑、校对、印制老师的认真负责，以及浙江省社科联的出版资助。值得我感谢的人真是太多了，请恕难以在此一一列明。我只能深深地道一声：辛苦各位了！多谢！

写博士毕业论文的后记时，我是泪流满面地写完最后一字的，那都是因为我亲爱的老外婆。她是我刚入学苏大没几天去世的。她走了以后，我多少回一想到她就充满了思念，充满了那种侵心蚀骨般地思念却无处安放的绝望和悲伤。特别是写博士论文时，因为用温岭话思维的时候，或者回忆某个词在温岭话中怎么说的时候，自然会睹物思人，也会依稀回忆起她健在时说的话和说话的样子。我现在多么想搂一搂她，陪着她大声地说说话啊！

“我来了！”“我战了！”但“我赢了”吗？我只能说我已经努力过了。拿到一个博士学位和出版一本书对我来说固然非常重要，但是想想在这个努力的过程中，家庭里有亲人们的奉献，工作上有领导和同事们的理解，生活中有朋友和师长们的关心，学业上有导师等的指点，一切听起来都很不错的样子，则又夫复何求？世上没有一个人会陪你一辈子，因此在人的一生中如果遇到一些人或长或短地陪着你走一段路，甚至在前行的路上能扶持你一下，温暖你一下，不亦乐乎？

愿使岁月静好，现世安稳，健康如意！祝福大家……

阮咏梅

2013 年重阳节